国家社科基金项目
《“一带一路”战略的东盟信息资源支撑及开发策略研究》成果

东盟信息资源支撑及开发策略研究

苏瑞竹　张　颖　覃　熙　等著

上海交通大学出版社
SHANGHAI JIAO TONG UNIVERSITY PRESS

内 容 提 要

东盟信息资源支撑及开发策略研究以建构东盟信息资源建设及开发利用的理论框架为目标，阐明东盟信息资源（含纸质文献、数字资源及网络资源）的建设路径，获取东盟网络中灰色信息资源的方法及工具，丰富中国特色图书馆学的理论体系，拓展图书馆学实践的方法论。本研究对国家安全信息、经济信息、外语战略发展、国际合作交流的信息保障具有指导意义；同时为中国-东盟实现“五通”提供一定的信息资源支撑，对促进中国-东盟研究、东盟语言教学、东盟旅游开发等领域的信息资源保障具有积极作用。

图书在版编目（CIP）数据

东盟信息资源支撑及开发策略研究 / 苏瑞竹等著 .——上海：上海交通大学出版社，2023
ISBN 978-7-313-28107-4

Ⅰ.①东 … Ⅱ.①苏… Ⅲ.①信息资源－资源开发－研究－东南亚国家联盟 Ⅳ.①G252.8

中国国家版本馆CIP数据核字（2023）第149837号

东盟信息资源支撑及开发策略研究

DONGMENG XINXI ZIYUAN ZHICHENG JI KAIFA CELUE YANJIU

作　　者：苏瑞竹　张颖　覃熙等
地　　址：上海市番禺路951号
出版发行：上海交通大学出版社
电　　话：021-6407 1208
邮政编码：200030
印　　制：武汉乐生印刷有限公司
经　　销：全国新华书店
开　　本：700×1000 1/16
印　　张：20.5
字　　数：402千字
版　　次：2023年8月第1版
印　　次：2023年8月第1次印刷
书　　号：ISBN 978-7-313-28107-4
定　　价：88.00元

序
PREFACE

东盟信息资源支撑和开发利用是一个具有战略意义的课题。随着中国与东盟国家多领域合作的不断深入，东盟信息资源作为重要的国家战略资源在国际政治、军事、经贸、文化、教育交往中的作用日益凸显。在知识经济时代的激烈竞争中研究东盟信息资源的支撑及开发利用具有重大而深远的意义。

首先，东盟信息资源支撑对维护中国在周边地区的发展利益、保障国家安全、深化区域国家合作共赢有重要的战略意义；其次，依托东盟信息资源所制定的地缘政策，有助于我国在激烈的国际经济竞争中谋求和维护自己的经济利益；再次，由于一个国家获取和利用外部信息资源的能力，以及该国拓展国际战略空间的上限，在一定程度上取决于这个国家所掌握外部资源的实际水平，东盟信息资源支撑对我国与东盟的对外交流、知识储备、东盟人才培养工作意义深远；最后，东盟信息资源在中国—东盟的政治、经贸、科教合作与交流中也起到促进作用，推动中国—东盟各民族之间的融合和发展，在维护民族文化多样性、保护世界文化遗产等方面的意义也十分重大。

然而，在实践中，东盟信息资源支撑和开发利用与一般的信息资源支撑和开发利用相比难度更大。这是因为东盟信息资源具有显著的地域性、文种的丰富性、载体的多样性、来源的分散性及出版的稀缺性。相关理论研究也因其应用的小众性而未受到广泛关注，研究者主要是广西和云南等高校的相关人员及对其感兴趣的人员。

本书作者苏瑞竹研究馆员对东盟信息资源的研究源于工作的需要。她曾担任广西民族大学图书馆副馆长，2009 年以来，在广西民族大学图书馆承担的学校博士点建设开展公共服务体系之文献信息中心建设项目中，主持并完成对学校特色学科——东盟语种（外国语言文学）文献信息资源建设的调研，提出建设东盟信息资源数据库的建议，并申请中央财政支持地方高校发展专项资金：数字图书信息资源及共享平台一、二期项目经费。其间，组织项目组成员到国内相关高校开展东盟信息资源建设的调研，到全国各大书市和东盟国家开展文献信息资源的调研和采购，同时申报各级各类研究项目，先后主持并完成广西民族大学重大科研项目——《东盟文献信息资源数据库》，广西教育厅科研项目——《东盟国家文献保障体系研究》，广西社科规划项目——《东盟国家多语种信息资源建设及利用研究》及国家社科基金项目——《“一带一路”战略的东盟信息资源支撑及开发策略研究》。大量的调查研究有力地保障了广西民族大学东盟信息资源数据库的建设，也使自己站在东盟信息资源研究的前沿。

可以认为，本书的成果是上述实践调查和深入研究的集大成者，凝聚了课题组成员，尤其是苏瑞竹研究馆员十多年的心血。研究问题客观真实，理论及实践前提真实可靠；研究方法科学适宜，调研数据真实可靠；论点正确，论据充分，研究结论合理可信；研究成果体例完整，结构设计与实施科学、严谨；研究过程有连贯性和系统性；概念明确，观点正确；资料翔实可靠，行文流畅，引证规范。

全书分十章，主要内容包括以下四个方面：一是界定东盟信息资源并总结其特点，论述本课题研究的意义及可行性，从战略性、战术性理论需求及保障体系支撑策略的角度，对东盟信息资源支撑和开发进行理论分析；二是东盟信息资源现状及用户需求的调研分析，研究东盟信息资源用户需求的内涵及驱动因素，构建东盟信息用户需求模型；三是为东盟信息资源的支撑建立了理论框架，以满足其战略的需求、足够的资源、便捷的服务，以及资源的保障、服务的保障、机制的保障；四是构建信息资源采集模型，研究东盟信息资源支撑策略（信息资源建设），对东盟信息出版发行状况进行调研，分析信息出版发行的特点及采购的经济行为，探求相应的策略，分析东盟网络信息资源的特点，提出采集的策略。

该研究成果的特色体现在以下四个方面：一是研究视角新颖，创新点突出。该成果系统地对东盟文献信息资源保障体系建设的必要性、目标、原则、建设模式等问题展开研究，并结合当前我国经济发展和政治战略的新理论进行融合性研究。二是研究内容紧跟形势，时代特点鲜明。该成果结合国家战略发展需要，围绕国内经济转型升级趋势，把“一带一路”战略的相关理论引入到文献信息资源保障体系建设的实践，实现“一带一路”战略的有关理论与文献信息资源建设理论的有机结合，使理论具体化，一定程度上丰富和发展了文献信息资源建设与服务、多学科融合研究的理论体系。三是研究思路清晰，实施步骤紧凑。既有从宏观上对东盟文献信息资源支撑与开发的理论、框架的诠释，又有从微观上对东盟信息资源的用户需求分析、东盟文献信息资源组织和建设模式的探索，验证了“一带一路”战略理论对东盟文献信息资源支撑与开发的指导作用及东盟文献信息资源体系的保障作用；四是从支撑国家战略发展的信息资源保障的高度构建东盟信息资源支撑及开发的框架，提出了东盟信息资源采集和服务的多元化模式；将融合技术应用于东盟信息资源的开发利用中；创新性地引入数字人文研究东盟信息资源重组的技术和方法。在推动“一带一路”东盟文献信息资源建设的同时，着力解决我国图书馆等信息服务机构面临的一些现实问题。

本书构建了东盟信息资源支撑及开发的理论构架：从支撑国家战略发展的信息资源保障的高度构建东盟信息资源支撑及开发框架和四级模式的东盟信息资源保障体系。根据采集内容和载体的不同提出了东盟信息资源采集的多元化模式；较早将融合技术应用于东盟信息资源的开发利用中；引入数字人文研究东盟信息资源的技术和方法。至今为止，系统论述东盟文献信息资源保障的相关研究著作仍十分稀少，尤其是在“一带一路”背景下，东盟文献信息资源保障机制研究方面的成果更难能可贵。该研究成果建立在构建东盟信息资源支撑与开发的战略框架上，有别于其他信息资源的保障及服务途径，对东盟文献信息资源的服务及保障体系的建设具有较强的现实意义与应用推广的价值。

希望本书的出版对东盟信息资源建设和服务的实践与研究有进一步的推动作用。

苏瑞竹是我的学生，我非常高兴见证了她从图书馆学研究小白成长为图书馆学的高级教育者和研究者的过程，同时，非常乐意为其新书作序。

2022年8月16日于广西民族大学相思湖校区

前言

PREFACE

本书由国家社科基金项目——《“一带一路”战略的东盟信息资源支撑及开发策略研究》的最终成果——《东盟信息资源支撑及开发策略研究》形成。

全书分十章：第一章界定了东盟信息资源的概念和内涵，明确了东盟信息资源的功能特征，阐明了东盟信息资源支撑及利用的战略意义和实际意义；第二章对国内外东盟信息资源的建设和服务的研究和实践作了全面综述；第三章从东盟信息资源的效用、用户使用现状和满意度调研、用户需求3个方面分析了东盟信息资源支撑及开发的现状；第四章从理论上分析了东盟信息资源支撑及开发，构建了用户需求模型和资源采集模型；第五章从信息采集的角度论述了东盟资源支撑的策略；第六章以开放存取、文化旅游、数字人文为例探索了东盟信息资源开发利用的资源整合、资源融合和资源重构，总结了东盟信息资源深度开发的途径和方法；第七章构建了东盟信息资源的开发平台、服务平台、交流平台的理论框架，以实现对东盟信息资源利用的支撑；第八章提出了东盟信息资源支撑及开发的现实路径；第九章提出了东盟文献信息资源的四级保障模式：国家中心、地区中心、省级中心和成员馆；第十章是研究结论。

本项目的课题组成员：张颖、苏华董、骆柳宁、肖龙翔、李莘、黄文福、赵蕊洁、李跃、胡雅琼、张悦、覃熙、全成、吴英姿、姚春美、韦金华，均在不同阶段参与研究，我带的研究生姜雨爽、胡云龙、吴鑫宇、赵梓璟、贺子杰也为研究作出了一定的贡献。

本书的框架设计、统稿、修改由苏瑞竹完成，第一、第九、第十章，第四章的一节及第四节由苏瑞竹完成，第二、第三章和第四章的第三节由张颖完成，第五章和第四章的第二节、第六章的第一节及第四节由覃熙完成，第六章的第二节和第三节由苏瑞竹、肖龙翔、陈雪芬、张颖完成，第七章由苏瑞竹、陆志琼、张悦和李跃完成，第八章由苏瑞竹、张颖、侯旭彤、王旺完成。

书中不妥之处，敬请各位学界专家和业界同仁给予批评指正。

苏瑞竹

2022年9月6日于广西民族大学相思湖畔

目录
CONTENTS

第一章　绪　论

第一节　东盟信息资源的概述

一、东盟信息资源的界定及内涵

（一）东盟信息资源的界定

东盟信息资源的界定，不仅需要探讨性的研究，还需要科学性的划分。参照地方信息、民族信息等特色馆藏资源的界定标准，可以从以下几个划分标准进行判别。

1. 从信息内容界定

东盟信息资源除了拥有一般信息资源的共性外，其重要的特性是信息内容具有东盟区域特色。我们认为只要内容与东盟国家相关，都可视为东盟信息资源。凡是反映东盟各国的自然、历史、社会现象的信息资源，都涵盖了东盟各个国家的政治形势、经济发展、文化特色、科技水平、社会风貌、军事国防等内容，反映了东盟在国际上的外交关系、东盟与国际的文化融合和交流的信息资源、东盟各国的历史文化教育及民族宗教的信息资源。信息资源无论出版地在何处，出版形式、载体如何，无论信息的编撰者来自哪个国家，都被纳入东盟信息资源的范畴。因此，信息内容具备东盟国家区域特色是判别信息资源是否属于东盟信息资源的重要标志。

2. 从信息作者界定

以东盟国家为出生地或拥有东盟国家国籍的人所撰写的各类著述及发布的各种信息，无论现代出版或者古籍传承，内容无论什么学科门类，都界定为东盟信息资源。凡是作者来自东盟国家，其作品皆为东盟信息资源。这主要依据的是各国“版权”概念中关于文学、艺术、科学作品的作者对其作品享有的权利（包括财产权、人身权）。

3. 从信息出版地界定

出版地是指版权者和出版机构的所在地。出版地为东盟国家是东盟信息资源的划分标准之一。之所以这样规定，是因为出版人和出版单位往往带有鲜明的东盟色彩。这些出版物从内容到形式或多或少反映了东盟国家的特点，并集中反映了东盟这一区域的社会风貌和科技、文化状况。

4. 从信息的语言界定

东盟国家所使用的官方语言为本地民族语的有九种：越语、老挝语、高棉语、马来语、缅语、泰语、泰米尔语、他加禄语和印度尼西亚语[①]。凡是用以上所述九种东盟国家语言文字撰写或出版的信息资源载体，不论其作者来自何处，不论该信息的学科背景、主题内容是什么，也不论编写信息所使用的文字如今是否还在继续使用，都属于东盟信息资源的范畴。

这些划分标准几乎涵盖了东盟信息的全部范围，但实际情况会出现以上标准交叉重合的现象，通过综合运用、具体分析才能准确地掌握东盟信息资源。

（二）东盟信息资源的内涵

信息资源是图书馆赖以为生的前提，为图书馆开展各种信息服务提供了必要条件和基础。在20世纪六七十年代兴起的西方信息资源管理理论中，诞生了信息资源的概念。由于学科、专业和认识的差异，经过几十年的发展，国内外对“信息资源”概念的认识虽然有所不同，但一些定义却得到学者们的一致认可。其中最受认同的是吴家培教授在1996年提出的广义信息资源和狭义信息资源的两种定义。狭义信息资源是指信息本身所具备的实质内容；广义信息资源则泛指与信息活动相关的各项事物，包括系统、网络、设施、人员等。

信息资源是以文字、图形、符号、音频/视频等形式记录下来的知识的集合，其载体形式丰富多样，包括书籍、期刊、报纸、会议资料、学位论文、专利信息、科技报告、政府出版物等。作为信息资源的一个子集，东盟信息资源既有其自身的特点，又有信息资源的共同性。东盟信息资源和一般的信息资源一样，是人类通过选择和组织而积累起来的信息集合。东盟可以看作东南亚的同义词。由于地缘上紧靠中印两大文明古国，文化上又受伊斯兰教和近代西方的影响，东盟的政治、经济、文化、宗教长期受到各种文明的影响，导致东盟信息资源的内涵十分丰富。因此，东盟信息资源可从不同维度进行理解。

（三）图书馆层面的东盟信息资源

信息资源的收藏机构主要有图书馆、档案馆，而政府部门也收藏了很多有关政治、法律、外交、政策等信息资源；企业收集科技情报信息（科技档案）及专利、标准、市场经济和竞争情报信息，新闻媒体对于舆情信息的搜集也是相当全面的；科研机构搜集的则是与机构研究主题相关的完整、全面的信息资源。由此可见，

① 李灿元，王红．东南亚研究信息资源采访策略探讨[J]. 图书馆界，2011（5）：42-43+52.

信息资源实际上散见于图书馆等实体空间中。东盟信息资源的收藏也不例外。不同机构收藏的信息资源内容和体量差异较大，因此有不同的特征。政府收藏的信息资源具有国家重要基础性资源的特性；企业拥有大量专利（含自身的专利及行业的专利）、图纸、科技和财务报告、科技和人才档案、样本、市场需求、营销及竞争情报等信息；出版发行机构的信息资源主要以出版物的形式存在，如图书、杂志、报纸、光盘等；新闻媒体有重要的一手采访记录、新闻消息、报纸杂志和影视剧等资源；科研机构有科研资料（信息资源和调研资源）、科技研究成果、研究报告等重要科研信息资源。图书馆、档案馆则是储存、建设和传递各类信息资源的专门机构，图书信息资源和档案信息资源经过图书馆、档案馆收集、组织、存储，能更方便用户的检索和使用。图书馆筛选、采集东盟信息资源，然后对其进行加工处理，再进行分类、标引、组织，形成有序化的东盟信息，这些信息资源大量积累起来后就成了东盟信息资源。

图书馆的信息资源无论是实体拥有或者是虚拟拥有，抑或从开放存取获得，只要内容涉及东盟国家，无论是图书、期刊、报纸或者是特种信息，无论是纸质版还是电子版，这些资源均可视为东盟信息资源。例如，在CALIS全国高校专题特色数据库子项目的资助下，厦门大学、暨南大学等高校图书馆先后建成了具有学科优势和馆藏特色的东南亚数据库，广西民族大学图书馆也获得中央财政支持地方高校发展专项资金资助建设广西民族大学东盟信息中心及共享平台。这种获得较大资金支持的图书馆在东盟信息资源建设方面得到了较大的加强，这也是国家支持图书馆加强特色资源建设并提供共享服务的重要举措。

我国有公共图书馆、研究机构图书馆、高校图书馆三大图书馆系统。这三大图书馆系统各自均藏有一定数量的东盟信息资源。各类图书馆定位和服务目标不同，导致其藏有的东盟信息资源各有侧重。公共图书馆的信息资源建设主要服务社会教育、文化传播和休闲娱乐，因此东盟信息资源建设以大众娱乐、文化教育、旅游信息、美食美景等为主；研究机构图书馆的东盟信息资源是为学术研究机构开展东盟相关理论研究、为中国—东盟实践应用决策参考提供支撑，因此其藏有的信息资源以学术信息和政治、法律、政府出版物等为主；高校图书馆是建设东盟学术类信息资源的主力军，所收集的东盟信息资源馆藏大部分服务于教学和科研，体现了学校的科研领域、学科特色和专业的特点。高校图书馆所收集的东盟信息资源主要面向高校相关专业的研究人员、教师及学生，大部分是为了学习和研究，还有一部分是为了解东盟的历史文化和旅游信息，因此该信息资源大部分是具有学术性、权威性和专业性内容的专业信息资源，也有一定的休闲娱乐的信息资源。按照信息收藏的二八定律，前者占80%，主要是为20%的用户提供学习和研究服务，后者占20%，主要是为80%的读者提供休闲娱乐、了解东盟历史文化和旅游信息。东盟信息资源主要分布在图书馆总馆、专业图书馆分馆、学院及学术研究机构下设的资料室。

二、东盟信息资源的类型与特征

（一）东盟信息资源的类型

1. 从载体类型看

东盟信息资源主要有手稿、印刷信息、缩微信息、音频/视频信息、电子信息、网络信息资源及贝叶信息[①]。

2. 从语种构成看

东盟信息资源除了汉语、英语、东盟各国语种外，还包括法语、荷兰语等早期的殖民宗主国语言，以及其他研究东南亚的国家的语言，如俄罗斯、日本等国使用俄语、日语所出版的与东南亚相关的信息资源。本书研究的东盟信息资源建设，是将信息的语言定义在英语、汉语、东盟各国语种的范围。当然，其他语种（如法文、荷兰文、俄文、日文、西班牙文）的信息资源建设由于数量少，基本上可以当作特藏中的特藏来建设。

3. 从学科分类看

东盟信息资源分布范围广，在《中国图书馆图书分类法》的22个基本大类中都有所涉及。以高校图书馆的东盟信息资源建设为例，与学科建设和专业需求联系紧密的D政治法律、F经济、G文科教体、H语言、I文学、K历史地理等类别的信息资源建设较为丰富。

4. 从时间跨度看

除了近现代的纸质信息、电子资源及网络资源外，东盟信息资源还有许多珍贵的古籍孤本和善本，尤其是东盟国家珍藏的贝叶信息和燕行信息。贝叶信息详尽地记录了东盟国家的宗教经文和宗教发展历程，燕行信息则记载了中国与东盟之间的政治经济和文化往来，对研究中国—东盟发展史有着不可或缺的作用。中国是除了东南亚国家以外世界上最早对东南亚各个国家的信息资料进行记录的国家，与之相关的中国古籍就是最好的证明，这些古籍中记载的内容包括东南亚各国的政治制度、自然人文地理和社会经济发展的状况，不仅反映了中国自古以来与东南亚各国之间的经济贸易交流、文化沟通、使者往来情况，而且反映了当时的政治制度及与邻国的外交关系情况。无论是正史、官书，还是实录、丛书，其都为研究东盟各国的历史地理、经济贸易、民族宗教与文化发展提供了重要的信息，尤其在东盟史学研究中具有不可替代的作用，是东盟信息资源的重要组成部分，堪称“无价之宝”[②]。这

① 苏瑞竹，张颖．东盟文献信息资源建设初探[J]. 广西师范学院学报（哲学社会科学版），2012，33（3）：152-156.

② 梁志明，李一平．中国东南亚史学研究的进展与评估[J]. 世界历史，2011（2）：120-127.

些古籍信息数量巨大、记载分散、内容全面而详尽，有相当一部分保存于图书馆中。这些东盟信息资源的时间跨度较大，具有很高的历史价值。

5. 从收藏形式看

东盟信息资源按照收藏形式可分为实体馆藏和虚拟馆藏两类。实体馆藏包括以图书、连续出版物为代表的纸质信息资源，还包括以数据光盘和存储器中的自建数据库为代表的电子信息资源；虚拟馆藏虽然也是电子信息资源，但其收藏形式是通过试用、租用等方式获得各类数据库等数字资源的使用权，也包括搜集、整理出来的网上免费资源及与其他信息机构共享获得的资源，还包括学科导航的信息资源。

（二）东盟信息资源的特征

东盟信息资源是对东盟区域社会经济发展、自然资源条件、民风民俗、文化发展等研究的重要参考信息来源，是图书馆的特色信息资源之一。相较于一般信息资源，东盟信息资源具有以下特点。

1. 信息资源归属的地域性

东盟信息资源最基本的、最本质的特点之一就是它的地域性。通过将信息的内容和形式限定在一定的地域范围，从而将东盟信息资源从一般信息资源中区分出来，其内容既反映了时代特点，又体现了地域特征。

2. 信息内容的广泛性

东盟信息资源的内容系统全面，涉及各个学科领域，它包含了东盟各国的自然、社会的基本情况，从不同角度、不同层面反映了东南亚地区的政治、经济、社会、宗教、文化、历史、地理等社会人文发展历程和现状。它既可以是体现不同历史时期东南亚社会发展基本情况和特点的历史信息，又可以是反映东盟各国当下的政治、经济文化、社会生活、教科文体等现状的现代信息。

3. 信息文种的丰富性

①东盟国家语言。东盟各国几乎都拥有自己的语言和文字，东盟国家的官方语言达9种之多，并且还有不少东南亚民族的方言。绝大部分关于东盟各国的第一手资料都是用这些东南亚本土语言所出版的，其大部分信息和内容具有相对的客观性，对研究东盟国家具有很高的参考价值，是其他资料所不能比拟的。

②中文信息。中国与东南亚山水相连，华人更是遍布东南亚国家，国内不乏有关东盟的研究和著述，因此以中文出版的东盟信息资源颇丰。常见的有国内研究机构的著述和出版物，以及东盟国家出版的中文出版物[①]，如马来西亚、新加坡和泰国的出版物中均有大量的中文信息。

③英文信息。英语是国际通用语言，大量的学术著作采用英文出版，再加上部

① 李灿元，王红. 东南亚研究信息资源采访策略探讨 [J]. 图书馆界，2011（5）：42-43+52.

分东盟国家曾是英、美等国的殖民地，对英语的使用有着一定的历史条件，至今也有一些国家将英语作为本国的通用语言，如马来西亚、新加坡等。以英文出版的东盟文献和数字信息更便于国际传播和读者获取利用。因而英文信息在东盟信息资源中占有很大的比重。

④日文、俄文等信息。除普遍使用英文的英美国家外，日本、俄罗斯、韩国等周边国家也有不少使用其本国语言出版的东盟信息资源。

⑤法文、荷兰文和西班牙文信息。16世纪后，法国、荷兰和西班牙等西方国家对东南亚多国实行了殖民统治，这使得东盟信息资源中有相当一部分是使用殖民主义宗主国语言信息，具有重要的史料价值和学术价值。

4. 信息载体的多样性

①传统材料信息。如甲骨文、青铜铭文、金石、简牍、帛书等。在东盟国家，用缅甸文、泰文等拼写的巴利文贝叶经就是突出代表。东盟古籍中不乏孤本、善本、珍本，这些都具有很高的文物价值。

②纸质信息。东盟纸质信息资源包括印刷品、写本、抄本、书画等。具体可细分为图书、期刊、报纸等正式出版物，还有会议信息、博硕士论文集、政府出版物、科技报告、规范与标准、专利等灰色信息，以及手稿、手抄本、书信、图集、图片等原始信息。

③电子信息。电子信息资源是将文字、符号、图像、声音、视频等多种类型的数字信息存储在磁、光、电等介质中，可供用户通过电脑、手机、平板、Kindle等电子设备阅读、利用的新型信息。电子信息的载体有缩微胶片、U盘、软磁盘、光盘、网上信息等，包括电子书、电子报刊、联机或网络数据库、多媒体等产品形式。

5. 信息来源的分散性

东盟信息资源的地域来源较为分散，它可以来自东南亚国家、欧美国家、中日俄等周边国家，不同国家的信息获取途径各不相同。由于出版发行、版权保护等制度上的差异，东盟信息资源搜集整理的难度大大增加。目前，东盟成员国的社会经济发展极度不均衡，信息资源分布集中在发展较好的国家。由于东盟各国的国情发展状况不同，东盟各国的信息资源分布也各异，所以对东盟信息资源建设的侧重点也就有差异，资源的分布也不同。对国家内部来说，由于各个地区的发展情况各异，各地的信息资源分布也存在差异。一个国家的信息资源中心，一般较为集中地分布在这个国家的首都城市和经济发展较为快速的中心城市，而在边疆省份或者远离首都和经济发展中心的地区，信息资源分布密集度则较低。同时，东盟信息资源载体的多样性，使得信息获取来源相对分散。既有公开出版发行的印刷信息，又有不对外公开发行出版的内部信息，也有分散在个人、组织中的手稿、书信、书画等，因此在搜集过程中很难全面覆盖。

三、东盟信息资源的功能

信息资源的功能是信息资源能够满足社会和人主体需要的一种价值属性。东盟信息资源作为一种重要的信息资源，由于记载了东盟国家自然和人文方面的各种信息，往往具有情报、科学、商品、经济、社会和文化等价值。通过对东盟信息资源的挖掘和利用，可以为政府、企业、科研机构等提供第一手的资料，特别是一些内容翔实、来源可靠的东盟信息资源，同时拥有适用于当下的情报价值和值得长久保存的史料价值，它既有信息资源的普遍共性，又具有异于其他信息资源的特殊性。东盟信息资源具有以下功能①。

（一）认识东盟国家的知识功能

信息资源作为社会和人类思维活动的科学认知记录体系，记载、存储了人们对社会的认识、对社会发展规律的探索，以及由此产生的知识体系，通过对这些信息和知识的学习和传播，人们不断地深化对社会的认识。东盟信息资源是记载东盟国家的历史和文化发展的资源，是存储东盟信息资源的重要载体，它具有保存东盟科学文化知识、积累社会经验和前人成果的功能。

通过阅读、研究和吸收东盟信息资源，我们可以认识东盟各国的历史沿革和发展状况，了解东盟国家的风土人情、山川美景、政治制度、经济发展、科技进步等，拓宽我们对东盟国家认识的视野，充分认识东盟国家的社会现象。东盟是由10个东南亚国家组成的一个政治、经济共同体，是一个需要共建共赢的组织，研究者了解和研究不同国家最为直接有效的方式就是解读不同国家、不同语种的信息资源，原始的语种信息资源能更直观、准确地反映该国的历史和现状。

（二）促进经济贸易合作功能

经济贸易是社会发展进步的根基，经济贸易信息作为社会经济贸易活动中的重要因素，是经济贸易活动不可或缺的。现代经济贸易的记载形成了高度信息化和科学化的动态信息体系，信息是经济贸易的驱动力，在实际应用中起到的作用是物质、能源所达不到的。可见，现代经济贸易的竞争是基于信息的竞争。目前，东盟已经成为中国最大的贸易合作伙伴。东盟信息资源包含了大量中国—东盟经济贸易合作交往的第一手资料，能为了解东盟各国发展投资现状、研究经济贸易合作领域和发展趋势，从而进行分析决策提供基础性的信息支撑。如果不了解东盟国家经济发展的现状及政策，缺乏具有重要参考价值的相关资料和研究成果，那么要进入东盟市场就如瞎子摸象，难具竞争力。因此，东盟信息资源具有促进经济贸易合作的功能。

① 王涛．略论社科信息资源的功能和作用[J].情报资料工作，2014（12）．

（三）决策参考支撑功能

现代社会管理需要科学的决策，要作出科学的决策就离不开对信息资源的参考和借鉴。东盟信息资源包含东盟国家诸多方面的信息和前人的研究成果，可以为决策和规划提供可靠的参考。决策部门通过对东盟信息资源的收集、整理、分析，借助科学的方法对事物的发展趋势、后果和影响等因素进行综合分析、推理，并获得辅助决策的参考信息。依据实际情况的需要和所掌握的情报，能够及时制定出更加科学、更加合理的与东盟相关的政策、方针、计划，从而创造更大的社会效益和经济效益。

《孙子兵法》曰："知彼知己，百战不殆。"在中国与东盟的合作过程中，对合作国各方面的信息了解的深浅在很大程度上会影响双方的合作。充分掌握合作国家的关键信息，制定正确的决策，不仅可以促进合作伙伴双方的关系取得新的发展，还可以以此为依据规划和实施共同的发展战略，加强中国—东盟合作的广度和深度。例如，关于党、政、军的信息资源属于政治与意识形态的范畴，是各个国家上层建筑的重要内容，这一方面对社会意识形态具有重要的导向作用，另一方面对国防和外交也起到重要的引导作用，这些信息资源为中国与东盟之间的交往与合作提供科学依据，也为研究和制定国家国防战略和外交政策提供重要支撑。

（四）促进教育交流和研究功能

东盟信息资源包含了丰富的东盟国家的相关知识，因为包括社会教育，几乎所有的教育都离不开信息资源，信息资源是教育的必要前提之一，是教育工作者开展教育工作的重要媒介。东盟信息资源能够为教学与科研工作提供充足的素材，助力研究者进行更深入的学术研究，全方位地了解东盟各国的历史、文化、政治、经济贸易信息，支持科教事业的发展。东盟信息资源对东盟语言的学习也有积极的影响，是了解东盟的有力工具，不断地学习、理解、掌握、运用这些知识，有助于提高学习和科学研究的水平。东盟信息资源能为语言学习和研究提供智力保障。东盟信息资源之中不乏具有较高学术价值的参考资料，这是研究人员寻找选题、激发灵感、掌握动态、开展研究的可靠来源。

近年来，中国与东盟国家的教育合作日益增强，高校之间的交流合作也在不断扩大，双方互派留学生数量更在不断增多。在中国贵州举办的一年一度的中国—东盟教育交流周，自2008年以来已连续举办了13年，"一带一路"倡议使得中国与东盟国家的教育合作得到深化。随着中国在东盟国家投资的增加，在科技领域的合作也在不断增大，学者、留学人员和科技人员的学习和研究需要有丰富的东盟信息资源支撑。对东盟各国的信息资源进行全面的搜集整理，不仅能满足人们学习和研究的信息需求，也能促进中国与东盟的教育交流和科学研究工作。

（五）文化旅游信息交流传播功能

旅游休闲娱乐是人类社会生活的重要内容，民众对旅游休闲娱乐方面的信息需求是多方位、多层次的。除了在信息资源中获取基础性的实用信息外，还需要获得能够满足精神文化需求的信息资源。东盟国家旅游资源丰富，使得中国游客成为东盟国家旅游业的重要客源。游客需要了解东盟国家风景名胜、文化古迹的信息，还需要了解与旅游相关的民俗文化、经济发展、社会环境及气候、交通等信息；游客需要的信息不仅需要从中国—东盟自由贸易区旅游产业合作的方面考虑，而且还需要从增进双方情感联系、推动交流的角度考虑。东盟信息资源为人们了解东盟国家旅游现状提供了重要素材，有利于推动中国—东盟旅游业的发展，增进中国与东盟各国及各民族之间的民族文化交流，传播地区独具特色的民族文化，保护人类文明的多样性。

东盟信息资源中以文化生活为题材的作品数量众多，如文学艺术、小说读物、音乐、体育赛事、民族服饰、节庆民俗、旅游景点、热门影视作品等。这类信息资源同时具有很强的知识性、实用性和趣味性，具有休闲娱乐功能。特别是数字化、网络化的东盟信息资源，其内容和形式更加丰富多元，不再简单地局限于文、图、音、像，这类信息在信息资源中，具有强大的娱乐功能。因此，利用东盟旅游信息资源可以激发人们对东盟旅游的需求，增进人们对东盟休闲娱乐的了解和需要，促进中国与东盟各国的合作与交往，全方位深化中国和东盟各个国家、各个民族间的相互了解和文化认同，增强对各国民族文化的欣赏和理解。

第二节　东盟信息资源支撑及利用的意义

2015年3月28日，中国国家发展和改革委员会、外交部与商务部联合发布了《推动共建丝绸之路经济带和21世纪海上丝绸之路的愿景与行动》，这标志着中国与东盟各国将一同开启使用海上合作基金，带着美好的愿景开创“世纪海上丝绸之路”，开展海洋经济贸易合作。传统的“海上丝绸之路”是中国从海上通往世界的重要航路，是古代中国在特定的政治、经济背景下形成的，也是古代中国同世界其他国家进行经济合作、贸易往来，以及文化交流的著名海上航线。步入21世纪后，中国与东盟各国乃至世界上的更多国家建立起新的“海上丝绸之路”。“海上丝绸之路”有着重要的战略意义，这并不代表古代“海上丝绸之路”随着时间的流逝而消失，而是随着中国与沿线国家持续的交流合作得到传承与延续。其路线包括红海湾及印度洋西岸航线、东南亚航线、南亚及波斯湾航线。中国一直秉承着大国风范，积极与东盟各国保持良好且紧密的联系，中国与东盟在2010年正式签订合作协议，成立中国—东盟自由贸易区。中国—东盟自由贸易区的成立为“21世纪海上丝绸之路”提供了不可或缺的实践蓝本，它与我国和平发展的战略定位、睦邻友好相处的外交政策，以及建设海洋强国的构想高度契合，有助于我国与东盟各国提高政治互信，推动经济优势互补、全面融合，加强文化上相互包容的力度，对实现我国“一带一路”的倡议目标具有重要意义。

2020年11月27日，在广西壮族自治区首府南宁市召开了第17届“中国—东盟博览会”与“中国—东盟商务与投资峰会”，在开幕式上，国家主席习近平通过视频致辞。2020年是中国—东盟数字经济合作年，这一年也是中国—东盟自由贸易区全面建成的第十年。以东盟为核心推动的，涵盖了东盟十国，以及中、日、澳、新、韩等15国的全面经济伙伴关系协定（RCEP）也在这一年成功签署。日益密切的交流合作使得中国与东盟各国在数字经济、电子商务、智慧城市、5G等领域创造了未来经济的增长点，并确定了合作方向，当然，这些成就离不开东盟信息资源的支撑。因此，重视东盟信息资源的建设与开发，保障各级、各类用户可以获取和使用相关资源与服务，推动“一带一路”倡议目标的实现是我国图书馆等信息服务机构面临的现实问题。

东盟信息资源支撑及开发对“一带一路”倡议发展具有重要意义。

一、东盟信息资源支撑的战略意义

东盟各成员国国情不同、民族各异、宗教信仰的差别和语言文化的多元，造就了人文环境的多样性。东盟各国与中国山水相依，海陆相连，到处彰显出文化交流、融合的印记，经济贸易往来源远流长，地缘政治长期相互影响、相互促进。中国—东盟的历史发展留下了丰富的信息资源，而这些资源对促进中国—东盟的进一步合作有很高的参考价值。当前，一个国家的科技创新能力、知识储备能力、信息占有能力，与其在信息资源方面的收集水平、存储水平、积累水平、开发和利用水平有着密切联系。东盟信息资源是东盟各国推动经济社会发展所依赖的重要战略信息资源之一，对于我国与东盟各国的交流往来有着非常重要的影响。

随着中国与东盟各国多领域合作的不断深入，东盟信息资源作为重要的国家战略资源在国际政治、军事、经济贸易、文化、教育交流中的作用日益凸显。在知识经济时代的激烈竞争中，东盟信息资源的支撑及开发利用具有重大而深远的意义。

（一）国家安全信息保障的需要

东盟国家与太平洋和印度洋连接，海洋资源丰富，是中国海上运输的重要通道，是中国周边环境的重要组成部分，对中国周边环境安全的影响巨大。我国长期以来一直秉持“稳定周边”的对外战略目标，但各种历史因素及冷战思维仍在延续，使得中国的和平崛起仍然或多或少使部分东盟国家游移不定、心存戒备，甚至部分东盟成员国与我国还存在着南海岛礁主权归属的争端，以及对海洋战略资源的争夺。南海争端使我国的领土安全、能源安全、军事安全都受到严峻的挑战。同时，我国周边地区日益受到来自美国、日本、印度等域外国家的干涉与渗透，它们屡屡插手南海争端，妄图遏制中国发展并从中牟利。为谋求自身的安全与稳定，发展与东盟各国的睦邻友好合作关系，我国必须加强东盟信息资源的建设，充分挖掘和利用各种情报信息为决策服务，推动区域的和平、安全与繁荣发展，为中华民族的伟大复兴营造和平稳定的国际环境。因此，东盟信息资源支撑对维护中国在周边地区的发展利益、保障国家安全、深化区域合作共赢有重要的战略意义。

（二）国家经济信息保障的需要

2020年，东盟已成为中国最大的贸易伙伴，中国连续12年保持东盟第一大贸易伙伴地位。中国与东盟国家在长期发展的过程中，地缘政治、经济贸易、科技文化等方面相互影响深刻。我国制定与实施东盟地缘战略的过程是漫长且动态变化的，各级决策者和执行者要想准确部署战略规划、正确实施战略决策，就离不开东盟信息资源的有力支撑。社会经济的发展对边境地区的稳定起到了决定性作用。发展社会经济不仅保障了各民族地区的共同繁荣，还为巩固沿边民族的团结和睦与区域的和平稳定提供了经济基础[①]。目前，中国与东盟国家开展了广泛的区域经济合作，特别是中国—东盟自由贸易区的建立为实现区域经济一体化打下坚实基础，依托东盟信息资源所制定的地缘政策，有助于我国在激烈的国际经济竞争中谋求和维护自己的经济利益。

（三）国家文化战略发展的需要

作为人类社会最为重要的交流交往方式和文化传播载体，语言强有力地维系着人类文明的生存和发展，是信息交流的重要工具。全球化使世界连成一个整体，国家之间逐渐向唇亡齿寒的方向发展，相互依存度逐年增高。从区域发展角度分析，中国与越南、老挝、缅甸等东盟国家间就拥有十余个跨境民族，跨境民族语言成为我国边境地区对外交流的重要渠道，也是巩固国防的天然屏障和重要力量。从文化角度分析，语言是一个民族宝贵的财富，维护民族语言的生存与发展、延缓民族语言的衰落和消亡就是延续民族文化成果和保护人类文明多样性的一个重要方面[②]。东盟信息资源的建设和开发利用在很大程度上是对东盟语言的保护，也是对东盟语言学习和研究的重要信息保障。在经济全球化时代，国家间交流日益频繁，相互依存

① 陈桂秋．论中国边境旅游发展的战略意义[J]. 华东经济管理，2004（2）：36-38.
② 罗自群．论小语种的语言保护问题——以基诺语、怒苏语为例[J]. 云南师范大学学报（哲学社会科学版），2008（4）：27-31.

度逐渐提高。一个国家获取和利用外部信息资源的能力，以及该国拓展国际战略空间的上限，在一定程度上取决于这个国家所掌握外语资源的实际水平[①]。为实现国家外语的全面发展战略、满足情报能力和跨文化沟通能力培养的客观需要，必须进行东盟信息资源建设，以全面支撑对外交流、知识储备和人才培养工作。

（四）与周边国家外交的需要

随着我国与东盟国家在各领域交流的不断深入，边境经济、贸易、文化、旅游、教育等领域的合作逐步增多，有效促进了中国与东盟国家间的共同发展。东盟信息资源在中国与东盟国家交往中的作用日益凸显，它不仅为区域经济和文化建设提供参考，而且在中国—东盟的政治、经济贸易、科教合作与交流中也起到促进作用，推动中国—东盟各民族之间的融合和发展，在维护民族文化多样性、保护世界文化遗产等方面意义也十分重大。因此，我国政府、企业、高校、科研及相关信息服务机构对东盟信息资源的需求与日俱增。

二、东盟信息资源支撑的实际意义

信息资源已成为新时代社会发展不可或缺的关键资源，东盟信息资源的规划与建设是我国与东盟国家各项事业合作可持续发展的有力保障。随着信息资源的丰富，以及信息资源建设资金的不断增加，当前的东盟信息资源建设模式难以满足新时期用户东盟信息资源的需求。因此，必须加强东盟信息资源的建设，并依托互联网和信息技术，积极开发整合各种信息资源，加快多元主体协作的东盟信息资源共建共享，全面支撑国家“一带一路”倡议的需要。

图书馆作为信息资源建设的重要阵地，面对日益多元化、复杂化、综合化的用户需求和越发激烈的信息服务市场的竞争格局，必须明确自身的定位和作用，充分发挥在信息资源支撑和开发利用中的核心作用。从战略层面、管理层面、操作层面和技术层面与其他机构合作协调，共同为东盟信息资源与服务提供保障与供给。

（一）国家东盟信息资源的支撑

东盟信息资源是国家战略资源的重要组成部分，也是我国外文信息保障体系的重要内容之一。为满足国家社会、文化教育和科学技术发展的需要，外语信息资源的理想配置构成应是70%国内保障，30%由国际互借、交换获得[②]。但在现阶段，国内的国外信息保障远没有达到70%的建设目标。由于东盟信息资源的数量巨大，涉及国家和语种众多，载体形式多样，并且广泛分布于政府部门、企业、高等院校、科研机构和

① 赵蓉晖．国家安全视域的中国外语规划 [J]. 云南师范大学学报（哲学社会科学版），2010（2）：12-16.

② 朱晓兰．再谈国家图书馆东方语文图书采访工作 [G]. 国家图书馆图书采选编目部．新形势下的图书馆采访工作．北京：北京图书馆出版社，2005：88-93.

信息服务部门之中，在各建设主体加强东盟信息资源的建设及提供优质信息服务的基础上，通过协调跨系统、跨部门的组织机构开展东盟信息资源共建共享，有助于降低东盟信息资源建设成本，并能发挥东盟信息资源建设的优势互补。

图书馆在全国范围内建立东盟信息资源保障联盟，建立馆藏分工与合作建设机制，加强与国家图书馆和国家科技图书馆的共建共享，可以使东盟信息资源建设保持连续性、系统性和经济性，甚至与东盟国家图书馆建立信息共享联盟，共建中国—东盟图书馆信息交流平台，实现信息的互通，为东盟信息资源用户提供信息资源支撑[①]。

（二）中国—东盟合作的情报基础

信息资源是知识创新的“生产要素”，具有无限开发性、价值增值性、资源共享性、传播广泛性、价值时效性等特点，在经济活动中具有代替物质资源、能源资源的作用，在管理决策之中提供情报信息，可以消除国家创新活动的不确定性，保障国家创新系统的建设与运行[②]。

以地处中国—东盟合作核心位置的广西南宁为例，随着中国—东盟合作进程的不断深入、北部湾经济区的建立和发展，南宁市已初步拥有了中国—东盟区域性综合交通枢纽的地位，与东盟国家共同建立了中国—东盟金融中心和中国—东盟信息交流中心等国际合作项目，推进了“广西至东盟国家高速公路扩容项目”“中国—东盟科技合作与技术转移综合服务平台”等信息服务建设项目[③]。广西南宁在承担和推进中国—东盟区域性物流、商贸和加工制造基地的建设上取得了一定的成绩，并进入了攻坚阶段，使得我国各类学术机构和公司企业将目光投向东盟。东盟信息资源中包含丰富的情报资源，这些资源反映了东盟国家的社会、市场等多方面信息，有助于我国政府、企业、科研机构等制订相应的战略计划，提高自身竞争力和更好参与国际竞争。

（三）中国—东盟研究的信息资源支撑

我国从事中国—东盟研究的队伍经过长期的发展和积累，研究已经涉及经济、历史、地理、文化、政治、军事、外交、华人华侨等多个领域。广西对东盟的研究非常广泛，研究成果十分丰富，仅2018年和2020年就分别有20项和17项成果被评为“广西社会科学优秀成果”奖。

信息资源是进行学术研究的基础。东盟国家的研究资料属于专题信息资源，收藏要求是尽可能完整并且精准专深，以研究级收藏的要求加以建设，以满足项目研究及硕士、博士研究生培养的需要为目标。研究东盟的专家和学者需要对其关注的东盟国家的国情进行深入的了解，需要对其研究的某些学科领域作深入的研究，就

---

① 李灿元，麦林，钟建法．高校图书馆小语种图书建设的问题与对策[J].图书馆建设，2011（9）：18-20.

② 赵杨．国家创新系统中的信息资源协同配置研究[M].武汉：武汉大学出版社，2012：42.

③ 南宁市人民政府新闻办公室．南宁概览2009[M].南宁：广西美术出版社，2009：1,8.

必须有完善的东盟信息资源体系作为支撑。由于东盟研究对参考信息的时效性、准确性和系统性的要求较高，所以国内的研究机构与国外同类型研究机构在信息数量与质量上都存在一定差距，这说明对东盟研究的需要更凸显了东盟信息资源保障体系建设的重要性。

（四）东盟国家语言教学的信息资源支撑

学科的发展有自身的规律，但是任何一个学科只有最大限度地满足国家战略需求，才能获得更大的发展[①]。我国新时代的对外发展战略极大促进了包括东盟国家语言在内的外语人才培养工作。外语学科的发展离不开丰富信息资源的支撑，特别是外文信息资源更是为学科建设与专业教学提供了基础素材。随着东盟外国语专业人才需求的增加，东盟语种学习出现热潮。国内迅速涌现出一批增设东盟语种专业的外国语高校，使得东盟语种专业的办学规模持续扩大，招生热度也逐年上升。教育部高等教育司在全国设立了北京大学、广西民族大学等8个国家级外语非通用语种本科人才培养基地，其中，广西民族大学开设了越南语、老挝语、泰语、柬埔寨语、缅甸语、马来西亚语和印尼语7个本科专业。目前，国内已经设立了30个非通用语种的教学点。教育部也更加重视非通用语种教学的发展，进一步推进了国内与国外外国语学院对东盟语种的普及与国际院校的强强合作。

可以说，学科建设对图书馆的东盟信息资源建设提出了更高的要求：要求图书馆提供更多品种、更全面、更完整的东盟信息资源支持，要求图书馆加强东盟信息资源体系建设，以适应教学和科研的需求。

（五）东盟国家旅游开发与研究的信息资源支撑

国际旅游是实施“一带一路”建设中重要的有机组成部分，有助于加深中国游客与东盟民众、东盟游客与中国民众的相互了解，增进我国与东盟各国人民的友谊，可以说旅游是实现民心相通的绝佳途径。旅游合作是中国与东盟国家十一大重点合作领域之一[②]。经过多年的合作往来，中国—东盟旅游交流蓬勃发展、成绩斐然。

中国与东盟都将对方当作旅游的客源国和目的地。2018年，入境东盟的中国人多达5700万人次，最受中国游客欢迎的10个国家中东盟国家就占了7个。中国—东盟旅游合作的研究及政策的制定需要东盟信息资源的支撑，中国公民亦有对东盟旅游目的地信息的需求，这都说明了东盟信息资源建设的必要性，只有建设东盟信息资源服务体系，才能保障旅游学界、业界及旅游者的信息需求。

① 蔡基刚．我国高校大学外语政策调整的范例及其战略意义[J]．中国大学教学，2013（8）：12-16.
② 杨雨姝．助力贵阳高水平开放高质量发展的新平台[N]．贵州日报，2019-9-20.

第二章　东盟信息资源实践及研究概况

第一节　东盟信息资源实践概况

地理意义上的东盟，即“东南亚”，是指我国以南的中南半岛和马来群岛的亚洲区域；文化概念上的东盟，指的是中国、印度、伊斯兰和西方四大文明的融汇之处[①]；政治和经济概念上的东盟，则是指东盟10个正式成员国的政治与经济的联盟组织。由于东盟较为特殊的地缘战略位置，关注东盟研究的国家众多，因此，我国对东盟的研究也显得尤为重要，各国图书馆界也为此展开了对东盟信息资源的搜集和整理工作，并取得了丰硕的成效。

一、国内东盟信息资源建设概况

我国自古重视对东南亚的研究。我国古代关于东南亚的古籍中有很多珍贵的东南亚的历史、人文记录，不论是我们所熟知的正史、杂书评论，还是鲜为人知的笔记和游记，对于东南亚各个国家都有记录[②]。在这其中，司马迁撰写的《史记》就是杰出的代表。

在我国，福建、两广和云贵地区对于东南亚各个国家的文化研究历史悠久，这些地方性的信息服务机构对东盟信息资源的搜集和整理非常重视，建成了一定规模的东盟信息资源体系。中国社会科学院亚太与全球战略研究院、广西和云南社会科学院的东南亚研究所，以及福建、台湾东南亚学会等机构，均收藏有丰富的东盟信息资源。

高校中研究东盟的学者比较多，因此不少高校图书馆对东盟信息资源建设较为重视。许多图书馆都以与学校专业教学、科学研究相适应的、反映东盟学科国内外发展水平的东盟信息资源作为特色资源加以建设。其中，具有代表性的院校包括厦门大学、暨南大学、中山大学、广西民族大学、云南师范大学等。这些院校具有的

① 张颖．高校图书馆东盟馆藏评价研究[D]．南宁：广西民族大学，2014.

② 郑力人，杨玉蓉，柳瀛．北美的东南亚图书馆[R/OL]．第二届中美高校图书馆合作发展论坛[2014-1-5] http://www.cashl.edu.cn/portal/saalForum2/reports/1/2.%20康奈尔大学郑力人等：北美的东南亚研究图书馆.pdf.

共同特点就是有着良好的地理位置。这些院校为满足学校人才培养的需要，逐步建立了各具特色的东盟信息资源体系。这些研究机构的图书馆积极开展数字化网络化建设，并对其内容进行分类标引，建成了一定规模的东盟信息资源库。

1995年，中国南海研究院图书馆通过对文献资料的收集与整理，建成了国内首个致力于服务南海问题研究的数据库。数据库搜集了自清王朝以来与南海历史、地理、经济相关的历史信息，还包括各国出版的各类地图、政府朝廷档案、书信手稿和电话电报、会议记录、图片照片，以及“二战”结束后，我国对西沙、南沙群岛恢复主权的重要信息和档案资料等，还收录了国际上涉及南海问题的重要英文信息，为我国进行南海维权提供了历史证据和法理依据①。

广西民族大学依托学校独特的东盟国家语言学科的优势，积极开展对东盟信息资源的收集和整理工作，收藏的东盟国家原版图书、报刊资源达到6万册，成为我国当今最大的东盟信息资源建设单位之一，图书馆还对东盟国家的原版馆藏进行数字化加工，使东盟信息资源的利用率得以提高②。

二、国内东盟信息资源开发利用概况

（一）整合开发现有资源

我国图书馆界对东盟信息资源的整合开发正在稳步推进，并取得了一定的成绩。例如，暨南大学的“新加坡研究数据库”、厦门大学东南亚研究中心的“东南亚及闽台研究数据库”、广西壮族自治区图书馆的“东南亚研究论文库”和“东南亚风情资源库”等项目；广西民族大学图书馆利用阿帕比数字出版了全流程解决方案，对馆藏东盟信息进行了数字化加工，及时发布供用户使用等。

广西科技情报所的《中国（广西）—东盟技术标准信息服务平台建设》项目，通过及时收集与我国贸易/规模较大的东盟国家的标准和技术法规信息，对不同国家的标准信息进行翻译、整理、加工，建立数据库，实现相关信息的网上查询、下载、交易，为我国用户提供方便、快捷、准确的“一站式”东盟标准信息服务，构建了一个畅通的东盟标准信息获取渠道。

在CORC中国开放科技知识云网站中收录了“东盟”相关的公开学术资源近2 000篇，分别来自60所科研机构，是东盟资源中的期刊论文、学位论文、报纸、会议论文等公开发行的，对东盟国家各个领域的研究资源的整合。

东盟国家开放存取的机构知识库包括这些国家的研究机构和高等院校建立的知识库，最典型的就是大学的学位论文数据库，如新加坡国立大学、泰国朱拉隆功大学等。这些机构的知识库共收录600多万篇学术信息，包括专著和各类论文（期刊、

① 赵蕊洁．东盟国家多语种信息资源建设研究[D]．南宁：广西民族大学，2018.

② 李灿元，麦林，钟建法．高校图书馆小语种图书建设的问题与对策[J]．图书馆建设，2011（9）：18-20.

学位、会议）及专利和研究报告等信息，全文实现开放获取比例达到96.44%。比较有名的开放获取期刊集合有DOAJ、OpenJ-Gate、BMC、PIoS、High Wine Press、PMC、Free Full Text等。这些期刊发表的与东盟相关的论文是东盟网络信息资源搜集的主要对象。

（二）提供东盟信息服务，助力学习、研究、实践

我国部分图书馆在东盟信息服务建设的探索与实践中取得了一定的成果。图书馆不仅要做好东盟信息资源的建设工作，还积极主动向目标用户提供东盟信息服务，帮助其进行东南亚学习与研究，指导其进行相关实践活动。以厦门大学图书馆为例，其专门设立了东南亚学习与研究的学科服务，聘请了相关学科的图书馆馆员，但学科服务建设还处于起步阶段，难以对东南亚的学习和研究提供强有力的支撑。

（三）开展交流合作，促进资源共建共享的研究

受管理体制、传统思维的影响，目前我国图书馆界建设、利用东盟信息资源还处于各类图书馆系统、同一系统内的各个图书馆各自为政的局面。因此有研究人员建议，政府或相关职能部门应牵头立项，联合公共图书馆、高校图书馆和研究/机构图书馆进行分工合作，立足适合本图书馆性质的领域，与其他图书馆通力合作，建立资源共建共享的合作机制，开展东盟信息资源建设①。例如，我国高校图书馆系统内部就有成功的CALIS、CASHL等合作项目，这些项目为开展东盟信息资源的共建共享提供了很好的帮助。

国内图书馆与国外图书馆也建立了许多有成效的多边或双边交流机制。馆藏互赠、信息交换、定期互访、合作办展、互派馆员等是国际图书馆界图书馆之间重要的合作方式，中国图书馆界与东盟各国的图书馆界在这些领域进行了密切的馆际合作②。2012年，在中国—东盟文化论坛上，中国与新加坡两国的国家图书馆倡导了《东亚图书馆南宁倡议》，得到了与会各国图书馆界的赞同，使该倡议成为中国—东盟图书馆界深化长期合作机制的纲领性文件③。这为今后中国—东盟信息资源的共建共享奠定了基础。

三、国外东盟信息资源建设概况

在国外，有不少图书馆在东盟信息资源建设领域取得显著成效的典型国家，现选取若干进行简要介绍。

---

① 张颖．外国图书馆东盟信息资源概况及启示[A]．广西图书馆学会．2014年年会暨第32次科学讨论会论文集[C]．广西图书馆学会，2014：7.

② 周和平．共同推动亚洲地区图书馆事业的发展[N]．中国文化报，2013-11-22（003）.

③ 2012中国—东盟文化论坛在广西壮族自治区开幕[EB/OL].（2012-09-12）[2020-10-01]. http://www.gov.cn/govweb/gzdt/2012-09/12/content_2223130.htm.

（一）美国

美国高校图书馆的信息资源建设与学校的学科设置密切相关，而学科的设置大多由美国的政治和外交政策决定，也就是说，美国的东盟信息资源建设源于政治与战争的需要。为了更好地开展科学研究，美国哈佛大学等均设立了亚洲研究中心，开展了东南亚的研究。随着东南亚研究项目的增多，高校对东南亚的馆藏建设得到了加强。美国教育部在2010—2014年的计划中，指定夏威夷大学、华盛顿大学等7所高校及其东南亚研究中心为美国的国家级东南亚研究资源中心（NRC）①。为支持东南亚的教研，这7所高校都建设了东南亚图书馆或者亚洲图书馆，大量收藏东南亚的信息资源，包括档案信息和实物信息。美国政府非常重视对东盟信息资源的建设，并且采取了一系列措施，为东盟信息资源的保障提供了重要支撑。

（二）法国

法国的东盟信息资源建设，主要承袭自法国殖民东南亚时期对当地传统社会、人文历史及语言文化研究的成果。法国建立了一系列重要的东南亚研究机构，如东南亚和群岛地区信息与研究中心、尼斯大学的现代亚洲研究中心等②。相应地，法国的图书馆等机构对东南亚信息资源的收集和整理工作也有大量成果。法国国家图书馆收藏了许多法国人早期游历东南亚所得到的珍贵图书；法国远东学院是一所非常具有代表性的研究机构，专门研究东亚、南亚和东南亚文明，该机构的图书馆收藏了丰富的东南亚信息、档案等珍贵资源，尤其是对柬埔寨吴哥窟考古与保护的研究资料数目庞大，对研究吴哥建筑历史、吴哥古迹保护与修复作出了巨大贡献，此外，还藏有青铜器、钱币等实物信息资源。

（三）日本

在“二战”期间，日本对东南亚国家进行侵略和占领，开辟了所谓的“太平洋战场”，出于现实的政治与军事需求，日本学者对东南亚的研究日益增加，日本对东南亚信息资料的搜集、组织和整理也在这一时期进行得如火如荼。“二战”后，日本战败，日本国内的东南亚研究方向也迅速向经济贸易领域、文化交流等方面转变，图书馆收集整理东盟相关的信息资源的研究重点也变成了对东南亚各国的社会经济、文化教育和风土人情的研究，日本的东盟信息资源建设开始向规模化、系统化演进。

日本京都大学东南亚研究中心通过以下途径来保障中心图书馆东南亚信息资源采购的连续性、完整性和系统性：一是在东盟国家的首都等发展较快的城市，比如雅加达、曼谷，设立联络处，便于就近收集、采购和整理东盟各国的信息研究资料；

① 郑力人，杨玉蓉，柳瀛．北美的东南亚图书馆[R/OL]．第二届中美高校图书馆合作发展论坛[2014-1-5] http://www.cashl.edu.cn/portal/saalForum2/reports/1/2.%20康奈尔大学郑力人等：北美的东南亚研究图书馆.pdf.

② 刘永焯．法国对东南亚的研究[J]．东南亚研究资料，1985（4）：105-111.

二是聘请东盟国家各领域的专家学者，协助他们收集和整理东盟信息资料；三是与东盟国家的高校、研究院等科研机构建立学术交流合作机制、建立信息资源互换渠道[①]。收集的信息主要包括：东盟国家出版的日文刊物及非日语的其他外文刊物；东盟国家的政府出版物；东盟社会、经贸类的资料、报告。与此同时，该研究中心自建了便于用户使用、查询的日语数据库、东盟各国期刊目录数据库。

（四）新加坡

20世纪60年代东盟正式成立后，东盟国家开始从自身出发来重新研究和审视东南亚国家和民族的历史[②]，东盟各国中，新加坡是最早开展东南亚研究工作的国家之一，取得的成果较多，建立了具有鲜明特色的信息资源体系。新加坡对东南亚的研究信息资源收集、整理工作主要由新加坡国家图书馆、新加坡国家档案馆、各类研究机构、新加坡国立大学图书馆等承担。

1960年，新加坡国家图书馆（National Library Board Singapore，NLB）创建了东南亚研究资料室，该室藏有5 000余种反映东南亚国家社会文化的图书、2 500多种报刊、2 000卷缩微胶卷，以及各类珍贵的政府出版物和私人出版物[③]。馆藏中包含1945年之前殖民地时期新加坡、马来亚出版的图书，以及1900年以前在其他国家出版的包含新加坡和东南亚地区信息的图书。其中，珍品包括爪夷文手稿、马来和东南亚词典、马来群岛和东南亚的旅行游记、翻译成马来语的中国经典典籍、年鉴、学术期刊和地图。最古老的珍品是东南亚地图，即阿诺德斯·巴金克于1478年印刷的东南亚地图。该馆中被誉为“镇馆双宝”的东南亚特藏与椰阴馆文库，收藏了珍贵、翔实的东南亚史料，以及东南亚华人的珍贵原始研究资料，为研究东南亚发展史及东南亚华人历史提供了坚实的信息资源保障。

1964年，新加坡建立了东南亚研究所图书馆，收藏了大量的东南亚研究资料，各种信息近21万种，纸质图书数量超过60万册，涵盖中文、西文、东盟各国语言等多个语种，其中15万种为东南亚信息资料，囊括了社会科学及东南亚各国的政治经济、国际关系、国防军事、社会文化等方面的内容，还有古往今来大量珍贵的政府文件、统计资料、传记资料和地图等，是关于东南亚地区合作及东盟研究的重要信息资料库和信息资源中心。

新加坡国立大学图书馆自20世纪60年代起，制定实施了系统的、有针对性的新加坡、马来西亚馆藏发展政策，通过各种途径系统地搜集以新加坡、马来西亚为主

---

① 张素萍．日本国立京都大学东南亚研究所图书馆馆藏东南亚资料简介[J]. 东南亚纵横，2007（5）：74-75.

② 王士录．东盟国家对东南亚的研究[J]. 东南亚，1990（1）：48-54.

③ 李金生．新加坡主要馆藏海外华人研究资源及其展望[EB/OL]. 百度文库[2014-1-5]http://wenku.baidu.com/link?url=1DiaJQuBgD0hnnwkaoTLH2M64YgPpGqnLxVQaSrMbJ0TChXOazQ8HSIcMLK56IbXKo1dmm0ePaWY9rzkR_b4-IJDRZoEcvhaFTlTF-K_Qt7.

的东南亚国家的一手和二手信息资料，取得了非常好的成效。收藏东南亚研究信息的语种主要是英文、中文、马来文，内容丰富齐全。新加坡国立大学图书馆馆藏有中文、日文的“东南亚特藏”14 000余种，其中有关新加坡、马来亚、英属婆罗洲地区的原始信息最为丰富。还收藏有历史文件、政府出版物、世面极少出现的期刊和未发表的手稿所制成的缩微胶卷本，以收藏大量的学位论文、专题剪报、字典辞典、官方出版物为特色。收藏的东南亚中文报纸及重印本、微缩胶卷等多达2 000多种①。

新加坡的东南亚研究机构不仅收藏和整理了海量的东南亚信息资源、对已有的珍贵研究资料进行编纂及再版，还持续生产出大量的有关东盟国家的最新研究成果，出版有大量学术著作、学位论文、期刊论文和会议论文，对当代东盟国家研究作出巨大贡献，也在东盟国家开展东南亚研究人才培养方面发挥着重要作用。

四、国外东盟信息资源开发利用概况

（一）国外东盟信息资源开发利用现状

1. 重视东盟信息资源的整合、开发与推广

美国图书馆一直致力于东盟信息资源的整合与开发，在美国教育部的支持下，美国伊利诺伊州大学和东南亚图书馆组织共同建立了东亚数字图书馆，该馆收藏的所有东南亚信息资料、图像、音像资料等通过开放获取的形式供全球用户使用。美国康奈尔大学专门建立的约翰·艾克东南亚图书馆收藏丰富的东南亚信息资源，并制作成电子馆藏服务全世界的东南亚研究学者。夏威夷大学图书馆、加利福尼亚大学尔湾分校图书馆等，也通过网络提供与数字化有关的东南亚的图像和文字资料。

新加坡国立大学图书馆在校内积极举办东盟信息资源的推广与分享活动，定期举办各种主题的信息展览、研讨会、公开讲座等活动，向用户介绍馆藏的东南亚信息资源。东南亚特藏还为华人社团编撰学校纪念特刊，为新加坡国家文物局筹备相关展览提供信息保障。此外，新加坡国立大学图书馆通过Springshare Libguides平台发布的线上学科信息资源指南，为学校研究人员和师生的东南亚研究和教学提供了有力支撑。在图书馆丰富的东南亚特色馆藏的支撑下，新加坡国立大学东南亚相关专业的研究生教育，成功完成了一系列东南亚专业的学位论文和东南亚相关的研究项目，培养了一批优秀的东南亚学者，科研成果丰硕②。

越南对本国信息的开发利用也很重视。美国“喃字遗存保护会”开启了越南的

① 沈俊平．新加坡东南亚研究信息资源：收藏、整理与利用——以新加坡国立大学图书馆为中心的讨论[R/OL]．第二届中美高校图书馆合作发展论坛[2014-1-5] http://www.cashl.edu.cn/portal/saalForum2/reports/2/3.%20 沈俊平：新加坡东南亚研究信息资源：收藏、整理与利用 %20ppt.pdf.

② 沈俊平．新加坡东南亚研究信息资源：收藏、整理与利用——以新加坡国立大学图书馆为中心的讨论[R/OL]．第二届中美高校图书馆合作发展论坛[2014-1-5] http://www.cashl.edu.cn/portal/saalForum2/reports/2/3.%20 沈俊平：新加坡东南亚研究信息资源：收藏、整理与利用 %20ppt.pdf.

汉喃信息数字化征程，建立了汉喃信息的专业字库和词库、汉喃信息数据库的分析框架，并通过汉喃信息数据的时空坐标框架，将历史人物、历史事件及其具体时间等实现碑刻信息和时空信息提取，以及基于时空坐标系统的碑铭地域分布和数量分析、基于时空坐标系统的碑铭内容分析；同时也实现了燕行信息与时空坐标的结合，构建以人物为核心的关系网络，实现了燕行信息路线图及沿途景观的复原和对比[①]。这种数字化方式充分地运用了数字人文的技术，对满足用户的信息需求意义重大。

2. 关注东盟信息资源的共建共享

一部分国外图书馆通过对东南亚图书馆的信息建设对其进行了更加细致的划分，将不同图书馆的馆藏基础与用户需求进行科学、协调的结合，形成了分工协作的东盟信息资源建设格局，各具特色。例如，印度尼西亚、越南和泰国等东南亚国家信息资源主要由华盛顿大学图书馆收藏，形成了泰国人类学和宗教研究，以及有关殖民地文化的馆藏特色。用户可以通过馆际互借、文献传递、信息共享等多种形式获取华盛顿大学图书馆的东南亚特色馆藏资源。美国于1989年成立的东南亚信息联合集团，通过分配协调东南亚信息资源的采购工作，使参与的高校图书馆各司其职，负责相关东南亚国家信息资源的收藏整理，并且美国西北部图书馆对东盟信息资源进行了数字化，使美国图书馆在东南亚信息资源的建设上有了长足的发展[②]。

越南图书馆也有联盟。由25家图书馆组成的越南图书馆联合会，已有若干合作项目在联合会成员馆的合作下取得了成功，例如，具有权威的越南国家图书馆就与汉喃遗产保护联合会合作，建立了越南汉喃信息数据库。截至2015年，已经有多达11万页的资料进行了数字化，数字资源建设取得了显著成效。越南永隆省也已经对3 000多页的汉喃资料进行了数字化。这些珍贵的越南信息在图书馆共同创建数字化信息共享的平台中实现了资源共享。胡志明市理科综合图书馆就与顺化图书馆、河静博物馆进行馆藏数字化合作，开展信息资源的共建共享，这些资源对研究越南的学者来说都是弥足珍贵的[③]。

（二）国外东盟信息资源开发利用特点

1. 东盟信息资源建设的主体多元

与东南亚国家以高校图书馆为东盟信息资源主要建设阵地不同，其他国家东盟信息资源建设主体更加多元化。

（1）国家图书馆。

国家图书馆基本上是每个国家信息资源收藏最丰富的图书馆，好多国家图书馆

① 魏超．域外汉籍数字化探析——以越南汉喃信息为中心 [J]. 图书馆论坛，2018（5）：6-11.

② 郑力人，杨玉蓉，柳瀛．北美的东南亚图书馆 [R/OL]. 第二届中美高校图书馆合作发展论坛 [2014-1-5] http://www.cashl.edu.cn/portal/saalForum2/ reports/1/2.%20 康奈尔大学郑力人等：北美的东南亚研究图书馆 .pdf .

③ 杜氏清水．越南数字图书馆信息资源共享研究 [D]. 武汉：武汉大学，2015.

都设有国际问题的研究机构，为政府的外交服务，其研究水准也相当高。无论是美国国会图书馆还是法国和日本的国家图书馆，甚至是新加坡国家图书馆，对于东盟研究的支持和东盟信息资源的建设是非常重视的，建设的成效也是十分可观的。

（2）高校图书馆。

国外开展东南亚研究的大学，其图书馆的东盟信息资源建设工作往往围绕东南亚研究的任务需求而展开。无论是欧美英日，还是新加坡、马来西亚，开展东南亚教研的高校图书馆的东盟信息资源建设都取得了较好的成效。这些高校图书馆收藏了很多的东盟国家珍稀信息，对学校的东南亚教研服务提供了重要的信息资源保障。

（3）研究机构图书馆。

国外许多东南亚的研究机构所建立的图书馆对东盟信息资源更是进行专藏建设，欧美英日等国家东南亚研究机构的图书馆或者资料室搜集到的信息资源十分有特色，无论是数量和质量均不亚于高校图书馆和国家图书馆，这为机构的研究者提供了一个良好的信息资源保障。

（4）经济贸易企业图书馆。

东南亚拥有约6.5亿人口，巨大的市场潜力和广阔的市场空间吸引了大量大型跨国经济贸易企业的目光，这类企业主要对东南亚的经济、国际贸易、市场等进行针对性的研究，这类服务于企业的图书信息资料是东盟信息资源在特殊领域的重要补充。

2. 东盟信息资源建设的资金来源广泛

国外图书馆的东盟信息资源建设离不开当地政府和各基金会的财政支持。信息资源建设的收集、整理、保存等每一个环节都离不开这些政府或基金会的支持，持续有力的资金支持为信息资源建设提供了长久的可靠保障。

（1）政府拨款。

图书馆东盟信息资源的建设经费主要来源于政府拨款。例如，上文提到的美国政府在2010—2014年将康奈尔大学等7所高校图书馆及其东南亚研究中心的图书馆指定为美国东南亚研究资源中心，这项计划是在美国教育部专项经费的支持下推动的。在政府经费的保障下，这些高校的图书馆搜集和采购了大量有关东南亚的信息资源。

（2）基金会资助。

基金会等慈善机构的支持也是各国图书馆推动信息资源建设的重要力量。被美国教育部指定为美国东南亚信息资源中心的康奈尔大学图书馆，除财政拨款外，还得到了洛克菲勒基金会、福特基金会、梅农基金会等基金会的资金支持。因此，康大东南亚研究中心及图书馆的东南亚信息资源建设有了坚实的资金保障，并于1977年将有关东南亚信息资源分割出来，单独成立了东南亚图书馆。

3. 东盟信息资源的获取渠道多样

国外图书馆采集东盟信息资源的渠道有很多种，主要包括以下几种：一是采用跨国订购、国际邮寄的方法直接获取；二是入驻东南亚国家并设立资源采集联络处，以便就近采集、选购最新文献；三是由本国专门委派相关人员赴东盟国家进行集中采购；四是接受慈善组织和个人的捐赠；五是与东南亚相关研究机构建立学术合作机制，定期进行信息互换。

4. 东盟信息资源的信息类型丰富

国外图书馆，尤其是西方老牌殖民国家的图书馆收藏的东南亚信息资料类型十分丰富，除了常规的图书、报刊外，还包括大量的原始手稿、古籍善本、黑白照片、缩微胶卷等。图书、报刊、档案、文物等构成了这些图书馆丰富多元的馆藏结构。

第二节 东盟信息资源研究概况

一、东盟信息资源建设研究概况

东盟信息资源建设实践促使我国图书馆界对东盟信息资源建设的研究也逐步增多。研究内容涉及建设存在的问题和应对的策略、信息保障机制、信息资源利用与服务等。

（一）东盟信息资源建设的问题和对策

1. 实体馆藏资源的建设研究

实体馆藏资源包括图书馆馆藏的纸质信息资源和馆内自建数据库所存储的电子信息资源。当前，图书和期刊仍旧是东盟信息资源的重要信息载体。目前，国内图书馆界针对东盟图书和东盟期刊的研究主要集中在采访、编目等方面，积累了一定的研究成果。

东盟信息资源的建设面临的问题有东盟信息资源的配置不够均衡、图书馆投入经费较少、资源采集途径较窄、资源的数字化程度较低、有相关专业素养的馆员队伍规模较小、图书馆信息服务能力不高等，对我国东盟特色信息资源的发展产生了极大的影响[①]。陆莉认为，我国高校对东盟信息资源的建设更加具有紧迫性[②]。钟文汇介绍了深圳图书馆收藏的东盟各国驻广州的使领馆档案，并且完整收集了历届东盟博览会的会议资料，这些东盟信息资源已经成为该馆的特色资源[③]。

---

① 张颖，苏瑞竹．中国图书馆东盟信息资源建设现状及趋势 [J]. 农业图书情报学刊，2014（7）：5-9.

② 陆莉．浅谈高校图书馆东盟文献信息资源的建设——以广西财经学院为例 [J]. 科技情报开发与经济，2008（28）：58-59.

③ 钟文汇．公共图书馆东盟专题文献资源建设问题探析 [J]. 河南图书馆学刊，2013（3）：26-27.

东盟信息编目也很受研究者的关注。胡海燕提出了适合现有管理系统的理想分编方法，为原语种著录编目工作指明了方向[①]。周凤珍以广西民族大学为例，指出东盟信息资源种类少，难以满足用户多样化需求等问题，提出了加强东盟相关教学、科研和人才培养等方面建设的建议[②]。张颖对高校图书馆的东盟信息资源库建设进行了总结[③]。

2. 虚拟馆藏资源建设研究

我国东盟信息资源不仅有实体馆藏，还有虚拟馆藏。目前，我国图书馆在东盟信息资源建设方面受到的制约因素包括预算经费不充分、没有科学和统一的建设要求、管理体制不健全等；存在的问题包括资源建设质量不理想，数字化、网络化程度较低等。应对的策略是开发具有自身特色的数据库、对东盟各个国家的信息资源进行收集与整理、共建共享特色数据库，并加强对知识产权的保护和数据库建设的标准化、数据库的更新与维护等[④]。

（二）东盟信息资源保障体系研究

1. 信息资源保障的内涵分析

我国1950年就提出了信息资源保障体系建设的概念，开展了信息资源共建共享的研究和实践，但对信息资源的保障研究主要集中在20世纪90年代以后。也就是从那时起，对信息资源的保障研究从传统的藏书建设与资源布局的协调研究，逐步过渡到新网络技术环境下的系统性和区域性的信息资源保障体系研究。

信息资源保障体系作为一个系统工程，必须以信息资源的建设为基础，通过资源协同共享等途径实现。在信息数量激增、用户需求复杂而广泛及网络信息技术普及应用的背景下，信息保障体系建设的意义在于其顺应国家资源建设的发展战略、适应用户需求的变化、改善我国图书情报事业落后及发展不平衡的状况[⑤]。在国家、法律政策、多方资金投入、利益平衡机制、技术及基础设施、人才保障机制的支持下，我国已初步建成以国家信息资源网络基础设施为主导的信息资源保障项目，充分吸收了集中管理与分散管理相结合的优势，建立了多元化、多模式的信息资源共建共享体系，并取得了良好的实际运用效果，极具现实可行性[⑥]。

在局部上，信息资源保障体现在某一机构、单位、学科等信息保障的具体方面。此类研究主要是对图书馆实际工作的探讨和实践经验的总结，且主要集中在高校图书馆，如面向某一高校、学科的信息资源保障建设的经验总结或构建思考，以及针

---

① 胡海燕.东盟非通用语种图书分编工作初探[J].图书馆界，2010（2）：55-57.
② 周凤珍.论民族高校东盟文献信息资源建设[J].广西民族大学学报（哲学社会科学版），2007，（5）：82-84.
③ 张颖.高校图书馆东盟馆藏评价研究[D].南宁：广西民族大学，2014.
④ 梁俭."东盟信息特色数据库"建设之思考[J].图书馆学刊，2010（9）：37-39.
⑤ 张学福.论国家文献信息资源保障体系建设[J].中国图书馆学报，2004（4）：35-39.
⑥ 肖希明.信息资源建设[M].武昌：武汉大学出版社，2008（2）：340-352.

对高校图书馆的信息过载与信息保障问题的探讨。

宏观与微观两个层面构成了我国的信息资源保障体系。宏观层面，大范围、多机构合作构建的信息资源保障体系可辐射大量用户；微观层面，每个独立的信息机构针对各自的服务对象建立起与之相适应的信息资源保障，并作为宏观层面信息资源保障体系共建共享的重要基础。

2. 我国外文信息资源保障体系的研究

（1）公共图书馆系统。

中国国家图书馆作为我国最大的公共图书馆，将建设世界先进水平的外国信息资源体系作为己任，通过购买原版信息，与国外图书馆开展国际交换，接受国外慈善机构和个人的捐赠和托存、缴送等手段，建设成为我国图书馆大型外文信息资源库之一。中国国家图书馆目前拥有丰富的英文、日文、俄文资料馆藏，全国500余家信息服务单位均可通过馆际互借为本馆的用户提供中国国家图书馆的外国信息借阅服务。中国国家图书馆还利用自身优势在全国分工馆藏建设中协助落后地区参与全国信息资源保障体系的建设。

公共图书馆的社会职能包括社会教育、文化传播和休闲娱乐等。随着国际交流的日益增多，越来越多的用户产生了对国外信息资源的需求。何燕对用户需求及外文信息的出版发行情况进行了调研，提出了藏书结构的调整，以及开展国际采访交流的对策，并探讨了公共图书馆外文馆藏发展政策的制定，建立了外文信息采访的评估机制[①]。

（2）高校图书馆系统。

高校的外国语言教学科研、区域研究和信息保障体系建设对外国信息的需求，体现了图书馆外文信息建设的重要性，但现阶段我国高校图书馆非通用语种信息资源建设依然存在着一些有待解决的问题，例如，专业人员不充足、图书采购不系统、没有建立科学的管理体系等。李灿元等学者针对以上问题探讨了解决的对策，具体包括：制定切实可行的采购方案；加强预订书目的系统整理；开展集团采购；拓宽采购渠道；对非通用语种的工作人员进行系统的专业培训，制定科学、统一的编目标准，制作系统内共享书目数据[②]。

虽然高校图书馆在开展外文资源的共建共享方面已经有了较大的进展，但是图书馆的人文社科类外文图书、期刊、电子资源仍然普遍存在经费不足、缺藏严重等问题，极大地制约了我国国家层面的国外信息资源的共建共享[③]。肖珑等从国家层面提出了保障的策略，总结了外文信息资源保障建设的经验：一是明确资源建设的目

① 何燕．对当前公共图书馆外文图书采访工作的思考[J]. 图书馆论坛，2010（4）：93-95，111.

② 李灿元，麦林，钟建法．高校图书馆小语种图书建设的问题与对策[J]. 图书馆建设，2011（9）：18-20.

③ 肖珑．专题：人文社会科学文献资源的共建共享与国家保障[J]. 图书情报工作，2010,54（11）：5.

标；二是调查现有资源；三是宏观布局、统筹协调、分工建设；四是实现资源的共建共享[①]。

（3）我国东盟信息资源保障体系的研究概述。

由于我国图书馆对东盟信息资源建设投入较少，单一图书馆难以实现对东盟信息资源的有效保障。赖于民等总结了中国（云南）—东盟数据信息资源的建设情况，提出了统筹规划的方案，认为建设的基础必须有专项资金的投入、人才队伍的支持和政策法规的保障，由政府机关和企事业参与共建共享[②]。

除建设东盟信息资源外，也有研究者提出构建东盟信息资源交流中心和信息服务平台的构想。寇有观[③]、杜文宏[④]等分别提出了构建信息资源交流中心、信息服务平台的设想和措施。区域性信息资源交流中心的建设要明确定位、整合资源，推进信息化应用体系及政策法规和标准规范等方面的建设与完善[⑤]。潘琦将中国—东盟信息交流中心的功能定位于国家层面[⑥]。还有学者提出了建设东盟信息资源服务平台的建议，整合国内企业及科研机构的东盟信息资源尤其是东盟技术标准信息，实现资源的共建共享，推动中国—东盟经济高水平合作及双边贸易的发展等[⑦]。

二、东盟信息资源开发利用研究概况

（一）行业信息资源服务体系建设方面

通过研究建设中国—东盟特色产业门户网站，实现中国—东盟产业信息发布，提供信息交互、在线咨询等产业信息服务。例如，中国—东盟特色农业数据资源开发与信息服务体系建设示范项目采用简单对象访问协议（SOAP），开发基于扩展标记语言（XML）数据格式的网络服务（Web Service）数据共享接口，统一数据共享和数据传输规范，实现异库、异地等多源数据的有效集成，实现数据的集中管理和高效服务[⑧]。苏瑞竹、徐峥结合“一带一路”倡议对中国—东盟的农业合作交流的影响进行研究，分析中国与东盟农业合作交流中衍生的信息咨询需求，总结现有东盟信息咨询服务的成效与不足，提出完善中国—东盟农产品信息咨询服务平台的相应

① 肖珑，燕今伟，关志英.高校人文社科外文资源的布局与保障方法[J].大学图书馆学报，2008，26(6)：2-7.

② 赖于民，马敏象，张涌，等.中国（云南）—东盟数据信息资源共建共享模式探索[J].情报杂志，2006，25（5）：119-120，123.

③ 寇有观.地理框架 整合资源 融合信息 中国—东盟区域性信息交流中心发展战略研究之一[C].中国地理信息系统协会第四次会员代表大会暨第十一届年会论文汇编，2007（11）：36-41.

④ 杜文宏，黄珊珊，刘茜，等.对建设中国—东盟区域性信息交流中心的思考[J].改革与战略，2007，23（10）：84-86.

⑤ 陆小志.论中国—东盟区域信息交流中心建设[J].桂海论丛，2010，26（5）：100-103.

⑥ 潘琦.努力把广西建成中国—东盟信息交流中心[J].当代广西，2007，16（8）：36-37.

⑦ 玉家铭，赵凯.东盟信息服务平台的构建与资源共享[J].中国水运（下半月），2009，9（2）：84-85.

⑧ 苏鸿.中国—东盟特色农业数据资源开发与信息服务体系建设示范[N].广西壮族自治区，广西科技信息网络中心，2014-05-19.

对策[①]。此外，围绕物流、金融[②]、电子商务[③]等方面的信息服务平台的构建及其技术方法的研究成果不断积累，尤其是物流信息服务的研究较多，研究的内容也较深入，其中张松博的学位论文《云南东盟公共物流信息平台服务模式及服务定价研究》对平台服务模式、服务定价及平台推广3个方面分别进行了探讨[④]。

（二）科技信息服务方面

中国—东盟科技合作与技术转移信息服务技术开发与示范研究项目，集成国内主要技术转移机构网站中的中国—东盟科技信息转化信息，构建中国—东盟科技合作与成果转化网[⑤]。中国（广西）—东盟技术标准信息服务平台建设研究采用 SQL SERVER 2000、ASP.NET、WEB SERVER 等技术开发系统，使得技术不断成熟、完善；利用虚拟专用局域网（VPN）技术，极大地保证了数据传输的安全性、保密性；这些技术适用一般的计算机用户和互联网到达的地方[⑥]。

《中国—东盟博览会数字化综合信息服务与管理平台》项目采用三维虚拟展示技术呈现博览会指定宾馆的地理位置、外观环境和客房等内容；运用 GIS 和最佳路径算法，提供从任意点到选定目的地的最佳路径、最佳乘车路径的查询；提供参展项目智能检索，引进了信息挖掘技术；为多种移动终端用户提供信息浏览和面向多点的信息收发功能[⑦]。

《中国—东盟区域性科技数据综合信息服务平台技术开发与集成》项目研究了广西科技信息资源和国际科技合作资源的特点，制定了统一数据标准和共享机制，通过对EB2.0异步数据交换、网络数据存储与传输安全等关键技术的研发与集成，整合相关数据，开发出区域性和科技综合大型数据库，建成了具备中国—东盟区域性科技数据中心、服务中心和管理中心所需功能的更新科技数据管理与运营的技术支撑平台[⑧]。

---

① 苏瑞竹，徐峥．基于 VR 的高校图书馆能动学习空间建设探析 [J]. 情报科学，2021，39（3）：150-160.

② 刘兴元．浅析“一带一路”背景下中国—东盟金融信息服务平台建设 [J]. 时代金融，2020（20）：106-107.

③ 叶波，段磊，王旸，梁光琦．中国—东盟电子商务平台宏观信息服务系统研究 [J]. 中国科技论坛，2011（11）：107-112.

④ 张松博．云南东盟公共物流信息平台服务模式及服务定价研究 [D]. 北京：北京交通大学，2015.

⑤ 叶波．中国—东盟科技合作与技术转移信息服务技术开发与示范 [N]. 广西壮族自治区，广西科技信息网络中心，2014-11-26.

⑥ 金健英，周玲，赵凯．中国（广西）—东盟技术标准信息服务平台的构建 [J]. 广西科学院学报，2008（2）：101 -103.

⑦ 钱健．中国—东盟博览会数字化综合信息服务与管理平台 [N]．. 广西壮族自治区，南宁市信息化工作办公室，2006-02-01.

⑧ 叶波．中国—东盟区域性科技数据综合信息服务平台技术开发与集成 [N]. 广西壮族自治区，广西科技信息网络中心，2012-01-18.

（三）图情档界的东盟信息开发研究

阮小妹[①]探讨了东盟信息搜集整理和开发利用的方法。归吉官对东盟信息的档案资源的开发利用进行分析，并阐明了档案对发展中国与东盟文化和政治关系的贡献力[②]。玉家铭在论述东盟信息资源共享机制的基础上，设计了东盟信息服务平台的在线检索、咨询、翻译等功能，为东盟资源共享建设提供了理论借鉴[③]。

第三节　国内外东盟信息资源支撑及开发利用的实践与研究评述

综上所述，国内外针对东盟信息资源支撑及开发方面的研究并没有深入开展，现有的东盟信息资源支撑和开发利用的研究和实践还有很多不足，未能应用先进的信息技术进行整合，以提供更好的东盟信息资源支撑。我国关于东盟信息资源支撑及开发利用的研究，从总体上看，暂时没有取得具有广泛影响的成果，研究层面停留在分析、介绍东盟信息资源建设过程，以及提出部分对策和建议上，在开发方面仅介绍一些项目开发的过程，在基础理论方面的研究并不深入，关于东盟信息资源共建共享机制的研究也极少，缺乏较为系统的研究成果。国外没有关于东盟信息资源支撑和开发利用的研究。国内外均无起到理论指导作用的研究成果。可见，我国亟须加强东盟信息资源支撑和开发利用的系统性及深度的研究。

① 阮小妹，覃熙．东盟文献信息的搜集整理与开发利用 [J]. 图书馆界，2010（4）：21-23.

② 归吉官，李铮，黄日．档案信息资源开发利用对发展中国与东盟政治关系的贡献力 [J]. 云南档案，2009（2）：46-47.

③ 玉家铭，赵凯．东盟信息服务平台的构建与资源共享 [J]. 中国水运（下半月），2009，9（2）：84-85.

第三章　东盟信息资源支撑及开发的现状分析

第一节　东盟信息资源支撑的效用分析

一、东盟信息资源国内分布情况

（一）我国图书馆的东盟信息资源分布现状

我国各机构的东盟信息资源主要是研究型资料。开展东南亚研究的机构图书馆，为了满足研究的需求而进行信息资源建设，这类图书馆的东盟信息资源体系是以搜集、采集研究型资料为主要目标建立起来的，因此研究型信息资源占据很大的比例。与东盟相邻的广西、云南两省区早期因为科研机构开展东南亚研究，需要东盟信息资源作为支撑，很早就开始了东盟信息资源的收集和整理，随之也产生了东盟信息资源建设。现阶段，国内有许多公共、高校和科研图书馆按其服务对象、类型、职能开展了各具特色的东盟信息资源体系建设。然而，各级图书馆之间缺乏沟通协调，并没有开展与东盟信息资源相关的共建共享活动，这对我国东盟信息资源的保障和优化配置是极为不利的。

（二）我国图书馆东盟信息资源的布局特点

1. 东盟信息资源分布广泛

我国现有的东盟信息资源广泛分布于公共、科研、高校三大图书馆系统内。选择和采集国外出版物和其他信息资源，建设反映世界科技及其他方面水平的国外信息资源体系是这些图书馆的重要工作之一。这些图书馆通过向国内图书进出口公司订购、由东盟国家图书馆代购、接收东盟各界的捐赠、开展国际交换等方式收集到丰富的东盟信息资源，同时积累了丰富的东盟信息资源建设经验，在东盟信息资源建设体系中发挥着举足轻重的作用。国家图书馆是为政府、教育科研机构和大众文化教育、科学研究提供无差别服务的重要学术研究及服务机构。

公共图书馆收藏的东盟信息资源兼具社会教育研究、文化传播交流和休闲娱乐等功能，但是，只有资金、人才、技术基础良好的省市级公共图书馆才能承担这样的职能。例如，广西壮族自治区图书馆购买了丰富的中外文图书、期刊、报纸资源，开设了东盟信息资源阅览室，该室收藏了丰富且极具特色的“中国—东盟博览会”的展会资料，受到研究人员的青睐。该馆还建设了“东南亚研究论文库”“东南亚风情资源库”“中国东盟博览会”3个东盟信息数据库，以及其他具有地方特色和东盟特色的数据库，涉及中国—东盟经济贸易投资、旅游文化和广西发展等信息资源，为方便用户获取东盟信息资源打造了良好的信息技术环境①。

研究/学术机构图书馆为研究人员提供了重要的研究型信息资料，是研究者进行理论研究和决策参考的重要支撑。我国十多家研究东盟的机构，如中国社科院、福建社科院、广西社科院和云南社科院的东南亚研究所，不仅各自收藏了大量东盟信息资源，机构的研究成果也颇具影响力。

高校是研究东盟的重要阵地，东盟信息资源建设日渐成为高校图书馆的重点工作。高校图书馆的东盟信息资源作为学校教学和科研的重要支撑，能够充分体现学校的办学定位和专业特色。此外，高校二级学院及科研机构的资料室也是高校图书馆的一部分，设立东南亚研究机构的厦门大学、暨南大学、中山大学、北京大学等高校图书馆和资料室收藏了相当规模的东盟信息资源。许多开设了东南亚语言教学、研究专业的高校，其图书馆在东盟语种信息资源建设方面亦取得了很好的成效，逐步建立了各具特色的东盟信息资源体系。

2. 满足教学科研需求是高校图书馆东盟信息资源建设的目标

高校的东盟学科教学研究需求及东南亚研究项目数量，在很大的程度上决定图书馆东盟信息资源建设水平。满足专业教学的需求是图书馆的一项基础性工作，以广西民族大学为例，该校的以下几大专业开设有相关东盟语言及其他有关东盟方面的课程：政治学与国际关系学、法学、经济学、商学、文学、民族与社会学、东盟语种等，该校图书馆多年来一直致力于针对这些需求开展东盟信息资源的建设，现在基本满足了学科建设的需要。同时，教师和专职研究人员及硕士、博士研究生开展东盟学科方面的科研工作，也会涉及东南亚的历史、文化、族群、语言、经济、政治等诸多领域，因此，图书馆还需建设兼具全面和专深特点的东盟信息资源，以满足科学研究需要。

开展东南亚教学研究的重点院校，凭借较好的设施、资金、技术、人才等条件，较早进行了东盟信息资源建设，并在国家宏观布局中承担某一领域重要信息资源的集中建设任务，为东盟信息资源保障体系建设提供了至关重要的力量源泉。

① 梁俭，金建英．广西东盟特色馆藏资源建设调查分析 [J]. 图书馆界，2009（4）：99-100+103.

地方高校图书馆的东盟信息资源建设以灵活、分散为特征，表现在各馆根据学校自身的重点学科、特色学科的建设规划来开展东盟信息资源建设。

（三）我国图书馆东盟信息资源共建共享进展

1. 虽有共享实践却无专项合作

东盟信息资源是中国战略信息资源的重要组成部分，属于国家信息资源共享体系。但是，到目前为止，尚未建立东盟信息资源的合作机制。CALIS、CASHL、NSTL、全国文化信息资源共享工程等是国家层面的共建共享项目，东盟信息资源的共建共享活动正在这些系统中开展。其中，CALIS提供资金给厦门大学、暨南大学建立与东南亚相关的特色数据库，为CALIS系统内的用户提供相关资源的共享保障。此外，CALIS为“全国外国语大学图书馆联盟门户网站”提供CALIS共享域传送服务，保证东盟信息资源在联盟成员之间共享①。在这些已开展的大型信息资源的共享项目中虽然包括东盟信息资源建设的内容，但由于东盟信息资源的用户群体数量较少，经费投入有限，东盟信息资源的合理布局与保障建设很少得到关注，这更凸显了开展东盟信息资源保障体系建设、实现东盟信息资源共建共享的重要性，而已开展的东盟信息资源保障体系建设项目的共知、共建与共享效果还有待进一步发展。

2. 跨系统的协调合作初步开展

我国区域内跨系统图书馆的东盟信息资源共享实践取得了较好的成效，如广西科技信息共享与服务平台聚集广西科技情报研究所、广西壮族自治区图书馆、广西大学图书馆等开展公共、科研、大学图书馆系统之间的东盟信息资源共建共享，与国家科学技术图书馆进行互联互通，向用户提供科技信息、专利信息、标准信息等东盟科技信息资源。但广西壮族自治区图书馆丰富的与东盟有关的纸质和电子资源以及广西社会科学院东南亚研究所图书馆、广西民族大学图书馆与东盟有关的中外文图书、报刊等大量人文社科类的东盟信息资源却未被纳入共建共享系统，使得其未能在区域共享活动中发挥相应的作用。

广西许多高校图书馆虽然开展了较为丰富的东盟信息资源建设，但基本处于各自为政的状态，各馆之间并未开展交流合作，有关东盟信息资源共建共享的建议仍停留在理论倡导层面，缺少切实可行的操作方案，使得东盟信息需求的个性化不能得到满足。

3. 东盟信息资源共知、共建力度低

共知、共建是实现东盟信息资源共享的前提和保障。将各馆藏有的东盟书目收录到联合目录中能很好地揭示各馆的东盟馆藏特色和东盟信息资源的分布情况，用户通过检索联合目录即可发现和获取东盟信息资源。但是，许多地方高校图书馆并

① 苏瑞竹，张颖．东盟信息资源共建共享策略研究 [J]. 图书馆建设，2013（9）：38-42.

未参加CALIS联合目录数据库建设，并且当前的CALIS联合编目也没有将东盟语种纳入编目系统，导致东盟外文原版信息难以查获。此外，由于东盟信息资源的整合程度较低，东盟国家没有成熟的数据库可供图书馆引进，电子资源集团采购也没有包含东盟数据库项目，这极大地制约了东盟信息资源的共知、共建和共享。对于自建特色数据库的共享而言，除了CALIS专题特色数据库资源能够在各成员馆内共享外，像广西民族大学等地方高校自行建设的东盟特色数据库，如果对其进行访问会受到IP地址的限制，导致难以实现共享。

CASHL开展的人文社会科学外文信息资源建设工作成效虽然比较显著，但体系中东盟语种的信息资源则十分稀少。在东盟信息资源建设方面，CALIS特色数据库的建立取得了一定的成果，如厦门大学建设的“东南亚及闽台研究数据库”、暨南大学承建的“华侨华人信息专题数据库”分别整合了福建、广东本省高校有关东盟教育、科研的优势，但并没有将两省的资源全面整合，对毗邻东盟的广西、云南等地区丰富的东盟信息资源更没有给予足够重视。

二、东盟信息资源国外分布情况

外国图书馆东盟信息资源共享实践

1. 国外图书馆信息资源共享历程

国外的信息资源保障体系建设源于19世纪图书馆馆际互借活动，目的是实现信息资源的共建共享。20世纪中期以后，许多国家在建立图书馆联盟、协调信息资源采购、开展联合编目上成效显著。以美国为例，早在1942年美国就制定订“法明顿计划”协调合作开展全国性藏书补充工作，建立完善的外文书目及检索体系，之后又实施了“国家采购和编目计划（NPAC）”，使全国图书馆的联合采购及书目控制获得了很大的成效。与此同时，图书馆联盟逐渐发展，OCLC（联机计算机图书馆中心）、RLIN（研究图书馆网络）、WLN（西部图书馆网络）积极开展馆际联合编目和馆际互借，颠覆了图书馆孤立发展的状况，终结了信息资源建设完全依靠政府投入的历史，OhioLINK（俄亥俄州图书馆与信息合作网）成为网络时代图书馆之间协作高效、服务创新的典范。与美国信息资源保障体系采用集中与分散相结合的模式不同，加拿大采用了分散管理模式，英国采用的是集中型模式，俄罗斯应用的是“地区-系统-全国”三级保障模式，法国、日本、韩国等国则制定了基于本国实际的信息资源共享政策。

国际性的信息资源共享均以各国信息共享为基础。北欧的瑞典、丹麦、挪威和芬兰等国家制订了斯堪的纳维亚计划（SP）开展外文图书的合作采集；新加坡、马来西亚等东盟国家建立了东南亚国家图书馆和信息中心联合体（NLDCSAE），在国外信息的采集中开展合作。这些项目推动了国际信息资源的共建共享。此外，国际图联（IFLA）的三大核心计划——世界书目控制（UBC）、国际机读目录（IM）、世界出版物共享（UAP）致力于构建全球性的信息网络，通过国际通用的规范和机读目录标准，确保书目数据的高效传递及准确获取，有助于建立全球性的信息资源保障体系。这些信息资源的共建共享模式为我国图书馆的东盟信息资源建设和我国东盟信息资源保障体系建设提供了参考。

2. 东盟国家图书馆信息资源共享情况

新加坡、马来西亚等东盟国家在本国建立了图书馆联盟，这些联盟均体现了东盟国家鲜明而独特的社会背景。东盟国家的图书馆联盟不仅加入了国际图联、丝绸之路国际图书馆联盟（由中国国家图书馆倡导，2018年在中国四川成都成立）等世界范围的图书馆联盟来形成本国的分支图书馆联盟，另外，还在东盟地区建立了跨国图书馆联盟，如东南亚图书馆大会、东盟数字图书馆网络等。联盟还经常组织“书目资源共享”“馆员知识交流大会”“电子资源集体采购”“资源传递与共享”等活动。

东盟各国由于社会经济文化发展水平不一，图书馆事业发展差距较大，图书馆联盟发展水平也参差不齐。根据各国的发展水平状况可将其划分成3类：第一类是图书馆事业和图书馆联盟较为发达的国家，如新加坡经济文化发展水平高，图书馆设备及技术比较先进，管理理念科学和管理方式先进，数字化、网络化程度高，在国际上影响比较大；第二类是图书馆及其联盟正在发展中的国家，像马来西亚、泰国、越南等，这些国家的图书馆正在由传统向现代转型；第三类是图书馆及其联盟发展比较落后的国家，如老挝、缅甸和柬埔寨等，这些国家的经济文化教育均比较落后，图书馆资源匮乏，管理方式传统落后，要进行现代化图书馆建设需要靠外援。

第二节　东盟信息资源用户使用现状及满意度调研

本次调查全部以纸质版问卷（附录1）的形式发放，采用了非概率抽样中“方便抽样”的方法，分别在图书馆、东盟博览会、图书馆及有关东盟研究的学术会议等场景随机发放。问卷设计的主要思路：首先对被调查人的个人信息进行调查以区分不同的用户群体，其次让用户对东盟信息资源与服务的使用现状及评价进行调查以分析图书馆东盟信息资源与服务工作的不足，最后让用户对东盟信息资源和服务的需求进行调查以寻求改进的方向。问卷共分为两个部分：说明部分和主体部分。问卷说明部分对“东盟信息资源”、“东盟馆藏”及“东盟信息服务”这3个名词进行了解释；问卷主体由用户个人信息、用户对东盟信息资源的需求、用户获取与使用东盟信息资源的行为、用户对东盟信息资源与服务的感知与期望4部分组成。具体指标如

表3-1所示。

表 3-1 问卷调查指标

一级指标	二级指标
个人信息	性别
	年龄
	居住地
	受教育程度
	职业
	所从事/学习的学科门类
	职称
	对外语掌握程度
用户对东盟信息资源的需求	是否有需求
	需求的主要原因
	需要的资源内容
	需要资源的类型和属性
用户获取与使用东盟信息资源的行为	获取渠道
	利用图书馆馆藏和服务的方式
	较少使用东盟信息资源与服务的原因
用户对东盟信息资源与服务的感知与期望	对现有资源与服务的评价与期望
	希望获得的东盟信息服务
	倾向的服务方式
	认为有必要的服务项目

第一部分是东盟信息资源与服务用户的性别、年龄、职业、所在地区及外语水平调查，考虑到外语水平的程度各不相同，因此采用李克特五级量表结构，设置1→5表示一点不懂→非常熟练。

第二部分是对东盟信息资源与服务用户的需求调查，首先调查是否有此方面的需求，其次调查需求的原因及内容。

第三部分是对目前用户获取与使用东盟信息资源行为的调查，分别对用户的信息获取渠道、利用方式，以及较少使用的原因进行调查。

第四部分是就用户对东盟信息资源与服务的感知与评价进行调查，该项调查也采用了李克特五级量表，设置1→5表示极不满意→非常满意，除此之外，还对用户未来所期待的服务内容、服务方式等方面展开了调查。

本次调查共收回问卷626份，其中有效问卷614份。有效问卷中124份明确表示不需要东盟信息资源与服务，因此本研究将在其余的490份问卷中进行分析。

一、使用现状调查

对用户东盟信息资源及服务使用现状的调研数据进行研究统计，使用频率结果如表3-2所示。由表3-2可知，几乎每一种类型的资源“经常使用”这一维度的数值都是最低，“休闲类图书”“休闲类期刊”等“偶尔使用”频率较高，分别为42.06%和35.49%。可见，用户对于东盟信息资源及服务的使用频率整体不高，休闲类图书及期刊是用户较为常用的东盟信息资源。

表3-2　东盟信息资源使用频率

单位：%

东盟信息资源类型	使用频率		
	不用	偶尔使用	经常使用
学术类图书	18.40	15.77	15.77
休闲类图书	2.63	42.06	3.94
学术类期刊	23.66	17.09	7.89
休闲类期刊	7.89	35.49	3.94
报纸	19.71	23.66	6.57
字（词）典、年鉴	21.03	21.03	9.20
会议论文	26.29	19.71	2.63
硕博士论文	26.29	14.46	9.20
专利信息	18.40	24.97	5.26
标准信息	31.54	17.09	5.26
政府出版物	24.97	19.71	5.26

用户较少使用图书馆东盟信息资源与服务的主要原因的整体数据统计如表3-3所示。由表3-3可知，“馆藏资源不能满足需求”和“限制条件多，使用不方便”是影响用户使用东盟信息资源与服务的最大障碍。

表 3–3 较少使用图书馆东盟信息资源与服务的主要原因

单位：%

馆藏资源不能满足需求	网络设施不能满足需求	图书馆开馆时间短	限制条件多，使用不方便	不满意图书馆馆员服务	馆内标识项不明确	排架混乱或上架不及时	不了解图书馆资源与检索技巧
59.67	29.14	15.27	47.18	6.94	9.71	15.27	20.82

二、用户满意度调查

本研究对使用图书馆东盟信息资源与服务的用户满意度进行了调查，统计数据如表3–4所示。图书馆对东盟信息资源馆藏的“权威可靠”的满意度最高，达到86.74%，说明馆藏信息的质量很高，“结构合理”“更新及时”和“检索便利”的满意度很低，不满意率分别为84.11%、79.66%和78.86%。可见，对于使用图书馆东盟信息资源与服务，用户整体评价较高，但馆藏资源更新不及时、数量不丰富、结构不合理是目前影响用户满意度的最大问题，很难满足用户需求。

对于馆藏服务的情况，除了“印刷信息借阅便利”得到用户的满意外，其他选项均不能让用户满意，特别是“数字资源获取便利”“资源推送合理”“配套设施满足需求”，满意度不足20%，说明东盟语种的数字资源非常少，馆藏资源不能满足用户需求。

表 3–4 用户满意度

单位：%

项目评价	满意	不满意
东盟馆藏质量		
权威可靠	86.74	2.63
数量丰富	11.83	77.54
更新及时	10.71	79.66
结构合理	15.26	84.11
内容满足需求	20.94	55.43
东盟馆藏获取		
检索便利	8.51	78.86
印刷信息借阅便利	76.23	11.83
数字资源获取便利	10.8	74.91
资源推送合理	5.83	86.23
配套设施满足需求	19.3	70.1

三、调查数据分析

（一）用户对东盟信息资源与服务的使用及评价方面

从调查数据可以看出，图书馆东盟信息资源的使用频率很低，且不同类型的资源使用频率不同。用户偶尔会使用的资源是以娱乐休闲为目的的资源，如休闲类图书、休闲类期刊和报纸等；专业性较强的资源很少会被使用，如会议论文、博硕论文和标准信息等。

用户对东盟信息资源与服务的评价整体满意度比较低，有几个比较明显的特点：①资源获取的评价低于资源质量的评价；②资源更新及时性评价最低；③资源结构用户满意度低；④资源检索便利满意度低；⑤资源推送合理满意度低。“资源获取”的评价较低说明用户很有可能是出于获取渠道较少、获取成本（时间、经济）较高等原因对东盟信息资源与服务产生不满；“资源更新及时性”评价最低说明用户在一定程度上十分重视最新的东盟信息资源，而且用户很有可能在一直关注某些资源，引起用户不满的原因可能是资源更新较慢或中断；“资源结构”满意度低，说明不能满足用户对东盟信息资源在内容上、格式上均趋于多元化的需求；“资源检索便利”满意度低，说明信息资源的组织不够完善，用户不能多途径搜索东盟信息资源，或者系统不支持东盟语种，不能以多语种方式进行信息资源的著录，或者用户的电脑没有相关字库，不能显示东盟语言文字，或者用户没有掌握东盟语种，系统没有提供自助翻译功能；“资源推送合理”满意度低，说明图书馆未能满足用户的个性化需求，提供的服务不能满足用户的需求，服务平台没有用户定制功能。

（二）东盟信息资源的用户需求分析

1. 整体需求分析

本研究将使用东盟信息资源及服务的用户需求分为6个维度进行分析，分别是载体需求、语种需求、时间跨度、所需东盟信息资源的内容、希望获得哪些信息服务及更倾向于哪种服务方式，结合载体需求、语种需求及时间跨度3个方面的数据进行统计，如表3-5所示。

表3-5　整体用户需求

单位：%

东盟信息	载体需求			语种需求			时间跨度			
资源类型	纸本	电子	二者都要	中文	外文	二者都要	当年	5年内	5~10年	10年以上
学术类图书	16.65	16.65	56.90	9.20	3.94	24.97	6.94	48.57	19.43	8.33
休闲类图书	19.43	12.49	63.84	19.71	0.00	24.97	22.20	36.08	18.04	9.71

续表

东盟信息	载体需求			语种需求			时间跨度			
资源类型	纸本	电子	二者都要	中文	外文	二者都要	当年	5年内	5~10年	10年以上
学术类期刊	6.94	16.65	47.18	10.51	6.57	21.03	19.43	33.31	13.88	1.39
休闲类期刊	9.71	20.82	49.96	19.71	0.00	21.03	36.08	29.14	5.55	1.39
报纸	9.71	16.65	45.80	14.46	0.00	22.34	36.08	9.71	9.71	4.16
字（词）典、年鉴	8.33	24.98	26.37	9.20	0.00	22.34	5.55	23.59	16.65	9.71
会议论文	6.94	22.20	59.67	7.89	7.89	19.71	19.43	33.31	11.10	4.16
博、硕士论文	6.94	22.20	41.63	5.26	2.63	22.34	12.49	33.31	9.71	6.94
专利信息	12.49	20.82	41.63	6.57	0.00	19.71	9.71	29.14	9.71	5.55
标准信息	16.65	22.20	40.24	6.57	0.00	17.09	6.94	26.37	8.33	5.55
政府出版物	12.49	12.49	49.96	9.20	2.63	14.46	23.59	24.98	13.88	5.55

由表3-5可知，多数用户的“载体需求”选择的是“纸本和电子二者都要”，远高于“纸本”和“电子”，“电子”载体需求整体略高于“纸本”。用户对于“纸本”与“电子”这两种载体没有十分明显的偏好，更倾向“二者都要”。用户阅读“休闲类图书”等娱乐信息时更偏爱“纸本”载体，使用“字（词典）、年鉴”等工具书时更偏爱“电子”载体。关于语种需求，多数用户更倾向中外文都需要，“休闲类图书”与“休闲类期刊”的“中文”需求较高。关于时间跨度的需求，用户对“学术类图书”“休闲类图书”“学术类期刊”“会议论文”及“博、硕士论文”类中信息资源的时间需求以“5年内”为主，对于“休闲类期刊”和“报纸”，用户更倾向选择“当年”的资源。

用户所需东盟信息资源的内容统计如表3-6所示。可见，“商业贸易”是东盟信息资源用户需求最高的信息内容，“语言学习”和“政治军事”需求相对较少。

表 3-6　整体用户所需要的信息内容

单位：%

政治军事	科技农业	商业贸易	旅游文化	语言学习
33.31	43.02	56.90	43.02	33.31

用户希望获得哪些信息服务的统计如表3-7所示。说明“信息搜集和代译”在东盟信息资源与服务的提供中是用户需求最高的。

表 3-7　整体用户希望获得哪些信息服务

单位：%

新书通报、报刊导读	信息传递	信息搜集和代译	信息聚类和推送	参考咨询	定题跟踪服务	专利分析服务	竞争情报服务	出具研究报告	举办相关讲座
31.22	49.96	64.53	41.63	35.39	8.33	29.14	31.22	20.82	45.80

用户更倾向哪种服务方式的统计如表3-8所示。说明用户更倾向通过互联网的方式即时获得东盟信息资源及服务，线下的服务方式用得越来越少。

表 3-8　整体用户更倾向于哪种服务方式

单位：%

到图书馆面对面咨询	专业人员现场提供服务	E-mail	移动App服务	网上咨询（实时QQ对话、BBS留言板、FAQ等）	信息服务平台	网络社群
37.47	37.47	37.47	49.96	52.04	49.96	41.63

2. 不同用户群体的需求分析

（1）政府部门用户需求调查。

本研究选取政府部门用户的标准为在“您的职业”一栏中勾选了“公务员”选项的用户，共7份问卷信息。政府部门用户所需要的信息内容统计数据如表3-9所示。政府部门用户最需要的东盟信息资源为“旅游文化”和“政治军事”，数据分别为71.43%和57.14%。

表 3-9　政府部门用户所需要的信息内容

单位：%

政治军事	科技农业	商业贸易	旅游文化	语言学习
57.14	14.29	28.58	71.43	42.86

政府部门用户希望获得哪些信息服务的统计数据如表3-10所示。说明政府部门用户最希望获得的信息服务为“信息搜集和代译”，用户选择高达57.14%。还有42.86%的用户选择了“新书通报、报刊导读”和“举办相关讲座”，选择其他的服务的用户很少。

表 3-10　政府部门用户希望获得哪些信息服务

单位：%

新书通报、报刊导读	信息传递	信息搜集和代译	信息聚类和推送	参考咨询	定题跟踪服务	专利分析服务	竞争情报服务	出具研究报告	举办相关讲座
42.86	14.29	57.14	28.57	14.29	14.29	14.29	14.29	14.29	42.86

（2）科学研究用户需求调查。

本研究选取科学研究用户的标准为在“您的职业”一栏中勾选了“专业技术人员（医生、律师、科研人员等）、教师”选项，以及年龄在18岁以上的“学生”选项的用户，共72份问卷信息。科学研究用户所需要的信息内容统计数据如表3-11所示。科学研究用户最需要的东盟信息资源分布较为平均，其中需求最大的为“商业贸易”，选择率高达49.54%，其次是“科技农业”“旅游文化”和“政治军事”，选择率分别为41.17%、39.01%和36.72%，“语言学习”的选择率较少，占27.18%。

表 3-11 科学研究用户所需要的信息内容

单位：%

政治军事	科技农业	商业贸易	旅游文化	语言学习
36.72	41.17	49.54	39.01	27.18

科学研究用户希望获得哪些信息服务的统计数据如表3-12所示。科学研究用户最希望获得“信息搜集和代译”的服务。

表 3-12 科学研究用户希望获得哪些信息服务

单位：%

新书通报、报刊导读	信息传递	信息搜集和代译	信息聚类和推送	参考咨询	定题跟踪服务	专利分析服务	竞争情报服务	出具研究报告	举办相关讲座
22.68	14.29	43.90	24.11	12.01	19.24	7.89	9.24	22.52	39.67

（3）企事业单位用户需求调查。

本研究选取企事业单位用户的标准为在“您的职业”一栏中勾选了“事业单位人员”及“公司企业人员”选项的用户，共96份问卷。企事业单位用户所需要的东盟信息资源统计数据如表3-13所示。说明企事业单位用户需求最大的东盟信息资源为“商业贸易”，其次是“旅游文化”和“科技农业”，“语言学习”和“政治军事”的选择率较少。

表 3-13 企事业单位用户所需要的信息内容

单位：%

政治军事	科技农业	商业贸易	旅游文化	语言学习
29.17%	43.75%	93.75%	52.08%	29.17%

企事业单位用户希望获得哪些信息服务的统计数据如表3-14所示。说明企事业单位用户最希望获得“信息搜集和代译”的服务，对“专利分析服务”和“竞争情

报服务”的需求也相对较多，而“定题跟踪服务”和“出具研究报告”的需求量相对更少。

表 3–14 企事业单位用户希望获得哪些信息服务

单位：%

新书通报、报刊导读	信息传递	信息搜集和代译	信息聚类和推送	参考咨询	定题跟踪服务	专利分析服务	竞争情报服务	出具研究报告	举办相关讲座
11.44	15.48	44.80	38.77	19.14	3.81	21.07	25.21	8.03	19.80

（4）语言学习用户需求调查。

本研究选取语言学习用户的标准为在“您的职业”一栏中勾选了“语言学习”选项的用户，共152份问卷，其中有80份问卷在一定程度上掌握除英语之外的其余东盟语种（主要是泰语、越南语），有48份问卷在一定程度上掌握泰语，有40份问卷在一定程度上掌握越南语，有16份问卷在一定程度上掌握2种及2种以上非通用语种。

本研究调查了语言学习用户对于东盟信息资源的语种需求，如表3–15所示。可见，语言学习用户除“政府出版物”之外，极少单纯需要“外文”类型的信息资源，而对于“二者都要”类型的需求量较大，对于“休闲类图书”和“休闲类期刊”的中文需求量也较大。

表 3–15 语言学习用户语种需求

单位：%

东盟信息资源类型	语种需求		
	中文	外文	二者都要
学术类图书	17.5	0	47.5
休闲类图书	37.5	0	47.5
学术类期刊	20	0	40
休闲类期刊	37.5	0	40
报纸	11	0	42.5
字（词）典、年鉴	17.5	0	42.5
会议论文	15	0	37.5
博、硕士论文	10	0	42.5
专利信息	12.5	0	37.5
标准信息	12.5	0	32.5
政府出版物	17.5	5	27.5

（三）旅游用户的东盟信息需求

旅游用户的东盟信息需求旨在了解旅游用户（包括旅游业界、学界和旅行者）对东盟信息资源的需求。本项目针对旅游信息需求进行了问卷调研（见附录2）。调研结果显示，在旅游业界的信息需求中，47.64%的用户选择“东盟旅游知识地图”，61.06%的用户选择“东盟旅游企业知识地图”，25.33%的用户选择“东盟旅游报价信息”，8.51%的用户选择“东盟旅游交通信息”，31.38%的用户选择“东盟风土人情、风俗习惯信息”，11.91%的用户选择“其他”。具体如表3-16所示。

表3-16 旅游业界用户的信息需求

单位：%

东盟旅游知识地图	东盟旅游企业知识地图	东盟旅游报价信息	东盟旅游交通信息	东盟风土人情、风俗习惯信息	其他
47.64	61.06	25.33	8.51	31.38	11.91

在旅游学界的信息需求中，41.4%的用户选择“旅游资源知识地图”，20.6%的用户选择“政策法规”，16.07%的用户选择“风土人情及宗教禁忌”，14.37%的用户选择“旅游年鉴和统计信息”，7.56%的用户选择“其他”。具体如表3-17所示。

表3-17 旅游学界用户的信息需求

单位：%

旅游资源知识地图	东盟政策法规信息	风土人情及宗教禁忌	东盟旅游年鉴和统计信息	其他
41.4	20.6	16.07	14.37	7.56

在旅行者的信息需求中，36.11%的用户选择“东盟旅游资源总体分布”，46.31%的用户选择“东盟历史文化名胜古迹旅游资源”，52.55%的用户选择“东盟自然风光旅游资源”，44.61%的用户选择“东盟休闲度假旅游资源”，28.36%的用户选择“东盟康养旅游资源”，30.81%的用户选择“东盟旅游企业信息”，34.59%的用户选择“东盟旅游交通信息”，40.83%的用户选择“东盟风土人情、宗教禁忌、风俗习惯信息”，30.43%的用户选择“东盟政策法规”，14.18%的用户选择“东盟旅游年鉴和统计信息”，26.28%的用户选择“东盟旅游资源知识地图”，27.79%的用户选择“东盟旅游知识地图”，33.27%的用户选择“天气、气候信息”，29.68%的用户选择“航班信息”，22.5%的用户选择“其他交通信息”，22.31%的用户选择“交通资费信息”，20.6%的用户选择“东盟旅游攻略”，8.32%的用户选择“汇率信息”，6.62%的用户选择“其他”。具体如表3-18所示。

表 3–18　旅行者用户的信息需求

单位：%

序号	内容	占比	序号	内容	占比
1	东盟旅游资源总体分布	36.11	11	东盟旅游资源知识地图	26.28
2	东盟历史文化名胜古迹旅游资源	46.31	12	东盟旅游知识地图	27.79
3	东盟自然风光旅游资源	52.55	13	东盟天气、气候信息	33.27
4	东盟休闲度假旅游资源	44.61	14	东盟航班信息	29.68
5	东盟康养旅游资源	28.36	15	其他交通信息	22.5
6	东盟旅游企业信息	30.81	16	东盟交通资费信息	22.31
7	东盟旅游交通信息	34.59	17	东盟旅游攻略	20.6
8	东盟风土人情、宗教禁忌、风俗习惯信息	40.83	18	东盟汇率信息	8.32
9	东盟政策法规信息	30.43	19	其他	6.62
10	东盟旅游年鉴和统计信息	14.18			

由此可见，旅游业界、旅游学界和旅行者均需要东盟旅游信息资源，其需求包括东盟旅游知识地图，东盟旅游企业知识地图，东盟旅游政策法规，东盟旅游报价信息，东盟旅游交通信息，以及东盟风土人情、宗教禁忌、风俗习惯信息，东盟旅游年鉴和统计信息等。

四、用户需求特点

（一）用户整体需求特点

东盟信息资源用户需求整体呈现多样性、广泛性与时效性的特点。

1. 多样性

东盟信息资源用户需求的多样性主要体现在载体、语种、信息服务、服务方式4个方面。一是载体。用户对于东盟信息资源的载体更倾向纸本和电子共同获取，但不同的信息资源类型需求略有不同，对于需要深入阅读的东盟信息资源（如图书、期刊、报纸、论文等），大多数用户认为必须二者兼有，但对于用于查询参考的工具书［如字（词）典、年鉴等］，部分用户认为有电子资源即可，认为必须纸本与电子二者兼有的用户较少。二是语种。多数用户对于语种资源的需求也是二者兼有，仅需要外文的用户极少，说明用户依旧是习惯阅读中文信息资源，但仍渴望获得外文信息。三是信息服务。东盟信息资源用户对各种信息服务的需求主要分布在20%到50%之间，每一项信息服务都有较多用户选择，需求量最大的服务是“信息搜集和代译”，这说明用户需求具有多样性的特点，且用户需要图书馆帮助收集和整合东盟信息资源。四是服务方式。东盟信息资源用户对各类服务方式的需求较为平均，说明并没有特别受到欢迎的服务方式，相对而言，用户更喜欢采用网络的服务方式，如移动App服务、网上咨询、信息服务平台等。

2. 广泛性

东盟信息资源用户需求的广泛性主要体现在对于信息资源内容的需求。关于信息资源内容的需求，需求量最大的是“商业贸易相关资源”，最小的是“政治军事相关资源”，说明东盟信息资源用户更关心我国与东盟之间商业贸易合作往来，对政治与军事的关心较少。但二者仅相差30%左右。用户对5种东盟信息资源内容均有需求且需求量相差不大，说明了用户对于东盟信息资源内容的需求具有广泛性。

3. 时效性

东盟信息资源用户需求的时效性主要体现在时间跨度的需求上。东盟信息资源用户对于资源公布时间的需求大多集中在当年或5年内，对于久远的信息资源需求较少，时间跨度较小，时效性强。结合前文中用户对东盟信息资源评价数据的分析，较多用户认为资源更新不及时，说明东盟信息资源用户更需要近期的、较新的资源。

（二）不同类型用户需求特点

用户的职业、社会背景不同导致了用户所处的信息环境不同，所需求的信息内容与服务方式也各有不同。本研究划分了政府部门用户、科学研究用户、企事业单位用户、语言学习用户及旅游用户5种东盟信息资源用户的类型，并对其需求特点分别进行总结。

1. 政府部门用户

与整体需求特点相比，政府部门用户在信息内容和信息服务这两个方面的需求都相对狭窄。在信息内容需求方面，旅游文化、政治军事和语言学习是其主要的信息需求，对于科技农业、商业贸易信息的需求相对较少；在信息服务方面，政府部门用户对于信息传递、参考咨询及竞争情报服务的需求较少，服务需求相对集中在信息搜集和代译、举办讲座及新书通报和报刊导读方面。

政府部门的需求主要为决策提供依据。从决策者所处的地位来看，决策可以分为高层决策、中层决策、现场决策和战略性决策、战术决策和执行决策。不同层次的决策所需的信息依据也各不相同①。

高层决策的信息需求主体是政府部门或者各单位主要领导人，他们在制定战略性决策时需要的信息关系到政府、企业或者组织乃至国家的长远规划和战略布局，基本上没有重复性。这一层次用户需求的信息涵盖面十分宽泛，并且对决策影响较大，同时，这一层次所需信息资源及信息服务要求最高，是最难满足的一个层次。需求越高的信息对国家前途命运的影响越大，就越应该受到重视。

中层决策需求的信息是为决策日常事务和管理所需要的信息，这些日常事务的问题是常规的、可复制的。因此，中层决策者的信息需求也就具有可复制性。中层决策信息需求是基层的实际情况和要处理这些问题需要应用的信息，中层决策的过程是将高层决策的信息与基层的实际情况相结合，这些结合需要以一定的信息作为依据，那么就会产生信息需求，这种信息需求我们称之为“中层决策的信息需求”。相对于实际应用的基层决策，中层决策一般是对基层决策和高层决策的内容进行综合，这种决策既满足高层决策的需要，也为基层决策需求提供依据，属于战术决策。战术信息可复制性较强且易于获取，需求范围也相对固定。

制定并实施执行方案的信息需求被称为“基层决策信息需求”，在决策实施过程中会发生各种各样的问题，要解决这些问题就会产生新的决策，当然也有了新的信息需求。这些信息需求针对性较强，一般是应对某件事情或问题的决策所采用的信息。

不论哪个层面需要哪些信息来处理什么问题，其所需的信息的重要程度是不同的，但最终的信息需求目的都是相同的，那就是为了决策。与东盟合作的各种决策均存在高中低3种层次的决策者，也存在着不同层次的决策信息支撑需求。

2. 科学研究用户

科学研究用户在信息内容需求上与整体一致，均较为广泛，而在信息服务方面的需求较为狭窄。科学研究用户在信息服务方面对信息搜集和代译及举办相关讲座的需求较多，其余需求较少。

在“一带一路”倡议中，科研机构将开展沿线国家的政治体制、法律、外交、经济、能源、历史、科技、文化、旅游、民族等方面的研究作为自己的主要使命。通过对东盟国家的相关研究，发现中国—东盟合作中的机遇和挑战，提出应对策略及发展战略，为政府提供咨政。科学研究用户需要的信息是反映东盟国家最新政策法规和发展趋势的“高、精、深”信息，具有极强的专业性和极具特色的东盟地域性，要求信息资源体系有较强的系统性和连续性。长期以来，为东盟研究提供信息资源保障的科研机构图书馆十分重视东盟信息资源建设，目前这些图书馆已经收藏

① 赵蕊洁. 东盟国家多语种信息资源建设研究 [D]. 南宁：广西民族大学，2018.

了大量的东盟信息资源，为机构的研究提供了信息资源保障，使机构的研究获得了丰硕的成果，也使这些成果成为东盟信息资源的一部分。

3. 企事业单位用户

经济贸易合作是“一带一路”倡议的基石，贸易畅通是“五通”的核心。“一带一路”倡议的实施由政府引导和企业主导，各类企业是实施“一带一路”倡议的主体。一般来说，经济贸易分为两个方面：一是产品的研发；二是对市场进行开拓——研究和分析市场、调查营销对象、策划营销方案和设计售后服务措施。可见，企业需要的信息主要有以下两类：一是文献类信息，这些信息的来源是研究报告（如会议预印资料及会议报告、科技报告、产品研发报告等）、博硕士论文、会议论文、标准信息、专利信息、非商业性翻译资料、技术与商业文件、官方文件，以及竞争情报资源；二是竞争者及合作者的信息，这些信息分为企业内部信息、市场动态信息及行业发展信息、社会环境信息、政策法规信息。这两类信息以经济贸易信息为主，其中标准信息和专利信息对中小企业的发展有较大的影响，是企业需要的关键信息。企业主要通过互联网、社交媒体、会展、行业技术交流会等途径获取所需要的信息，企业通过图书馆获取的信息不到20%，因此，与整体需求特点相比，企事业单位用户在信息内容需求上倾向明显，商业贸易信息资源需求量极大，在信息服务方面的整体需求呈现较为一致的多样性的特点。

东盟竞争情报是与东盟开展合作的企业所需要的东盟信息资源的重要组成部分，行业的竞争情报主要包括竞争对手的数量及其分布状况，以及这些对手的规模、资金、技术等方面的实力，各自产品的市场销售增长状况、市场占有情况和盈利能力等。

与东盟企业合作需要掌握与之相关的竞争情报，这些综合性极强的情报是企业难以获得的，即使获得也是不完整的，需要图书情报部门的信息资源支撑，也需要图书情报部门提供个性化的竞争情报服务。

4. 语言学习用户

高校在“一带一路”倡议中的重要使命就是为“一带一路”建设提供人才保障，为“五通”提供人力资源支撑。通过开展人才培养、培训，有利于促进人文交流和民心相通，也为其他“四通”提供各种技术和非通用语种人才支撑。高等教育在“一带一路”建设中发挥基础性、全局性和先导性的作用①。高校图书馆是东盟信息资源建设的主力军和专业的东盟情报信息中心，信息资源的内容与教学、科研需求遥相呼应，资源建设与学校的学科建设密切相关，并围绕师生需求展开，东盟信息资源建设内容以文化教育类信息资源为主。受经费和技术限制，图书馆现有信息资源数量不足，格式单一，更新速度慢，与用户的需求差距甚远，与“特色的学科信息

① 赵蕊洁. 东盟国家多语种信息资源建设研究[D]. 南宁：广西民族大学，2018.

资源达到完整级水平，一些科研能力较强的学科达到研究级水平[①]”的建设目标还有很大的距离。

据调研，有近一半东盟语言学习用户在一定程度上掌握了一种或者多种东盟语言，对于不同类型的东盟信息资源的语种需求具有一致性，除了休闲娱乐类的资源外，多数用户对于各类资源均需要两种语种的信息。

语言学习是为了使用不同的语言来进行交流。语言学习内容包含3个层面：一是学习语言中的文化；二是了解语言隐含的本质特征；三是学习语言隐含在字词中的语用功能。在各种语言体系中，都隐含着语言的民族观念及民族特征。随着我国东盟语言人才需求日益增多，越来越多的高校开设了东盟语言的相关语种专业，学习东盟语言相关语种专业的人也越来越多，辅修或者业余学习东盟语言的人也日益增多。要学好语言就必须了解该语言国家的基本国情，这是学生学习语言中的文化的重要内容，也是语言学习和文化交际的基础。语言类学习需要了解的该语言国的基本国情包含该国的人口和民族状况、该国的政治经济和社会文化制度、该国的文学艺术和历史的发展演变等。学习语言所隐含的本质特征和语言运用功能就要深入学习语言的专业性知识，要深入学习东盟国家的词汇、语法和语言运用，多与东盟留学生和东盟外教沟通交流，掌握更多的习语、俗语及常用短语，多阅读相关的文献，从阅读我国名著翻译成的东盟语言书籍入手，这样可以迅速提高阅读水平，也有助于了解东盟各国的母语，进而能无障碍地阅读东盟原版原著信息资源，促进对所研究语言国家的深入了解，逐渐掌握东盟语种的语境和语义。东盟信息资源也为东盟语言研究者提供学术价值高和系统性强的研究资源，且了解学习东盟语言国家的文化习俗可以促进语言的学习[②]。

5. 旅游用户

目前，我国公民的休闲娱乐方式之一就是旅游，而我国公民热衷的节庆民俗就有“到东盟国家旅游”这一项，这在很大程度上促进了中国—东盟旅游业的发展。为了满足大众娱乐的东盟旅游信息需求，增进中国—东盟文化的了解和互信，我国图书馆很有必要提供东盟的旅游信息资源。据附录2的调研，超过43%的公众表示对东盟信息资源服务有需求。

随着我国大众生活水平的不断提高，大多数公众都选择将旅游作为自己的一种娱乐方式，到东盟国家旅游成为大众的热门娱乐活动。国家也在大力加强与东盟国家之间的旅游深度合作，建立与东盟旅游相联系的信息资源体系，在满足大众娱乐需求的同时，加深对双方文化的了解和经济的相互促进。

① 张瑾．高校信息采访工作规范分析研究 [J]. 大学图书情报学刊，2010，28（6）：19-22.

② 周小兵，谢爽，徐霄鹰．基于国际汉语教材语料库的中华文化项目表开发 [J]. 华文教学与研究，2019（1）：50-58+73.

第三节　东盟信息资源用户需求分析

一、国防外交政策决策需求

（一）南海问题等国防需求

南海问题关系到国家主权、领土完整，关系到外交策略，与历史、法律相关，特别是与敏感的历史和现状相关。对南海诸岛的地理、资源、主权交涉、国家开发经营、时政评价等进行研究需要古今中外信息资源作为支撑。如南海主权的研究需要研究各时期各国对于这些岛屿地名及其变更的历史信息资源，需要涉及各国各时期的地图典籍作为考证进行资源支撑。对于南海主权的交涉，不仅要掌握各国的现行政策，还要对其交涉的历史进行梳理，更离不开东南亚各国的信息资源支撑，对于南海问题的历史渊源也需要各国对此问题的政策及研究状况作为参考。研究解决南海争端的措施，离不开研究涉及各国的法律及舆情，离不开产生问题的根源——能源之争，这就必须要做好对南海各种资源的地理位置和布局的研究。同时要维护南海安全，还要研究军事的布局，这就要了解各国的军事投入及布防信息。因此，要实现“一带一路”倡议的东盟信息资源支撑就必须考虑国家国防安全的东盟信息资源的建设及开发利用。

东盟多语种信息资源对制定维护国家主权、保护国家利益、维护国家安全等的科学决策能够提供十分重要的依据。国际上，关于领土争端，各国通常各执一词，坚持本国的立场，互不相让。如果诉诸国际法庭，则需要提供足够的证据资料，相关信息资源可以作为证据材料支撑国家的诉求，掌握足够的信息资源就是掌握诉讼的主动权。由于很多历史资料往往记载着历代争端区域的主权划分，记载着这些地区的发展与变迁，所以有了这些信息就可呈交法庭当作主权的证明材料。图书馆应该在相关古籍中有效地搜集记载这一部分的事实内容。如果能在其他国家，特别是与我国有主权争端的当事国的信息中搜寻到对我国有利的信息，就能更好地为我国解决领土争端提供重要佐证材料，对解决南海争端有着重要作用。

除南海争端之外，我国与东盟一些国家也有领土接壤，如越南、老挝、缅甸等国，基于国防安全考虑，要保证我国的领土完整、保卫好国家安全，也需要了解和掌握接壤国家的边境布防及装备配置和研发等信息，以辅助国家和军队即时掌握国防信息，对非常情况采取应对策略。图书馆通过采集和融合多种来源、多种语言和多种途径的东盟信息资源，为用户查询东盟国家历史上的国防信息，以及当代的国防信息甚至当前的动态信息资源提供便利。最新动态情报作为重要的参考资料，可以辅助国防部门分析东盟国家的国防信息，为我国的国防安全提供信息支撑。

外交方面也对东盟信息资源有需求，通过对东盟多源信息的融合，能更方便快捷地获取外交信息。随着“一带一路”倡议的走向深入，我国与“一带一路”沿线国家之间的友谊更加深厚，与东盟各国之间的关系也从成长期跨入了成熟期。国家希望在加强“一带一路”倡议的基础上，与东盟国家开展更广泛而深入的合作，为促进区域社会经济发展贡献中国方案和中国智慧。当前，我国与东盟部分国家在南海问题上的争端虽然有缓和趋势，但仍需进一步的磋商与沟通。在这样复杂的政治环境下，我国与东盟国家外交磋商和谈判的形势将更加严峻。东盟信息资源可以作为证据资料在外交工作中起到重要的支撑作用。充分采集和利用国内外的东盟信息资源，对东盟多语种信息资源进行聚合，对我们掌握东盟国家的总体发展水平，掌握东盟国家社会、经济等多个方面的整体信息有很大的帮助，为我国外交谈判与协商合作，掌握我国国际外交的主动权和话语权奠定基础。

（二）友好合作的信息需求

“一带一路”沿线各国的友好合作涉及国家间的政治协商、经济贸易、文化交流等相关领域，甚至包括企业的合作、个人的交流，这些都需要东盟信息的支撑。也就是说，必须充分了解对方和自己的情况，才能使双方在交往中最大限度地求同存异、实现双赢，才能增进中国—东盟政治外交。合作国家的关键信息包括许多方面的内容：首先是法律信息资源，东盟的法律法规信息资源建设和开发利用是我国与东盟国家友好合作的重要信息资源保障；其次是东盟国家的社会、文化发展的政策及规划信息，包括东盟国家的各种文学作品、文化典籍、历史信息，以及东盟国家自身的研究报告和西方国家的研究成果，当然更不能缺少我们国家的各种研究报告，这类信息资源都是我国与东盟国家开展文化合作的决策支撑和依据。

两个国家间最便捷、最和谐的交流方式就是文化的交流与沟通。中国与东盟国家均有悠久的历史和灿烂的文化，通过向东盟国家传播优秀的中华文化和引入东盟的优秀文化，能有效促进中国—东盟的文化交流。开展新形式的文化交流，能促进双方的友谊，建立双方的友好关系。我国图书馆将中华古代文化向东盟国家传播，扩大了东盟国家对中华文化的关注，为中国—东盟的文化交流作了很多努力，取得了很好的效果。图书馆通过对各类异源异构的东盟信息资源的全面融合，帮助用户更快更多地查询及获得东盟文化信息资源，从而对东盟国家文化和历史有较深的了解，可增进中国—东盟公民之间的互信，以及各种文化交流活动的开展。

二、经济贸易信息与竞争情报需求

（一）经济贸易信息需求

1. 投资信息资源需求

由于企业投资前，必须要了解项目的竞争对手及市场信息，所以，获取最新的经济贸易信息就是不可或缺的重要环节。东盟国家众多，投资的环境各不相同，需要各种信息资源来进行可行性分析。这些信息资源既包括环境信息，也包括政治信息，还包括有关环境管理、保护、改善、使用等方面的信息。

2. 环境信息资源需求

经济贸易环境与政治环境信息对外来的投资来说是不可或缺的决策依据，这两者的关系既相互关联又相互影响，投资者在投资前必须对经济贸易环境和政治环境进行充分的考察。东盟投资要考察拟投国家整体经济的变化趋势、物价变化情况、公民的消费指数和消费水平，考察国家的政体及国家经济政策方针。此外，国家政局是否稳定也是非常重要的因素。图书馆可将东盟国家的这些信息资源采集，与馆藏的信息资源进行整合，为政府和企业在与东盟经济贸易合作的开展中提供信息资源的支撑。图书馆还可以对东盟国家不同的经济贸易环境进行分析和研究，密切关注各国的投资环境发生的变化，为政府和企业的决策提供依据。

3. 经济贸易市场信息资源

企业要预测产品市场的正确走势，制定科学的市场营销策略，离不开市场信息资源的支撑。经贸市场信息涵盖行业信息、竞争对手信息及消费者信息，拟与东盟企业展开经济贸易合作的中国企业如果全面掌握东盟的市场信息，企业的市场培育和发展就有了决策依据。因此，与东盟合作的企业对东盟经济贸易市场信息的需求是异常强烈的。

（二）竞争情报的需求

1. 投资决策的竞争情报需求

投资决策最核心的问题就是研究企业自身当前的资源禀赋是否与拟投资项目匹配，同时考量企业在行业中所处的地位，以及所投资的项目是否具有竞争力，这些决策无一不需要竞争情报的支持[①]。

对那些计划投资东盟国家的企业而言，竞争情报可以规避投资风险。东盟国家的政治环境和社会经济环境有很大的差别，与我国关系的友好程度深浅不一，对于企业而言，竞争环境和竞争对手均处于未知状态，这增加了投资的风险。因此，企业必须对投资环境作正确的研判，这就必然产生对竞争情报的需求，以及对竞争情报服务的需求。

---

① 王子玥．大数据时代企业投资决策竞争情报服务探讨 [J]. 财经界，2015（30）：148.

2. 技术转移中的竞争情报需求

技术转移是一个将科研成果和技术创新转化成生产技术的过程，也是将技术从一个机构以某种方式转移到另一个机构的过程，转移可以在不同区域进行，也可以在不同领域进行，甚至可以在不同国家进行。

在中国—东盟科技合作日益深化的当今时代，中国技术向东盟转移需要进行该项技术的竞争情报分析，对拟转移技术的发展趋势和先进性进行评估，同时还需对该项技术进行长期跟踪，将技术外部环境的变化及竞争对手的技术发展情况牢牢地掌握在自己手中，全面收集与技术相关的市场发展趋势的相关信息，研判该技术的市场竞争力水平，充分评估该技术的价值，并且掌握技术需求方的技术信息和财务信息，评估方对该技术有吸收和消化能力，才能制定合理的转移方案，这样不仅能降低技术转移的成本，也能提高技术转移的成功率。技术需求方亦可利用技术竞争情报服务来审视企业内部的相关技术资源，研判企业的技术能力是否需要引进该技术，以及是否有能力消化和应用该技术，从而梳理出企业对该技术中的关键参数，对技术转移的配套资源进行科学的配置，并全面收集技术转移方的信誉信息和研发能力信息，使自身对接收技术的效率得到保障①。

可见，中国—东盟科技合作和技术转移需要竞争情报的支持。

3. 政府决策中的竞争情报需求

国家区域战略发展和战术实施，需要政府部门掌握各种情报信息，尤其是竞争情报。竞争情报服务是针对有竞争情报需求的组织或个人，开展有关竞争环境及策略的情报工作，为需求者提供预警、决策和执行所需的信息和方案的战略研究过程。由此可见，国家在政策的制定中对竞争情报服务有着重要需求。同样地，我国与东盟国家的合作政策和措施也离不开竞争情报的支撑。这些竞争情报服务包括对东盟国家的政策法规、科技和市场竞争情报的提供。

4. 电子商务中的竞争情报需求

随着中国—东盟经济贸易合作的日益深入，双方的电子商务合作模式也在不断创新。跨境电子商务出现后，国内许多中小企业加入到跨境电子商务行列，使得跨境电子商务企业对竞争对手信息需求越来越大。竞争对手的信息包括现实对手的信息和潜在对手的信息，这就是说，电子商务活动必须开展竞争情报研究或者需要竞争情报服务。辨识商务竞争对手的方法是通过搜集相关企业的信息进行挖掘、分析、研究和判断，找出与企业相关的现实竞争对手和潜在的竞争对手②。

跨境电子商务使竞争对手遍布全球，竞争环境更加复杂，竞争对手更加难以辨

① 慎家彬. 技术转移过程中技术竞争情报的应用研究 [D]. 昆明：云南大学，2017.

② 宋文官，吴晓伟，徐福缘. 电子商务对竞争情报价值链影响的框架模型研究 [J]. 情报杂志，2006(10)：28-32.

识。竞争对手的模糊辨识，将会扩大或缩小自身的竞争对手范围，这一方面会增加企业监视环境信息的成本，另一方面会导致企业不能完整地监测竞争对手的信息而面临被动情况。由此可见，中国—东盟的跨境电商企业迫切需要竞争情报服务的支撑。

三、科技信息需求

（一）东盟国家的行业科技信息需求

1. 科研用户群体

研究东盟的科研用户群体主要指高校里研究与东盟合作相关行业的教师、研究员、研究生，以及科研机构的研究人员、学者。随着中国—东盟科技合作的进一步深化，中国和东盟十国在航空航天、互联网、云计算和大数据等科技产业方面具有很强的互补性，在清洁能源与自然资源方面具有很大的合作空间。而作为世界上最大的制造国和第二大经济体，中国与东盟之间的科技合作空间和潜力巨大。高校和研究机构的科研用户研究东盟科技发展需要全面掌握东盟国家的科技发展状况，需要获取、分析东盟国家的行业科技信息资源。

2. 科技管理部门用户群体

为了更好地开展中国—东盟的科技合作，服务政府制定与东盟合作发展相关产业的政策规划，科技管理部门要把握东盟各行业科学技术的发展趋势，这就离不开东盟信息资源的支撑。一方面需要了解东盟的产业发展政策，另一方面还要了解东盟掌握的科学技术及其在产业中的应用情况，将我国的科学技术与东盟的科技水平进行全方位的比较，从而提出中国—东盟科技产业优势互补的方针政策，为企业与东盟企业的合作提供决策依据。行业科技信息的采集、组织和服务也为科技管理部门提供了决策依据。

3. 企业用户群体

中国—东盟的科技合作前景广阔，企业用户群体是利用东盟行业科技信息的主体，为了更好地开展中国—东盟科技合作，图书馆要真正构建起适合中小企业发展的生态信息系统，建立产业合作的生态信息体系，将全球资源进行整合，协同推进中国—东盟的科技产业发展。例如，东盟国家拥有丰富的农业资源和广阔的农产品市场，中国可以帮助东盟农业科技企业的发展；东盟国家以独特的自然条件盛产生物能源和水能源，中国可以在能源领域拓展科技合作空间，从技术支持、资本投入到产品贸易等整条产业链上帮助东盟国家发展可再生能源，而这些结论都是在全面掌握了东盟相关行业信息情报的基础上得出的。因此，东盟行业信息资源对企业用户群有着重要作用，图书馆应该尝试建立中国—东盟企业智库，智库的建设经费应包括企业的投入，企业与智库紧密合作，智库承担培养人才和开展咨询决策服务的重任，为中国—东盟企业的深化合作奠定基础，为科学决策提供依据。

（二）东盟国家行业的专利信息需求

随着中国东盟科技合作的进一步深化，中国企业对东盟专利信息的需求也快速增长。只有了解东盟的专利状况，才能把握与东盟企业开展科技合作的方向。企业对本行业的东盟相关专利信息的需求日益增多，专利信息的内容体现在专利说明书上，这也是企业最重视的信息。当然专利信息资源还有其他专利信息，是企业所需的重要信息源，如企业对专利信息的需求主要是专利说明书，但是专利检索报告也有很多信息是企业必须了解的，这是了解竞争对手的重要途径，如对比信息能让企业了解更多的相关技术；又如同族专利信息是企业了解相关技术的捷径，另外，专利的知识产权状态信息及专利的许可信息也是企业非常需要了解的。企业及个人用户通常是得不到这类信息的，因此，企业和个人都特别希望专利信息的管理者（相关政府部门及图书情报部门）能为他们提供这些信息。另外，企业对有关专利信息的方针、政策、风险信息，以及转让专利的信息、无效专利、过了保护期的专利等相关信息都有需求。

四、语言学习研究的信息需求

（一）自主学习的信息需求

构建自主学习信息资源体系是图书馆为满足用户需求而开展的。为了满足用户多元化、个性化的信息资源需求，图书馆必须根据用户需求来采集、组织和管理信息资源，以达到可持续发展的目的。由于中国—东盟的合作日益深化，对有东盟国家语种专业背景的人才需求日益增多。许多大学开设了东盟语种专业，有些专业开设了东盟语种的课程，这使得越来越多的大学生加入了学习东盟语言的行列，还有许多社会上的人员加入了自学东盟语言的行列。因此，就有了自主学习的东盟语种信息需求。这些信息需求包括学习的入门教材、音视频课程及其他辅助资料，包括一些东盟国家的小学语言教材、教学参考书及儿童读物等。还有构建包括图片、音频/视频、图形、文本等各类型的可供用户自主学习使用的信息资源数据库，比如学科知识库、慕课、试题库、特色专题资料库等，来满足自主学习者的学习需求。

（二）情景学习的信息需求

为了尽快掌握东盟国家语言，使学习者能学以致用，情景学习越来越受到重视。情景学习活动可以固化学习者原有的知识结构，并促进学习者吸收新的知识，对新知识进行意义的建构。因此，除了在课堂上教师要开展情景教学外，图书馆还要搜集和组织情景信息资源来满足学生课后学习的需要。图书馆通过开设多媒体等现代教学课堂，搜集东盟国家有关经济贸易、旅游、商务等的音视频，采用虚拟现实的方式来创设教学背景，让学生扮演角色等，使学生在图书馆里身临其境，让学生的思维进行发散和创新，可以极大地扩充学习者的知识面，并提高他们学习东盟语言的兴趣和主动性[①]。

（三）交互学习的信息需求

东盟语言的交互学习是学生获得知识的有效方式。除了教师的讲解、信息的阅读外，观看电影及讨论互动也拓宽了课程的文化视野，让学生深刻理解东盟国家多元文化的社会构成。另外，东盟语言的合作学习有助于提高学生的思维活跃程度。例如，以小组为单位的课堂预习，包括阅读信息、观影、讨论教师布置学习任务等；课堂上进行小组报告、小组角色扮演、小组话剧表演等，这些学习活动通过教师加以点评和分析，提高了学生的语言能力及团队合作的能力。为此，图书馆应该搜集相关的信息资源，提供学习场所，让学生除了在课堂上能开展交互学习活动外，在图书馆也有场所和资源作相关的练习[②]。

五、旅游文化信息需求

（一）旅游业界的文化信息需求

随着中国—东盟进一步深化合作，中国—东盟跨境旅游在跨境旅游服务贸易、跨境旅游投资、跨境旅游产业合作和共建跨境旅游共同市场等领域全方位地展开了深入合作，取得了阶段性成果：中国成为东盟国家最重要的旅游目的地和客源地，东盟也成了我国重要的旅游目的地和客源地，中国—东盟旅游合作的重心移至跨境旅游和跨境旅游投资[③]上。建设跨境旅游合作区、创建多层次跨境旅游合作平台成为跨境旅游合作的重要保障，而这些合作的决策和发展均离不开旅游信息资源的支撑。东盟旅游及东盟研究成果等信息资源为中国—东盟开展旅游合作提供了坚实的信息资源保障。

2020年，“共建‘一带一路’共享数字旅游”的旅游展在桂林举行，通过人工智能、大数据、云计算、互联网、信息系统集成等技术融合中国—东盟旅游信息资源，将双方旅游业合作成果研发成智慧化的展览软件进行全方位的宣传和展示，同时将搭建好的集电子商务旅游、5G网络旅游、科技旅游和智慧城市旅游等为一体的旅游合作交流和交易平台展示于博览会的观众眼前，对中国—东盟旅游领域的合作成果进行全面的展示，扩展数字旅游各领域的沟通与合作[④]，这也从侧面反映了旅游文化

① 李尚阁. 论建构主义下的情景学习 [J]. 现代交际，2010（11）：33.

② 张华. 英语课堂交互学习的实证研究——以“澳大利亚历史与文化影视专题”为例 [J]. 牡丹江大学学报，2019，28（6）：116-119.

③ 张鑫. 中国—东盟次区域跨境旅游一体化合作研究 [J]. 华北理工大学学报（社会科学版），2019，19（5）：47-53.

④ 2020 中国—东盟博览会旅游展在桂林举行 [EB/OL]（2020-12-09）[2020-12-20]. http://www.xinhuanet.com/travel/2020-12/09/c_1126840397.htm.

的发展必须要有信息资源支撑。

（二）旅游学界的信息需求

中国—东盟跨境旅游实施跨境旅游服务贸易，是增加跨境旅游的投资、提升跨境旅游产业合作水平和共建跨境旅游共同市场等方面的需要。旅游学界对这些领域的研究也成为热点，除了传统的旅游文化、旅游经济贸易研究外，对智慧旅游、康养旅游等的研究更是蒸蒸日上。

随着中国—东盟跨境旅游合作的不断扩大，跨境旅游专业人才的需求也日益增多，旅游专业人才的教育、培养需要大量的东盟信息资源作为支撑，加强中国—东盟旅游教育的合作也为中国—东盟跨境旅游合作奠定了基础。要加强中国—东盟的旅游教育合作，就必须增进中国—东盟旅游教育的协同发展，利用东盟的信息资源来充实教育资源，让学生更多地掌握和吸收东盟国家的历史文化和旅游资源，只有这样，才能培养出适应中国—东盟跨境旅游合作所需要的国际化旅游服务专业人才。

中国—东盟跨境旅游合作还需要研究人员对东盟的旅游信息进行深入的研究，这就要求更多的东盟旅游信息资源来加以保障。由此可见，无论是旅游研究还是旅游教育，都需要东盟旅游信息资源的保障。

（三）旅行者的文化信息需求

随着中国—东盟旅游的日益火热，赴东盟旅游的中国游客数量越来越多，这些旅行者对东盟旅游信息资源的需求也日益增多。这些信息包括功能性信息、娱乐性信息和创新性信息等，包括旅游景点、旅游团体、旅行社信息、旅游交通、住宿及气象信息等，同时要熟悉东盟国家的文化信息，掌握旅游目的地的景点分布、风土人情及宗教禁忌，如去东盟国家旅游，要看出游期间是否有一些民俗民间节日、庆典活动或者仪式活动，还有如何参加这些活动等。了解各旅行社报价对比的信息，综合考虑不同的旅游城市或不同的旅游景点、不同的旅游路线规划、不同的促销宣传景点游、不同的旅游卖点、不同旅行社的旅游服务质量等因素，旅行者再根据自身经济能力和旅游需求，选择适宜自己的旅游路线，规划自助旅游的线路和行程，或确定落实某个旅行社跟团旅游。

第四章　东盟信息资源支撑及开发的理论分析

第一节　东盟信息资源支撑的理论概述

东盟各国作为“21 世纪海上丝绸之路”沿线国家，囊括了东南亚地区的11个国家，在我国提出的共建“一带一路”倡议中具有不可或缺的战略地位。东盟信息资源对于中国与东盟各国的交流合作具有重要支撑作用，可以从战略性支撑要求、战术性支撑体系、保障体系支撑3个方面进行分析。首先，战略性支撑要求是意图，明确了东盟信息资源支撑方向和目标；其次，战术性支撑体系是实施手段，阐述了东盟信息资源支撑的路线和行动；最后，保障体系支撑是结果，说明了东盟信息资源支撑的作用和成效。

一、战略性支撑要求

当今，信息资源已成为社会赖以生存和发展的重要战略资源之一，信息资源的收集、整理、开发和利用水平是衡量一个国家信息处理能力、知识储备和科技创新实力的主要指标。随着中国与东盟国家多领域合作交流的日益深入，东盟信息资源作为重要的国家战略资源在国际政治、军事、经济贸易、文化、教育交往中的作用日益凸显。

（一）夯实支撑国家战略发展的信息基础

我国的“一带一路”倡议，特别是“海上丝绸之路”的战略构想，促使中国与东盟各国的交流合作日益密切，由此衍生了大量的现实信息需求，满足这些需求离不开东盟信息资源的有效支撑。因而，东盟信息资源是推进“一带一路”倡议的重要战略支撑，充分而完备的信息资源为实现中国与东盟各国之间“政策沟通、道路连通、贸易畅通、货币流通、民心想通”的“五通”目标奠定了基础。

1. 满足国家安全信息保障的需要

东南亚地处太平洋和印度洋的交汇处，其地理位置具有得天独厚的战略意义，因此从古至今都是大国博弈的主战场。东盟作为中国周边环境的重要组成部分，对中国周边的环境安全影响巨大。虽然中国一贯坚持“稳定周边”的对外战略目标[①]，并努力营造睦邻友好、和平发展的大环境，但由于历史遗存和冷战思维的长期影响，中国的和平崛起不可避免地引发了东盟国家的猜忌与警惕。越南、菲律宾等国与我国之间存在短期内难以调和的南海主权与战略资源权益的争端[②]。涉及我国的领土安全、能源安全、军事安全的南海问题更是牵一发而动全身[③]，必须给予高度重视。同时，美国、日本、印度等国将中国视为战略竞争对手，不断扩大自身在东南亚地区的军事存在，妄图插手南海争端以控制中国周边地区的局势，遏制中国发展来维护其在亚太地区乃至全球的利益。

建立中国与东盟各国的睦邻友好合作关系，离不开东盟文献信息资源。通过充分挖掘和利用各种情报信息为决策服务，有助于推动区域的安全、稳定与发展，为中国的和平发展赢得友好邻邦的外部支持。由此可见，东盟信息资源建设是保障国家军事安全、维护中国周边地区的繁荣稳定、促进中国走和平发展道路的基础性战略支撑。

2.服务创新发展信息保障的需要

创新是促进现代社会前进发展的根本动力，而信息资源与创新密不可分，国家的创新发展离不开东盟信息资源的支撑。信息资源是有效联结物质生产和知识生产的关键要素，通过增加信息资源在生产实践中的比重，可以在一定程度上降低物耗、能耗，减少对自然环境的污染和破坏，促进企业转变生产、经营、竞争方式，对经济增长有积极的作用。在知识创新过程中，信息资源被视为不可或缺的“生产要素”，信息资源与物质资源、能源资源一样能对国家经济社会发展产生积极的驱动作用，因其具备共享增值、可循环、低能耗的优势而备受青睐。信息资源是消除不确定性的基础，可广泛应用于生产生活、管理决策之中，是保障国家创新系统建设的有力支撑[④]。

信息资源在知识创新过程中扮演着不可替代的重要角色，科技与产业的创新依赖大量信息资源的投入和应用。信息资源作为重要的生产要素，是产出富有创造性的知识和成果的原材料。同时，及时、准确的信息资源是决策者进行战略决策与规划的重要基础，东盟信息资源在此发挥了有力的支撑作用。东盟信息资源中包含大量的科技信息、最新知识，有助于我国掌握区域发展的动态与趋势，制定与实施相应的国家发展战略，在变革中积极谋求转型发展，从而不断提升自主创新能力、培

① 侯松岭，迟殿堂.东南亚与中亚：中国在新世纪的地缘战略选择 [J]. 当代亚太，2003（4）：9–15.

② 张克成.东盟对中国的地缘战略意义分析 [J]. 改革与开放，2010（14）：1–2.

③ 王芳，王萌.基于国家安全视角的南海问题分析 [J]. 海洋技术，2010（4）：113–116.

④ 赵杨.国家创新系统中的信息资源协同配置研究 [M]. 武汉：武汉大学出版社，2012：42.

育核心竞争力。

3. 促进国际经济贸易合作的需要

2020年，席卷全球的新冠肺炎疫情深刻影响了国际发展局势。在全球经济都遭受消极影响的大背景下，中国与东盟之间的国际经济贸易合作却逆势上扬，取得举世瞩目的丰硕成果，东盟更是一跃超过欧盟成为中国最大的货物贸易伙伴。信息资源作为经济贸易活动中重要的生产要素，对经济贸易合作具有积极的促进作用。现代经济贸易竞争可谓是信息的竞争。

东盟信息资源包含大量对东盟经济贸易发展的预测、论证和研究，能为我国开展中国—东盟经济贸易合作及投资决策提供重要参考，助力中国与东盟之间的国际贸易合作顺利开展。

（二）搭建中国—东盟了解互信的桥梁纽带

东南亚是多民族、多文化、多宗教的区域，东盟各国悬殊的国情，不同的民族、宗教信仰和语言文化导致人文环境的多样性。东盟信息资源在中国与东盟各国的交往中发挥着不可忽视的作用。在“一带一路”倡议如火如荼的大背景下，人们对东盟信息资源需求急剧增加。一方面由于我国图书馆事业的快速发展、与东盟国家在各领域的友好交流合作进一步深入，人们主动了解和研究东盟各国的兴趣与日俱增；另一方面是借助信息消除东盟国家对“一带一路”倡议的疑虑的需求增长。可以说，东盟信息资源是连接中国与东盟各国了解互信的桥梁纽带。

1. 提供了解东盟国家的生动素材

东盟信息资源是通过各种介质保存并传承的信息集合，具有保存东盟国家科学文化知识、积累社会经验和前人成果的功能。其中包含的东盟国家自然地理、生产与经济、历史与政治、文化艺术等方面的信息，是了解与研究东盟国家的宝贵资料。通过阅读、研究东盟信息资源，能使用户认识东盟各国的历史沿革和发展状况，能了解东盟国家的风土人情、山川美景、政治制度、经济发展、科技进步等，拓宽用户对东盟国家认识的视野，充分认识东盟国家的国情、民情、社情。

2. 构筑文化交流传播的国际通道

信息是传播文化、交流思想的有效工具，网络环境中的信息传播和交流越发便利。东盟信息资源的交流功能体现在信息借助各种媒介传递知识，在传递和交流中发挥社会功能和价值。被物化的东盟信息资源为知识的跨时空传递与交流创造了可能。例如，在时间维度上，古籍是现代人了解东南亚历史状况的有效工具，而东盟国家的社会现状同样可以借助信息介质传递给后世；在空间维度上，轻便、易于阅读的纸质文献和便于复制与共享的电子信息，为知识广泛传播交流奠定了物质基础。不同国家和地域的人们可以通过信息传播文化、促进思想交流和社会的融合发展。

3. 开辟中国—东盟沟通的广阔途径

东盟与中国唇齿相依、山水相连，在地缘政治、经济贸易、科技文化等方面长期相互影响。随着我国与东盟国家在各领域交流不断深入，边境经济、贸易、文化、旅游、教育等领域的合作逐步增多，有效促进了中国与周边东盟国家的共同发展。东盟信息资源在中国与东盟国家的沟通交往中的作用日益凸显，它不仅满足了区域经济、文化建设的需要，还促进了中国与东盟国家之间政治、经济贸易、科教等方面的合作与交流，推动中华民族与相邻国家民族相互融合、和平发展，在维护民族文化多样性、保护世界文化遗产等方面的意义也十分重大。东盟信息资源为中国与东盟各国之间的沟通来往铺设了信息之路。

（三）提供分析研判国际局势的参考依据

东南亚地区自古以来都是世界大国的博弈焦点，因其独特的地理位置和战略作用备受美国、俄罗斯、印度和日本等国的关注。我国与东盟国家海陆相接，周边关系的稳固是区域繁荣与和平发展的基础，掌握相关信息资源是分析研判错综复杂的国际局势的重要依据，更是进行科学决策的先决条件。

1. 为抢占国际合作先机提供前瞻预判

“知己知彼，百战百胜。”充分掌握自己和对方的情况，对于双方合作竞争都具有重要价值，即使对抗也能使自己立于不败之地。充分了解东盟国家的关键信息，可以使我国在国际合作中占据优势、抢占先机，不仅可以促进双方的合作伙伴关系，还可以实施共同的发展战略，增进国际政治外交的多领域合作。

东盟信息资源为中国与东盟之间的外交及合作提供了科学依据。一方面，远可根据文献记载挖掘中国—东盟睦邻友好的历史渊源，近可总结近期开展外交取得的成效，从而拉近双方的距离，促进合作；另一方面，根据历史记载，挖掘中国—东盟民间宗教信仰的相似性及语言的相通性，可以弘扬情怀，促进双方的政治外交。

2. 为制订区域发展规划奠定情报基础

东盟信息资源在区域发展规划中也发挥着积极作用。以地处中国—东盟合作核心位置的广西南宁为例，随着中国—东盟自由贸易区的建设进程的不断推进，以及广西北部湾经济区的开放发展，南宁市大力推进了中国—东盟区域性物流、商贸和加工制造“三基地”以及区域性国际综合交通枢纽、金融和信息交流“三中心”的建设①。南宁市服务业在“十二五”规划中就明确提出建设区域性信息交流中心的发展思路，并积极鼓励社会各界对公共信息进行增值开发。“广西至东盟国家信息化高速公路扩容项目”“中国—东盟科技合作与技术转移综合服务平台”等面向东盟的信

① 南宁市人民政府新闻办公室．南宁概览 2009[M]. 南宁：广西美术出版社，2009：1，8.

息服务建设项目，在政策的引导下顺利开展[①]。

越来越多的公司企业、学术机构开始将目光投向中国—东盟这片广阔的发展区域，中国与东盟国家的交流与合作必将成为新一轮的区域经济贸易增长点。东盟信息资源反映东盟国家的社会、市场等多方面信息，有助于我国政府、企业、科研机构等制订相应的战略规划，提升自身竞争力和更好地参与国际竞争。

3. 为解决政治经济问题提供智力支持

东盟是由多个国家组成的政治、经济共同体，其成员国家的政治制度、经济水平发展迥异。掌握东盟国家的文化习俗、宗教禁忌、社交礼仪等文化信息，有助于增进东盟国家与中国合作交往的意愿；了解东盟国家发展的宏观信息，诸如各国的利益诉求、资源禀赋、发展规划以及各国的金融政策、税收货币、消费水平等经济信息，能促进双方合作和规避风险。

掌握丰富的信息资源是进行科学决策的先决条件。东盟信息资源包含的内容十分广泛，所采用的语种也多种多样。东盟官方语种信息资源往往较为直观、清楚地反映了该国的实际情况，是解决问题的重要依据。除了包含大量东盟国家多方面的信息外，东盟信息资源中不乏前人的研究成果，这些研究成果也是决策的有利参考。

（四）丰富用户学习、研究、娱乐的资源宝库

东盟信息资源记载了东盟国家社会、自然和人文等内容，具有科学研究和指导实践等多重价值。通过对东盟信息资源的挖掘和利用，可以为政府、企业、科研机构等提供第一手信息。特别是内容翔实、来源可靠的东盟文献，具备现实的情报价值和长远的史料价值。

1. 为推动国家外语事业保驾护航

语言既是人们沟通交流的媒介，也是推动自身生存和社会发展的重要手段[②]。为实现国家外语的全面发展战略，必须重视东盟信息资源建设，以全面支撑对外交流、知识储备、东盟多语种人才培养的需要。外语事业发展离不开信息资源的支撑，外文文献更是为学科建设与专业教学提供第一手资料。同时，东盟多语种信息资源建设与学科发展是相互影响、相互促进的关系，成熟的学科往往会衍生更多的信息需求。

近年来，我国的外语需求不断增大，特别是非通用语言“小语种热”持续升温，例如，地处中国—东盟自贸区中心的广西，与东盟国家的交流合作十分广泛，对东盟国家的语言人才需求迫切；云南边境保卫和缉毒工作，需要精通越南语（京语）、泰语（傣语）、老挝语、缅甸语等小语种的相关人才。我国非通用语种教育得到了长

① 张远新．广西服务业发展报告 2011[R]．南宁：广西民族出版社，2011：88-92.

② 张彪，彭庆华．我国少数民族边境口岸地区外语需求调查研究 [J]．民族教育研究，2016，27（2）：103-108.

足发展，以泰语、越南语为代表的东盟语言专业建设力度和办学规模不断扩大。在教育部的推动下，国际合作办学机构和项目正在如火如荼地开展，高校外语学科建设和东盟语种人才培育离不开东盟信息资源的支撑。这要求图书馆积极建设与高校教学和科研发展相匹配的馆藏体系[①]。

2. 为辅助东盟教学科研贡献力量

东盟信息资源包含了大量的东盟国家相关知识，学习者、研究者通过分析利用相关资源，促进知识的理解、掌握、运用和创造，提高学习的效果和科学研究水平。东盟信息资源还为语言学习、历史文化和经济贸易教育提供保障，促进了中国—东盟科教事业的合作发展。

我国从事东盟研究的队伍主要来自与东南亚相关的研究机构和各大高校。经过长期发展和积累，我国研究者对东南亚地区的研究十分广泛，涉及历史、地理、文化、经济、政治、军事、外交、华人华侨等多个领域。近年来，我国学者依托所在大学或研究机构的网络订阅，已经能够阅读到许多世界知名社会科学类刊物上的文章[②]。但区域研究对资料的时效性、准确性和系统性要求颇高，国内研究机构相较于国外同类型的研究机构，在文献数量与质量上都存在一定差距。以课题研究和硕、博士研究生培养为例，其所需的东盟信息资源全面而专深，并要达到研究级收藏水平[③]。东盟信息资源建设除了公开发表的图书、报纸、期刊和商业数据库资源外，还应包含学位论文、会议论文、政府出版物、行业报告等灰色文献，以及网络开放获取的学术资源。东盟学科教学科研的现实需要更凸显了东盟信息资源的重要性。

3. 为促进娱乐休闲旅游添砖加瓦

文献是信息资源的重要载体之一，通过文献人们除了可以了解文化知识外，还能获得娱乐性的情感体验，如艺术享受、美的欣赏[④]。东盟信息资源中以文化生活为题材的作品数量众多，具有休闲娱乐功能。特别是数字化、网络化的东盟文献，其内容和形式不局限于简单的文字和图像，音频/视频、超链接等多媒体均可呈现在文献信息资源中，具有强大的娱乐功能。

旅游业不仅是中国—东盟自由贸易区建设和发展的重要产业，也是促进中国与东盟国家人民相互了解、增进友谊的重要途径。东盟国家具有丰富、独特的文化资源和特有的民俗风情。多语种信息资源为了解东盟国家的文化、政治、经济等信息提供了可靠来源，通过资源收集与整合能挖掘深层次的知识成果。例如，用户对旅

① 李灿元，麦林，钟建法．高校图书馆小语种图书建设的问题与对策 [J]. 图书馆建设，2011（9）：18-20.

② 黄朝翰，赖洪毅，张鹏．中国东南亚研究面临的学术挑战 [J]. 东南亚研究，2006（4）：16-23.

③ 李灿元，王红．东南亚研究信息资源采访策略探讨 [J]. 图书馆界，2011（5）：42-43，52.

④ 张玉珍．文献载体演变对文献功能的影响 [J]. 图书馆建设，2002（5）：39-41.

游类信息的需求不局限于名胜古迹等景点，相关国家的社会环境、经济水平、文化风俗、交通状况等信息也倍受用户的关注。东盟信息资源能增加用户对东盟国家社会和文化、经济等方面的了解，深化用户对不同文化的欣赏和理解。

二、战术性支撑体系

信息资源是新时代社会发展不可或缺的关键资源，东盟信息资源的规划与建设是我国与东盟国家各项事业合作可持续发展的有力保障。随着信息资源的极大丰富，以及信息资源建设成本的不断提高，依靠单一机构开展的东盟信息资源建设模式，已经难以满足新时代东盟信息资源的需求。因此，必须加强东盟多语种信息资源建设，并依托互联网和信息技术，积极整合和利用组织内部和外部的各种资源，加强多馆协作的东盟多语种信息资源的共建共享，以支撑国家战略的发展需要。

以图书馆为代表的信息服务机构是文献信息资源的重要提供者，面对日益多元化、复杂化、综合化的用户需求和越发激烈的信息服务市场的竞争格局，图书馆必须明确自身的定位和优势，充分发挥在文献信息资源建设和开发利用中的核心作用。本节将以图书馆为例，探讨东盟信息资源与服务的保障与供给。

（一）全面做好东盟信息资源建设

深入推进“一带一路”战略，必须全面做好东盟信息资源建设，形成保障体系支撑。紧扣信息资源建设的根本任务，落实普适支撑与重点保障。首先，着力保障东盟信息资源的数量与结构，夯实东盟信息资源的物质基础。其次，加强多元信息资源整合，积极盘活存量资源。最后，鼓励用户参与到东盟信息资源建设过程之中，这是提升东盟信息资源建设效益的必由路径。

1. 优化资源内容结构配置

东盟信息资源涉及的语言种类繁多、内容庞杂，具有全面而专深的特点，且以人文社会科学为主，自然科学文献比例较小。通过制订全面、系统的东盟信息资源建设规划，统筹东盟信息资源建设的内容、数量和结构，一方面可以改善现有东盟文献信息资源的馆藏数量不足、资源结构不合理等问题，另一方面能够充分利用有限的资源建设经费，实现东盟信息资源数量的稳步增加，合理配置纸本资源、数字资源、网络资源的结构以提升整体信息资源的质量。

2. 加强多元信息资源整合

已有调查指出，图书馆“一带一路”资源较为分散且不便于检索发现[①]。因此，图书馆应重视多载体、多来源、多语种的资源整合力度，构建多维度的东盟信息资

① 司莉，何依．我国图书馆“一带一路”资源建设和服务发展现状调查[J]. 图书馆论坛，2021，41（9）：20-28.

源数字网络平台。通过东盟信息资源的识别、揭示与发现，整合不同来源、分散异构、多语种的东盟信息资源，实现商业性订购资源、数字化馆藏资源、开放获取（OA）资源的一站式检索与获取[①]。同时，图书馆应主动与出版社、数据库商开展跨界交流与合作，依托现有图书馆联盟开展东盟信息服务协作，实现数字资源的虚拟组织和跨系统的远程信息共享，增强东盟信息服务的影响力。

3. 鼓励用户参与资源建设

随着数字化、网络化的不断深入，东盟信息资源的来源、载体和利用模式发生了根本变化。由图书馆馆员主导的资源采购方式难以满足用户灵活多变的东盟信息需求，而以需求为导向的用户决策采购（PDA）更适应当下东盟信息资源建设的需要。图书馆可以邀请用户推荐、选购纸质文献，鼓励用户参与引进商业数据库的遴选、试用与评价等。同时，在图书馆自建东盟特色数据库中适度引入用户力量也大有裨益，如用户众包参与馆藏纸本文献的数字化加工，开放获取（OA）网络资源的收集整理、著录标引等。此外，用户生成内容（UGC）、用户捐赠均是用户参与东盟信息资源建设的补充途径。

（二）持续提升东盟信息服务能力

满足用户需求与否是评判东盟信息服务优劣的重要指标，研究用户是开展东盟信息服务的逻辑起点。由于信息环境的迅速变化，“被动式”“等待式”的服务模式导致图书馆的存在价值备受质疑[②]。图书馆迫切需要探索“主动式”“协作式”的服务模式，构筑多层次东盟信息服务体系。图书馆的服务重心应从资源的收藏转向资源的开发和利用，并以用户构成和需求作为服务开展的依据。东盟信息服务可采取做好基础服务、保障重点服务、探索个性服务、打造品牌特色的策略。

以高校图书馆为例，其用户主要包括高校的管理者和决策者、从事教学活动的教师、学习相关知识的学生群体、开展科学研究的研究人员。公共图书馆的用户群体更为广泛，政府职能部门、企业机构、社会大众均是潜在用户。研究机构或行业图书馆的用户主要是机构内部或同行业人员，其信息服务需求相对集中。各类用户对东盟信息服务的需求各有侧重又有所交叉。提升东盟信息服务能力应当立足用户特点和需求状况，一方面提高东盟信息服务供给水平，完善服务条件和设施，精准对接各级各类用户需求；另一方面丰富东盟信息服务的内容和形式，通过媒介融合提供线上线下多途径服务，以实现东盟信息服务的提质增效。

1. 保障资源获取服务

经过长期积累，图书馆已拥有丰富的图书、期刊、报纸等东盟纸质文献，可供

① 肖龙翔. 图书馆东盟多源信息资源融合研究 [D]. 南宁：广西民族大学，2019.

② 杨世玲. 高校图书馆转型发展面临的问题及路径探析 [J]. 图书馆理论与实践，2021（2）：46-51.

用户借阅、复制和利用。数字型的东盟信息资源因其时效性强、易于传递等优势备受用户青睐。但大量高质量的东盟信息资源来自需付费购买的商业数据库，高昂的使用费给个体用户获取相关资源造成了障碍。图书馆能以集体名义购买商业数据库的使用权限，为用户提供检索、浏览、下载、订阅等服务。而在本机构未购买相关数据库的情况下，图书馆可以借助资源共享联盟的文献传递功能，为用户提供所需文献。

2. 完善资源加工服务

开放的互联网提供了海量的东盟信息资源，客观上易造成信息迷航，使得用户耗费大量时间、精力也未必能搜索到所需资源。图书馆可以充分发挥信息加工的作用，在提供原始文献的基础上，对资源进行加工处理，提供经过筛选、组织的东盟信息资源，形成目录、题录、摘要、综述、专题汇编等专题信息产品，为用户发现和获取东盟信息资源提供便利。此外，图书馆可以尝试运用数字人文手段，深入挖掘东盟信息资源的学术价值。

3. 重视资源推广服务

随着营销理念在图书馆领域的全面普及，图书馆越发重视信息资源的推广工作。针对东盟信息资源的推广，可以从用户共性需求和个性需求两方面着手。共性需求反映了用户的共同信息需要，图书馆可以参考馆藏借阅情况、下载排行对热门东盟信息资源进行推荐，提供主题展览、新书通报、报刊导读服务，满足普遍性的用户东盟信息需求。不同用户的个性需求存在较大差异。以高校图书馆用户为例，高校领导需要及时掌握相关政策情况，同时考察其他同类机构的发展水平，以便制定切合本校、本学科的发展规划和战略部署。从事东盟学科教学的教师，需要了解东盟学科发展、课程教学信息，收集专业知识和教学素材。学习相关知识的学生群体，对东盟专业、语言学习等知识需求旺盛，需要东盟学科服务的支持。从事东盟研究的科研人员需要关注本领域的最新研究动态，不断跟踪相关研究进展，学习借鉴已有成果以推动自己的研究进程。图书馆可以广泛收集、处理与挖掘用户数据，构建东盟信息资源的用户画像，针对不同用户的实际需求，编制资源指南、学科导航，定期采集重要数据库、网站或相关机构等信息源的最新信息，进行个性化的信息聚类与推送，提供精准化、定制化的东盟信息服务，以满足特定用户的东盟信息需求。

4. 加强用户培训服务

图书馆用户培训主要有专题讲座、信息素养教育、专业辅导等形式。以高校用户为例，东盟非通用语种的课程学习和课外拓展需要相关国家的语种文献作为支撑，培训服务能有效帮助用户掌握东盟信息资源的获取与利用。这需要图书馆与师生建立长期联系，将其融入课程和教学过程之中，为用户提供与信息素养相关的讲座、培训，推送慕课、课件和视频等学习资源，借助网络课堂对用户进行在线指导。

5.提升信息增值服务

由于知识更新速度加快、新的知识成果不断涌现，图书馆信息服务内容得以不断扩充，从传统的参考咨询、查收查引、科技查新，到定题跟踪、协同创新、智库支持，信息增值服务的价值逐步提升。已有图书馆尝试开展数据挖掘与分析、出具研究报告的服务，诸如政府咨询报告、企业竞争情报、科技攻关项目、旅行社项目开发等。图书馆对接行业产业需求的拓展性专题服务日渐增加。东盟文献中除了通用的中文、英文信息外，还有大量的东南亚各国语种资源，信息搜集及代译服务也受到用户的欢迎。此外，随着Web2.0互动环境的建立，用户不再满足于单向的信息获取，使得用户与图书馆、用户之间的交流互动成为可能。互动式信息服务需求逐步涌现，这就需要图书馆搭建东盟学术交流与展示的平台。例如，本机构人员所产出的学术成果，图书馆可以发挥知识产权管理的优势，开展机构学术出版服务。同时，积极收集、整理并长期保存数字化学术成果，构建机构知识库，并借助网络向外界展示东盟研究成果，促进学术交流、扩大学术影响力和提高特色资源的利用率。

（三）优化东盟信息资源保障机制

东盟信息资源是国家战略资源的重要组成部分，也是我国图书馆外文文献保障体系建设的内容之一。服务国家经济、社会、文化与科学技术发展需要的外国文献，其理想的资源配置应达到七成国内自主供给，三成通过资源共享、传递交换的方式从国外获取。但目前我国图书馆的外国文献保障率远未达目标。因此，提升东盟信息资源效益的关键在于拥有合理有效的资源保障机制。东盟信息资源保障应突出需求导向和政策导向，对多源信息资源建设进行统筹规划，建立跨区域、跨系统的协作机制，通过共建共享提高信息资源配置效益，以实现全面对接“一带一路”倡议。因此，优化东盟信息资源保障机制是实现我国东盟信息资源支撑的有力抓手。

1.合理规划机构自身定位

图书馆作为公益性的社会服务机构，想要在东盟信息服务领域生存、发展，就必须深入分析国家战略及目标用户需求，合理规划自身发展定位。以地方图书馆为例，开展东盟信息服务应遵循突出特色、立足区域、面向需求、合理适量、重点保障的原则；高校图书馆开展的东盟信息服务，应侧重服务人才培养、满足科学研究、助力学科建设等方面。各级各类图书馆应当抓住“一带一路”倡议的契机，主动适应国家战略的发展需求，立足自身的机构性质、服务对象、发展目标，制定清晰的东盟信息资源建设目标和服务策略，全面推进图书馆对外交流、服务支撑能力建设，为图书馆东盟信息服务的良性发展提供不竭动力。

2. 强化创新组织管理机制

为适应东盟信息服务的发展需求，图书馆应从机构内部优化组织管理，形成多层次、阶梯式的服务模式，推动东盟信息服务系统化、标准化、制度化发展。在服务质量方面，图书馆要建立健全服务考核机制，对日常的东盟信息服务进行数据统计、定期发布服务分析报告，据此不断优化服务内容和方式；在服务人才方面，图书馆应争取引进专业人才、培养高质量馆员队伍、完善人员激励机制，将服务优劣纳入评优指标，表彰优秀个人和团队，形成良性竞争；在服务研究方面，图书馆可以建立科研引导机制，鼓励图书馆馆员开展东盟信息服务的课题研究，资助相关研究项目成果的出版。

3. 促进多元主体协同发展

东盟信息服务涵盖的资源内容与服务领域十分宽泛，单一的图书馆难以通过单打独斗全面满足用户需求。不同图书馆可以采取从区域到全国、由专业到综合的模式，逐步开展东盟信息服务的协调合作，探索建立“一带一路”数字图书馆联盟，开展联合采购、编目与咨询、馆际互借、活动协作等服务①。图书馆联盟可以引导成员馆进行分工建设、资源共享、调剂余缺，坚持互利共赢、循序渐进、先易后难的思路推进东盟信息服务体系建设，开发东盟信息服务产品，提供优质的信息资源与服务，实现专题信息资源共建共享。此外，应由国家有关部门牵头进行顶层设计，制定东盟信息服务体系的战略框架，明确包括图书馆在内的不同东盟信息服务供给主体的定位，界定各主体的服务职能与分工。图书馆则根据自身实际情况探索差异化、优势化的东盟信息服务发展路线。

三、保障东盟信息资源体系支撑

随着经济全球化的不断发展，我国已经进入对外交流的常态化、深入化阶段。东盟是中国周边的重要战略伙伴，中国“一带一路”倡议的提出为中国与东盟国家间的交流合作增加了强劲动力，同时为图书馆带来了重要的发展机遇。“一带一路”倡议促使国内的政府、企业、高校等机构用户有了关注东盟、研究东盟的现实需求。东盟信息资源对于经济贸易往来、文化交流、学术研究、战略决策等具有重要的参考价值。但由于东盟各国国情复杂、社会发展差异巨大、信息采用的语种众多，东盟信息资源的获取和利用困难重重。图书馆作为基础性的信息服务机构，不仅在长期的馆藏建设中积累了丰富的信息资源，同时在信息的收集、整理、组织等方面拥有不可比拟的专业优势，部分图书馆更是拥有一批优秀的服务团队，开展东盟信息服务和资源支撑是图书馆责无旁贷的任务。因此，如何充分发挥图书馆资源和服务

① 吴绮云．“一带一路”图书馆联盟信息资源建设与服务提升研究 [J]. 图书馆工作与研究，2019（12）：17-21.

的作用与价值，全面对接国家战略需要，更好地满足用户不同类型、不同层次的东盟信息需求是当前亟须解决的问题。

（一）形成数量充足、结构合理的资源体系

东盟信息资源能否满足国家发展需要，关键在于资源体系的数量和结构是否符合现实需求。但当前东盟信息资源现状与支撑目标仍有较大差距。由于政策、资金支持力度不够，以及用户群体较为小众、文献资源利用偏低等因素的制约，现有东盟信息资源中政治、经济、文化及宗教等颇具价值的文献数量不足。图书馆对如何提升东盟信息资源建设效益重视不足，相关理论和学术研究落后于实践发展；加之东盟信息资源的专题文献属性、数字化程度低、专业人才匮乏及东盟国家文化事业总体发展落后等原因，对东盟国家的基础资料和实时动态的采集较少，导致东盟信息资源储备不足，这对学术界尤其是智库是一个挑战[①]。实现东盟信息资源支撑需要对东盟信息资源进行有效采集开发和共建共享。

1. 东盟信息资源有效采集开发

狠抓资源采集与开发工作是确保东盟信息资源数量充足、结构合理的重要举措。一批具有研究特色或地缘优势的图书馆，已对东盟纸质馆藏进行数字化加工，开发书目、索引等文献信息产品，自建东盟专题数据库，购买引进商业数据库资源，挖掘东盟官方网站、各领域机构网站等开放性网络资源，逐步形成纸本与数字资源并重的东盟馆藏格局。厦门大学图书馆除了采购大量东盟纸质文献和数据库外，还运用数字化手段对馆藏的族谱、碑刻、田野调查、地方史料、中外文地图等资料进行加工，形成独具特色的“东南海疆研究数据库”。厦门大学东南亚研究中心图书馆立足本馆特藏开发了东南亚与华侨华人研究索引，中国、东南亚与华侨华人研究学位论文数据库等特色数字化资源，并依托本机构网站建设数字化图书馆[②]。北京大学、中山大学、北京外国语大学等高校图书馆通过购买或自建手段，为读者提供印刷型、数字型、缩微胶片等多载体的东盟信息资源[③]。

资源目录能够充分揭示东盟信息资源体系的全貌。这需要图书馆不断完善信息资源检索系统，通过目录控制实现在版编目和集中编目，建立联合目录报导体系，运用计算机编制联合目录和产出联合目录数据库。唯有通过我国各级各类信息服务机构长期的资源建设与积累，才能为实现东盟信息资源体系的有效支撑打下坚实的基础。

① 乐天．社会科学文献出版社打造“一带一路”数据库，为“一带一路”战略研究奠定重要基石[J].全国新书目，2015（10）：7-8.

② 厦门大学东南亚研究中心图书馆简介[EB/OL].（2007-07-09）[2021-04-12].https://ny.xmu.edu.cn/info/1058/6452.htm.

③ 田稷，聂四维，韩子静．基于时空维度的我国高校图书馆亚洲文明特色文献资源建设现状分析与思考[J].图书馆建设，2021（2）：175-183.

2. 东盟信息资源实现共建共享

为用户提供方便易得的资源获取服务是东盟信息服务的重中之重。除了做好本机构的资源供给外，还应通过资源的共享与传递为用户提供更丰富的东盟信息资源。由于东盟信息资源的数量巨大，涉及国家和语种众多、载体形式多样，并且广泛分布于政府部门、企业、高等院校、科研机构和信息服务部门之中，所以就需要各级各类信息服务机构分工协调，进行东盟信息资源总体布局，整体规划资源建设目标，在不同层次、不同领域开展东盟信息资源采集，实现东盟信息资源内容与结构的合理配置，避免重复和遗漏，建立特色藏书体系，完整保存具有潜在科学和文化价值的东盟文献，提高东盟文献资源整体的完备程度和文献满足率。在各建设主体加强东盟信息资源的建设及提供优质信息服务的基础上，通过协调跨系统、跨部门的组织机构开展东盟文献信息资源共享，以降低文献信息资源的建设成本，促进东盟信息资源的优势互补。

图书馆可以率先建立全国范围的收藏分工与合作藏书，除了与领域内成员保持密切协作外，还应与不同系统或行业的信息服务部门展开合作交流，从而确保东盟多语种信息资源建设的系统完备。东盟信息资源保障体系建设应统一规划，分工建设，分步、分期开展，不搞“小而全”，走共建、共享之路，实现系统之间、地区之间、全国乃至全球的协作。在东盟信息资源建设过程中要尽可能做到标准规范，参照国际或国家标准，统筹制定数据著录标准、数据库建设规范、资源交换协议、费用核算方法等内容，以统一的建设标准、服务标准、管理方法推进东盟信息资源的共知、共建、共享进程。

（二）提供便捷高效、满足需求的信息服务

重视东盟信息服务供给是落实东盟信息资源支撑服务发展、满足用户需求根本任务的基础工作。我国拥有全球最大的信息用户市场优势和消费潜力，用户决定了东盟信息资源建设的内容和服务方向。现代图书馆秉承“用户至上”的理念，最大限度地满足用户的需求是图书馆东盟信息资源建设和服务的最终目的，也是东盟信息资源支撑的价值体现。

1. 东盟信息服务精准聚焦时代发展

随着计算机与互联网的广泛应用，东盟信息资源的形态和传播途径更加多元，借助数字媒介，东盟信息服务的内涵得到极大拓宽。图书馆除了做好传统的东盟纸质文献资源的收集整理外，东盟相关数字资源也被纳入东盟信息资源的建设范畴，数字图书馆的出现改变了传统东盟信息服务的方式。用户对东盟信息的需求已不再满足于简单的文献借阅和资源获取，衍生了参考咨询、信息分析、主题活动等多层次需求，推动了图书馆东盟信息服务的转型升级。

"互联网+"时代的到来为东盟信息服务注入了新活力，借助网络通信技术和智能设备，用户对东盟信息的使用越发碎片化、移动化和智能化。图书馆应用新媒体开展的"微服务"逐渐受到用户的青睐，微信公众号、小程序、App等为东盟信息服务智能化发展提供了支撑。广西壮族自治区图书馆通过其官方微信公众号，向用户推荐馆藏书刊，发布活动预告、线下讲座等，其中不乏东盟特色文献、电子资源和东盟主题活动，这是图书馆积极运用社交媒体开展东盟信息"微服务"的有效尝试。此外，随着大数据、人工智能和5G技术的应用普及，充分采集用户个人信息、应用场景、资源使用行为和偏好数据成为可能。通过对用户数据进行标签化识别，构建用户画像，以实现用户需求与图书馆东盟信息资源和服务的精准对接。目前，智能化的东盟信息服务仍处在理论探索阶段，鲜有相关实践成果。今后，运用技术手段和工具组织整合各类东盟信息资源，提供高质量的东盟信息服务是图书馆满足用户个性化、精准化、智能化需求的发展方向。

2. 东盟信息服务有效衔接用户需要

图书馆信息服务是依托馆藏资源，以采取相应服务手段以满足用户信息需求为目标的一系列活动的统称，包含信息服务业务、服务工具、信息活动和相应制度。东盟信息服务是图书馆信息服务的一个子集，其特殊性在于服务内容侧重与东盟相关的范围。它以一定数量的东盟信息资源为基础，以提供相应东盟信息服务活动为标志，又以用户需求促进东盟信息服务的延伸发展为特征。其价值在于不断满足用户对东盟信息资源与服务的现实需求，促进我国东盟信息资源的优化配置，为东盟相关事务的推进和决策提供信息保障，确保中国与东盟合作交往中的各项事务平稳、有序进行。

东盟信息服务是基于用户需求开展的一种专题信息服务，立足行业的东盟信息服务大致包含信息检索与提供、情报分析、知识培训等；面向教学和科研的东盟信息服务，更偏向于学科服务范畴。图书馆作为重要的信息服务部门，具备文献资源优势、人力资源优势、信息服务经验及学科服务能力[①]，完全能够承担东盟信息服务的重任。图书馆开展东盟信息服务是积极探索转型升级、从资源收集者向服务提供者转变的重要举措，不仅具有积极的现实意义，而且应用前景十分广阔。因此，精准聚焦用户的东盟信息服务需求，提供便捷高效、满足需求的服务显得尤为重要。

（三）实现东盟信息资源与服务可持续发展

东盟信息资源与服务的发展受到图书馆资金、技术、设备和人才等多方面因素的影响和制约，并不是一蹴而就的。我国图书馆开展的东盟信息服务呈现一定

① 史小军，朱前东. 高校图书馆服务于学科建设的创新实践与思考——以暨南大学图书馆为例 [J]. 图书馆界，2018（1）：31-34.

的阶段性特征，大致经历了以传统纸质资源数量积累为特征的纸媒阶段，以数字资源组织整合和服务转型为特征的数字阶段，以及“互联网+”理念应用于促进信息服务全面提升的智能阶段，其服务层次是一个从低水平向高水平逐步过渡的过程。东盟信息资源与服务的可持续发展离不开以需求为导向，实现供需适配的良性循环。

1.需求导向强化信息资源保障能力

以需求为导向是提升信息资源保障能力的根本出发点和落脚点。由于我国信息资源保障体系建设起步较晚，基础相对薄弱，组织管理不够完善，加之条块分割的管理体制，不同系统、区域间信息资源的共知、共建、共享存在巨大障碍，所以我国文献信息资源整体保障乏力①。特别是作为非通用语种的东盟文献信息资源呈“小、杂、散”分布，录入、编目等手段落后，信息产品的开发严重不足，现有信息资源保障体系的联合编目中鲜见东南亚语种。许多拥有丰富东盟馆藏资源的信息机构没有成为东盟信息资源保障体系的成员馆或未参建联合目录，导致大量东盟信息资源难以被发现、获取。此外，由于现有的信息资源保障体系中东盟语种翻译功能缺乏或不完善，直接影响了东盟信息资源的检索与利用。

构建东盟信息资源保障体系的根本目的是最大限度地满足各级各类用户对东盟信息资源的需求，这就必须以服务用户为最高原则，落实东盟信息资源建设与服务以用户需求为导向。在文献协调采购、馆际互借、建设数据库、开发联机检索服务的过程中，必须明确服务对象的特点和需求，并依据动态监测、调查分析，及时调整所提供的信息资源与服务内容，满足用户不同时期、不同阶段的东盟文献需求。因此，东盟信息资源建设和服务应以“重点保障，兼顾一般”为原则，强化信息资源保障能力。

2.供需适配激发组织机构内生动力

唯有建立与用户需求相适应的东盟信息资源、服务供给体系，才能形成资源建设和服务利用相互促进的良性循环，激活图书馆等信息服务机构的可持续发展动力。通过分析东盟信息服务领域的供需现状可知，需求侧的用户对东盟信息资源和服务的需求数量增加，同时对资源的丰富性、获取的便利性、内容的准确性、更新的时效性要求更高，对服务的体验性、精准性、多样性要求也在不断升级；处于供给侧的图书馆等信息服务机构，必须根据需求侧的变化和发展趋势，及时调整信息资源的供给内容与方式，才能不断适应和满足用户的信息需求，从而获得自身可持续发展的动力。

消解东盟信息资源与服务的供需矛盾，需要图书馆等信息服务机构关注用户需

① 耿振英.河北省科技信息保障体系研究[J].现代情报，2007（8）：184-186.

求，准确把握政策发展方向，结合自身基础和挖掘特色，协调资金投入与产出关系，重视提升东盟信息资源和服务质量，逐步缩小供给与需求之间的差异，使东盟信息资源真正成为支撑中国与东盟各项事业合作发展的基础。

四、东盟信息资源支撑目标的理论分析

信息资源支撑是以用户需求为导向，以信息资源建设为基础，以信息服务为抓手，以满足用户信息需求的一种状态。东盟信息资源支撑也不例外。因此，研究东盟信息资源支撑的目标，就是要研究如何开展信息资源建设和服务以支撑起中国—东盟合作的信息需求。

东盟信息资源建设是选择、采集、组织和开发东盟信息资源的社会活动，与我国及东盟各国的社会政治、经济、文化、科技等各方面因素有很大的关联。深入剖析相关因素对我国东盟信息资源建设的作用与影响，能帮助我国的信息服务机构厘清东盟信息资源建设的重点与难点，合理制定符合国情和用户需求的资源建设目标。

（一）东盟信息资源支撑目标的影响因素

1. 中国—东盟合作深化对东盟信息需求的影响

中国与东盟各国合作的深化促使经济贸易信息的需求日益增加，诸如投资信息、环境信息和市场经济贸易信息备受关注，同时东盟信息资源的传播与利用需求越发旺盛。这促使东盟信息资源需求内容复杂多样、服务要求日益提升，资源建设主体趋于多元、综合，资源的语种、载体更加丰富，这些现实变化都对东盟信息资源的积累和存取提出了更高的要求，共知、共建、共享的东盟信息资源保障体系建设被提上了议程。

2. 信息技术使信息资源建设的环境发生了变化

信息技术日新月异，大数据、云计算、移动通信等技术的广泛应用，使得信息采集、组织和信息共建共享实践发生了巨大变化，技术的不断发展也持续影响着信息资源建设的方向和进程。在东盟信息资源建设过程中必须要考虑信息技术的影响，重视信息技术的应用，创新信息技术在东盟信息资源建设中的应用，提高东盟信息资源建设的效率和效果①。

3. 响应国家“走出去”政策要求，提高东盟科技信息保障能力

我国“一带一路”倡议鼓励企业“走出去”迎接经济全球化的挑战，东盟国家的科技信息成为中国—东盟经济合作发展的有力支撑。中国—东盟商务理事会发布数据显示，2020年中国企业在东盟参与的工程建设成绩喜人，新签工程承包合同额611.0亿美元，完成营业额340.0亿美元。中国企业迫切需要掌握东盟各国的相关信

① 张新鹤，肖希明．我国信息资源建设政策目标和重点研究[J]. 图书情报知识，2009（6）：21-26.

息，图书馆和信息服务机构的东盟信息资源是企业获取所需信息的重要途径。这对信息服务机构的东盟科技信息支撑能力提出了更高要求。CALIS、NSTL在科技信息保障、共建共享、开放服务等方面取得了显著成绩，已有的资源建设规划、编目著录标准、机构合作制度、经费投入等实践成果，都为建设东盟信息资源保障体系提供了重要基础和指导经验。

4. 开展东盟文化交流及旅游合作需要东盟信息资源的支撑

2020年以“共建‘一带一路’共享数字旅游”为主题的旅游展在桂林举行，通过人工智能、大数据、云计算、互联网、信息系统集成等技术融合中国—东盟旅游信息资源，将双方旅游业合作成果研发成智慧化的展览软件进行全方位的宣传和展示，同时将搭建好的集电子商务旅游、5G网络旅游、科技旅游和智慧城市旅游等为一体的旅游合作交流和交易平台展示在博览会观众面前，对中国—东盟旅游领域的合作成果进行全面的展示，旨在扩展数字旅游各领域的沟通与合作。这从侧面反映了旅游文化的发展离不开信息资源的支撑。

旅游信息资源不仅包含旅游方面的经济贸易信息资源，也包括各类文化信息资源。通过东盟文化信息资源的有效供给，可以促进中国—东盟的文化交流和合作，有助于中国—东盟睦邻友好合作关系的建立。

（二）东盟信息资源支撑的总体目标

1. 构建全国性的东盟信息资源保障体系

一是信息收集与积累。在信息资源建设整体布局的基础上，合理规划任务分工，协调不同类型、级别的信息服务机构的建设内容，全方位开展东盟信息资源的收集，实现东盟信息资源在学科上和地区间的合理配置，避免重复和遗漏，建立特色信息资源体系，提高整体东盟信息资源的保障率。促进多载体东盟信息资源全面融合，完整保存具有潜在科学和文化价值的东盟信息。

二是书目控制。健全东盟出版物呈缴制度，扩大东盟信息资源收集范围，完善国家书目，尽可能“详尽无遗”“有出版物必录”。实现集中编目和在版编目，建立联合文献资源目录报导体系，共同编制联合目录和联合目录数据库。建立和完善各种检索体系，扩大信息检索覆盖面。

三是联机检索、网络检索、馆际互借和信息传递。建立全国统筹协调跨区域、跨系统的馆际互借模式，编制切实可行的馆际互借规则，保证馆际互借的有序化、系统化、网络化运行。开通网络实时传递，降低馆际互借门槛，提高信息利用率，实现网络馆际互借。建立联机检索与资源共享平台，不断改进检索功能，扩大检索范围，实现跨系统的协同信息传递。

四是实现与东盟国家信息资源共享和资源置换。中国与东盟国家建立合作伙伴关系是为了利用双方有限的资源来共同创造更大的价值。通过制定相应的合作协调机制，促进双方利用本国较多的资源，换取本国较稀缺的资源，达到资源置换的目的。

2. 协调东盟信息资源共建共享中的各种关系

“统筹规划，资源共享”是我国信息化建设的发展战略。在东盟信息资源保障体系建设中，应当考虑资源保障、服务保障和机制保障3个方面，以及构建东盟信息平台、中国—东盟信息交流平台等内容。在东盟信息资源共建共享实践中，必须妥善处理好错综复杂的利益关系，如信息机构与知识产权拥有者之间、参与资源共建共享各成员单位之间的利益关系。建立东盟信息资源建设的利益平衡机制，制定相应政策协调人力资源、资金投入和收益分配等事项，保障东盟信息资源共建共享活动的可持续发展。

3. 应用先进技术，提高东盟信息资源建设的标准化程度

积极将 RSS、标签、数据挖掘、语义网等先进技术应用于东盟信息资源建设中。参照当前信息资源建设标准和技术规范，制定东盟信息资源建设规范，包括元数据标准、数据格式标准、数据描述规范等。加强与东盟国家合作，统筹国际标准、东盟标准与我国标准，力求信息技术与资源建设活动的标准化、规范化，以促进东盟信息资源共建共享，良性发展。

第二节　东盟信息资源开发的理论概述

一、东盟信息资源开发的内涵及类型

（一）东盟信息资源开发的本质

1. 东盟信息资源开发和整合的概念

“开发”原本的意思是指通过勘探、测量、发掘、开垦、养殖、试验、加工、改良、发现、发明等活动，促进自然、社会和思维各领域资源得以充分利用[①]。

信息资源开发的概念有两种不同理解：一是认为信息资源开发是图书馆等信息机构开展的信息服务活动，包括阅读推广、培训及文娱活动；二是将信息资源开发等同于信息资源管理。这种看法得到普遍认同。乌家培认为信息资源开发包含两重意义：一是从外延上扩宽信息传播渠道，增加信息存量，加速信息交流；二是从内涵上对信息内容不断重组和加工。符福峘将信息资源开发定义为以用户需求为驱

① 张树华，等. 数字时代的图书馆信息服务 [M]. 北京：北京图书馆出版社，2005：137.

动，对收集到的信息以不同类型、方式、深度进行整理和加工，形成增值产品，然后将这些不同类型的产品以不同的方式供用户使用。也有人认为信息资源开发实际上是通过信息技术手段，使信息源中蕴含的信息从不可获得转化为可获得状态，或从可获得转化为可使用状态，从低效率可使用转化为高效率可使用状态的过程①。图书馆信息资源开发是对收集到的信息资源进行整序、加工，提炼出有价值的信息，并以二、三次文献或数据库的方式供用户使用，实现信息增值，提高社会效益和经济效益。

“整合”的含义是整理、汇合、聚合、融合，其本质是多个独立的个体通过共同遵守一致的规定和标准，改变原有事物的界限，重新组合成有机的整体，获得整体效益的过程。整合是促进信息资源优化的手段，在系统论的指导下运用技术手段将不同系统中的数据融合、类聚和重组，最终形成崭新的有机整体。图书馆信息资源整合的对象涵盖馆藏纸质资源、数字资源和网络资源，通过技术加工形成书目、摘要或全文数据库等资源，实现不同载体、类型、来源的分散异构信息资源的融合、序化，便于用户通过一站式检索获取。

从信息资源开发和信息资源整合的概念看，信息资源整合实际上是信息资源开发的更高层次。本研究将信息资源开发与信息资源整合视为等同含义。

（1）狭义的东盟信息资源开发。

狭义的东盟信息资源开发仅指对信息资源本体的开发，即对东盟信息进行表征、采集、序化、组织、保存、检索、重构、传播、评价、应用等过程。开发使东盟信息资源数量和类型得以增加，最重要的是使东盟信息资源的质量、服务得到提升，使东盟信息资源的利用更加便捷。东盟信息资源开发挖掘了其潜在的价值，并使其现实价值更易被发现。以数据库及其升级为例，从超星数字图书馆到超星发现，正是通过信息资源深度开发实现价值提升。经过开发的东盟信息资源更易发挥对其他资源的替代作用，用户通过使用东盟信息资源有助于降低其他资源的消耗，以低能耗获得高收益实现了信息的升值，整体上增加了社会总收益②。

（2）广义的东盟信息资源开发。

广义的东盟信息资源开发既包括对东盟信息本身的开发，又包括对开发东盟信息的技术研究、开发东盟信息系统的建设和信息开发设备的制造，甚至涉及东盟信息开发机构的建立、东盟信息开发规则的设定、东盟信息开发环境的维护及东盟信息开发人员的培养等方面。该定义全面系统地阐释了东盟信息资源开发的核心环节，以及与开发活动紧密相关的各种要素，清晰描述了东盟信息资源开发的过程。

---

① 张怀涛．网络环境下图书馆信息资源开发对策研究[R]．研究报告，2001：1-2.

② 马费成．信息经济学[M]．武汉：武汉大学出版社，2012：268.

广义的东盟信息资源开发涵盖了狭义的东盟信息资源开发的所有内容和定义。总之，东盟信息资源开发是通过采集、组织、整理、加工、应用东盟信息资源，以实现东盟信息资源价值提升的过程。

2. 东盟信息资源整合的性质

东盟信息资源整合本质上是围绕价值创造开展的信息管理实践活动，致力于为用户提供具有增值价值的信息。图书馆信息资源整合的技术思路是对各异构数据库的数据交换建立统一的标准和接口，以确保对异种数据库的访问能顺利进行。建设图书馆信息资源整合系统的主要目标是制定信息资源分类标准，建立资源描述标准；采用先进的信息处理技术及信息发布技术来对网站资源进行整合，建成集信息资源有效揭示、高效获取于一体的网络服务平台等。信息资源整合需要将资源变成统一的整合系统而非简单将资源兼并①。

信息资源整合的核心是通过制定相应资源标准，对资源和数据库系统进行改造，建立整合系统的功能模块，建成信息资源整合的门户网站，形成系统完备的信息资源服务平台。通过访问整合后的门户，用户可以方便获取各种经整合后的信息资源。

3. 东盟信息资源开发的概念

东盟信息资源开发是指对各种东盟信息资源进行表征、采集、序化、组织、保存、整理合成的过程，是实现东盟信息资源增值的一系列活动的总称。开发是图书馆信息资源管理的重要手段，对东盟信息资源的开发能促进信息价值的提升和为用户提供有效信息。

图书馆对搜集到的异源、异构多语种东盟信息资源进行整合，主要任务是对东盟信息资源的分类标准和资源描述标准进行框架定制，然后利用这些标准对需要整合的数据及数据库系统进行改造，建立整合系统的功能模块，建成东盟信息资源整合后的门户网站，形成综合性的东盟信息资源发现平台。

（二）东盟信息资源开发的类型

1. 东盟信息资源开发的现实类型和潜在类型

参照张怀涛关于信息资源开发类型的论述，“信息资源按其存在状态可分为潜在的信息资源和现实的信息资源”②。可以将东盟信息资源开发类型定义为潜在类型和现实类型两类。潜在类型的东盟信息资源分布广、隐匿性强、开发难度大，但其战略意义大、实用价值高，代表了未来研究的发展方向。本研究主要关注现实类型的东盟信息资源的开发和整合。

① 王军．基于 XML 本体描述语言的数字图书馆 Web 信息资源整合 [J]. 现代情报，2007（11）：84-86.

② 张怀涛．网络环境下图书馆信息资源开发对策研究 [R]. 研究报告，2001：4.

现实类型的东盟信息资源的开发，不仅包括印刷型和实物型东盟信息资源，还有数字型和网络型东盟信息资源，充分关注各类东盟信息资源的开发是图书馆等信息服务机构责无旁贷的任务。潜在类型的东盟信息资源的开发，主要是针对存储在人脑中的信息资源进行开发，一般由教育职能部门、信息服务和传播机构主导。开发潜在信息资源可采用专家打分法、问卷调查法、访谈法等，掌握用户潜在信息需求，归纳总结开发的规律[①]。

2. 东盟信息资源的转换型开发

转换型开发是图书馆等信息服务机构开展东盟信息资源开发的主要类型。具体做法是以用户需求为导向，将各种文种、载体、类型的东盟信息资源的形式进行转换，统一格式、统一标引、统一检索，进行语义关联，提供可视化揭示，进而方便用户获取和利用所需的东盟信息资源。如将印刷型、实物型东盟信息资源，通过摄影、摄像、录音记录等方式转化成数字型资源，将网络型东盟信息资源通过采集、下载、保存转换为文献型资源；此外，文献型东盟信息资源也可借助相应的技术手段向网络型资源转化；实物型东盟信息资源也可通过描述、记录制作成网页而转化为网络型资源。同时，印刷型东盟信息资源可以在各种载体之间实现转换[②]。数字载体的信息资源可以在不同格式之间相互转换，各种元数据也可以通过定制的标准实现统一，不同的语种也可以通过翻译工具实现互译。

3. 东盟信息资源的汇编型开发

汇编型开发是图书馆等信息服务机构传统的信息服务方式，主要以用户的特定需求为导向，研究和搜集东盟信息资源并加以重组，建成特定的知识系统（如东盟科技信息知识服务平台），汇编成新的东盟信息产品。汇编型的东盟信息产品可以是目录、书目、索引、新书通报单等，或通过编制形成的东盟相关的文集、图集、手册、年鉴等。

4. 东盟信息资源的研究型开发

研究型开发是根据用户需求，对现有东盟信息资源进行整合，汇总不同时期、不同学科或某专题的东盟信息资源。通过对东盟信息资源的归纳整理、科学分析，形成综合叙述、科学评价和合理化建议；或通过信息资源整合分析，发现其发展规律，从而预测未来发展趋势。这是一种研究型的创新活动，其开发实质上是开展咨询服务、撰写通用型研究报告或承接用户委托。开展信息资源研究、撰写东盟研究报告及综述等活动，是深层次的东盟信息资源服务。此类开发形成的研究成果，一是综述类，二是术语类，三是预测类[③]，亦是图书馆建设东盟信息智库的重要组成部分。

---

① 胡昌平，柯平，王翠萍. 信息服务与用户研究 [M]. 北京：科学技术文献出版社，2005：251.

② 代根兴. 图书馆信息资源建设与管理研究 [M]. 北京：北京邮电大学出版社，2014：128.

③ 代根兴. 图书馆信息资源建设与管理研究 [M]. 北京：北京邮电大学出版社，2014：128.

二、东盟信息资源开发的层次

从东盟信息资源开发的现状看，其开发层次有3个：一是对东盟信息载体的开发，比如将传统的东盟信息资源（如纸质资源、贝叶经书等）进行数字化、网络化处理，不仅改变了东盟信息资源的载体形式，也拓宽了资源传播的渠道，挖掘了资源间的相互关联，提升了东盟信息资源的可获得性和易用性，增进了东盟信息资源共建共享，这属于东盟信息资源开发的初级层次，是东盟信息资源的粗加工阶段；二是对东盟信息资源的内容进行开发，这个层次的开发没有改变信息资源的载体形式，只对东盟信息资源的内容进行加工、关联[①]，这实际是对信息元数据的整合，即数据的语法关联；三是东盟信息资源开发的高级阶段，对东盟信息资源进行深度融合，将数据中隐性信息和数据之间的关联揭示出来，即数据的语义关联。通过语义关联可以实现知识发现，即数据关联的语用层次。这几个层次的开发并非截然分开，而是紧密结合的，价值增值的来源包括载体与内容的挖掘及融合两个部分。

（一）数据整合（语法关联）

图书馆馆内和馆外的东盟信息资源系统往往具有不同的数据结构，这些数据之间一般存在偏差。在进行东盟信息资源整合时，必须对异构数据进行处理，即数据整合。东盟数据整合是为了集成异构的东盟数据库，提供单一虚拟的东盟数据库，以便用户检索使用。这种整合实际上是采用XML编写文档来给服务定位，从而提供描述Web Service的接口信息。这一层次的整合包括对东盟数据库进行数据的选择、挖掘、清理，并对这些数据进行预处理，通过各种转换方式清除异构数据带来的语法及语义的分歧，在结构层次上对结构化（经过编码的常规关系数据库中的数据）、半结构化（HTML页面和XML文档）和非结构化（图片和音视频）数据进行整合，以统一的数据结构存储在知识库中[②]。这一层次的所有数据均被组织成统一的关联数据，为数据整合提供更干净、更准确和更有针对性的数据，进而提高了知识发现的逻辑起点和知识表达的准确度。这一层次的整合没有包含任何语义信息，只是在语法层面上对数据进行描述和清洗[③]。

（二）数据关联（语义关联）

数据关联是对多来源的异构元数据进行融合，需要一套功能完备的系统平台来实现，元数据集成管理系统的功能是将分布在不同来源的文献元数据，按照统一规

---

① 马费成，靖继鹏．信息经济分析[M]．北京：科学技术文献出版社，2005：192.

② 张文德，程涵，刘田．面向用户决策的高校信息碎片化整合模型[J]．情报理论与实践，2018，41（3）：64-67.

③ 曾建勋，丁遒劲．基于语义的国家科技信息发现服务体系研究[J]．中国图书馆学报，2017，43（4）：51-62.

范集成起来，通过对文献资源深度整合，将不同来源、不同载体形态和不同信息类型，以及物理结构或逻辑特征不同的异构资源进行有机集成，将不同业务环节所产生的元数据进行有序关联，为知识发现和数据挖掘提供数据准备，为用户获取方式多样化提供可能。

有效的东盟数据关联是以元数据知识组织为基础。知识组织的工具有以下几种：一是基于东盟领域本体的知识组织工具；二是基于东盟主词表的知识组织工具；三是基于东盟术语表的知识组织工具。利用这些工具，能建立起规范和可控的东盟概念语义结构，使自然语言表达的东盟术语体系与规范的语义结构之间建立起映射关系，通过实体辨识、概念标注、语义知识关联与耦合对抽象的东盟知识单元进行规范化、关联化描述，从而实现大规模聚合东盟信息资源，形成结构清晰的语义层面的东盟知识，实现东盟知识发现[①]（图4-1）。

实现真正意义上的“东盟信息资源（知识）发现”，解决异构东盟数据库之间的相互操作问题，是实现多类型、多格式东盟信息资源的多维度揭示的关键，也是实现基于语义关联的东盟信息推荐及东盟知识发现的前提。在抽取东盟概念和东盟实体等知识单元的基础上，必须通过东盟知识的语义关联与引证耦合，应用关联数据、语义技术等，从语义层面进行东盟信息资源的组织和聚合，实现真正意义上的东盟知识关联和东盟知识发现。这也是信息推荐及东盟知识发现的基础。

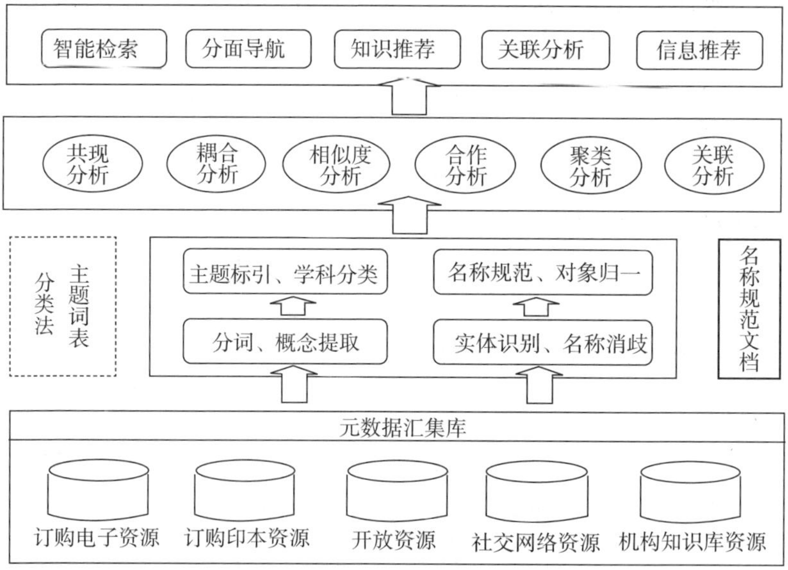

图 4-1 无数据语义关联框架

① 戴国强，赵志耘．科技大数据[M]．北京：科学技术文献出版社，2018：80.

1. 构建信息关联关系

在对东盟信息资源抽取知识单元后，根据不同东盟学科领域的需求，利用不同的东盟领域本体、东盟主题词表等知识组织工具进行数据映射与链接，建立和扩展更为丰富的知识关联，并与书目数据对应的对象相匹配，进行东盟信息资源的聚类和分面，扩展东盟知识发现范围。

2. 揭示科研实体关系

通过元数据规范化处理和语义关系揭示，提取东盟信息资源中的科研实体和实体之间的关联关系，形成"机构—人员—科研成果"关系图，将东盟信息资源中所隐含的科研合作关系、机构合作主题等知识内容充分揭示出来，从而实现东盟信息资源的深层次聚合和专家团队识别。

3. 计算共现耦合关系

东盟信息资源中存在相互引用的耦合关系、关键词共现关系、作者合作关系、主题相似关系和学科交叉关系等，利用耦合分析、关联分析、相似性算法、聚类分析和共现分析方法，可以分析东盟信息资源中作者、期刊、论文、机构和主题间的关联关系，从而为分面导航提供相应维度的分类层级，为东盟知识推荐提供交叉关联关系。

三、东盟信息资源支撑及开发的关键技术

（一）东盟信息资源支撑的关键技术

1. 馆藏资源的数字化

馆藏资源的数字化主要指将纸质文献进行数字化扫描处理。要完成大量纸本信息的数字化，需要选择可靠的扫描设备和软件技术及OCR的识别技术，工业化的OCR技术对扫描的汉字识别效果较好，精确度较高，但是对于东盟语种的OCR识别则不尽如人意。目前，东盟语种中能采用OCR识别的有泰语、老挝语等，其他语种未能采用OCR识别。

2. 东盟信息采集技术

东盟信息采集技术包括信息的自动抽取技术，即网络爬虫技术。通用爬虫就是一种人工智能，它代替人对目录式搜索引擎进行搜索，通过种子链接，不断抽取URL网页，当遇到某个超级文本时，就利用HTML语言的标记结构对东盟信息进行搜索以获取与其他超级文本相链接的URL地址，完全不依赖用户干预实现网络自动搜索和"爬行"；如果爬虫没有访问过某些链接，那么这些链接就被载入下载队列中，由爬虫再进行抓取。爬虫通过该方式不断地遍历整个互联网，直到下载队列没有链接或者达到系统设定的停止条件[①]。

① 孙翌编. 学科化服务技术与应用[M]. 上海：上海交通大学出版社，2013：34.

3. 东盟信息组织技术

传统的信息组织技术有分类法和主题法，这两种方法现在仍广泛使用，当前的信息组织技术包括标签（大众分类法）及自动聚类、自动标引等多种技术组合与应用，不仅能提升信息组织的效率，而且能将网络信息快速聚类和标引，方便用户检索和利用所需信息；可视化技术、信息过滤技术等技术的应用使聚合的检索结果以视觉形式呈现，而且能对信息噪声进行过滤，优化用户体验，提升利用效率。东盟信息组织技术的根本目的是将杂乱无章的东盟信息有序化处理，提升用户的使用效率，因此在信息技术的选择和运用中要根据东盟信息环境、信息组织人员的专业素质，以及东盟信息用户的知识水平，选择相对成熟且能使信息组织成果符合人类认知习惯、便于用户掌握的技术，如应用爬虫技术搜集东盟网络信息，应用数据库技术管理东盟信息资源，利用自动聚类、自动标引等技术对东盟信息资源进行有效挖掘和数据分析。

4. 东盟信息清洗技术

信息清洗ETI，即数据的清洗，包括数据的抽取、转换和封装3个过程。抽取数据的实现方式有对网站的全量抽取和只对网站增量信息的抽取两种形式。前者主要是对其他机构或者其他数据库的东盟信息进行采集，将采集系统中的东盟信息资源进行数据迁移。例如，从其他系统迁入所建的系统，或通过数据复制的形式将数据输入所建的东盟信息资源系统中，通过两种形式完成数据的抽取。这种抽取实际上是把数据源中的表格数据或视图数据从其他数据库中原样抽取出来，再转换成自己的ETL工具兼容格式。后者只抽取截至上次抽取时间节点数据库中的新增表格或修改的数据。增量抽取需要进行定位、捕获变化的数据。捕获需要定位准确，才能够将系统中发生变化的数据准确地捕获。

数据转换可以通过ETL引擎执行，也可以在数据抽取过程中通过关系数据库同步进行。ETL引擎中一般会以组件化的方式进行数据转换。常用的数据转换组件包括数据的过滤和替换、字段的映射、数据的清洗、数据的计算和验证、数据的加解密及数据的合并和拆分等。这些组件被包装成可扩展、可插拔的状态，根据需求可以实现组件的自由组装和数据共享。同时，部分ETL工具能够提供脚本接口，为用户提供一种数据转换和加工行为的接口。

数据装载是ETL的最后步骤，即将转换和加工后的数据装载到要建的数据库中。装载数据采用的技术和方法由数据操作类型数据体量决定。当所建数据库是关系型数据库时，可以直接使用SQL语句进行数据的插入、更新和删除等操作；而当装载方法采用批量形式时，就可以采用批量装载的方法。由于SQL语句能对日志进行记录并且可以复原，所以使用SQL语句操作更为广泛。然而，批量加载的方法比SQL语句更易于使用，当载入的数据体量比较大的时候，使用批量加载速度更快、效率更高。在实际操作时，两个操作方式会交替进行[①]。

总之，数据清洗的原理是利用数据挖掘的技术，将还没有被清洗的数据，按照一定的算法和规则转化成数据挖掘所需数据。东盟信息的清洗就是用这些技术实现的。

（二）东盟信息资源开发的关键技术

1. 本体

由于在网络信息深度聚合过程中，知识检索是以领域本体为基础的，而领域本体以多个模块的形式存在，为每个模块的功能实现提供必要的参考、建立相应的语义检索系统。因此，在东盟信息资源的开发中，必须考虑利用本体技术来实现东盟网络信息资源的深度聚合，使东盟信息资源的聚合呈现螺旋线形、周期性的形式，引入螺旋模型来构建东盟网络信息领域本体并不断加以完善，使聚合沿着螺旋线完成周期性的迭代，也可以向应用需求更灵活的程序改变。在构建东盟网络信息领域本体时，首先要进行需求分析和本体分析。通过广泛的调查研究，以及与东盟研究人员的深入交流发现，可利用主题词汇比较获得主题词汇，用相应的词典翻译，编制本体主题词表，完成本体的编制。在域本体的初始构建完成后，需要进行验证和评估，然后根据实际需要进行不断的改进和调整以满足实际应用要求，从而使知识共享和集成变为可能[②]。

2. 大数据分析与挖掘

大数据时代，东盟网络信息资源的数量和种类繁多，给东盟网络信息资源的深度聚合增添了难度，尤其在数据分析挖掘各种隐藏的知识时，挑战就更大了。利用大数据理论和集成技术可以对数据进行分析、挖掘并建立知识模型，实现信息资源的深度聚合，挖掘出潜在知识，开展知识服务。网络信息资源中存在各种各样的结构化、非结构化和半结构化的数据。由于东盟多语种网络信息资源的数据类型和数据格式的不统一，数据类型具有结构化、非结构化和半结构化3种形式，所以，大数据模式下只有对东盟信息资源进行标准化建设，才能对资源进行网络化和语义化处理。大数据在分析与挖掘网络信息资源背后的隐形知识方面有着无与伦比的优势，充分利用大数据的思维、理论和技术构建知识模型，可达到网络信息资源的深度聚合，有效提高知识服务能力。

3. 语义关联的技术

（1）语义计算。

语义是指数据概念的含义，以及它们之间的关系，实际上就是数据的逻辑表现。语义计算是计算机对自然语言及符号的理解，是构建语义表示和自然语言处理，形

---

① 于广军，杨佳泓．医疗大数据[M]. 上海：上海科学技术出版社，2015：82.

② 秦春秀，赵捧未，窦永香．一种基于本体的语义标引方法[J]. 情报理论与实践，2005（3）：244-246.

成客观世界知识的过程。常见的语义计算的方法有3种：其一为格语法；其二为概念依存理论；其三为语义网络。语义网络是图书馆和信息服务机构进行信息组织和整合最为常用的方法。语义计算是自然语言处理的难点所在。对于多语种东盟信息处理还有许多问题有待解决，如语种间的翻译、信息资源元数据样本不足等，期望未来能通过机器学习解决翻译问题，通过增加网络信息资源的采集量提高东盟元数据数量。采用大数据的语义计算，以隐形语义表达的方式，在东盟信息资源的知识整合和知识发现方面获得了较好的效果。

（2）文本表示。

文本表示是语义计算的基础。文本表示是指原始文本在计算机内的最终表示，是信息检索、文本分类等的处理对象。文本表示的粒度一般为字、词、短语、句子等语言维度。

传统的文本表示很难完整地表示出大数据背景下的短消息。一是因为社交媒体具有文本内容、时间、主体与客体等多维度，仅考虑文本内容的现行方法对于多维度远远不够。二是因为长文本具有口语化、不规则等特点，而传统方法以字、词为粒度的居多，且不同粒度之间缺乏内在的语义关联性，需要融合多维度的时空、主体特征，同时引入知识本体，对文本表示进行扩展。

（3）语义知识本体构建。

计算机科学所描述的知识本体是指采用类型、属性和关系等集合对客观世界进行描述的模型。自然语言处理的诸多领域都得益于知识本体的获取与建构。目前与自然语言处理相关的通用知识本体包括Word Net、Frame Net、How Net、CCD、Bi Frame Net等。这些通用本体的建构对词汇，以及词汇之间的关系作了描述，形成了高质量语言知识。

（4）情感分析。

情感分析也称为情感倾向性分析、民意挖掘或情感分类，实质是利用计算机的自然语言处理方法和语义分析方法从文本中提取出表达作者情感倾向的关键词，分析出作者的情感倾向。情感分析可以发现作者的观点和立场等自我情感。情感分析方法有两种：规则方法与机器学习方法。规则方法借助现有的情感词典对文本的情感倾向性进行判断和分类。机器学习方法是基于文本语料统计的情感分析方法，通过文档上下文的语法语义线索进行机器学习，并生成相应的情感分析模型。根据语言学中的语法逻辑关系，预定义若干词项的语法约束规则（如否定前缀规则、连词规则等），再通过机器学习（如神经网络、支持向量机、遗传算法等），形成面向领域文本的情感分析器①。

① 高俊峰，董玥．网络舆情场中信息受众的观点测度[M].北京：中国科学技术出版社，2018：28-29.

四、东盟信息资源开发目标的理论分析

为实现东盟信息资源支撑的目标，需要开发和利用东盟信息资源，整合现有的东盟信息资源。东盟信息资源开发的目标，即东盟信息资源整合的目标，应包括以下方面。

（一）功能的合理性

东盟信息资源保障系统的结构关系就是系统内部诸要素间的相互关系。在系统理论体系中，各要素间的相互联系和作用的形式、机制被称为“系统结构”。所谓资源整合，就是将系统各要素再组合，实现系统结构优化和系统功能改善的过程。东盟信息资源整合本质上是将分散的东盟信息资源进行搜集和整合，丰富现有的东盟信息资源系统的过程。通过将现有东盟信息资源进行重新组合与构建，优化东盟信息资源结构，使之便于用户的发现和使用。

（二）规范标准

理想的信息资源整合除了把分散的信息资源系统无缝连接，让用户在使用时没有跨系统使用障碍外，还应通过应用语义网络技术将各种元数据关联起来，为知识发现和数据挖掘提供数据准备，为用户获取方式多样化提供可能。

对进行东盟信息资源整合的机构而言，需要整合的东盟信息资源涵盖各个学科，数量庞大、格式多样、类型繁多，包括结构化、半结构化和非结构化的资源，有文本、表格、图片、音频/视频等数字化资源。要借助网络实现互联互通、实现东盟信息资源的共建共享，必须运用标准化及规范化的技术、管理等方式进行协调。完整科学的东盟信息资源建设标准体系包括以下几个方面。

一是东盟信息资源的采集标准、组织与存储标准。如东盟文本描述和信息存储、东盟信息资源分类和标引、东盟信息元数据标准等。

二是东盟信息的检索标准。如东盟全文检索、东盟多媒体信息检索、异构数据库的相互操作接口标准等。

三是东盟信息资源的权限管理和安全管理标准[①]。

（三）东盟信息资源共享

使用数据网格技术可以将分散的异构信息进行有序化组织，实现资源共享和信息集成的目标。东盟网络信息资源数量庞大，具有分布性、异质性和动态性等特点。利用网格技术重构信息资源的组织模型，实现Internet上所有资源的全面链接，从而实现对无序的网络信息资源的检索、交换和共享，进而实行深度开发融合，避免了信息孤岛的产生[②]。

① 王莹.网络环境下外事档案信息资源整合的目标取向[J].山东档案，2011（1）：6-7+24.

② 张明盛.网络信息组织标准现状、应用技术与展望[J].信息技术与标准化，2003（11）：11-15.

第三节　东盟信息资源用户需求模型构建

一、东盟信息资源用户需求内涵及驱动因素

（一）东盟信息资源用户需求内涵

东盟信息资源以东盟区域特色为重要标志，是经过当地人民选择、组织而积累起来的信息集合。其内容涵盖东盟各国的政治、经济、科技、军事、社会等内容，以及这些国家与国际间的地区关系、文化、教育、历史、宗教和民族等众多方面有价值的信息[①]。东盟信息资源用户需求是用户获取东盟信息资源与相关服务的要求，可以理解为围绕东盟信息资源引发的信息需求和服务需求。

用户需求的内涵十分丰富，可从多种角度进行分类。科亨的信息需求理论模型将用户信息需求划分为客观层、认识层与表达层三种状态[②]。本书依据用户信息意识和表达，将用户需求划分为现实需求、潜在需求和未来需求3类。现实需求是用户意识到并且表达出来的信息需求，体现为“人找书”；潜在需求是用户意识到但未能表达出来的信息需求：未来需求则是用户未意识到但客观存在的信息需求。后两类需求需要通过“书找人”，即通过信息资源服务的主动推送来实现。依据用户信息需求的性质和规模，还可以将用户需求分为个体用户需求和群组用户需求。个体用户需求反映了单一用户的个性化信息需求，群组用户需求则体现了一类用户的共性信息需求，在一定条件下个性需求与共性需求可以相互转化。因此，对东盟信息资源的用户需求进行研究，不仅应关注用户的现实需求，也应重视用户的潜在需求与未来需求，同时厘清个体和群组用户需求的区别与联系，为全面掌握用户东盟信息需求情况奠定基础。

（二）东盟信息资源用户需求的驱动因素分析

“五通”是我国“一带一路”倡议的具体展现，无论是“政策沟通”还是“设施联通”都离不开信息的沟通和支撑，而在“贸易畅通”和“资金融通”上，信息的作用也举足轻重，对于“民心相通”而言，信息是中国与沿线国家人民相互了解和交流的纽带。信息资源在“一带一路”共建中发挥着基础性和先导性的作用。马来西亚、新加坡、泰国、印度尼西亚等东盟国家在“一带一路”国家“五通指数”的

① 张颖．高校图书馆东盟馆藏评价研究 [D]. 南宁：广西民族大学，2014.

② 徐永顺，刘渊，周宇，等．大学图书馆用户多需求深度挖掘设计研究 [J]. 图书馆，2019（6）：66-73.

评分排名中名列前茅[①]。这从侧面说明中国与东盟各国在政策、基础设施、资金、贸易、民间活动方面的互联互通已取得一定成效。依据中国—东盟“五通指数”的研究成果[②]，这里尝试从信息视角，分析东盟信息资源用户需求的驱动因素和具体内容。基于信息视角的东盟信息资源需求投影如表4-1所示。

表 4-1　基于信息视角的东盟信息资源需求投影

“五通”驱动因素	东盟信息资源涉及领域	基于信息视角的需求投影	用户对东盟信息资源与服务的要求
政策沟通	政策、外交	宏观环境信息、社会发展信息、外交政策、法律、中国与东盟各国领导人讲话、重要协议文件、合作机制、论坛会议等	全面性、宏观性、权威性
设施联通	交通、能源、通信	东盟产业信息、基础设施信息、行业报告、数据、标准、专利、法规、技术、项目成果等	针对性、完整性
贸易畅通	投资、关税、跨境商务、数字经济	东盟贸易水平、营商环境信息、市场动态、国别商情报告、项目投资、市场信息等	前沿性、预测性
资金融通	金融、货币、信贷、债券	东盟经济分析、东盟工商知识、金融政策、法律法规等	及时性、精准性
民心相通	教育、文化遗产、旅游、医疗、科技合作	教学资源、学术信息、智库研究成果、民间交流信息、东盟旅游资讯、学术期刊、会议信息、学位论文、科技成果、专业数据库等。	广泛性、综合性、专深性

二、东盟信息资源用户需求分析模型构建

面对海量的东盟信息资源，唯有全面、深入地分析掌握各类用户需求，才能有的放矢、有针对性地开展东盟信息资源建设与服务工作。用户需求分析是东盟信息资源用户需求管理的重点、难点问题。为更好地了解东盟信息资源的用户需求情况，结合已有信息需求的研究成果，本书尝试构建东盟信息资源用户需求分析模型。模型主要涉及采集、处理、储存、应用用户需求等内容，核心在于通过全面采集用户

① 王继民. 五通指数：科学评估“一带一路”进展的标尺[N]. 中国经济时报，2016-07-11（4）.
② 翟崑，王丽娜，刘晓伟，等. 中国—东盟“五通指数”比较研究[J]. 中国—东盟研究，2017（1）：21-43.

数据，在信息处理与分析的基础上，建立多维度用户需求标签，勾勒东盟信息资源用户画像，实现对用户需求的有效管理，如图4-2所示。

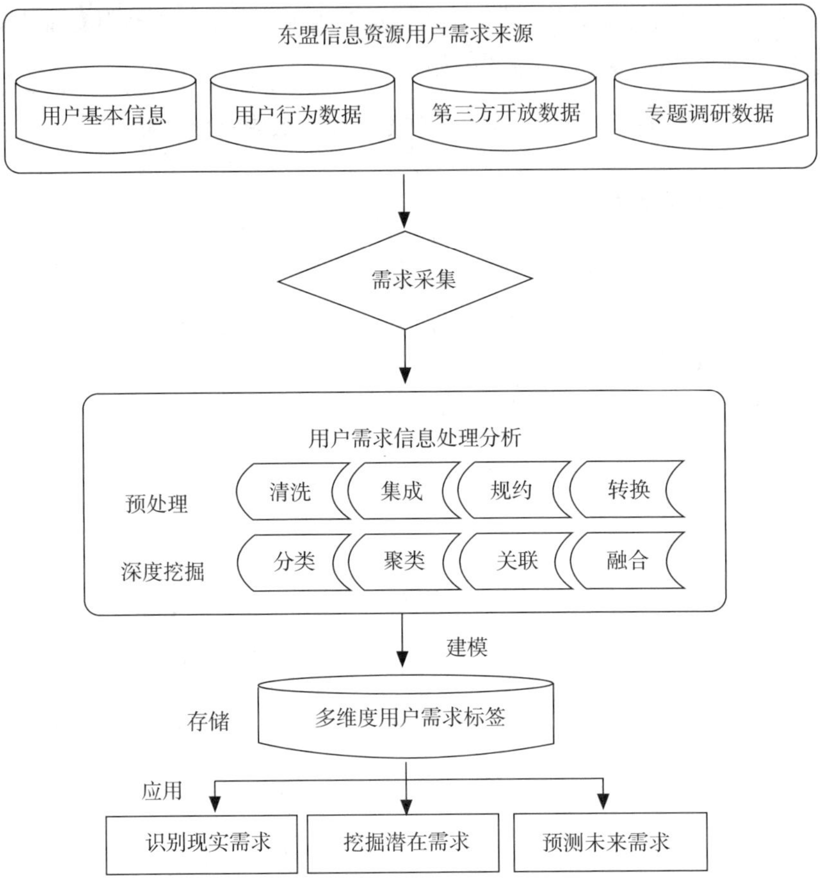

图4-2 东盟信息资源用户需求分析模型

（一）东盟信息资源用户需求来源

东盟信息资源用户需求来源的可靠性和完备性，直接决定了用户需求采集的质量。分析模型首先要筛选确定东盟信息资源用户需求的采集范围。以图书馆为代表的信息服务机构，其用户管理系统中储存有大量的用户身份信息，书目检索、馆藏流通等业务系统包含了丰富的用户信息行为数据。论坛、知识社区等社交媒体则可以提供用户互动数据，电子（移动）设备、可穿戴设备等后台日志数据，信息服务机构的门禁、监控数据均是第三方开放数据的重要来源。同时，针对东盟信息资源与服务开展的专题调研能够深入、具体地收集用户需求的相关信息。具体内容包括：

1. 用户基本信息

姓名、年龄、学历、职称、职业、专业、外语水平等。

2. 用户行为数据

信息获取渠道、使用频率、行为偏好、阅读习惯、查询领域等。

3. 第三方开放数据

社交媒体交流互动数据、信息搜索、阅读轨迹等。

4. 专题调研数据

除常规信息外，还用于收集用户对东盟信息资源的评价、感知和期望信息等。

（二）用户需求信息采集

采集用户需求信息是全面掌握用户需求的必要手段，也是开展需求分析的重要基础。选择切实可行的信息采集方法，直接决定了用户需求采集的效果。

对于用户基本信息可通过用户管理系统导出相应信息；用户行为数据可通过线下定点采集、线上流量抓包的方式采集[①]；社交互动数据可以使用网络爬虫抓取，或通过协议获取用户访问网站的后台数据、数据库网络日志等。此外，专题调研是东盟信息资源用户需求采集的主要手段，常用方法有观察法、访谈法、专家调查法、问卷调查法、信息研究法、数据分析法。这些调研方法各有优缺点，应当根据实际调查灵活选择，如表4-2所示。

表 4-2　东盟信息资源用户需求采集方法比较

常用方法	观察法	访谈法	专家调查法	问卷调查法	信息研究法	数据分析法
信息来源	直接观察、设备辅助观察	个别访谈、小组访谈	匿名函询专家意见、归纳、统计、反馈多轮	以设问方式表述问题，书面搜集、统计资料	搜集、鉴别、整理信息，分析获得研究结论	统计、分析大量数据，提取信息、形成结论
调查范围	小	小	小	中	大	大
优点	操作简单、直接观察，资料真实	了解深入、直接交流，资料具体	专家独立发表意见，集思广益	标准化、成本低，详细完整、易于控制	不受时空限制，方便自由、省时省力	准确客观、挖掘深层信息

① 曹树金，刘慧云，王连喜. 大数据驱动的图书馆精准服务研究 [J]. 大学图书馆学报，2019，37（4）：54-60.

续表

常用方法	观察法	访谈法	专家调查法	问卷调查法	信息研究法	数据分析法
缺点	受时空、观察对象、观察者等限制	费时费力，记录和结果处理困难	缺乏交流，忽视少数人意见	回复率和答卷质量无法保证	采用二手资料，受所研究信息影响大	数据获取困难，涉及用户隐私保护问题
理论工具	核对清单、级别量表、记叙性描述	扎根理论	德尔菲法	数理统计、EXCEL、SPSS统计软件	综述、内容分析、信息计量、Cite Space可视化软件	数据挖掘、关联分析、智能标签、用户画像

（三）用户需求信息处理分析

对采集到的用户需求信息进行处理是需求分析的核心环节，具体包括预处理和深度挖掘。由于表征用户需求的数据有多种来源，数据结构也不尽相同，所以需要对采集的数据进行清洗、集成、规约、转换等预处理操作，清洗重复数据、剔除异常数据、补齐缺失数据，实现数据的归一化。在数据规范化的基础上，采取多种技术手段对数据进行深度挖掘，如运用语义分析、数据挖掘、机器学习等技术，实现数据的分类、聚类、关联、融合，最终将东盟信息资源的用户需求分析结果进行可视化展示和存储。

（四）建立多维度用户需求标签

用户需求标签是通过一系列真实积累的数据，结合具体服务场景分析用户的特征、行为和偏好信息，从不同维度描述用户对东盟信息资源与服务的需求情况，这些标签共同构成了对用户的真实描述[①]。通过对表征东盟信息资源用户需求的相关数据的处理分析，建立数据与用户标签之间的映射，形成多维度的用户需求标签，以虚拟模型代表真实用户需求，清晰勾勒出东盟信息资源的用户画像，不仅可以厘清不同的用户需求内容，也为信息服务机构优化东盟信息资源配置、提高服务效率提供参考依据。用户需求除了从信息意识和表达、需求性质和规模等角度进行分析，还可以从用户兴趣维度、资源维度、服务维度、技术工具维度进行描述，形成更丰富、更具体的需求表征。标签内容列举如表4-3所示。

① 王庆，赵发珍．基于“用户画像”的图书馆资源推荐模式设计与分析[J].现代情报，2018，38（3）：105-109，137.

表 4-3 多维度用户需求标签

一级标签	二级标签	三级标签
用户兴趣维度	需求目的	专业学习、应对考试、学术研究、工作需要、休闲娱乐、兴趣爱好
	信息类型	数据、文字、图片、音频/视频、多媒体资源
	文种需求	中文、外文
	时间跨度	当年、5年内、5~10年、10年以上
	获取渠道偏好	网络搜索、新闻媒体、图书馆、档案馆、情报研究机构、政府网站等官方渠道、行业协会等社会组织、咨询公司等商业服务机构、实体/网络书店、人际渠道
资源维度	信息主题	人文社科类、经济管理类、农业科技类、工程技术类、医药卫生类、信息科技类、国防军事类
	信息形式	政策信息、法律信息、市场信息、产品信息、旅游信息、学术信息、专业数据、新闻资讯
	信息语种	汉语、英语、马来语、高棉语、印尼语、老挝语、缅甸语、他加禄语、泰语、越南语、其他
	信息载体	（印刷型） 图书：专著、教科书、丛书、工具书 连续出版物：期刊、报纸、年度出版物 特种信息：会议信息、学位论文、科技报告、科技成果、专利、标准、法律法规、政府文件
		（数字型） 商业数据库：中国知网、万方、维普、Web of Science、Wiley、Taylor& Francis、EBSCO“一带一路”数据库等 开放存取资源：OA开放获取期刊、机构知识库 公共网络资源：新闻媒体、政府机关、研究机构、图书馆、档案馆、东盟领事馆、驻外机构等官方网站，百科、电子商务、文档/图片/音乐/视频分享 社交网络资源：论坛、博客、微博、问答、知识社区等
服务维度	全文服务	浏览、检索、下载、收藏、订阅、借阅、复制
	加工服务	目录、题录、摘要、综述、专题汇编
	共性服务	热门推荐、新书通报、报刊导读
	个性服务	个性定制、学科导航、资源推送
	培训服务	专题讲座、信息素养教育、专业辅导
	增值服务	参考咨询、查收查引、代查代译、定题跟踪、科技查新、竞争情报、协同创新、智库支持
技术工具维度	软件	PC/移动端应用软件、数据库系统、检索工具、翻译工具
	硬件	自助借还设备、打印扫描设备、计算机、移动设备、网络环境

（五）资源智能推送与自动匹配

用户的现实需求往往比较明确，即能直接通过检索定位获取所需的东盟信息资源与服务；而隐性的潜在需求和未来需求，则需要借助东盟信息资源用户需求模型进行挖掘、预测。在用户需求分析的实际操作过程中，个体用户的基本信息往往较为分散，描述其东盟信息需求的相关数据存在多源异构、融合利用困难等问题。同时，仅依靠用户显性表达的需求偏好会导致数据具有稀疏性，且仅根据用户已有信息行为的数据挖掘无法覆盖潜在需求和未来需求。因此，本书提出从用户和内容的两种分析路径（图4-3）出发，帮助挖掘、预测个体用户的潜在需求和未来需求，实现资源自动匹配与智能推送。基于用户的分析路径是根据多维度的用户需求标签，提取个体用户的东盟信息资源需求特征，通过计算需求相似度，找到与个体用户需求形似的用户群组，运用协同过滤技术生成东盟信息资源与服务的推荐候选合集，并向个体用户进行智能推送。这种方式的核心思想是根据用户需求的相似性，参照群组向个体推送可能需要的内容。基于内容的分析路径是以用户的现实需求为基础，通过对用户已检索获取的东盟信息资源进行关联规则挖掘，形成与之相关的资源集合并尝试匹配用户需求，其核心思想是根据内容的关联性，为用户自动匹配与其需求内容相关的资源。

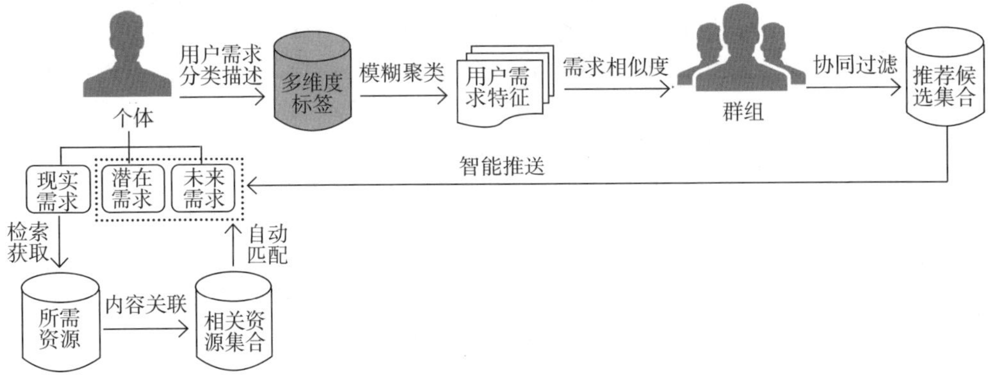

图 4-3　东盟信息资源用户需求分析路径

三、东盟信息资源用户需求管理与应用

（一）东盟信息资源用户需求管理流程

在有效采集、处理、储存用户相关数据的基础上，对东盟信息资源用户需求进行系统分析，形成用户东盟信息资源需求库，具体包括个体用户和群组用户需求信息。通过对个体用户的需求标签进行聚类分析，将有相似特征属性的个体用户进行

归类，形成不同群组用户信息需求集合[①]。针对个体用户需求，信息服务机构可以提供精准化、个性化的东盟信息资源与服务；对于群组用户需求，可作为改进信息服务机构东盟信息资源服务的依据。因此，我们提出对东盟信息资源用户需求实施全流程管理的理论构想，并据此提供东盟信息资源聚合和精准服务，更好地满足用户需求、实现信息机构服务目标。

在用户需求管理流程中，用户需求将与信息服务机构现有的东盟信息资源和服务进行匹配和关联运算，若匹配成功，将在东盟信息资源库中聚合用户所需内容，在信息服务模块中精准提取所需服务并向用户推送；若用户需求与现有东盟信息资源和服务不匹配，则将实时向信息服务机构进行反馈。对于用户有需求但信息服务机构缺少的东盟信息资源，将推荐用户进入资源荐购系统；系统将用户对东盟信息服务的意见集中收集并向信息服务机构汇总。经过对资源补缺和服务调整，依据用户需求进行优化后的东盟信息资源与服务将重新进入推送队列。随着用户需求的满足，用户的信息行为、偏好将会发生变化，因此还应动态跟踪用户需求变化情况，及时更新用户需求库内容，建立东盟信息资源用户需求管理的良性运转，如图4-4所示。

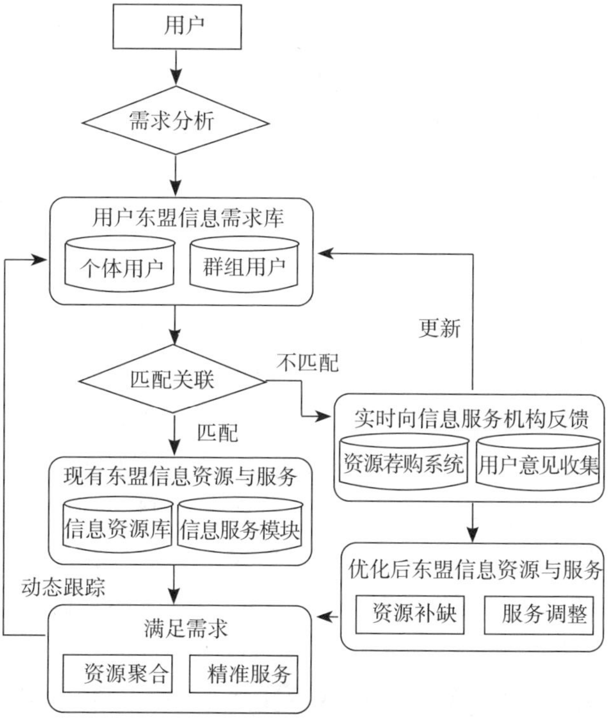

图 4-4　东盟信息资源用户需求管理流程

① 刘海鸥，刘旭，姚苏梅，等.基于大数据深度画像的个性化学习精准服务研究[J].图书馆学研究，2019（15）：68-74.

（二）应用领域

用户需求是东盟信息资源建设与服务的根本出发点，借助东盟信息资源用户需求模型，有助于全面掌握和有效管理用户需求，优化东盟信息资源配置，提高东盟信息服务效率。

1. 帮助信息服务机构明确定位，为工作开展提供决策参考依据

我国“一带一路”倡议的实施离不开完备而坚实的信息资源与服务支撑。在现有东盟信息建设与服务不断丰富的背景下，信息服务机构要响应国家政策的号召，发挥自身在东盟信息资源建设中的优势，提供优质、特色的服务，进而支持中国与东盟之间的交往，就必须立足用户的现实需求，明确机构定位和做好战略规划。不同类型的信息服务机构扮演的角色不同，服务的侧重点也有所区别。深入分析“一带一路”倡议衍生的东盟信息资源用户需求，为信息服务机构立足自身实际情况探索差异化、优势化发展途径提供参考，是制定东盟信息资源建设与服务创新策略的决策依据，进而更好地满足我国政府、高校、企业等机构和个人的东盟信息需求，有计划地整理、组织东盟信息资源，关注和追踪东盟各国的发展动态，有助于为我国建立特色资源库和相应的网络服务平台，提供多层次、多样化的东盟信息服务。

2. 为东盟信息资源建设提供指导，提高资源利用率和建设效益

许多信息服务机构普遍面临经费不足与建设任务繁重的双重困境。用户需求是开展东盟信息资源建设与服务工作的重要指引，通过东盟信息资源用户需求模型可以有效识别用户的现实需求、挖掘潜在需求、预测未来需求。信息服务机构依据目标用户的需求内容，对比现有东盟信息资源状况与服务水平，寻找自身的差距与不足，指导本机构的实际工作，为实现用户需求与资源服务的精准对接奠定基础。值得注意的是，除了识别、挖掘具象化的用户资源与服务需求外，对于用户具有模糊性和不确定性的未来需求，信息服务机构应采取合理预测、适当超前的工作思路，做好相关资源储备和服务引导，切实提高东盟信息资源的利用率和建设效益。

3. 充分关注用户的个性需求，细分个体需求以实现服务精准营销

满足用户需求一直是以图书馆为代表的信息服务机构的首要任务。运用东盟信息资源用户需求模型，能够有效改变传统信息服务机构被动等待的不利局面。针对个体用户的需求与偏好，信息服务机构可以主动提供个性化资源与服务，实时跟踪用户信息需求变化情况，及时反馈和回应用户诉求。对于识别到的用户现实需求，通过改进东盟信息资源的检索界面、建立互译显示、逐步完善东盟信息资源目录体系等方式，优化“人找书”的服务体验；针对用户的潜在需求和未来需求，借助逻辑分析确定用户的兴趣关键词，并进行语义拓展，匹配东盟信息资源库的相关内容，积极采取资源导航、知识发现、个性推送等手段挖掘和预测用户需求，实现“书找人”的智慧服务。同时，基于用户具体需求开展的精准宣传、服务营销，更容易获

得用户的满意评价。

4. 全面满足用户的共性需求，聚集群组用户，促进资源协同推荐

基于多维度的用户需求标签，可以更清晰地描述用户对东盟信息资源的使用偏好、兴趣领域，并将具有相似或相同需求的用户分类至同一群组。群组内的用户需求偏好与行为具有共同特点，而不同群组之间的用户需求具有显著差异。随着反映用户偏好与行为的动态数据的变化更新，个体用户会在不同群组中转换①。可运用协同过滤技术，以用户兴趣、经验、使用行为的相似性来相互推荐可能感兴趣的资源，例如，高分、热门排行等推荐均为满足用户共性需求提供了可能。此外，通过群组用户的大量聚集，可以构建同类用户的合作交流空间，实现东盟信息资源共享和互动交流。

5. 结语

东盟信息资源的建设与服务，是以满足用户需求、服务发展需要为根本目标的。通过构建东盟信息资源用户需求分析模型，为信息服务机构了解和管理用户需求提供参考依据，这将有助于信息服务机构合理配置各类资源和服务，提升东盟信息资源和用户需求的匹配程度，实现东盟信息资源建设与服务的可持续发展，更好对接我国"一带一路"倡议的需要。由于研究的局限性，本书叙述的用户需求分析模型仅停留在理论探讨层面，尚需要结合实际情况进行不断优化调整，以期尽早付诸实践。

第四节　东盟信息资源采集模型构建

开展东盟信息资源建设，保障政府部门与公众获取东盟信息资源及服务，助力"一带一路"倡议，是我国信息服务机构面临的问题。本节研究的是东盟信息资源采集模型构建问题，这里的东盟信息资源是指涉及东盟国家的东盟国家语种信息资源和非东盟国家语种的信息资源，包括纸质信息、数字资源和网络信息资源。

一、基于需求的东盟信息资源采集思路

（一）东盟信息资源需求

通过对当前各类东盟信息用户对不同类型东盟信息需求的分析，可以对图书馆东盟信息资源采集的方向和内容有清晰的了解，进而确定东盟信息采集的方向和内容。当前东盟信息资源的需求体现于以下层面：

① 王益成，王萍．基于用户动态画像的科技情报服务推荐模型构建研究[J]. 情报理论与实践，2019，42（4）：83-88.

国家战略层面，体现为政治、国防、外交、经济贸易需求等。对于政府来说需要将信息资源的建设与国家战略的需求相关联。一般说来，信息需求对国家前途命运影响越大，就越要对此类需求信息加以重视、加强建设，尤其是对国家前途命运有巨大影响力的东盟信息资源。

信息资源建设（支撑）的战略目标是以战略形势的需求，以及国家利益的需要为基础来确定的，它以国家信息资源综合国力为后盾、军事信息资源为核心，在建设经济和科学技术信息资源的基础上，确定信息资源建设的规模、发展方向和重点，并与国家的总体信息资源协调发展。东盟信息资源建设需要涵盖东盟国家及其相关国家的军事、经济和科学技术总体情况的信息资源。

用户层面，包括个体的用户需求和机构的用户需求。个体用户和机构用户的需求主要有以下几种类型：一是学习研究；二是休闲娱乐；三是经济贸易科技。学习研究型用户主要分布于高校及研究机构，需要的信息资源包括学术图书、学术期刊、报纸、会议论文、学位论文、专利、标准、政府出版物，以及数字和网络信息资源；休闲娱乐型用户涵盖面非常广泛，包括社会上方方面面的用户，他们需要的信息资源主要是休闲娱乐类的图书和报刊；经济贸易科技用户主要是企业及其主管部门，需要的信息资源面非常广泛，包括工农业科技、商业贸易、旅游文化及政治军事、语言学习等。

馆藏需求从满足图书馆读者的需求，完善图书馆的藏书体系而考虑。根据图书馆的服务对象及服务需求和规划东盟信息资源的建设目标，图书馆将根据该馆的建设经费做好采购预算。

（二）东盟信息资源采集思路

根据不同用户对东盟信息资源类型及其服务方式的需求，各类图书馆对于东盟信息资源的采集策略应各有侧重。

从国家战略需求方面来说，要从不断加深与东盟国家间的开放与合作的需求着手，力求满足用户对东盟国家的经济、国防、外交、贸易、科技、产业发展等信息需求，为东盟区域信息资源的深入研究提供新的动力和战略思想；东盟信息资源是中国与东盟国家开展文化交流的物质基础，在维护民族文化多样性、保护世界文化遗产等方面也有重大意义。也就是说，满足各种用户的需求，以保障东盟信息资源对国家战略的研究、决策需求。

满足学习研究用户需求要求高校图书馆重点采集学术性的信息资源。据调研，对于以深入阅读的东盟信息资源（如图书、期刊、报纸、论文等）为需求的用户来说，纸质信息和电子信息资源二者兼需，但对于用于查询参考的工具书［如字（词）典、年鉴］，用户觉得只需采集电子版资源即可，认为必须纸本与电子二者兼有的用户较少。多数用户对于资源语种的需求也是纸本与电子二者兼有，仅需要外文的用户极少，这说明用户依旧是习惯阅读中文信息资源，但仍渴望获得外文信息资源。因此，高校图书馆在采集东盟信息资源的时候，必须考虑是采集纸质信息还是电子资源，同时将东盟语种信息资源和中英文信息资源考虑在内。

满足休闲娱乐用户的需求就要采集非专业的书刊，主要是通俗读物、报纸杂志。由于这类用户涉及面很广，包括青少年儿童在内的普通居民，所以，在进行资源建设的时候要注意采集有关少儿读物，而少儿读物在东盟国家的出版也相对较多。

满足国家的社会经济发展研究的需求需要采集有关经济贸易科技信息的信息资源，重点采集科技成果、专利、标准、统计年鉴，以及各国的政策、法律法规和时事信息，还应采集有关东盟历史文化、人文地理等信息资源，包括古籍信息、实物信息，尤其是各种地图、地形图。

采集的途径：一般通过图书进出口公司采集相关信息和电子资源，高校图书馆还可以利用专业教师到东盟国家交流的机会采购一些信息带回学校，另外，还可以通过网络信息采集软件采集东盟国家相关网站的信息资源。

由此可见，要满足国家战略需求就必须由国家图书馆或区域性的东盟信息资源丰富的图书馆共同完成采集、开发并提供使用。本研究主要关注东盟语种信息资源的采集。表4-4是基于需求的东盟信息资源采集模型，能支撑对东盟的分析研究、对国家战略的制定、对学习和休闲娱乐的助力、对相关馆藏的补充。

表4-4　基于需求的东盟信息资源采集模型

需求类型	需求主题	资源内容	资源类型	资源来源	用户类型
国家战略	政治、法律	东盟各国的政治制度、法律法规	纸质资源、数字资源、网络资源	采购、征集、交换、网络采集	政府、企事业单位人员
	国防、地理	各国国防历史，各国国防相关研究信息，国防舆情、评论，立体地图、地形图、布防图	纸质资源、数字资源、网络资源、民间收藏	采购、征集、网络采集、交换	
	外交	外交史料及当今外交政策	纸质资源、数字资源、网络资源、外交文物	采购、征集、网络采集、交换	

续表

需求类型	需求主题	资源内容	资源类型	资源来源	用户类型
国家战略	经济贸易、金融	经济、贸易和金融信息	经济、贸易和金融信息政策、规划、布局等历史档案信息，现行文件，相关研究成果，统计年鉴	采购、网络采集、交换	政府、企事业单位人员
	科学技术	科技发展的历史及现状	科技及史料信息，包括专利信息、行业标准、技术成果及壁垒		
	统计年鉴	搜集完整各国的统计年鉴	纸质资源、数字资源、网络资源	采购、网络采集、交换	
语言学习	语言文学	搜集语言学习的相关信息	包括教材、语料库、语言研究专著等，搜集各种语言学习视频课程、经典及现代优秀文学作品	采购、网络采集、交换	学习研究者
休闲娱乐	文化艺术	文化艺术信息资源	各类型之传统文化艺术作品，包括小说、诗歌、散文、戏曲等信息、音视频、实物资源	采购、网络采集、交换	大众
	风俗旅游	旅游文化信息资源	旅游地理、旅游经济、旅游景点、旅游酒店、美食、交通、风俗习惯、宗教信仰等	采购、网络采集（以即时网络信息为主要资源）、交换	

（三）东盟信息资源的选择依据

出于经费等因素，不可能将所有的东盟信息资源都采集，因此制定选择依据非常重要。借鉴国内外智能选书的研究成果，可设计东盟信息资源的选择依据。将东盟信息资源的知识品质的结构化、形式化表征作为采集选择的重要因素，将信息品质与用户需求（与用户需求的特征表达比对）的“匹配度”，以及信息的价值分析与潜在使用价值作为重要决策依据，同时信息的性价比是判断是否选择的依据，这部分内容包括信息的载体、语种、页码、作者、出版社、价格、出版时间、印数、书评等。各馆还要看信息与馆藏的关系，如果与馆藏特色关系不大则没必要采集[①]。图4-5是东盟信息资源采集选择依据模型。

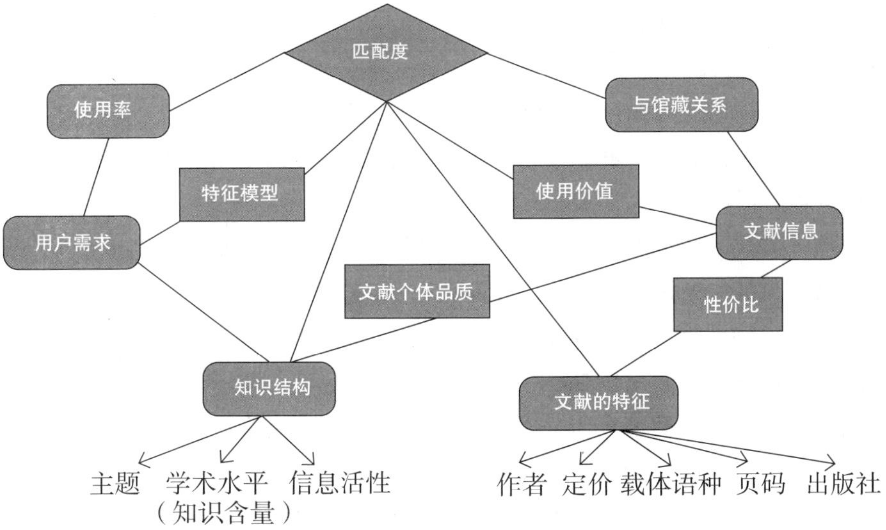

图 4–5　采集选择依据模型

另外，有些纸质资源若有电子版，则应该采购电子版，这样不仅能够使更多的用户随时随地得到所需的信息，还能通过资源共享，使其他图书馆的用户无须到馆就可以通过信息传递获取相关信息。所以，对于同一信息可优先选择电子版。

二、基于信息资源类型的东盟信息资源采集途径

（一）东盟信息资源的类型

印刷型东盟信息资源的类型包括图书、期刊、专利、标准、科技报告、会议论文、政府出版物、学位论文、科技档案、图片等。

数字型东盟信息资源（简称东盟数字资源）是指一切以数字信息方式存在的东盟信息资源，包括东盟国家将具有知识性、思想性的内容的信息编辑加工后存储在

① 张炎烈．国内外智能选书研究进展[J].图书情报工作，1994（2）：13-17.

固定物理形态的磁、光、电等介质上形成电子出版物。数字型信息资源按信息类型可以分为电子图书、电子期刊、电子报纸、音像资料等。图书馆重点采集的数字型信息资源有商业数据库和各种多媒体光盘。

东盟网络信息资源是指借助信息技术而存在于互联网上的东盟各国各种类型信息资源。东盟网络信息资源形式多样、内容丰富，有文本型、声音型、图像型等，能实现全球信息资源的共享和交流，特别是一些开放获取的网络信息资源，已成为科研工作中不可或缺的重要信息源。所以要特别重视对东盟网络信息资源的采集。

（二）东盟信息资源的采集（购）途径

1. 纸质信息资源的采集（购）

（1）采购方式。

图书馆采集信息的方式包括预订采购、直接选购、访求、复制、交换和受赠等。这些信息（含图书和报刊）采集的常用方式亦是采集东盟纸质信息资源的重要途径。

①信息资源预订。

采用预订方式采集东盟信息资源应注意以下几点：一是要尽可能地全面收集出版信息，以防漏订；二是要选择好代理商，以免因代理商提供的书目不全面而漏订；三是代理商一旦确定就不要轻易变更，以防信息的连续性被破坏；四是邀请专业人士参与选书，比如高校图书馆在购买东盟信息资源时，由于采访人员知识结构与外语水平的局限，有必要邀请东盟信息用户共同参与书目选购；五是注意查重，东盟信息资源往往价格较高，利用率比较低，必须控制复本量，一般只买一册，若忽视查重则极易导致购重，造成采购经费浪费；六是及时跟踪订单，对不能及时到馆的信息要查明原因并催发，以保证资源的完整性。

②报刊的采购。

图书馆对东盟报刊的采购工作，主要通过中国图书进出口公司，该公司对东盟期刊的进口业务较为完整，其网站上有较为完整的东盟期刊目录信息，这些都能促进东盟报刊采购工作的顺利开展。通过中国图书进出口公司预订期刊也存在价格过高的弊端，一些长期订购的期刊（已通过国家相关部门的审核）也可以与东盟国家的进出口公司联系直接预订。如广西民族大学图书馆利用地缘优势，已经连续多年直接向越南图书进出口公司预订期刊（已通过国家相关部门的审核），节省了不少经费。

③直接选购。

东盟信息资源的直接选购，有3种形式。一是书展现采，如中国东盟博览局在广西南宁市主办的东盟图书博览会。二是灵活代购，如利用单位派到国外进修学习、教学的人员，以及国内外政府、研究机构、民间组织来往交流的机会进行资料的采集，其优点是直观与便捷，可以直接鉴定图书内容和质量。三是网购，在东盟信息采集时要特别注意对政治与意识形态的审查。由于采购人员专业知识和语言能力良莠不齐，难以保证对网购信息的质量审查，所以网购时必须特别谨慎，建议由专业用户审查和提供书目。

④访求。

对于一些珍善本的东盟信息资源，或者不公开出版的信息，包括古籍、政府（皇室）信息和档案，以及各种特种信息等，图书馆可以向出版者或收藏者访求购买或复印，或寻求其电子版。

（2）非采购方式。

复印、交换和受赠是获取特色东盟信息资源的重要途径。

①复印。

复印是获取图书馆缺藏资源的好办法。通过复印收藏者的信息能补充馆藏，使馆藏体系得以完善。例如，广西民族大学图书馆也曾因《大南实录》收藏不全，向收藏该信息的教师复印补充，使信息收藏得以完整。

②交换。

交换是图书馆实现信息互通的重要途径，可分为国际交换与国内交换。通过执行我国对外文化协定的有关条款，广泛与世界国家，特别是东盟各国的信息服务机构、大学和研究所等建立良好的信息交换关系，重点交换通过贸易渠道难以购买的东盟信息资源，补充馆藏东盟信息的不足[①]。

③受赠。

受赠是补充外国信息资源馆藏的重要途径，相较于受赠数量与来源较多的英文信息，东盟信息资源的受赠情况并不理想。这是因为缺乏合适的捐赠渠道，限制了东盟国家热心人士为国内图书馆募捐的积极性。图书馆界可联合慈善机构开辟接受东盟各界捐赠的信息资源渠道，供各馆选择接受。

2. 数字资源的采集（购）

由于东盟各国发展程度差异较大，只有新加坡等少部分国家的数字资源建设较为先进，而大部分东盟国家不尽如人意。对于数字资源建设较好的国家可直接购买建设较为成熟的商业数据库，对于数字资源建设薄弱的国家，可协商购买相关机构生产的数字化产品。

数字资源采集需要制定严格的制度和实施保障，以确保资源建设效果。建设过程中需要制定图书馆数字馆藏发展政策、明确电子资源管理部门的具体职责，建立数字资源建设的评价体制。各国数字资源的类型与格式有所不同，采集过程中要将

---

① 黄文福，苏瑞竹．“一带一路”战略背景下东盟文献信息资源的采集[J]. 内蒙古科技与经济，2017(7)：91-95.

不同的格式转换成适合我国用户使用的格式，提高信息利用率①。

（1）招标方式。

东盟数据库价格一般较高，按国家有关采购政策，需要政府招标采购，并且东盟地区数字资源发展极度不平衡，图书馆应将工作重心放在发达地区数据库资源的招标采购上，及时掌握最新东盟数据库动态，从自身实际出发，明确数据库采购的目的，考虑图书馆用户的需求，严格精选。

（2）非招标方式。

一是通过东盟国家的网上书店采购电子资源。随着数字技术的广泛应用，东盟各国互联网普及程度大幅提高。目前，许多东盟国家都有专门销售电子书的网站或网上书店。如越南的Alezaa.com，新加坡的lovebooks.com，马来西亚的3家电子书供应商Xentral Methods、MPHD Digital和Maxis，泰国的电子书店Okbee等。图书馆可以直接通过各国的电子书网站、电子书店及电子书供应商进行购买，但要注意政治与意识形态，经过专业人士的严格审查后才能采购。

二是与东盟国家图书馆协调采购其建设的数字资源。由于东盟国家的学术性、战略性数字资源较少，商业化不足，除了新加坡和马来西亚的一些大学及研究机构拥有数字资源外，其他国家仅有图书馆收集的电子版学位论文。建设东盟国家资源保障体系可以与存有电子资源的机构合作，协调采购电子资源。广西民族大学就与新加坡国立大学、泰国的朱拉隆功大学协调购买过其学位论文。

三是东盟网络信息资源的采集。互联网已经成为信息生产、发布、获取、传递、交流的重要平台，采集并组织互联网上的各类信息获取丰富的信息资源，已经成为各个行业和产业创新发展的重要路径。加强对东盟网络信息资源的采集也是促进东盟信息资源建设的重要举措。有些东盟国家的高校建立有机构知识库，免费向全世界开放。这些资源是图书馆东盟数字资源采集的重点资源。

（三）基于类型的东盟信息资源采集模型

东盟信息资源的采集是一个系统工程，加上东盟信息资源出版发行的特殊性和用户需求的稀少性，虽然从战略上来说其是必不可少的资源，但是从投入产出的效益来说，必须考虑如何使采集到的信息有意义。因此，在采集东盟信息资源时需关注多方面的内容，在前文中已对各种类型的东盟信息资源采集作了较全面的论述。现根据这些采集路径总结出以下采集模型（图4-6）。

① 赵蕊洁.东盟国家多语种信息资源建设研究[D].南宁：广西民族大学，2018.

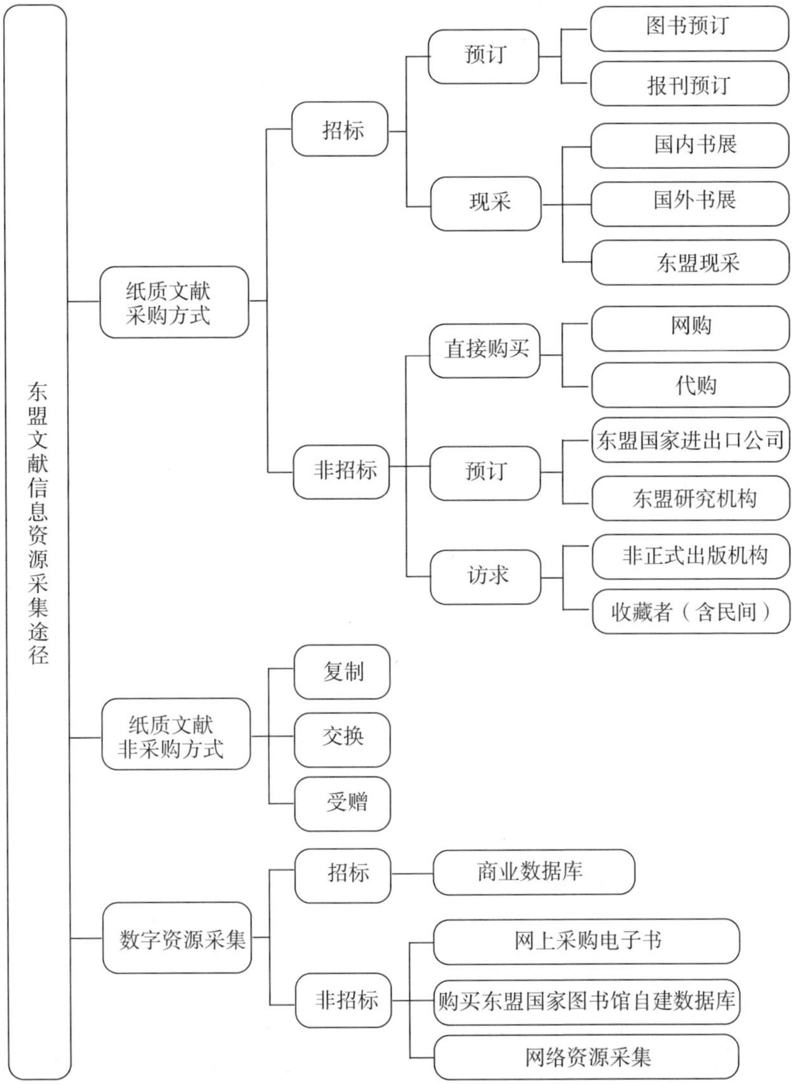

图 4-6　基于类型的东盟信息资源采集模型

三、东盟网络信息资源采集模型

东盟网络信息资源的采集和组织流程包括以下几个步骤：一是确定采集的信息资源的类型、形式及采集的工具和信息源，建立基于领域分析的信息采集主题词库，然后采集信息；二是对采集到的信息资源进行清洗和组织。网络信息采集模型如图 4-7 所示。

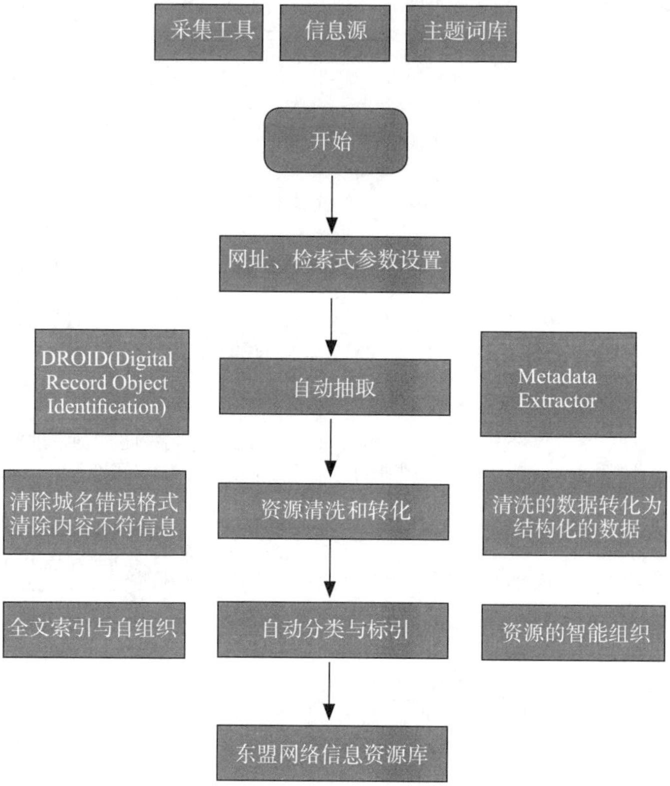

图 4–7　东盟网络信息资源采集模型

（一）网络东盟信息资源的类型及形式

采集的东盟网络信息资源类型包括OA资源、网页信息资源，资源的格式有文本、音频/视频、图片等。

东盟国家的OA资源是指由同行评议过的科学论文、研究报告、学位论文等学术信息组成的资源。采集并组织OA资源可以让用户方便地免费阅读、下载、复制、传播这些信息，有效缓解用户不能随时随地获取、使用东盟国家的学术资源的问题。

OA资源的类型主要有开放获取期刊（OA Journals）、开放获取仓储（OA Repository）、电子预印本（E-print）、开放获取搜索引擎（OA Search Engine）。OA资源是图书馆建设网络信息数据库最重要的来源，也是较权威的资源。

东盟网页信息资源是指东盟国家网络上的资源，包括各种门户网站，以及自媒体信息。新闻、博客等网页信息是用户了解东盟的重要信息来源，是网络东盟信息资源采集不可或缺的内容。

东盟国家的网络信息资源与中文及英文等网络信息资源一样，包含文本、音频/视频和图片等，并且拥有多种格式类型，如文本有PDF、XTX、HTML等，在采集此类信息资源的时候，需要利用相关工具进行采集、转换和组织。

（二）东盟网络信息资源采集工具

采集东盟网络信息资源首先要选择合适的采集软件，其次要建立用于数据挖掘特征提取的领域知识库，再次要确定采集的网站和公众号等，最后制定采集的规则（含清洗和转化）和组织的方法。

选择合适的采集工具。要使选用的工具除了具备一般的网络信息采集及组织功能外，还必须能识别这些国家的编码，以便更好地完成采集任务，同时在信息组织过程中易于实现自动分类、聚类和标引。构建东盟领域知识库主要是建立一个基于叙词或者主题词表的东盟各国主题词库，目标是东盟信息资源网页特征项中的专业领域词汇，在进行特征提取时无须对普通词汇进行切分和词频统计，这就可以采用基于某一领域主题词典的机械分词法。

在元数据的构建方面，利用Dublin Core Metadata中的15个字段就能很好地描述数据的特征，也能为资源的共知、共建、共享打下基础。15个字段包括题名Title、创建者Creator（作者或责任者）、主题Subject（对于特定的主题也可采用关键词、关键字短语或分类号，主题和关键词从领域知识库或图法中取值）、描述Description、出版者Publisher、其他责任者Contributor、日期Date、类型Type、格式Format、标识符Identifier（包括统一资源标识符URI及统一资源定位符URL、数字对象标识符 DOI和国际标准书号ISBN）、来源Source、语种Language、关联Relation（用领域知识库和图法进行关联）、覆盖范围Coverage（为东盟国家建立一个代码系统，用代码表示资源的国别范围）、权限Rights（对资源本身的权限和数据库的资源权限进行界定）。

（三）东盟网络信息资源的采集信息源

采集东盟网站和公众号信息的权威性对信息资源的质量至关重要。首先，政府网站和公众号信息内容较为集中、全面、权威，是资源采集的首选；其次，地方广播、电视、报纸等各种媒体创办的网站也是必须关注的信息源，东盟很多报刊都在其官网上提供免费的电子版，这是东盟国家网络信息的重要来源；再次，东盟各国的地方综合门户网站，是综合类信息的重要来源；从次，东盟国家各种机构和团体网站是不可缺少的东盟网络信息源；最后，东盟国家的各种自媒体信息也是及时了解舆情的信息源。虽然可以获取东盟国家网络灰色信息资源的平台不计其数，但根据图书馆资源建设的目标，可确定一些有代表性的网站。

1. 东盟各国各级政府网站

随着全球政府网络办公工程的推行，东盟各国及地方政府都在网上建立了自己的网站，或者Facebook官方账号，这是当地政治、社会、经济、文化、科技资源及政府信息发布的密集地，也是对外宣传的主要窗口和平台，如越南河内市政府官网。

以地方广播、电视、报纸等各种媒体创办的网站，是东盟国家灰色网络信息的重要来源。例如，泰国的《民族报》(https：//www.nationthailand.com/)、《泰国日报(英文版)》、《暹罗日报(泰文版)》等网站，设立了新闻、商业、亚联、科技、生活、旅行、美食等栏目，全方面反映最实时的国家资讯。

2. 东盟国家综合门户网站

东盟各国的地方综合门户网站，是一类信息量大、内容丰富，具有较高的点击率的网站。一般设有新闻财经等资讯栏目、招聘租房等便民栏目、交友学习跳蚤市场等服务栏目，以及旅游、电影、音乐、美食等娱乐栏目，如泰国的泰联网、缅甸的果敢论坛等，能够呈现百姓生活的方方面面。

3. 东盟国家机构、社会团体网站

东盟国家机构、社会团体网站收录了东盟国家各种机构和团体的行业政策、最新动态、科研项目、科教活动、科研报告、学位论文等有关资源，该类网站既具有国家特色，又具有一定的专业性，如新加坡南安艺文社、菲律宾华裔青年联合会Kaisa Para Kaunlaraan(http：//www.philonline.com.ph/)等极具规模的东盟国家社交平台。

Facebook是美国著名的社交服务网站，于2004年2月4日上线。据2018年第一季度东南亚六国App下载榜单TOP5可以看出，Facebook旗下各类社交产品在东南亚地区极为盛行，在印尼、马来西亚、泰国、越南、菲律宾均高居榜单前列。有数据表明，Facebook是东南亚区域黏性度与活跃度最高的社交平台，每天有超过2亿用户习惯使用它来获取游戏、新闻、娱乐等生活资讯，各国地方政府也会在Facebook上开通官方账号，如泰国马哈沙拉坎府。

(四)建立基于领域分析的信息采集主题词库

东盟各国主题词库由N个具有相同结构的主题词典构成，建立主题词库的过程就是建立主题词典的过程。主题词典是某一学科领域专业词汇的集合，可以通过东盟各国分类主题词表中的主题词、已出版的专业词典、构建训练文档集自动提取，以及由对应学科领域的专家提供等途径搜集。

在建立东盟各国主题词典时，要求各主题词在含义上尽可能地保持独立，即主题词集合、同义词集合和概念词集合是该主题领域内所有关键词集合的一个划分。在文本特征提取时可降低特征项的向量维数，提高文档表示能力，从而提高查询效率和准确度[①]。

由于建立东盟各国主题词库的工作量非常大，可以先建立少数几个有代表性领域的主题词典来构建初步的主题词库，即先提供几个领域的主题信息查询，待系统建成后再陆续添加其他领域的主题词典来完善词库和检索系统的建设。任何一门东

① 郑晓健.面向领域主题的智能搜索引擎设计[J].软件，2014，35(3)：4-5+8.

盟国家语言或学科领域都会不断地出现新的词汇，为保证查询结果的准确性，需要对主题词库进行更新整合，将各语种、各学科出现的新词加入到主题词典中。

（五）信息的抽取、清洗和组织

东盟网络信息资源抽取的规则是将政府及各行业、高校官网作为重要的信息源，按制定好的领域知识库对东盟各国的网络信息进行收集，收集的内容包括政治、经济、教育、文化、历史、科技、旅游等领域的知识。资源类型包括东盟网络文本数据，以及语音、图像、视频等多媒体数据。利用网络爬虫技术抓取Web网络中的目标文档，并将其存储到本地信息库中。随后从信息库中获取一定数量的相关文档进行抽取规则训练，需要经历文档预处理（无关节点过滤和无效节点过滤）、主题区域定位（动态区域块的定位和非主题链接块的过滤）、主题数据精确定位3个阶段，结束后生成抽取规则[①]。东盟网络信息资源的抽取模型如图4-8所示。

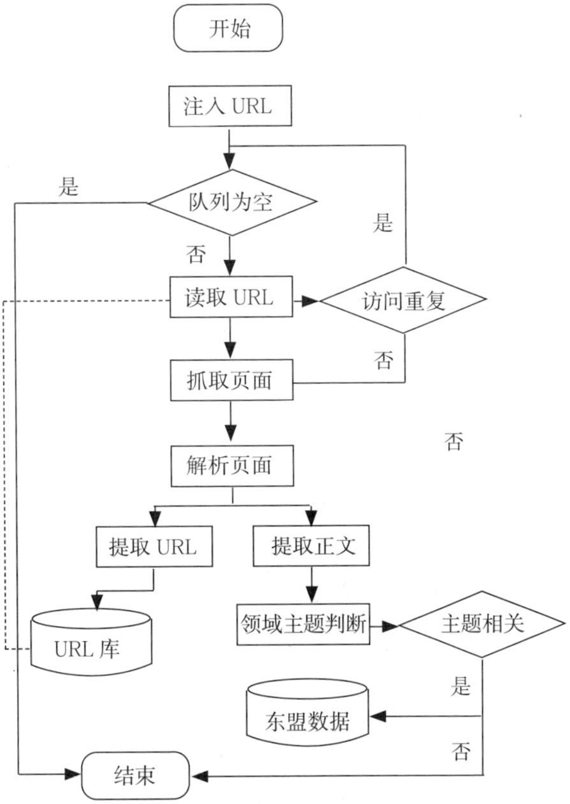

图 4-8　东盟网络信息资源抽取模型

① 朱建华．一种基于Web的新闻抽取方法[J].情报杂志，2010，29（S2）：139-141.

采集到的数据还要对URL、信息内容和数据格式进行自动清洗及结构化转换，还没有被清洗的数据也叫脏数据，需要处理转化为数据挖掘所需要的数据[①]，如图4–9所示。

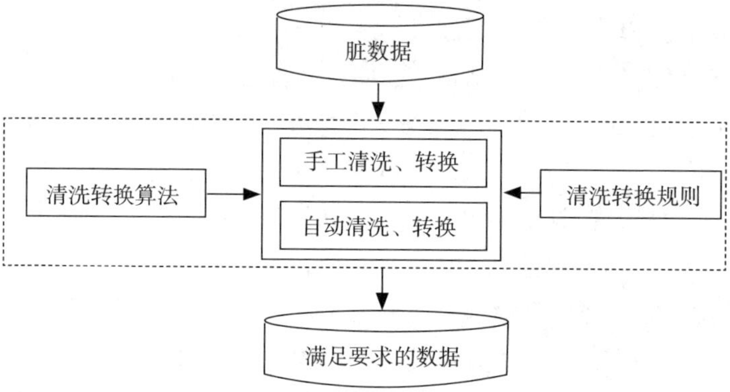

图 4–9　数据的清洗和转换模型

东盟网络信息资源的组织主要是自动主题分类和自动主题标引，即将信息归入到与其相似度最大的类目中，并自动提取3~5个关键词。此外，还要根据URL的信息自动提取元数据信息进行全面的信息组织，建立网络东盟信息资源库[②]。

其过程如图4–10所示。

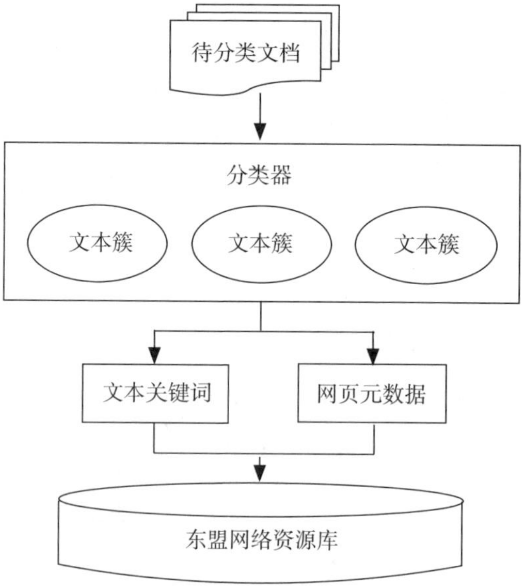

图 4–10　东盟网络信息资源的组织模型

① 封富君，姚俊萍，李新社，等.大数据环境下的数据清洗框架研究[J].软件，2017（12）：193–196.
② 田甜.文档自动分类的方法探讨[J].情报杂志，2006（2）：77–78.

第五章　东盟信息资源支撑策略

第一节　东盟多语种信息资源采集的原则

东盟多语种信息资源采集必须坚持信息采集的五个基本原则①，即思想性原则、实用性原则、系统性原则、连续性原则、“三一”原则，在这五个原则的基础上突出东盟多语种信息资源采集的战略性和学术性特征，以确保东盟多语种信息资源馆藏到达研究级水平。对于某一地区的信息收藏单位，东盟多语种信息资源建设的指导原则是必须与本地政治、经济、文化、教育、科研等建设总体战略保持一致，全面而有特色地满足本地与东盟各国不断交流、合作、发展的需求，保证东盟多语种信息资源能够为本地与东盟各国的政治、经济、文化、教育、科研等交流合作提供帮助。对于大学图书馆，东盟多语种信息资源建设还必须与学校的学科建设总体战略保持一致，完全满足教学科研，特别是重点学科教学科研的不断发展需求，实现东盟信息资源对当地政治、经济、文化、教育、科研等建设总体战略需求的支撑。

一、思想性原则

东盟国家的社会制度、宗教信仰等与我国不同，会有很多政治与意识形态领域方面与中国不相符的文献出版，所以必须禁止采购任何存在政治与意识形态问题和中国法律法规明令禁止进口的图书资料，禁止采集网络中故意抹黑我国的一些信息资源。

二、实用性原则

实用性原则是指图书馆必须以用户需求为导向，对东盟多语种信息资源建设进行全方位的规划，通过各种途径选择、搜集、整理、组织和管理东盟多语种信息资源，改变重藏轻用的传统观念，保证东盟多语种信息资源建设的核心是满足用户的信息需求。实用性原则对采访工作的要求体现在对信息内容质量、信息使用统计和复本的控制上。在网络信息资源的采集中，也要注意实用性原则，以免造成采集成本的增加和人力资源的浪费，也节省了信息挖掘和知识组织的成本，节省了信息存

① 齐文阁．面向学科方向的图书馆信息资源建设研究[D]．吉林：东北师范大学，2007.

储的空间。

三、系统性原则

东盟多语种信息资源建设的系统性原则包括两层含义：一是指东盟多语种学科信息资源、重点信息资源的系统性和完整性；二是指东盟多语种信息资源与全馆信息资源的比例成体系。系统性原则对东盟多语种信息资源的采访工作体现在采购不仅要有现期计划，还要有中长期规划，这些计划的形成以有针对性的调查研究，以及对调研结果进行的预测分析为依据。

四、连续性原则

连续性原则是指图书馆要以学科建设的特点为依据，以用户需求为导向，在采集东盟学科资源时要注意连续采集，有针对性地补充东盟信息资源。连续性原则可以保证东盟信息资源形成特色、保持特色，从而确保东盟信息资源馆藏体系的系统性。

五、“三一”原则

东盟多语种信息资源采选必须坚持“三一”原则，“三”是指东盟院系所专家、图书馆学科馆员、图书馆采访人员三方共同组成东盟多语种信息资源建设工作小组并开展工作，“一”是指图书馆分管领导和资源建设部门领导及学科馆员组成工作领导小组，指导信息资源建设工作[①]。“三一”原则不仅能在信息采集上保证信息质量、满足用户需求，而且在经济上节约资金，在反腐倡廉上防止腐败的滋生。

第二节　东盟多语种信息资源采集的内容和载体形式

一、东盟信息资源采集的内容

在“一带一路”的倡议下，东盟多语种信息资源建设要有一个明确的指导性资源建设目标，在调查馆藏现有东盟多语种信息资源的基础上宏观布局、统筹协调，通过分阶段分批建设，实现东盟多语种信息资源的全方位收藏，进而促进东盟信息资源和服务实现共建共享；全方位收集东盟国家政治、经济、科技、教育、文化等方面的信息，同时补充目前东盟多语种信息资源中收集较少的其他东盟国家的信息

① 李芳，杨眉，彭佳，等.大学图书馆资源建设模式中的“三一”原则[J].图书情报工作，2012，56(13)：84.

资源；根据需要提高其他学科，如自然科学等学科领域信息资源的收藏范围，确保全面覆盖东盟多语种信息资源学科结构的整体性和完整性[①]。重点采集下面内容的东盟多语种信息资源。

（一）政策、法律性信息资源

“一带一路”倡议涉及众多国家，只有在法律制度保障的情况下，“一带一路”建设才能持续进行，因此，各国积极地进行政策上的沟通是“一带一路”倡议的基础和关键。只有在法律制度的保障下，中国与东盟的交流合作才能不断发展，并迈向新阶段。东盟各国社会制度差异性大，政治与意识形态多元化，经济发展水平参差不齐，部分国家政治态势不稳定，有些国家之间还存在政治矛盾，彼此之间缺乏沟通协调机制，对外政策差异较大，法律法规也有差异，因此开展“一带一路”建设存在法律风险，且目前相关的决策性研究非常少，急需政策性、法律性信息资源的支持为“一带一路”战略的实施保驾护航[②]。从对信息资源内容需求方面看，金融、财政和贸易等政策方面的信息也极为需要，有关地方配套政策的信息需求量也很大，这和“一带一路”建设的战略目标是密切相关的。这些法律信息应包括东盟国家和东盟组织在各方面的法律信息，还应包括世界各国与东盟国家签订的条约、声明等外交文件，以及与南海争端有关的热点问题和法律信息等。另外，中国与东盟在经济贸易往来中产生的法律问题尤为值得关注。

（二）经济贸易信息资源

当前，中国与东盟的经济贸易合作正处于快速发展时期，东盟已经成为中国第一大贸易伙伴，双方正在以贸易为支点，推动加深各领域合作。双方在“一带一路”的倡议下，重点加强设施的联通、贸易的畅通和资金的融通，因此，关于双方的经济贸易合作一直是各方研究人员的研究重点，而这必然需要有大量的有关东盟经济贸易的信息来支撑。然而，目前图书馆收藏的有关东盟经济贸易方面的研究性文献信息数量并不多，馆藏信息内容也主要侧重以东盟为整体的理论性研究，而不是决策性研究，难以满足用户需要，因此这部分信息需要重点采集。

（三）科技信息资源

东盟信息资源需求比较大的基本集中在人文社科方面，对于科技信息资源的需求相对较少，但是随着中国—东盟合作的进一步深化，双方在工业领域的合作日益加深，传统的农业合作规模更是不断扩大，因此，我国企业和政府都需要东盟的科技信息作为决策的依据。尤其是近些年来，西方发达国家将原来在我国投资的产业

---

① 黄文福．“一带一路”战略的东盟信息资源保障体系建设研究 [D]．南宁：广西民族大学，2018.

② 黄文福，苏瑞竹．“一带一路”战略背景下东盟文献信息资源的采集 [J]．内蒙古科技与经济，2017(7)：91-95.

迁移到了东南亚地区和印度，使得东盟国家的科技得到了较快的发展。因此，东盟的科技、建筑、农业、工业、能源、环境等学科信息资源，尤其是专利、标准等信息资源日渐受到用户的重视①。

东盟科技信息资源能对我国企业“走出去”和我国科技向东盟的转移战略形成支撑。

（四）文化旅游信息资源

文化是一个国家软实力的象征，东盟各国文化差异性大，因此，加强我国与东盟各国的文化交流意义重大，是求同存异、增进双方相互了解的重要举措。在旅游业方面，目前中国已成为东盟第一大游客来源地。旅游是双方人民得以近距离接触和彼此了解的重要方式。中国与东盟国家通过开展旅游交流，可以让双方的人民有机会亲身体验到各自的风俗文化。因此，要注重搜集东盟各国基本国情、风土人情、旅游文化、名胜古迹、饮食文化、教育制度、教育状况、文化环境、文化需求、人文理念等方面的信息资源，以满足旅游业、研究者和大众对东盟文化、旅游信息资源的需求，实现东盟信息资源对国家战略的支撑。

（五）教育信息资源

中国与东盟国家教育交流与合作日益频繁，双方每年都有大量的留学生进行相互的考察学习及教育合作与培训，政府间的干部培训、交流也比较密切，双方的了解得到进一步的加深，这些都需要有大量的教育信息资源作为支撑。例如，中国在东盟国家和世界各国设立孔子学院，增进了外国学生对汉语的学习需求。广西壮族自治区的广西民族大学、广西师范大学、广西大学和桂林电子科技大学等都与东盟国家高校合作建立了孔子学院。

东盟语言学信息资源是支撑东盟语言学研究不可或缺的资料，包括各种载体的语言教材、字典词典等工具书、语言学习资料等。此外，各类影视作品、歌曲也都是很好的视听型资源。一方面采集教师用的教学参考书，另一方面采购学生用的教材，尤其是东盟国家的中小学教材。对从小只接受英语学习的东盟语种的学生而言，中小学教材是他们入门的台阶，有助于学生对东盟语言的认知；除了基础的教学用书外，购买学术性强的文献，比如研究型的专著、硕博士论文等可以满足教师、研究生和高年级本科生的需求。即使是东盟语种的师生，他们的研究内容也可能包括东盟国家的方方面面，如政治法律、经济贸易、文化旅游等②，因此也要购买相关文献，以满足东盟语言学习和教育的需求，形成对东盟文化教育的支撑。

---

① 黄文福，苏瑞竹．“一带一路”战略背景下东盟文献信息资源的采集[J]. 内蒙古科技与经济，2017（7）：91-95.

② 黄文福，苏瑞竹．“一带一路”战略背景下东盟文献信息资源的采集[J]. 内蒙古科技与经济，2017（7）：91-95.

（六）历史性、地方性信息资源

东盟国家历史性、地方性信息资源主要包括东南亚史信息资源、民族信息资源、海上丝绸之路信息资源等，反映东盟国家的历史发展进程，是传承文明的重要载体，是东盟信息资源的重要组成部分。采集东盟历史信息资源，可以帮助我们挖掘与东盟的联系，寻找中华民族与东盟各民族文化往来交流的历史痕迹，增进海外华人华侨的民族认同感，消除国际政治壁垒和促进多文化融合，是推进“一带一路”建设不可或缺的重要信息资源。特别是南海的历史信息资源，对印证我国南海主权归属、维护国家海洋和领土完整具有重要作用。

东南亚历史信息资源是反映有关东南亚历史进程的重要资料，这类信息资源类型丰富，既有图书、报刊，也有手稿、音视频资料，包括我国的史料和我国对东南亚历史研究成果的信息资料、世界各国对东南亚历史的研究资料和东南亚当地的研究资料。

东南亚民族信息资源是各国各民族社会、经济、文化、科技等的历史总结，是记录民族文明的重要载体。民族信息资源是研究东盟政治、经济、文化等各个方面的重要资料。

档案信息资源真实记录了东盟历史，包括它们的事务管理、版图及与周边国家的关系，这些资料的采集对我国进一步发展与东盟各国的政治、经济贸易、文化等合作都有重要的价值。

谱牒信息资源是古代记述氏族谱系的资料。东南亚国家与我国有着很深的地缘和血缘关系，华人华侨遍布东盟各国，他们传承了祖辈世代的生活习惯和风俗，从而在东南亚出现很多的谱牒，这些谱牒记录了家族的世代繁衍和大量的人物事迹。谱牒的类型也很多，如抄本、铅印本、活字本及当前出现的数字印刷本。谱牒信息是传承中华文化的重要载体，对东盟研究的信息资源支撑意义重大[①]。

通过历史性、地方性信息资源的采集，建设满足用户需求的东盟信息资源体系，以满足历史性、地方性东盟信息资源对东盟研究需求的支撑。

（七）灰色信息资源

东盟国家出版整体上不是很规范，正式出版物较少，以灰色信息资源形式存在的出版物很多，但由于这些信息比较难收集，这类信息资源显得尤为珍贵。现代灰色信息资源除了传统的政府信息、科技报告、硕博士论文、会议论文、技术档案、非商业性翻译、书目、技术与商业文件等类型外，还包括了教育、科学和研究领域的新型内部信息源，政府或民间、正式或非正式的社会组织在各自活动中产生的信

① 黄文福，苏瑞竹．“一带一路”战略背景下东盟文献信息资源的采集[J]. 内蒙古科技与经济，2017(7)：91-95.

息记录，以及以电话、会议、电子邮件、博客、访谈、社交网络工具或 Wiki 系统交谈等交流方式存在的信息源，还有非物质文化遗产也成为新时代社会信息需求的灰色信息信息源[①]。此外，许多组织将本机构的一些政策、规划、措施等灰色信息资源上传到网上，让更多的民众了解自己的情况，使得灰色信息资源的公开性有了发展。因此，可以从网络上获取相当多的东盟灰色信息资源。

二、东盟国家多语种信息资源采集的载体

（一）印刷型信息资源

东盟多语种印刷型信息资源（又称印本资源）是指图书馆收藏的东盟各语种以纸质材料作为载体，通过印刷方式记录文字、图形等内容的信息资源类型。东盟多语种印刷型信息资源是一种传统的东盟信息资源类型，是出版物的主要形式，图书馆收藏的东盟多语种信息资源也是以此为主要类型，它包括了图书与期刊、政府出版物、各种报告、技术专利、行业标准、科研论文、科技资料和其他图像资料等。

（二）数字型信息资源

东盟多语种数字型信息资源（简称东盟数字资源）是指一切以数字信息方式存在的东盟信息资源。随着科学技术的不断发展，纸质载体无法满足信息需求，出现了将文献资源信息通过比较复杂的手段编辑整理加工，然后再存储到磁、光、电等固定物理形态介质上所形成的电子出版物。按信息资源类型归类，它可以划分为电子图书、电子报纸、电子期刊和音像资料等。

据首届东盟电子书会议报道[②]，东盟国家数字信息资源也在逐年增加。泰国的出版商把他们的畅销书转换为电子书，如泰国最大的电子书平台—— Ookbee，它垄断了超过90%的泰国电子书市场，拥有上万种泰文电子书和数百万用户，并且每天都要接收数千个新用户；在越南，有70%的国内出版商是通过Alezaa.com电子平台，出售他们出版的电子教科书及其他电子图书，且每本售价在1美元以下，价格相对比较便宜；印度尼西亚出版商—— Mizan 数字出版公司在1999年发行了该公司第一本电子书，该本免费书的下载量短时间内达到了1.5万。2008年，由Dee Lestari创作和演唱的一个音像资料的销量达到了6万。

（三）东盟网络信息资源

随着全球信息技术的突飞猛进，东盟多个国家近期陆续出台了数字化的发展战略，这有利于促进数字经济发展，也加快了东盟国家网络信息资源的建设。在网络中的东盟信息资源数量巨大，形式各样，内容极为丰富，类型众多，有文本型、声音

① 黄文福，苏瑞竹．“一带一路”战略背景下东盟文献信息资源的采集[J].内蒙古科技与经济，2017(7)：91-95.

② 王以俊．首届东盟电子书会议报道[J].印刷世界，2013(1)：64-65.

型、图像型等，并能实现全球信息资源的共享和交流，特别是一些开放获取的网络信息资源，已成为政治、商业贸易、旅游、文化、教学、科研等工作中不可或缺的重要信息源。

第三节　东盟信息资源的采集

一、印刷型东盟文献信息资源的采集

（一）信息采集的影响因素

1. 东盟出版发行状况

东盟各国对出版行业的发展普遍较为重视，2012年，出版商净收入就已高于16亿美元（图5-1），成为世界排名第六的大市场。将东盟作为整体考察，2010年，其出版社总数已经超过2 000家，年出版图书种类已超过6万种[①]。从出版发行业发展的综合情况来看，东盟十国中，水平较高的国家有新加坡、泰国及马来西亚；一般水平的国家有越南、菲律宾、印尼和文莱；而较为落后的国家有柬埔寨、老挝与缅甸。

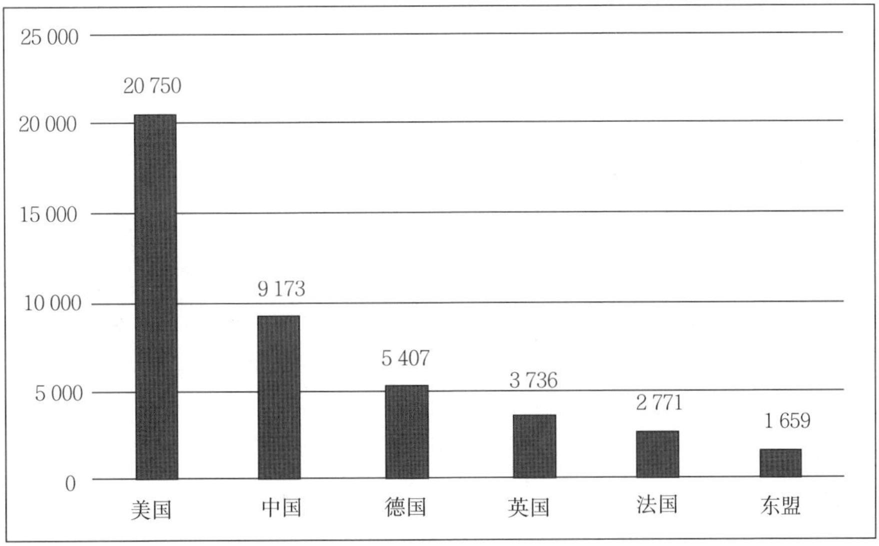

（单位：百万元）

图 5-1　2012 年出版商净收入

数据来源：印度尼西亚年度报告

① 苏瑞竹，胡雅琼，肖龙翔. 东盟出版发行特点对图书馆采购的启示[J]. 科技文献信息管理，2018（1）：1-6，64.

（1）发展水平较高的国家状况。

①新加坡出版发行业发展简述。

新加坡作为东盟十国的出版中心，出版业非常发达，年销售额达到2亿英镑。新加坡知识产业的支柱就是出版业，既有国内出版社，又有跨国出版社，早在2006年，该国出版社数量已达700多家。像新加坡新闻社这样的国营大型媒体集团几乎垄断了所有报纸和杂志的出版和发行。新加坡出版社协会拥有67个会员，分为3个类别：一是STM（科学、技术、医学书籍）的学术出版活动，用于支持新加坡的学术研究和科学研究；二是教育出版社，出版教育相关书籍；三是作为新加坡创意经济支柱的文学出版社，不仅出版文学书籍，还致力于培养文学作家[①②③]。

②泰国出版发行业简述。

1997年，亚洲爆发经济危机，泰国的各行各业都受到了巨大的冲击，然而泰国出版发行业却依然持续走高[④]。泰国政府与社会也非常重视出版发行业的发展，出版社数量也逐年增加，2006年达到了490多家。随后随着网络及电子出版物的发展，纸质出版业逐渐萎缩。目前，泰国最大的出版集团是SE-SD、Amarin Publish、White Lotus Press、Nanmeebooks。相关情况如表5-1所示。

表5-1　泰国四大出版集团

集团名称	年出版图书种数	年收入	出版物特色
SE-SD	>400	57亿泰铢	教育类、少儿读物类
Amarin Publish	>300	18亿泰铢	生活类、小说类
White Lotus Press	>400	9亿泰铢	社科类、外文类
Nanmeebooks	>200	5亿泰铢	翻译类、小说类

泰国出版书籍协会于1959年成立，从1973年起协会每年都会主办国立书展，每期13天。曼谷国际书展（Bangkok International Book Fair）从2003年开始在泰国首都曼谷的西利基国际会议中心举行，时间为每年3月末，共举行5天。

据泰国书商协会的有关报告数据，2014年起该国图书销售总额由于受到数字出版快速发展的冲击，出版的纸质图书的销售和收入持续下降[⑤]。表5-2 展示了自泰国商务部统计的泰国Jamsai出版社2015—2017年出版收入情况，这也说明了网络环境

① 李强. 国际化的新加坡出版业[N]. 中国新闻出版报，2006-03-21（4）.
② 赵晨. 新加坡全媒体出版物市场发展的现状与启示[J]. 产业与科技论坛，2016（7）：18-19.
③ 陈少华，余俊峰. 2008亚洲数字出版的发展概况及趋势[J]. 出版广角，2009（4）：18-22.
④ 傅西平. 泰国出版业一瞥[J]. 出版参考，2006（6）：31.
⑤ 甄云霞，王香云. 经济上升与文化缺失中的泰国出版业[J]. 科技与出版，2020（1）：22-28.

下纸质图书的销售量下降趋势持续[①]。

表 5-2　Jamsai 出版社 2015—2017 年收入情况

年份＼收入	泰铢/铢	折合人民币/元
2015年	264 018 769.53	56 896 044.83
2016年	263 382 235.80	56 758 871.81
2017年	243 407 867.09	52 454 395.36

③马来西亚出版发行业简述。

就东盟国家的综合经济发展水平而言，马来西亚居于第二，可其出版发行却落后于经济发展水平，并持续走低。在马来西亚，出版发行业的从业人员数量出现明显的下降，出版业的总收益额也呈下降趋势，每年的实际数据如表5-3所示。虽然马来西亚的出版发行业持续走低，但这并没有影响马来西亚的图书出版发行活动的开展，特别是各种促销活动。例如，The Big Bad Wolf Book Sale、马来西亚海外华文书市、马来西亚吉隆坡国际书展等活动，吸引了世界各地的书商前往参展和采购，对世界图书市场的繁荣起到了重要的作用。其中，于1981年创办的吉隆坡国际书展由马来西亚教育部主办、国家图书协会承办，是马来西亚规模和影响力较大的国际书展之一，除展销马来西亚出版的图书外，还展销各国的畅销图书和经典典籍，尤其是与马来西亚相关的文献，以促进国家间的合作[②]。例如，2019年的书展就推介了“丝路书香出版工程”丛书，向马来西亚民众推广中国的历史与文化，展现了两国在文学、文化、出版领域的紧密合作。长期以来，马来西亚国内对中国的书籍都进行翻译和出版，让马来西亚人了解中国，当然，中国民众也通过大量的被翻译成中文的马来西亚的典籍去了解马来西亚。另外，由BookXcess书店组织的非常有特色的销售活动——The Big Bad Wolf Book Sale，颇受用户欢迎。该活动采用仓库清货的方式出售图书，给予消费者75%~95%的让利折扣。

表 5-3 马来西亚出版业情况

年份	出版发行业总收益/美金	出版发行业从业人员数/人
2009年	525 000 000	8 738

① 甄云霞，王香云．经济上升与文化缺失中的泰国出版业 [J]. 科技与出版，2020（1）：22-28.

② 2019 年吉隆坡国际书展推介“丝路书香出版工程”丛书 [EB/OL].（2019-04-12）[2020-12-20]. http://whzg.chinareports.org.cn/xwrd/2019/0412/5480.html.

续表

年份	出版发行业总收益/美金	出版发行业从业人员数/人
2010年	383 000 000	7 500
2011年	318 000 000	6 680
2012年	300 000 000	5 670
2013年	290 000 000	4 671
2014年	175 000 000	4 246

数据来源：马来西亚国家统计局

（2）发展水平一般的国家状况。

①越南出版发行业状况。

越南出版业基础比较薄弱，但发展前景广阔。1952年，越南主席胡志明批准国家出版社建立，自此，越南出版社的数量逐渐增多，现已超过60家，发行公司超过13 000家[①]，70%的出版社通过Alezaa.com销售电子书籍[②]。越南政府对出版业很重视，促进了出版业的发展。2015年越南共出版2.9万册书籍，总印数为3.69亿册。其中，民营企业拥有约6 500名员工，出版了近70%的越南图书。越南有63个省份，每个省份的市镇都设有书店，总计书店数量超过12 000家，约90%在城市，10%在农村。胡志明市书展规模盛大，每两年举办一次，2016年的参加人数多达100万人。

②菲律宾出版、发行业状况。

菲律宾的出版、发行产业的首家印刷厂是在西班牙殖民时期创建的。殖民结束后，建设了首家出版公司，菲律宾才得以推进民族出版行业的进步。但是，菲律宾虽然出版社的数量、出版书籍的数量等都在逐年增加，但是政府给予的支持仍然很少，且对新技术的投资热情不高。据菲律宾国家图书馆于2014年的调查结果显示，菲律宾图书构成（图5-2）的市场占有率情况为：文学类为51%，社科类为25%，技术类为6%，科学类为5%，宗教类占据4%，语言类和艺术＆娱乐类均占3%，历史＆地理类、哲学＆心理类分别占1%左右。

① 阮玉宝. 基于公共政策理论对完善越南出版活动的思考[D]. 吉林：东北师范大学，2012（6）：10.

② 王以俊. 首届东盟电子书会议报道[J]. 印刷世界，2013（1）：64-65.

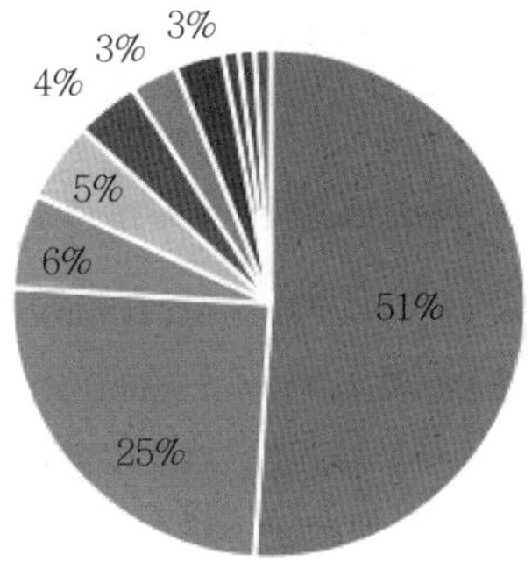

图 5-2　菲律宾图书市场构成情况

数据来源：菲律宾国家图书馆

③印度尼西亚出版发行业状况。

印度尼西亚的出版发行业，出版社数量从2012年的1 158家增加到2015年的1 328家，共增加170家（图5-3）。

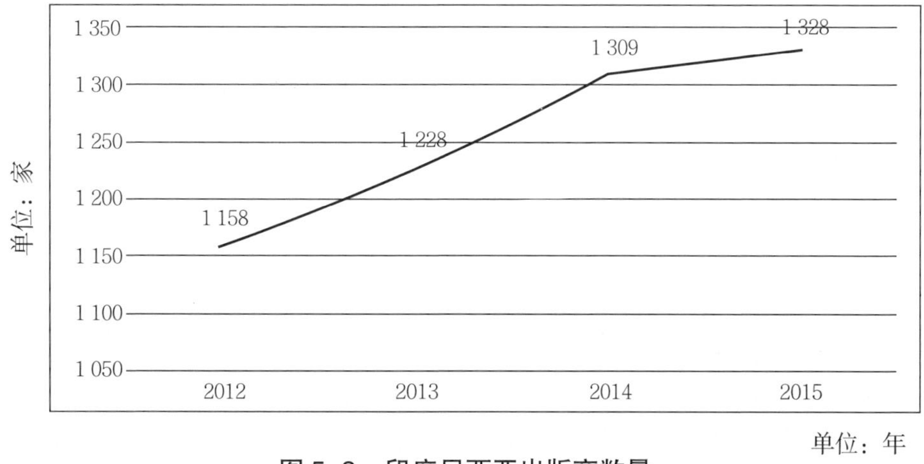

图 5-3　印度尼西亚出版商数量

数据来源：印度尼西亚出版社协会

根据印度尼西亚出版协会的历年数据，全印度尼西亚每年出版图书约30 000种，在711家活跃的出版商中，80%的出版社出版的图书在10~50种，17%的出版社出版数量在50~200种，只有3%的出版社出版数量能超过200种。以上这些数字只统计了印度尼西亚出版协会成员的出版种数，一部分非协会出版商并没有统计在内。此外，政府机构及非出版机构的国有单位也出版图书，如审计署、反贪委员会等。印度尼西亚国家图书馆2015年受理的ISBN号申请有44 327条。印度尼西亚每年实际出版种数应大于印尼出版协会给出的数据。表5-4是印度尼西亚出版社各类型数量与出版情况表。

表5-4 印度尼西亚出版社各类型数量与出版情况

出版社	数量/家	年均出版图书种类数/种
大型出版社	20	4 000
中型出版社	228	22 800
小型出版社	463	6 945

数据来源：印度尼西亚出版社协会

④文莱出版业状况。

文莱出版业的发展，受领土面积和人口数量限制。但是他们的国民收入水平高，购买力强，并且还加入了东盟出版协会（ABPA）和亚太出版协会（APPA）①，为文莱出版业的发展创造了有利条件。

（3）发展水平落后的国家出版业状况。

老挝、柬埔寨、缅甸3个国家的出版业发展缓慢。

2014年，老挝的出版物为127种，出版发行基本处于铺面状态。2009年普及了出版法，该年利用本国的国家图书馆申请并使用了ISBN（国际标准图书编号）②。

柬埔寨现行的新闻法在1995年发布。可是在柬埔寨，真正的“出版社”很少，政府缺乏相应的计划，大部分书店不能靠卖书维持生计。

缅甸政府为了大力发展出版业，慢慢放宽了相关的审查，缅甸的出版物大概有180种不用进行事前的批准，包括艺术、知识、保健、体育、儿童和技术6种类型。2012年，总计176种杂志在市场上流通。

2. 东盟出版发行的特点

（1）教育出版发行。

教育出版是指教科书、教辅书、教育理论、教育研究及继续教育、家庭教育、社会教育等一般教育类图书的出版。教育图书市场拥有巨大的竞争力。教科书是教育出版的主力军，规模受到学生及国家相关的法律法规等各种因素的影响。东盟教育出版的特点如下。

①市场规模大。

东盟广阔的地区和较多的人口是市场规模扩大的基础条件，2013年在印度尼西亚的教育出版市场占据整体的54.15%，但政府文件的市场占有率仅为0.01%，如

① 王以俊. 文莱出版印刷信息二则[J]. 印刷世界，2011（11）：63-64.

② 王以俊，罗伯特·库珀. 老挝《出版法》开始施行[J]. 印刷世界，2010（1）：62.

图5-4所示。另外，通过印度尼西亚书店“Gramedia”的统计，2014年所售出的图书中，面向幼儿教育和学生的教材资料、参考书、工具等约占全体的40%。2015年，马来西亚的基础教育和高等教育出版市场的比例是70%（图5-5），东盟虽然教育水平不同，但是各国都在努力促进教育事业的发展，强调基础教育的重要性。例如，泰国从2009年实施15年免费教育，新加坡向国民提供10年的义务教育，文莱国民享受12年免费教育等。大部分家庭对教育的重视程度较高。在新加坡，汇丰银行（HSBC）调查了新加坡不同家庭子女上大学的花销，2015年新加坡父母所花费的平均费用是15 623美元，教育平均费用的提高带动了东盟教育出版市场的发展。

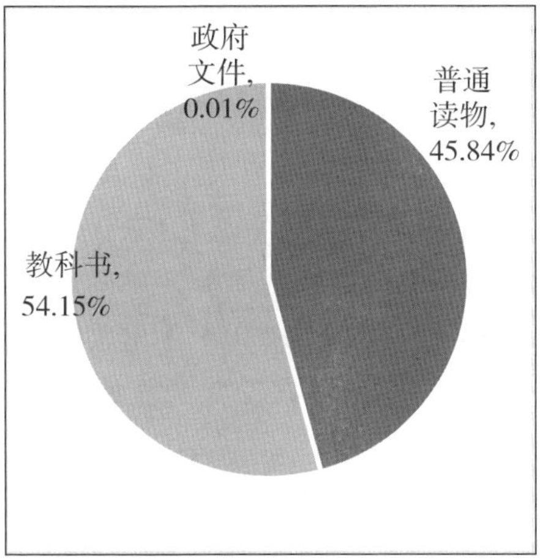

图5-4　印度尼西亚图书市场分布

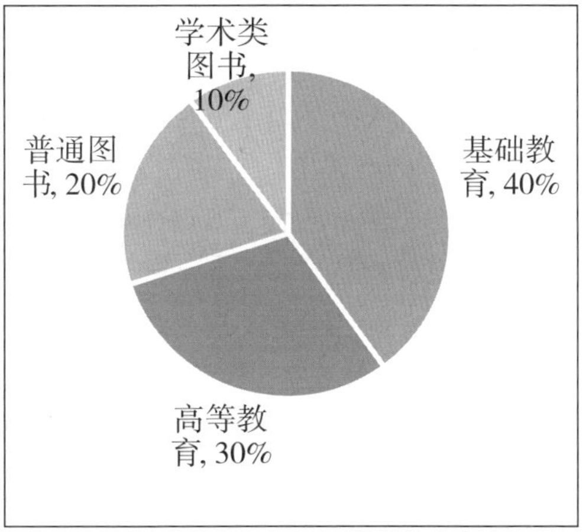

图5-5　马来西亚图书市场分布

②规范程度高。

因为教育出版是很特殊的，不同国家都对其包含的内容和形式进行了严格控制。比如对于教科书，东盟国家大部分都是由教育部负责制作、编辑及生产，而商业出版社只能出版辅助教材。虽然由民间企业提供教材的国家很少，但也有少数出版企业被批准出版教材，但这些教材必须经国家的严格审查后才能出版。例如，泰国的教材市场目前由三家出版集团垄断，分别是培生教育出版集团、新加坡国家控股集团和时代传媒集团。越南的教育出版社也负责教材的出版等工作，但是出版的教材一定要按照政府的规定来办。尽管东盟出版物水平存在巨大差异，但是教育出版，特别是教材出版有严格的标准，因此，教育图书的水平比其他种类的出版物高出很多。

（2）数字出版发行。

①地域发展不平衡。

在东南亚国家联盟（ASEAN）中，新加坡的数字出版水平在亚洲最高。2006年家庭互联网的普及率为71%，手机则为112.8%。2015年，拥有宽带的家庭达到了90%，学校实现了宽带全覆盖，这些因素为新加坡数字出版的发展作出了贡献。2016年，Ccommunicaisa、EnterpriseIT、Broadcastasia的会议集中在新加坡召开，由此可见，数字出版技术在新加坡的地位。现代信息技术的发展给马来西亚出版社的数字出版带来了机遇和挑战，该国在2010年开拓电子书市场，在技术、印刷、仓库等方面有充分的基础。但是不少东盟国家数字出版的发展还相当落后。例如，在2015年，越南电子书市场在图书市场的占有率不到2%。另外，互联网普及率在东盟其他一些国家，如缅甸、柬埔寨、老挝三国仅为1%、6%、13%，即互联网普及率十分低，阻碍了数字出版的进一步发展。目前，东盟十国里，数字出版发展水平较高的是新加坡、马来西亚，而其他国家发展相对滞后。

②发展前景广阔。

尽管东盟大部分国家的电子书市场尚处于初级发展阶段，但有些国家的出版商善于抓住商机占领市场，如在泰国，Ookbee电子书店在泰国电子书市场的占有率达到了88%。该书店拥有6 000种以上的泰文电子书，用户数量高达255万。截至2013年，已经出售了600多万册电子书。在购买电子书的客户群体中，6~35岁的客户占43%，这表明年轻人是主要的客户群体。 在越南，目前70%以上的出版社通过Alezaa.com销售电子书，为了促进电子书的销售，电子书的价格仅为纸质书的30%。马来西亚有40多家出版社将出版的书籍以电子书的形式销售。在东盟，随着智能手机的大规模普及、网络意识的提高、信息的全球化等，各国都认识到了数字出版的重要性，预计今后将会大力发展。

③东盟国家数字出版机构。

新加坡的世界科学技术出版社（World Scientific Publishing Company）在全球优秀的出版机构中有着重要地位。它专业出版高科技书籍，内容为数学、物理/非线性科学、纳米技术、医学&医疗保健、生命科学、商业和金融经济、大众科学、社会科学和亚洲研究等各学科领域，而且电子书与纸本图书同步出版。

2019年在全国计算机在线服务的鼓励下，新加坡在线技术联盟OTC成立了电子出版社。而由世界科技出版公司（World Scientific Publishing Company）和新加坡国立大学合作社（NUS Co-op）承办的Bookhaven书店，位于新加坡国立大学的Stephen Riady中心，占地约4 000平方英尺，而且拥有单独销售电子版图书的区域。在那里，用户可以用平板电脑进行电子版图书的购买。

在泰国，从2007年至2014年，数字出版业的发展比较缓慢，产值增长率仅为2.75%，出版数字资源的机构主要是大学，它们将学位论文的电子版制成数据库供本校师生参考，以下是一些著名大学建设的学位论文数据库。

Thai Digital Collection（TDC）是泰国最大的论文数据库，它收集了泰国各个大学的硕士和博士学位论文和期刊论文，网址为http：//dcms.thailis.or.th/。

泰国国家研究委员会（NRCT）数据库，记录了泰国各大学与研究所20多万篇论文与研究报告，网址为http：//www.riclib.nrct.go.th/。

泰国国家科学技术发展局（STKS）数据库，记录了近10万篇论文与研究报告，网址为http：//www.riclib.nrct.go.th/。

清迈大学学位论文（CMU E-Theses）数据库，收录了1977年至今清迈大学的硕博论文，网址为http：//library.cmu.ac.th/digital_collection/etheses/。

泰国的Ookbee电子书店，网址为https：//www.ookbee.com/。

Ookbee是2012年在泰国成立的一家公司，专注于在东南亚发展电子书商店，业务遍及泰国、越南、菲律宾和马来西亚，在这些地区拥有超过500万用户。Ookbee的大多数电子书来自知名的出版商或专业人士的独立作品，因此，这些电子书被归类为“专业生成的内容”。当社交媒体对人们的生活方式越来越有影响力时，Ookbee抓住了创建电子书平台的机会，迎合了具有共同兴趣的人群，如小说迷、漫画爱好者、音乐爱好者等，适应用户生成内容（UGC）并在内容创作者及其粉丝之间建立可持续发展的桥梁。2017年1月，Ookbee与腾讯公司合作，成立了新的数字内容公司Ookbee U（用户原创内容提供商）。Ookbee和Ookbee U共同为超过1 000万的用户提供服务。Ookbee U将致力于为用户创作的漫画、音乐、博客、故事和小说等多种多样的内容构建生态系统。书店的网页截图如图5-6所示。

图5-6　泰国的Ookbee电子书店

马来西亚电子书店（Malaysa Publishing House，MPH）是马来西亚排名第一的在线书店，也是马来西亚久负盛名的图书零售公司，它的图书种类丰富，包括Harper

Collins、Random House、时代华纳、Lonely Planet、Simon & Schuster 等知名出版公司的图书，它还销售最新的 DVD 和 VCD。MPH 的销售额超过 100 万本，书籍的最高折扣为 50%。MPH 连锁店还销售电子书、礼品、文具、玩具，IT 和多媒体等，如图 5–7 所示，网址为 http：//www.mph.online.com/。

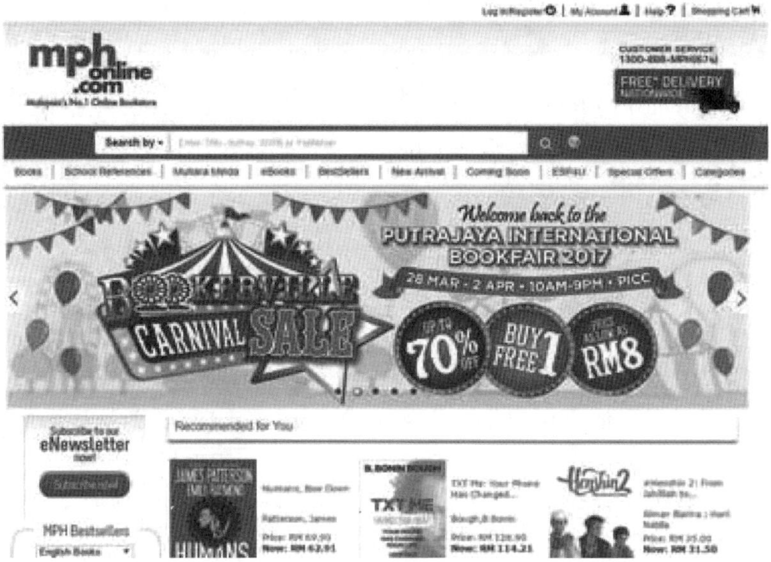

图 5–7 马来西亚的电子书店 MPH

印度尼西亚的电子书城——灵感网店如图 5–8 所示。从该网站购买的电子书可以通过 Gramedia Digital 应用程序阅读。网址为 https：//www.gramedia.com/。

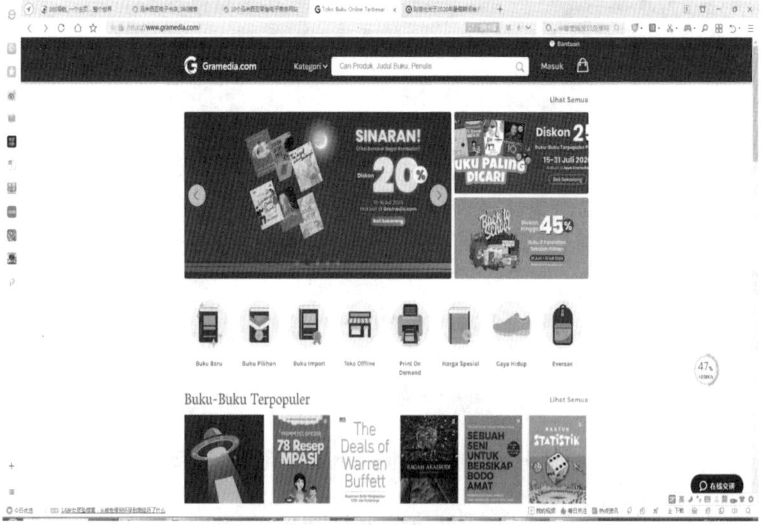

图 5–8 印度尼西亚的电子书城——灵感网店

Wattpad是将作者和读者汇集在一个电子书服务平台。Wattpad以网页和手机应用的形式发布，目前已有超过200万的作者在平台中注册。印度尼西亚Wattpad与当地的出版商班特Angle Pustaka合作，向读者提供了新鲜的内容。在印度尼西亚，Wattpad的知名度较高，随机调查的结果显示，71%的受访者知道有Wattpad电子书，近31%的受访者几乎每天都浏览Wattpad电子书。这说明Wattpad电子书在该国很受大众欢迎。这个网站上的电子书免费，属于读者与作者社区。

（3）专业及学术出版发行。

专业学术出版社处于整个文化阅读链的顶端，专业学术出版社主要出版专业著作及学术期刊。东盟地区专业及学术出版有以下两大特点。

①进口图书占比大。

在东盟国家中，除泰国外，其他国家都曾经受过西方国家的殖民统治，所以区域双语教育有着漫长的发展过程。各国的教育和语言政策致力于振兴本国语言和英语的双语教育。学术及专业出版物约有60%是进口美国和英国的，在出版物中，美国出版的产品占70%~80%，东盟（ASEAN）的大部分地区科学与技术专业书籍大多为英美译本或进口。

②学术互动、出版合作日趋密切。

1967年，东南亚国家联盟（东盟）的成立，使东盟成为一个在政治、经济、社会、文化等各方面形成紧密关系的区域性组织。我国已与东盟签订了中国—东盟贸易区协议，随着我国与东盟各国关系的发展，学术交流和编辑合作的机会越来越多。东盟国家与国外的学术交流日益频繁，出版领域的国际合作已成为专业学术出版发展的重要趋势。

（二）我国东盟信息资源的进口规定

1. 东盟出版物的进口条件及机构

（1）出版物进口条件。

出版物在本质属性上是商品，但同时具有一定的特殊性。出版物同样应当满足一般商品进出口的必要条件，主要条件可以归纳为3个方面。第一，出版物的价格。固定价格、优惠价格和货币价格是图书期刊定价的3种主要形式。固定价格是指在新书出版前出版商印刷图书的价格。优惠价格是出版商在预订新书时提前支付的优惠价格，并在新书目录中注明。货币价格是指将图书价格定为本国货币的价格，包括东盟国家在内的大多数国家的出版社都采用这种方式进行定价。第二，交易折扣。在交易中打折的销售方式比较常见，主要分为正常打折、数量打折、特别打折和不打折等。第三，支付和交货。专户记账是最常用的一种支付手段。专户记账是出版物在国际贸易中使用的最普遍的方式。由于东盟国家的出版发行业普遍不发达，一般来说，进出口公司大多采用实物结算的方式完成货款结算。进出口公司可以根据美元汇率的变动情况与图书馆进行结算，赚取差额，图书馆也可以在这方面进行周密的核算，节约资金。

（2）中国出版物进口公司。

根据我国出版物管理条例的规定，采购东盟国家出版物，只能从国家许可进口出版物的企业采购。除许可企业外，任何个人和单位都不得开展外文图书的进口活动。目前，我国有43家出版物经营公司获得国家批准的出版物进口经营许可证，可以采购东盟文献资源，如中国图书进出口公司（集团）、中国国际图书贸易公司、中国出版对外贸易公司等。东盟报纸进口业务主要由中国图书进出口公司（集团）负责。据中国图书进出口公司（集团）官方网站统计，目前已进口东盟期刊3 065种，其中越南期刊512种。但是，中国图书进出口公司（集团）官网上没有提供东盟进口图书的目录，但提供的报刊目录相当齐全，为采购单位订购东盟国家报刊提供了方便。中国图书进出口公司（集团）可订购东盟各国报刊和数量的情况如表5-5所示。

表 5-5　中国图书进出口公司（集团）可订购东盟国家期刊情况

（截至 2020 年 10 月）

国家	系统收录总品种数量	可订购品种数量
菲律宾	226	88
印度尼西亚	228	104
文莱	10	5
马来西亚	509	367
缅甸	38	7
泰国	379	173
老挝	20	6
柬埔寨	19	6
新加坡	1 124	757
越南	512	437

从目前来看，与东盟有关的文献的主要进口商是中国图书进出口公司（集团），其深圳分公司主要经营图书、报纸、文献资料、音像制品、多媒体光盘等文化信息产品的进出口、出版印刷，公司总部设有图书和CD展厅。公司为各级企业、高等教育机构、研究机构、党政机关和在中国的外国职员，是我国开展东盟信息资源建设服务的主要部分。

2. 东盟出版物进口的相关规定

（1）国务院《出版管理条例》。

2016年2月修订的《出版管理条例》规定，出版物（指报纸、期刊、图书、音像制品、电子出版物等）进口不得含有下列内容：（一）反对宪法确定的基本原则的；（二）危害国家统一、主权和领土完整的；（三）泄露国家秘密、危害国家安全或者损害国家荣誉和利益的；（四）煽动民族仇恨、民族歧视，破坏民族团结，或者侵害民族风俗、习惯的；（五）宣扬邪教、迷信的；（六）扰乱社会秩序，破坏社会稳定的；（七）宣扬淫秽、赌博、暴力或者教唆犯罪的；（八）侮辱或者诽谤他人，侵害他人合法权益的；（九）危害社会公德或者民族优秀文化传统的；（十）有法律、行政法规和国家规定禁止的其他内容的。以未成年人为对象的出版物不得含有诱发未成年人模仿违反社会公德的行为和违法犯罪的行为的内容，不得含有恐怖、残酷等妨害未成年人身心健康的内容。另外，规定了对进口的出版物进行内容审查的权限和程序。进口出版物必须通过具有出版物进口经营许可证的经营单位购买等[①]。

（2）《中华人民共和国海关进出境印刷品及音像制品监管办法》。

《中华人民共和国海关进出境印刷品及音像制品监管办法》，通过了关于印刷品和视听材料进出境的规则。其中第3条规定：负责进口、出口印刷品的人或者企业负责人必须依法向中国海关申报，并规定个人入境时可以使用的印刷品数量。我国对印刷品进口的限制非常严格，印刷品的进口必须得到相关主管部门的批准，并依法办理相关手续。监督管理办法还对在国外发布的印刷品作了明确规定。捐赠人必须出具捐赠人的相关文件向海关提交。另外，如果超过100册，不仅要提交相关文件，还必须提交相关部门的批准文件。东盟国家的文献进出口也要遵循这项规定。

（3）《出版物进口备案管理办法》。

2016年4月26日，我国有关部门正式通过了《出版物进口文件管理办法》，并于2017年3月1日起正式实施。该办法对进口图书、报纸、期刊、音像制品（制成品）、电子出版物（制成品）、数字文献数据库等的展示方法有明确规定。例如，在从东盟进口出版物之前，进口企业必须向省级或上级政府提交一份由进口出版物企业出具的申请和审查意见，并依法提出申请。提交材料时要根据实际情况申报。杂志、报纸等出版物的进口也要按照相关办法进行。进口企业应及时提交批准文件，经海关及时查验后提交国家广播电视总局。

① 国务院关于修改《出版管理条例》的决定 [J]. 司法业务文选，2011（14）：2-22.

（4）《订户订购进口出版物管理办法》。

自2011年3月17日起，我国实行了《订户订购进口出版物管理方法》，外资企业，国内国外、香港、澳门、台湾等人士在进口出版物时应遵循这一管理规定。办法详细定义了限定发行范围和非限定发行范围的出版物，并规定订购这两种出版物的办法。未经主管部门批准的单位和个人不得从事出版物进口。在取得有关主管部门许可前，具有出版物进口许可的单位不得委托其他单位订购或配送出版物。图书馆在招标采购的时候一定要注意选择有资质的商家，否则购买的东盟文献不仅不合法，而且可能存在政治与意识形态问题的风险。

（三）东盟文献采购的经济行为分析

1. 东盟文献信息资源的政府采购分析

（1）东盟文献信息资源的政府采购背景。

政府采购是最广泛使用的文献资源采购方法。2000年3月，财政部发布了《财政部关于开展政府采购意向公开工作的通知》（财库（2000）10号），将图书作为商品纳入了政府采购目录。

从多年的实践来看，国内出版的文献按照规定执行政府采购问题不大，但是进口文献的采购就相当复杂。进口文献的价格构成要素比较复杂，汇率经常变化，价格变动频繁，价格高且逐年上涨，一次采购的金额轻而易举就达到了政府招标采购的起点金额。为此，全国高校图书情报委员会于2006年制定了《普通高等学校图书馆文献集中采购工作指南》。该指南规定无论是中国文献还是外国文献，无论是纸质资源还是电子资源，都以政府采购为主要采购手段。东盟（ASEAN）的文献信息资源作为文献信息资源的一个子集，也被列入政府采购体系，受到政府管理部门的监督。

（2）东盟文献信息资源投入增大，亟待规范采购行为。

据统计，2018年公共图书馆的经费投入近25亿元[①]，比2012年的15亿元增长了66.67%[②]。2018年度高校图书馆的平均购书费用为557.2万元[③]，比2011年平均文献购置经费的408万元增长36.57%[④]。这说明图书馆经费投入增多，文献资源购置量增大。

随着中国和东盟战略合作的进一步深入，中国与东盟之间的往来更为密切，东盟信息资源需求在双方政治、经济、文化等领域的广泛交流合作中逐渐增加。一些

① 2018年文化和旅游发展统计公报．中华人民共和国年鉴，2019：605.

② 中华人民共和国文化部2012年文化发展统计公报，http://zwgk.mct.gov.cn/auto255/201404/W020161230856614490730.pdf.

③ 2018年中国高校图书馆基本统计数据分析．http://www.qikanvip.com/lunwen/zonghelunwen/2020/0117/50203.html.

④ 中国图书馆学会．中国图书馆事业发展报告2011[M]．国家图书馆出版社，2012：3.

高校的图书馆，花费大量的经费购买东盟各国的进口原版书。随着文献采购投入的加大，资金在使用过程中很容易出现问题，为保证进口合格的文献资源和避免腐败现象的产生，需要进一步规范采购行为。

（3）图书进口市场为东盟文献资源采购提供了条件。

自中国—东盟自由贸易区建立以来，中国—东盟经济贸易往来迅猛发展，进出口贸易额逐年增多。而东盟图书市场作为商品交易市场的一个部分，也得到了较快的发展，进口出版物市场仍然由大型国有图书进出口公司垄断，这是因为国家对进口出版物经营有着严格的规定，规模不大的国有书商很难取得进口出版物经营许可证。但随着图书企业的发展壮大和国内市场对国外进口原版文献的大量需求，国家将进一步实行对外开放政策，获得出版物进口经营许可证的企业将增多。进口书籍的自由流通，扩大了进口文献种类和来源渠道，活跃了图书市场，提高了市场竞争力度和供应商的服务质量，也给采购单位选择供应商提供了更多的选择，有利于东盟文献信息资源政府采购工作的进行。

（4）东盟文献信息资源政府采购的意义。

①节约采购资金，提供增值服务。

尽管国家加大了对图书馆的经费投入，但东盟文献的采集经费却相对较少。由于地缘位置，广西一直都比较重视东盟文献信息资源建设，经费投入稳步增长，但依然难以满足教学、科研及社会大众对东盟文献信息资源的需求。因此，如何科学合理地使用经费来购买到更多的文献资源，充分发挥经费的使用效率，是目前亟须解决的问题。

传统的采购模式主要由卖方市场主导，导致处在采购链下游的图书馆没有太多的话语权，供应商在价格上给予图书馆的让利空间并不大，此外，服务水平也不高，文献编目、加工等相关配套服务也很少提供。在政府采购下，供应商为获取订单，与客户保持长久的合作，在报价上会有些让步。从政府采购网公示的成交公告来看，国外进口图书的折扣在9折左右。这就为几十万到百万数额的项目省下不少经费，大大提高了图书购置费的使用效率。政府采购模式的竞争机制还可以促使供应商优化服务方式，赠送诸多后续服务。由于东盟语种通用性不高，我国缺乏掌握东盟语言的从业人员，图书馆界在东盟文献方面的编目工作受到极大的制约。供应商能够解决，如编目困难等问题，为图书馆方面节约了人力物力，取得了明显的效果。从实践的角度看，这种方法现在得到了大多数图书馆的采用和认同。

②规范采购行为，保证文献资源质量，遏制腐败。

图书馆通过招标，由具有出版物进口经营许可证的供应商采购，并按《出版管理条例》的有关规定对出版物进行内容审查，从而避免图书馆进口不合法出版物的问题，保证了进口原版文献的质量及不存在政治与意识形态的问题。

政府采购模式能够减少腐败现象的发生。首先，从采购意向到招标需求、成交公示等，都必须及时通过网站、宣传栏等向社会公开，自觉接受社会监督，使信息公开制度贯穿始终。其次，政府采购建立了完善的质疑制度，如果对招标公告、评标过程、评标结果等有任何疑问，任何团体和个人均可提出质疑。质疑制度可以有效地对政府采购进行监督。最后，政府采购在评标过程中，必须由评委及业主组成的评审委员会对所有应标供应商进行评审后，才能确定最终中标供应商。总之，政府采购有效地规避了招标过程中的暗箱操作风险。在资金的支付上，按照政府采购合同的约定，履行验收等程序，然后才进行付款，并且付款实行国库集中支付制度，确保资金支付的合规性。

③推动了东盟文献市场的繁荣。

虽然我国有几十家合格的出版物进口供应商。但在实行政府采购中，采购单位或评审专家在知名度较低或中等规模的供应商的选择上则较为谨慎。而投标人大多数是一些国有大型图书企业，如中国图书进出口公司及其下属公司等企业。这是因为购买实体更多地依赖大型国有图书公司，这些公司实力雄厚，在国外拥有广泛的资源，从事文化产品购买工作多年，积累了相当多的经验，具有普通供应商所没有的商业能力和配套服务能力。

政府采购作为一种国家体制，对市场经济的发展具有宏观调控作用。政府采购为中小型进口图书经营企业的发展提供了良好的前景，中小企业通过加强自身发展，获得出版物进口许可资格，以其自身优势，积极参与到东盟文献采购的投标中，为市场提供优质的东盟文献信息资源，必将为东盟文献市场的繁荣带来良好的发展机遇。

2. 东盟文献信息资源采购存在的问题

（1）东盟文献信息资源政府采购的实践问题。

我们以广西民族大学为例，来分析一下东盟文献信息资源政府采购实践过程中出现的问题。从2011年开始到2013年的3年间，该学校图书馆5次采用政府采购的方式，购买了东盟国家的原版文献，随后学校继续安排经费购买东盟文献资源。采购到的文献来自8个东盟国家，种类包括了纸质图书、学术期刊及东盟国家报纸，涉及多种学科门类，涵盖10个语种。目前，该学校图书馆的东盟文献馆藏量已经位居广西壮族自治区各系统图书馆之首。然而学校图书馆的东盟文献资源建设也存在一些问题，根据对广西其他高校图书馆采用政府采购东盟国家原版文献等方面的调研发现，其存在的问题与广西民族大学大同小异，主要有以下几个方面。

①采购效率低。

根据我国政府采购法的有关规定，达到限额的东盟文献采购必须通过政府实行公开招标。由于进口出版物销售的合格供应商不多，东盟原版文献政府采购经常流标，招标成功率比较低。政府采购制度本身的规范性、严谨性也对政府采购的效率产生影响。此外，还会受到其他因素的影响，如东盟国家原版文献市场情况的复杂性。

②供应商的选择面窄。

由于经营图书进出口的供应商受到地理位置、东盟国家供货渠道等方面的影响，供应商参与投标的意愿比较低，参与投标最多的是中国进出口图书公司（集团），其次是新华书店等供应商。中国图书进出口公司（集团）深圳分公司拥有优越的地理位置，对东盟国家的图书进口十分有利，而其他公司的参与意愿则比较低，与其业务重心、供货渠道、服务能力或者盈利较低等原因有关。参加投标的往往是有限的几个供应商，有采购需求的图书馆只能从这几个投标单位中选择，不利于文献采购质量和服务质量的竞争。

③采购节约资金有限。

国内出版物的价格比较透明和稳定，采购优惠力度比较确定。但由于东盟国家图书出版业不发达，东盟文献的本身定价的合理性难以界定，加上采购人工费、运输费、关税、加工费等采购成本，以及在采购数量等方面的因素，致使进口东盟文献的价格比较高。在招标过程中，供应商的投标价格往往接近投标的预算，折扣率较低。一般来说，用户购买的东盟国家的进口文献，折扣费仅为5%。如此低的折扣率对于采购价格较高的东盟文献来说，能够省下的经费并没有多少，资金节约效益非常有限。

（2）政府采购制度本身的原因。

①政府采购周期长。

政府采购是一项法律与政策相结合的国家政策。与私人购买行为相比，它具有很强的内部约束和外部监督机制。完整的政府采购包括3个主要阶段：首先，采购单位必须向主管部门和财政部门提出采购申请，说明采购的内容、财务要求和具体的采购计划。获批后订购单位必须指定招标代理机构发布政府采购招标公告。在公告发布后，招标代理机构组织开标、评标，并且经过评标结果公示、签发中标通知书等程序。最后，采购单位与中标供应商签订政府采购合同。在履行合同过程中，商家需要按合同组织货源供货，采购单位组织货源验收，验收合格后才能进行资金结算。这种烦琐的程序导致采购效率低下。完成整个投标流程至少需要一个月的时间，如投标出现问题，则需要更多的时间。比如在出现废标的情况下，采购单位还需要修改招标文件，或者申请变更项目内容，或者变更采购方式等，还必须发布更改公告，中间又要花费不少时间，导致整个招标流程起码在一个半月。政府采购以牺牲效率作为代价来实现资金效益。图5-9是文献信息资源政府采购的工作方式及流程。

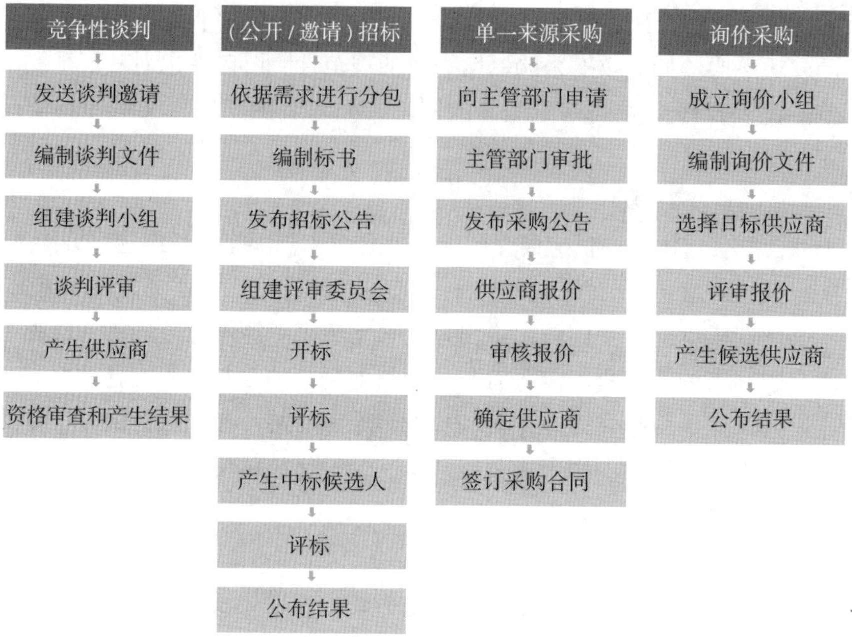

图 5–9　文献信息资源政府采购工作方式及流程

政府采购虽然在很多方面远远优于传统采购模式，但程序烦琐。图书馆馆藏资源需要不断地采集，这一过程是连续和系统的，并且要具有时效性。许多学术文献，因其受众相对较少，使用范围有限，出版发行量往往很少，若是图书馆错过购入的最佳时期，后期再想购入难度较大。广西民族大学图书馆曾在采购一批老挝语文献的过程中，由于招标流程过长，800余种文献招标后只能采购到不足400种。

②低价中标对东盟文献资源的采购效果影响较大。

在政府招标采购中，关键环节是召开评审委员会，依据评分标准和细则，对各供应商提交的投标书进行综合评价，一般以综合评分从最高分到最低分排序，选择中标供应商。在同样满足采购需求的情况下，低价中标可有效防止价格膨胀，确保采购单位资金的有效利用。图书馆在采用该模式开展东盟文献资源采购的工作中，由于缺乏实践经验和参考案例，供应商的报价是重点考虑的因素，招标结果往往都是低价中标。但是，这种在招标中没有考虑东盟文献资源采购的特殊性，采取低价中标的做法，其背后隐藏着一定的风险。一般来说，低价中标的原因主要有两个方面：一是商品价格容易比较。在评标时，供应商的商务指标、服务指标大多只能通过应标文件来响应，评委对这样的陈述性内容很难作出优劣判断，相比之下，价格指标就较为直观。通过供应商报价进行比较，价格高低一目了然，在价格上给予最大优惠的供应商通常会给评审委员会留下很深刻的印象。二是评审委员会人员构成不合理。虽然《政府采购评审专家管理办法》规定评审委员会成员须满足：在相关领域工作8年以上，具有本科（含本科）以上学历，熟悉本专业业务，熟悉本产品，在本专业领域具有一定的声誉，也就是说，在文献采购的实际评标中，评审委员会里的评委应该是其相关领域的评审专家，但是，评审委员会的组成并非只有行业评审专家，还有采购方代表及会计专家，他们对于文献资源采购业务来说往往是外行。他们如若参与东盟文献采购的评标，因不了解行业采购情况，往往忽视东盟文献资源采购的特殊性，视其为一般的货物采购，特别是没有考虑到低价中标能否保证合同履行的问题。

③东盟文献资源采购的灵活性问题。

政府采购制度的优点，从经济上来说，就是利用规模性和集中性来完成效益最大化的目标，节约采购成本。但如果采购量不多，就很难发挥它的优势。规范化通常就代表着相对缺乏灵活性。而东盟文献信息资源采购具有特殊性，应有一定的灵活性。

东盟文献资源本身具有较大的复杂性。广西民族大学是采购东盟文献资源比较多的高校，该校图书馆从东盟文献资源采购中总结出这样的经验，即东盟国家多、语种多、品种丰富、复本量少，如采购金额较大，直接对接东盟各国出版商向他们进行购买难度太大，一般需要通过具有相应资质的进口出版物供应商。但是，第三方供应商也并非能够面面俱到。每个供应商都有自己的经营策略、营销重心及优势缺点，即便是中国图书进出口公司（集团）这样综合实力最强、业务范围最广的公司，在购买时也不能保证能采购到全部书目。另外，东盟文献种类较多，除了图书、期刊、报纸等传统文献资源外，还包括内部自编出版物、会议资料、家谱、个人笔记等，这些具有很大研究参考价值的文献资料很难通过常规的采购渠道获得，图书馆应制定用户荐购制度来解决用户多元化的需求。例如，广西民族大学图书馆从2011年开始就通过用户荐购的方式采购东盟文献资源，组织本校东盟语种专业的师生参与文献资料的选购工作，增大了采购书目的适用性。对小额东盟图书资源的采购，委托在东盟国家进修的教师、学生购买，或请专业教师对内容审查把关后直接向国外商家购买邮寄。可见，政府采购模式已经无法满足用户日益多元化的需求，需要有更多的采购方式才能满足购置东盟文献资源的需求。

（3）东盟文献资源采购的特殊性。

①参与东盟文献资源采购的图书企业少。

从当前的实际情况来看，民营书店对进口出版物国企的冲击还比较有限，进口出版物的经营权依然被国企垄断。中国图书进出口公司（集团）、世界图书出版公司等国企本身的优势使得它们更容易获得授权，而民营书店则很难涉足。

我国每年进口的外国图书，虽然涉及多个国家和地区，但主要集中于英文文献。由于东盟文献信息资源建设只局限于国内开设有东盟语种的高校以及和东盟国家地缘位置相近的沿海和西南部分省市，建设单位较少，尚未形成大规模的采购。这类文献的需求远低于英文文献的需求，利润率有限，这使得供应商的投标热情不高。因此，参与投标的图书企业一般就只有几家国有企业，不能形成采购竞争，难以获得采购经济效益。

②难以获得采购书目信息。

与一般书目资源相比，东盟书目资源中的书目信息不易获取。这样的原因是东盟各国文化、信仰和社会经济发展水平存在差异，使得东盟文献信息的出版更加复杂，难以准确理解其编辑动态，导致书目信息缺乏，限制了对东盟文献信息资源的获取。笔者曾选择一些合格的出版物进口供应商，在访问和浏览其网站主页时发现，在新书书目的整个栏目中，除了英语、西班牙语和法语外，没有发现东盟非通用语种图书的书目信息。而书目信息是采购文献的重要参考，书目信息不畅会给采购工作带来极大的困难。图书馆在获取书目信息后，往往会在书目信息里提前挑选本馆需要的图书书目提供给供应商采购。而如果采购书目信息难以获得，就增加了采购的难度，给采购合同的履行增加了不可预见性，对商家来说，其也面临着采购成本增加的风险。

③东盟文献采购地点较为分散。

东盟是一个涵盖十个国家的区域性组织。从高校图书馆的东盟文献资源中可以看出，符合条件的东盟国家的原版文献涵盖了各个国家，不局限于某个国家。一般来说，需要采购东盟某个国家的文献资源，就需要到该国去采购，由此而来，一方面，供应商需要派人或通过有相关业务的国外供应商联系采购，这种叫作分散采购，一般来说，由于每个国家的进出口管理法律不一致，需要供应商去熟悉和沟通；另一方面，供应商为了满足采购单位的需求，在采购中需要频繁办理签证、兑换货币、办理运输及海关手续等，在各国之间来回奔波，并且会产生交通费、住宿费、伙食费、运输费、关税等费用，而这些费用往往是作为采购的成本被纳入采购文献资源总成本中的，而每次采购每个国家的文献资源都不会有很大额度，难以降低采购成本。这就是采购东盟文献资源成本较高，政府采购节约资金有限的原因。

3. 东盟文献信息资源政府采购经济控制措施

（1）完善前期采购准备工作。

东盟文献资源的政府采购工作想要顺利、有效地推进，采购单位必须做好前期准备。采购单位在开展采购工作前，要理解工作的步骤，把握工作的细节，切实提高采购工作的效率。

①设立一个政府采购工作组，负责东盟文献资源的采购工作。

政府单位采购工作组应基于工作需要和特点，协调与政府采购有关的所有问题。采购工作组可设立一个采购管理办公室和一个采购执行小组。采购管理办公室主要由单位领导和相关部门领导组成，其工作职责主要是指导开展采购工作、制定各项规章制度、审核材料、协调各部门间的关系、做好把关工作等。采购执行小组主要由采购部门工作人员组成，其工作职责主要是在采购管理办公室的指导下，做好各项具体工作，比如制定采购文件、准备材料、跟进项目等。

在实际工作中，政府采购管理中心主要负责制定和宣传政府采购制度、审查采购资金和采购计划、对招标采购进行监督等。而招标代理机构根据采购单位的需求，负责编制招标文件。由于政府采购管理部门和招标代理机构的工作人员不了解东盟文献市场的现状及东盟文献信息资源建设的规律，所以项目执行困难。因此，由采购单位设立政府采购工作组可以凭借专业知识与政府主管部门和招标代理机构进行积极沟通，使合理诉求得到采纳，保证文献采购任务顺利完成。

②考察了解文献供应市场。

由于进口出版物审核严格，需要获得新闻出版总局颁发资质证书的公司才有资格经营和发行进口出版物，并且每个供应商都有自己的供货渠道、业务专长和经营方式。又由于东盟文献资源的出版发行等情况比较复杂，因此，在采购过程中，供应商也难以完全掌握文献信息。如何选择供应商，采用哪种采购方式最为合适，采购参数如何设置最为合理，需要采购单位进行认真思考和研究。所以，在采购工作开展之前，政府单位必须对文献市场进行充分的调研，这是科学合理地选择采购方式和供应商的重要依据。供应商是采购项目的具体执行者，采购质量和采购收益往往取决于供应商的能力和信誉，采购单位考察小组可以咨询做过类似项目的图书馆和供应商，并结合自己的经验作出判断，形成考察意见报告，为单位领导采购决策提供参考。

（2）科学选择采购方式。

从政府采购相关规定来看，采购经费的额度是选择采购方式的重要标准之一。一般来说，单次采购金额越大，供应商的盈利越有保证，因为此时供应商投标的意愿比较强，会积极参加投标。反之，对于采购金额较小的，商家会认为没有利润可图，而不参加投标。因此，政府采购单位应根据实际情况采用不同的采购方式，除了公开招标外，还可以采取以下方式：①邀请招标，即邀请有能力的进口供应商参加投标；②竞争性谈判，即邀请一家以上的进口供应商对采购项目进行谈判；③单一来源采购，即采购单位与唯一的进口供应商直接商谈；④询价，采购单位向供应商询价，由供应商提出报价，经过比较确定中标单位。

针对东盟文献资源的采购书目不易获得的情况，可以招标采购金额和优惠率，不要求提供采购书目，合同约定供应商在一定时间内完成采购。在中标后，由供应商去现场采购，根据从图书市场获得的书目，发给采购单位审定，然后再购买。这样可以减少一些公开招标执行过程中的程序，提高采购效率。

采购单位应根据东盟文献资源的具体采购情况，合理选择采购方式。

（3）参照所需文献的类型和市场状况，合理分标。

东盟由十个成员国组成，各国国情迥异，行业运作方式也存在较大差别，文献出版周期、发行方式等区别也很大。东盟文献涵盖的语种多、类型丰富，但任何一个供应商都不可能完全包揽整个东盟文献的采购任务。例如，一个项目招标，需要购买东盟多国文献资源，供应商需要组织人员或与其进货渠道供应商在多个国家进行采购，这对他们来说耗费的成本是巨大的，他们需要往返多个国家，动用更多的人力资源，就造成文献供货时间延长。而供应商支出的成本会转移到采购单位身上，导致采购单位需要支付更多的采购经费。因此，采购单位在实施政府采购时，可以采用分标段招标的方式。这样采购单位既可以针对不同供应商的特点和优势进行招标，也可以节约成本，提高招标成功率。

分标段招标是将采购标进行细分，比如按国别文献细分，每个标段都有各自的要求，供应商可根据自身的条件选择适合自己的标段进行投标，有利于供应商充分发挥自己的优势和采购工作的完成，也可避免供应商一家独大，实现公平公正的原则。

（4）科学编制采购文件。

在政府采购中，采购文件的内容不仅列有采购单位所需的物品清单、服务要求、特殊需求、合同条款等条件说明，编制科学严谨的采购文件也是至关重要的。针对文献资源的政府采购文件编制，全国高校图工委给高等院校图书馆提供过一些参考性的采购文件范例，图书馆根据自身需求稍加修改即可使用。但是，对于东盟文献信息资源采购文件的编制却需要作出更多的修改。与国内中文文献及英法文献等一般性货物相比，东盟文献信息资源在采购对象、采购范围、服务要求等诸多方面均有较大不同。此外，在准备东盟文献资源采购文件的过程中，还应注意在描述条款的具体要求时采用法律规范性术语，不得使用带有歧义的语言。

（5）发挥采购单位自主权的作用。

东盟文献信息资源本身的复杂性使其采购工作存在诸多变数，为保证采购效率和效益，采购单位应加强研究，为采购管理部门及供应商提出合理建议，以期招标采购方式等满足采购单位要求，使采购合同顺利履行。

在采购时间上，东盟文献采购完成的时间要长很多，这会对文献采购的质量产生不利影响。如果采购单位在东盟文献信息资源的采购时间上拥有一定的自主权，就可以根据实际情况作出必要的调整，这也有利于保障东盟文献信息资源建设工作的时效性和连续性。例如，广州市某图书馆就探索出了一条创新之路，该图书馆没有依照以往经费下达后再招标的程序，而是提前开展招标工作，待文献采购经费落实后再支付给供应商。

在选择采购方式上，随着政府采购质量低、效率低等问题逐渐暴露出来，这就需要采购单位主动作为，根据政府采购的复杂性和多样化，以及自己的实际情况选择一个合适的采购方式，以确保政府采购工作的质量和效率。

（6）建立综合评标体系。

①供应商评价原则。

供应商作为政府采购具体实施项目的主体，在整个采购工作中起着至关重要的作用。采购单位如何在众多投标的供应商中选择自己相对满意的供应商，是采购工作中最关键的因素。为了给采购单位在选择供应商时提供客观的参考依据，制定供应商评价体系非常必要。供应商评价体系应具有科学性和针对性，指标设定应遵循以下两个原则。

一是量化原则。量化原则指的是通过在各指标中设定具体的分值，给供应商评出实际分值。数据形式能够较为客观地反映供应商的实际能力，也便于对不同供应商进行直观的对比。

二是细化原则。不同的采购单位有不同的需求，这就要求采购单位在编制招标文件的时候，根据采购东盟文献资源的特殊性，考虑需要设定什么指标来评价供应商，以达成完成采购的目标。

②东盟文献招标评分指标及标准。

东盟文献招标设定的评分指标主要有价格、商务和服务三大项，大项下又设立若干子项标。

价格指标：这是评分指标中最客观的指标。采购单位应在政策许可的范围内，提出合理的价格分值，即占评标总分的比例。注重采购资金的节约则总分值的比重高，如注重供应商的服务，则相应地减少价格分值。根据东盟文献资源采购的特殊性和采购实践来看，在价格分值上不应过高，建议比重设在20%，如价格分所占比例过高，有可能导致恶意低价中标而无法完成项目的情况发生。

商务指标：主要评价投标供应商所具有的能完成采购项目的一般资质和能力。这需要通过筛选多项指标来反映，并设置相应的分值，由评标委员会判断打分。比如对商家的注册资金的要求，企业注册资金越大，越应该得高分；企业财务状况，如资产负债率高的，得到的分值就会低，反之，资产负债率低的，得到的分值就会高；在采编人员配置上，有合适的人员得到一定的分值，没有的则赋予零分；在企业的信誉上，得到有关政府颁发的荣誉或受到行政管理部门的处罚，以及尚未解决的经济纠纷等都有相应的分值；与东盟国家有关的企业合作情况也可作为一项指标，同时，有过东盟文献资源采购项目经验的应设立相应的指标和分值。采购单位还可以根据需要设定其他的商务指标。

服务指标：采购单位根据东盟文献采购项目的特点和需要，要求供应商必须满足采购项目的条件，主要有供应商提供的采购方案，包括自己采购的优势、采购方法等；供应商的供货质量，包括采购文献资源的收藏价值、印刷质量、内容是否合法、手续是否完备等方面；供货时间，要求供应商在什么时间完成采购并交付等问题；售后服务，包括具体的售后服务方案及承诺，解决采购单位后续加工及编目等问题。

采购单位和招标代理则是根据采购项目的具体情况制定评分指标或标准。例如，供应商的经验，假设此项指标满分为25分，评分标准可以设定为供应商有类似采购项目经验的每项得5分，满分25分。再如售后服务方案，假设此项指标满分为20分，评分标准可以设定为售后服务方案为优的，得分最高为20分，良好的得13分，合格的得6分，不合格的得0分。其各项指标评分标准设计也一样。在评分标准确定后，一般应在招标文件中列表显示各项评分指标、评分标准和细则。表5-6为举例说明。

表 5-6　东盟文献招标评价指标

<table>
<tr><th>指标项目</th><th>各项子指标</th><th>评价内容</th><th>满分分值</th><th>所占比重</th></tr>
<tr><td>价格指标</td><td>价格分</td><td>根据商家的投标价格，计算各商家价格得分</td><td>100</td><td>20%</td></tr>
<tr><td rowspan="7">商务指标</td><td>注册资金</td><td>采购单位对商家注册资金的要求，企业注册资金越大，得分越高</td><td>10</td><td rowspan="7">40%</td></tr>
<tr><td>企业财务状况</td><td>衡量企业经营的好坏，资产负债率越高，得分越低</td><td>10</td></tr>
<tr><td>企业信誉</td><td>获得政府颁发的荣誉或受到行政管理部门的处罚，是否有尚未解决的经济纠纷</td><td>10</td></tr>
<tr><td>类似项目采购经验</td><td>近期类似采购项目的业绩情况，有则得分，没有则不得分</td><td>30</td></tr>
<tr><td>采购能力</td><td>与东盟国家文献经销商、出版社等的合作情况。</td><td>30</td></tr>
<tr><td>采购人员</td><td>是否有具有东盟文化背景的采购人员</td><td>10</td></tr>
<tr><td>小计</td><td></td><td>100</td></tr>
<tr><td rowspan="5">服务指标</td><td>采购方案</td><td>要求采购方案详细、达到采购单位要求。根据各商家方案比较分等级打分</td><td>40</td><td rowspan="5">40%</td></tr>
<tr><td>供货质量</td><td>要求采购的文献资源收藏价值较高、印刷质量好、内容审查合法等</td><td>20</td></tr>
<tr><td>供货时间</td><td>设定供货的进度及时间要求</td><td>10</td></tr>
<tr><td>售后服务</td><td>具体的售后服务方案及承诺，包括文献加工及编目、不合格文献的更换等</td><td>30</td></tr>
<tr><td>小计</td><td></td><td>100</td></tr>
</table>

最后，由评审专家在招标评审会上，通过评审供应商投标文件中对评分指标的响应，对照评分标准进行评判，并根据各个供应商的各项指标得分情况进行汇总，得出总分，按规定进行公示，向供应商发放中标通知书。

（7）建立长效合作机制。

随着市场对文献需求的快速增长，文献供应商的数量也越来越多，这使得图书市场的竞争越发激烈，在供应商中标后，大多数供应商都想方设法为采购单位提供文献加工、编目和上架的服务，这在一定程度上减少了图书馆的工作量。然而，政府采购遵循公开透明、公平竞争的原则，每次采购的供应商都是未知的，参与投标的供应商均有中标机会，使得图书馆文献资源采购的供应商变换得更频繁，频繁更换供应商不利于图书馆馆藏资源的建设工作，影响馆藏文献资源的系统性建设。为此，图书馆参照政府采购的其他领域的经验将招供应商改为招供应商的资格，即资格标，一般资格标为一年一招。由于东盟文献信息资源的复杂性和特殊性，资格标如果一年一招会影响东盟文献信息资源的建设工作，可适当地将资格周期从一年延长到两年，以形成长效合作机制，确保政府采购的工作顺利完成。

（8）实行多元化的采购方式。

政府采购可以提高资金的使用效益，这种优点是建立在单批采购规模基础之上的，即单批采购的数量或者金额要达到一定的数量才能体现出来。然而，东盟文献资源类型多样，文献数量相对较少，采用政府采购模式购买东盟文献信息资源节约资金的作用并不明显。实践表明，并非所有的东盟文献资源均适合采取政府采购的方式。采购单位的编制部门在年度预算的时候，可以分配一定的资金实行自主采购，以完成那些不适合政府采购的东盟文献资源采购。

①不经过公开出版发行的文献。

不经过公开出版发行的文献大多为内部资料，主要包括会议记录、商务文件、自编材料等，其使用范围一般仅限于在单位或组织内部流通，因此通过常规的采购渠道很难获取。这类文献虽不是公开出版物，但往往是第一手资料，如会议记录、手稿等，有很强的参考价值。此类文献采购可由采购单位联系相关的政府部门或者商会组织，通过它们与东盟方面取得联系后，采取文献交换、文献复制等方式获取。

②古籍、家谱类文献资料。

在历史上，由于移民的关系，我国与东南亚国家的渊源颇深，东南亚不少国家居住有很多的华人，比如印度尼西亚、泰国等国。不少华人有编制家谱的习惯，这些家谱很有价值。对于此类文献资料，采购单位可参照博物馆等单位的做法，采用类似文物征集的方式向社会发出捐赠倡议，如华侨捐赠。

③供应商不能及时或难以提供的一些文献。

政府采购程序多、流程长，用户往往需要等待很长时间才能用到新的文献资源。

但是在很多时候，用户亟需用到一些文献，比如在进行科研的过程中，这时供应商很难及时提供。此外，一些时效性很强的文献，如研讨会的报告、展览会的资料等，出版量少且搜索难度大的文献，比如年鉴等，这些文献供应商同样难以及时提供。凡此类文献，可以灵活的方式采购。

④不通过中间发行商的销售类文献。

一些作者包销图书、自办发行的报刊等文献，尤其是国内出版的东盟学术文献资源基本是自办发行的，可以通过灵活的途径来采购。比如采购单位可以委托设在东盟国家的机构办事处或者留学生帮忙采购。

（9）实行严格的验收制度。

验收制度在质量控制工作里属于事后控制。在供应商将文献资源配送到图书馆之后，图书馆要对文献进行验收，以保证文献的质量。验收对整个文献信息资源采购工作起着监督作用，是检验采购工作质量的重要环节。如果验收环节把关不严格，文献质量就有可能出现问题，直接影响馆藏质量。因此，须建立严格的验收制度，以保证文献资源采购的质量。验收制度将在以下几个方面进行。

①按清单验收实物。

按照采购清单，与供应商所配送的文献实物进行逐本核对，重点核对图书的书名、作者、出版社、金额及复本数量等信息，做到账物相符。若出现数量不符的情况，多出的数量应予以退还给供应商，缺少的则应要求供应商限期补齐。

②检查图书质量。

图书的质量问题通常出现在纸张、印刷、装帧等方面。在验收过程中，要仔细查验每本图书，严查盗版图书，检查纸张用料是否合格，文字、图片等印刷是否清晰，装帧是否完好。另外，还要观察图书是否有破损、污渍，如果发现这些问题，应责令供应商限期无条件调换。若供应商不予调换，采购单位可依据采购合同采取相应的惩罚措施。

③文献信息内容的审查。

为加强对进口出版物的审查，国务院制定了《出版管理条例》。该条例规定，进口的出版物不得含有该条例第二十五条、第二十六条禁止的内容，并要求，“进口出版物应由进口经营单位负责对其进口的出版物进行内容审查。省级以上人民政府出版行政主管部门可以对出版物进口经营单位进口的出版物直接进行内容审查。出版物进口经营单位无法判断其进口的出版物是否含有《出版管理条例》第二十五条、第二十六条禁止内容的，可以请求省级以上人民政府出版行政主管部门进行内容审查”[①]。

高校在国外采购进口东盟文献资源，应遵守《出版管理条例》的有关规定。在

---

① 国务院关于修改《出版管理条例》的决定[J]. 司法业务文选，2011（14）：2-22.

对供应商采购的文献信息资源的使用过程中，要注意进口文献信息的内容是否与我国法律法规和相关政策相悖，如发现有上述情形，应向供应商反映，经鉴定确定为不合格的，应退还给供应商并限期补采；对于高校自行采购的零星文献信息资源，应严格按规定进行审查，建立审查备案制度，发现问题立即处理。

二、东盟数字信息资源的采集

（一）东盟数字信息资源的理论概述

1. 东盟数字信息资源的组成

（1）数字化的东盟纸质信息资源。

为了让更多的用户共享图书馆的东盟纸质信息资源，图书馆需将馆藏纸质文献资源通过数字化加工，建设成为自建数据库。这些数字资源的采集实际上是对纸质信息资源的选择，一般会选择那些学术价值高、权威性强、利用率高的信息资源来进行数字化加工。

（2）购买东盟商业数据库。

一般来说，购买的商业数据库是最重要的数字资源。例如，中国知网、读秀等中文数据库所涵盖的知识内容是其他自建数据库不能媲美的，外文商业数据库更是我们进行数字资源建设的重要方面。但是东盟方面的商业数据库比较少，很难采集到合适的。

（3）东盟网络信息资源。

因为我国馆藏的东盟信息资源无论是纸质的还是数字的体量都较小，所以网络灰色信息资源的采集就成了东盟信息资源支撑的重要措施。

2. 东盟网络灰色信息资源

"灰色信息"一词是英文"grey literature"的翻译，于20世纪70年代诞生。"灰色信息"指的是不通过常规的商业出版渠道发行，但又能以正常途径获取的信息[①]。灰色信息在百度百科的定义为，在网络上非常规发行并允许用户合理使用的信息资源，其覆盖面广泛，包括网站上出现的广告、会议信息、行业动态、地方论坛、社交平台及个人网页等。互联网中的灰色信息同样是重要的东盟信息源，而东盟国家的网络灰色信息资源与传统东盟网络公开信息的区别主要体现在信息资源获取的便捷性及利用的多样性。

（1）网络灰色信息资源的特征。

①边界模糊性。

网络灰色信息资源与网络的"黑""白"信息没有明显的分界线，基本上所有没有公开发行且可以合法获取的内部电子资料都可以称为网络灰色信息。东盟国家网

① 费愉庆．论灰色信息与网络信息资源[J]. 苏州大学学报（工科版），2003（4）：80－82.

站及网络平台上的信息，以及其他国家在网络上发布的关于东盟国家的信息，包括政治、经济、文化、军事、科技、体育、外交、旅游、风土人情甚至公开表达的个人思想观点等，都属于东盟网络灰色信息。随着互联网信息资源的增多，东盟国家网络灰色信息的涉及面越来越广，与其他信息资源的边界也就越来越模糊[①]。

②发布的自由性。

随着自媒体技术的发展，灰色信息资源在互联网上的发布时间与地点不受限制，存在时效更短，如论坛、博客中对某事件的评论、对用户在线提问作出的相关回答、开源信息的实时传播等都具有时间和空间上的自由性和随机性。

③信息的及时性。

网络平台上的灰色信息因发布不受时间和地点的限制，内容审核标准不严格，往往比正规网站的资讯更为迅速和及时。在科技时代，及时掌握信息能够为企业创造经济效益，为政府和其他组织创造社会效益，对于科学研究来说也是如此，及时的信息能在时效上使自身的科学技术领先竞争对手，抢占先机。而网络灰色信息就是当前传递最及时的信息源，与传统信息相比，网络灰色信息呈现出的优势和意义更为明显。

④分布的隐蔽性。

地方、媒体和社会组织的网站数据在网络灰色信息资源中占据很大比重，这类资源一般只有特定人员访问，没有向社会推广，在常见的搜索引擎中不会出现在首要位置，网络分布较为隐蔽。东盟地方媒体和社会组织的网站访问人数更少，网络分布更为隐蔽，更不易被用户所发现，因此，更应该将这些网络资源搜集整合为数据库以满足用户对相关信息的需求。

⑤归属的不明性。

有些网络灰色信息并不归属于它的发布者，比如时事通讯报道、单位通知公告等，有些网络灰色信息是历史沿袭下来的信息，如各类单位的内部管理制度、注册用户的信息等，这类信息的所有者不明确。因此，在搜集和利用时就难以界定信息的归属。

（2）网络灰色信息资源采集的复杂性。

纸质灰色信息资源一般是内部出版发行，印刷的数量极少，传播范围很小，有的还是保密文件，采集难度很高。相比之下，网络灰色信息资源的采集工作具有明显的便利优势。利用互联网快速查询、传递、整合、下载就能搜集到所需的信息资源，而且信息资源的存储方式及介质的选择也更为多样化，不受时空限制。

然而，网络灰色信息资源内容的采集也存在一些问题。资源的分散性、时效性、多样性及隐蔽性，给东盟网络信息资源的使用者的获取和利用带来了一定的障碍。

① 王慧.网络灰色信息智能获取与分析[J].中国人民公安大学学报（自然科学版），2016（2）：75-78.

例如，个人论坛表达的学术讨论、思想观点等信息，若没有及时地记录，用户很难获得完整的信息。因此，信息搜集者需建立及时的收录机制和追踪机制，关注互联网上相关信息的发布动态，做好前沿资料的及时更新。

3. 东盟网络灰色信息资源的搜集原则

由于网络灰色信息资源具有分布的复杂性和获取的便利性，所以在东盟网络灰色信息资源的搜集工作中，既要充分利用其采集优势，又要遵循一定的搜集原则，避免资源建设工作杂乱无章。

（1）网络灰色信息资源的针对性。

东盟国家网络灰色信息资源应根据用户的需求进行针对性的建设。

针对用户对信息资源的内容需求展开搜集。东盟国家网络信息资源建设的宗旨是服务国家政治、经济、文化等各方面的交流，因此，几乎所有与学科相关的优质灰色信息资源都可以采集。从语种上看，主要包括英语、汉语、东南亚各国家各民族的语言等。

针对用户对不同区域信息的需求进行搜集。东盟国家灰色网络信息源也有区域特色，一般以东盟十国的网站和平台为主，欧美发达国家、早期殖民主义宗主国、亚洲附近其他国家的相关网络为辅，形成重点分明的信息存储结构。

针对用户对东盟信息资源的格式类型需求进行搜集。多媒体时代用户对文字、图片、音频/视频的需求逐渐发生变化，注重对以上所有类型的东盟信息资源进行元数据的数字化加工处理，在收集东盟灰色信息资源的基础上，建立相对完备的东盟信息导航库。由于在一些学术论坛中的东盟灰色信息并不具有时间连续性，要对东盟灰色信息资源的实际出处进行标引。

（2）网络灰色信息资源的系统性。

由于东南亚各国网络灰色信息的种类繁多、内容庞杂，所以在信息搜集工作中必须注意按照资源建设的目标有计划地进行，避免出现资源结构不均衡的现象。从东盟信息资源的配置来看，信息来源及信息需求分3个层次：一是东盟国家及东盟国家授权的部门发布的宏观发展规划信息；二是东盟及其他国家地方政府根据区域实际以中观角度发布的东盟相关信息；三是各类信息机构内部（东盟国家及其他国家的信息机构）的微观信息。从宏观、中观、微观层次来进行系统性建设，不仅有利于满足各层次用户的东盟信息需求，还有利于为东盟信息整合的系统性建设提供依据。

（3）网络灰色信息资源的选择性。

①信息资源的入选标准。

根据东盟国家网络信息资源建设目标对网络灰色信息数据进行总体的评价和宽泛的选择，考察是否进入筛选范围。入选标准主要是考察信息数据的主题、类型、语种、层次、格式是否符合东盟信息资源建设的目标需求。主要从以下几方面进行考察。

信息主题。目标资源在主题或学科上是否属于东盟信息资源建设的目标，是否与目标学科或交叉学科密切相关，是否适用于使用东盟信息资源的用户。

层次和深度。资源的学术性是否满足研究层次和深度的要求，是否满足各层次东盟信息用户的需求。

资源类型。东盟网络灰色信息资源类型繁多，如时事新闻、生活资讯、教学资源、会议信息等，不可能将各种类型全部收录，故而在建设东盟网络信息资源工作中必须首先建立学科导航，明确主要收录哪些类型的资源。

资源支持技术。资源采用的是哪些类型的互联网服务，是WWW、GORHER、FTP、NEWS、WAIS，还是TELNET类资源，是不是主流技术，是否易于东盟用户进行使用，资源采用哪些存储格式，是否能用主流浏览器将其打开。

费用和注册。网络灰色信息资源的获取是否需要在线订购并支付费用；如需要注册，是免费还是收费。这些也是建设者需要考虑的问题。

语种和区域。根据东盟国家网络信息资源建设的框架，以及目标用户的需求来确定哪些语种的资源会被入选。考察资源采用了哪种语言，或具有几种语言。还要看资源信息内容覆盖哪些地区，是本地本国，还是全球范围。

②信息资源的质量标准。

信息内容质量标准主要是鉴别信息资源的内容。在网络信息资源建设中，资源内容的质量尤其重要，它是决定取舍的关键要素。质量好的资源均具有以下特性。

准确性。判断信息资源的内容、时间、观点、数据等是否可靠、准确，这就需要用户通过现有的知识储备，以及其他相关资源的比较进行判断，贯穿上下文进行分析。例如，信息是否有相关研究基础，是否存在错误，信息来源是否有所标注，政治与意识形态是否偏颇，是否经二次编辑，书写和注释格式是否正确等。最重要的是要符合我们国家的政治与意识形态要求。

实质性。判断资源是否具有实质性，是否完整；资源是第一手信息，还是链接或简介摘要，如果是目录信息或链接，还需要仔细查看链接是否有效。

权威性。资源是否出自具有一定社会影响力的作者或机构，作者与其作品是否被业界认可。发布资源的网站是否正规可靠，是否由该领域公认的权威人士或机构主办，其往常发布的资讯信息是否被专业人士认可，或被专业站点进行链接，资源是否被正规途径的媒体或商业网站提及。

全面性。信息资源是否覆盖了东盟国家网络资源建设架构中的学科或主题；在某一领域的建设中是否有遗漏的重要资源；对于某一领域而言，该信息的研究深度如何，考虑的相关因素是否全面。

时效性。信息内容是否有一定的时效性，是否仍具有价值，或是仅具有短时间的价值，比如新闻、报刊等。是否永恒不变，如经典文献、学科定理等。信息发布的具体日期，最好是近期发布或更新的。内容是否新颖，是否符合用户对信息的时段要求。

独特性。这个资源的信息是否有其他呈现形式，如纸质版、Word、PDF等，相比其他形式，该网络信息有什么独特的优点。如果是由其他形式转换过来的，是否完全反映了原著。

写作水平。信息的写作水平如何，语法、拼写等是否规范，内容结构是否条理清晰，逻辑是否连贯，信息的纲要阐述是否明确清晰。

（二）开放存取 OA 资源搜集

开放存取（Open Access，OA）是伴随着20世纪90年代发起的一项名为“开放获取运动”发展起来的，旨在促进科学和人文信息的广泛交流，促进利用互联网进行科学传播和出版，提高科研成果共享程度和科学研究效率的理念。开放存取资源是一种公开的、免费的科研及学术信息的网络学术资源。OA资源包括开放存储（知识库）、OA期刊、开放搜索引擎和其他资源（网站、博客、论坛）。许多国家和区域已经实现了对学术资源的开放获取，这些信息资源的收集和分类可以极大丰富东盟信息资源的馆藏内容。

1. 东盟信息资源机构知识库

机构知识库（IR）是以开放存储为服务宗旨，是高校机构和科研机构的研究成果数字化存储系统，主要资源类型有学术著作、教案、咨询报告、期刊论文等学术资源，具有学术传播、知识管理、长期保存等功能，为一定范围内的用户提供了开放性的使用和服务[①]。

机构知识库主要提供知识服务，如学科导航和机构知识库检索、FAQ、科研知识产权服务、数据提供和管理服务。机构知识库通常都建立自己的官网，将学者提交的信息资源加以数字化处理，在其网站上提供资源在线检索，并对这些资源进行相关订阅，以实现信息资源的实时追踪和利用。一部分机构知识库还会遵循某些联合协议，允许其他系统搜索到本机构知识库的元数据。大部分机构知识库会建立常见问题解答服务，回答用户关于使用方法、建库情况、下载规定等常见问题。版权问题需要特别注意，一些高校机构知识库为了帮助其用户规避风险，会在详情服务页中提供版权帮助服务，注明在机构知识库构建中，资源的上传者和使用者与高校机构知识库之间存在的权利与义务，并配有专业人员对版权问题进行相关解答[②]。东盟研究机构的知识库蕴含丰富的东盟信息资源，非常值得有需求的图书馆对各个机

① 赵继海. 机构知识库：数字图书馆发展的新领域[J]. 中国图书馆学报，2006（2）：33-36，50.

② 杨茗溪.美国高校机构知识库开放获取政策调查[J].图书馆建设，2018（8）：33-39.

构知识库进行东盟数据采集，建成本地数据库供该图书馆用户使用。机构知识库有许多没有正式出版的信息资源，如培养方案、课件、实验数据等，这些资源严格来说是灰色信息资源。

2. OA 资源的搜集

开放获取搜索引擎是为解决OA资源的分散性而开发的专门搜索OA资源的搜索引擎。目前，中国国内现存的OA资源平台主要有两个。一站式服务平台：Socolar（www.socolar.com）；Elsevier公司开发的检索平台：Scirus（wwwscirus.com）。这两个网站是搜集东盟信息资源的重要网站。图书馆可以通过这两个网站来搜集东盟信息资源，并通过采集系统进行定点的采集。

（三）东盟网络灰色信息资源的采集技术

1. 东盟网络灰色信息资源智能获取架构

东盟网络灰色信息多属于特定人群使用的半公开资源，常见的搜索引擎一般只能检索到局部信息或镜像链接，虽然这些东盟信息索引在互联网上分布广泛，但是彼此间的关联度却不高，因此针对某一主题的东盟灰色信息资源获取需使用网络爬虫工具。网络爬虫是一个针对网页信息可自身设定规则，并实施抓取动作的程序。爬虫程序根据东盟网页文件的统一资源定位符（URL）进行解析，提取东盟信息资源。信息抓取的过程中先建立起URL队列，不断地抓取新的URL加入其队列，当本页面信息扫描完毕后，按照先进先出的原则从原本的URL队列中获得下一个抓取目标的URL，继续进行上一步，从而达到对整个东盟网站链接信息内容的完整抓取。而网络灰色信息资源是属于网页中的浅层信息，应采用广度优先搜索策略来抽取，通过网络爬虫获得这些东盟网络信息资源，建立索引并存入数据库。网络爬虫智能获取的技术架构如图5-10所示。

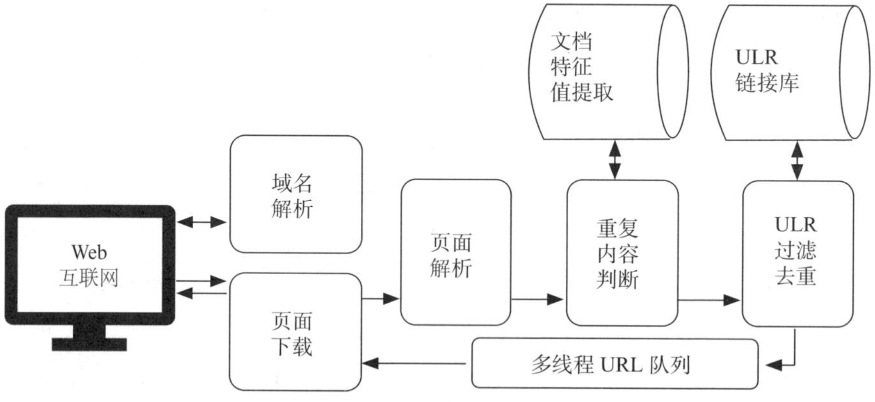

图 5-10　网络爬虫技术架构

2. 信息采集工具

（1）支持东盟语种。

各个国家语言的网站代码不同，如果我们打开了非英语的外国网站，就可能出现乱码，或者出现“□□□□□”此类不能显示的字符。由于最早的计算机在美国诞生，所以计算机编码是按照美国标准，使用的编码是ANSI的ASCII（美国信息互换标准代码）。随着现代化社会及计算机技术的发展，计算机在全世界范围内得到了普遍使用。由于各个语言体系的不同，ASCII编码无法囊括世界上所有国家的字母，所以不同的国家为了保存自己的文字，就出现了扩展ANSI编码。伴随着世界全球化的进展，各个国家相互之间的交流日益密切，国际标准化组织ISO编制并采用了新的编码规则——UNICODE编码。随着UNICODE的使用，面向传输的UTF标准也出现了。其中，UTF-8和UTF-16的意义分别为每次8个传输数据和每次16个传输数据，但是由于要确保传输的可靠性，需要应用计算机算法来转换，不可直接从UNICODE传输到UTF。

在信息资源采集工作中，我们打开东盟各国的网站看到的乱码是浏览器在解析HTML网页时形成的，网页制作人员是面向当地人开发的网站的成品，并没有考虑其他语种用户的使用，因此使用的是当地默认语系，其解决办法是手动更改计算机默认语系，使默认语系改为自己使用的语言体系。如果出现的是“□□□□□”这种情况，原因是网站没有采用UTF-8编码，而是采用当地的编码，其解决方法是在浏览器中安装多语言支持包。因此，在信息采集遇到乱码时，可参照东盟各国语言对应编码，在浏览器中选择指定语种。

当前，通用的操作系统均支持大部分东盟国家的编码，但是有些国家的编码尚未与国际上的主流系统兼容，因此，在开展东盟网络信息资源的采集时，需要在通用的爬虫软件中开发出能识别这些国家编码的软件，以便能更好地完成采集任务，同时在进行信息组织的过程中易于实现自动分类、聚类和标引。东盟各国语言对应编码如表5-7所示。

表5-7　东盟各国语言对应编码

LCID	国家或地区	语言	语言缩写	ANSI代码页
1057	印度尼西亚	印度尼西亚语	IND	1252（ANSI-拉丁文I）
1066	越南	越南语	VIT	1258（ANSI/OEM-越南）
1054	泰国	泰语	THA	874（ANSI/OEM-泰文）
1086	马来西亚	马来语（马来西亚）	MSL	1252（ANSI-拉丁文I）

续表

LCID	国家或地区	语言	语言缩写	ANSI代码页
2110	文莱达鲁萨兰	马来语（文莱达鲁萨兰）	MSB	1252（ANSI-拉丁文I）
4100	新加坡	中文（新加坡）	ZHI	936（ANSI/OEM-简体中文GBK）
13321	菲律宾共和国	英语（菲律宾）	ENP	1252（ANSI-拉丁文I）

（2）支持全文检索。

全文检索的处理对象为各类数据，诸如文字、声音、图像等，它是一种以数据为内容的检索手段，而非通过外在特征来处理的信息检索手段[①]。全文检索能够进行数据的快速管理和数据查询高速响应，完成大量文档资料的整理和管理，可快速便捷地查询到所需的一切信息。全文检索能够直接检索文献资料的内容，支持人们从多个角度和多个侧面来考查检索到的信息，并综合利用这些信息资源。全文检索为用户提供了强大的检索功能，是发现信息、分析和过滤信息、信息代理、信息安全控制等应用的基础。搜索引擎就是以全文检索为核心技术的，东盟网络信息资源的搜索必须支持全文检索。因此，有必要将东盟国家的搜索引擎嵌入我们的爬虫软件及数据库的搜索引擎中，这一方面能在采集数据时更好地搜取数据，另一方面用户在利用建好的东盟多语种信息平台时能更快地搜索出自己所需的信息。越南本土的搜索引擎CocCoc、VietSearch就是越南主流的搜索引擎。

以搜索引擎为代理的互联网站点全文检索工具，分为搜索引擎远程检索组件和检索平台两部分。搜索引擎远程检索组件是对搜索引擎高级搜索功能的封装，实现对特定网域的搜索；检索平台主要负责和用户交互，同时实现对搜索引擎组件的调用[②]。搜索引擎远程检索组件流程如图5-11所示。

（3）支持多任务多线程采集。

在计算机中，多任务处理是指多个任务（也称为进程）共享处理资源的一种方式，如CPU。操作系统在多个运算任务之间执行快速的切换，使多个应用程序看起来好似同时执行多个任务。继续提高CPU主频不仅会使应用程序运行得更快，操作系统在应用程序之间的切换也会更快。这提供了卓越的整体性能，即一台计算机可以同时查询多个东盟信息资源网站，也就是说，一台计算机可以同时运行多个应用程序。对于具有单个CPU核的计算机来说，在给定时间内只能运行一个东盟国家查

① 熊回香.全文检索中的汉语自动分词及其歧义处理[J].中国图书馆学报，2005（5）：54-57.

② 黄水清，朱书梅.开放获取资源统一访问平台全文检索工具的设计与实现[J].现代图书情报技术，2008（7）：7-12.

询任务，即CPU主动执行该任务的指令。东盟信息查询多任务通过调度哪个任务在哪个时间运行以及什么时候转向其他任务来解决这个问题。多任务操作系统在多核系统上运行时，实际上可以同时执行多个任务、多个搜索引擎独立工作，完成东盟国家不同网页的信息查询任务。操作系统由多个CPU核心应用程序或进程组成，以更高效地运行多个应用程序。计算机可以将任务分解为每个核心管理和切换任务数量的一半，从而提高总体吞吐量和性能。实际上，这些应用程序任务是并行执行的。

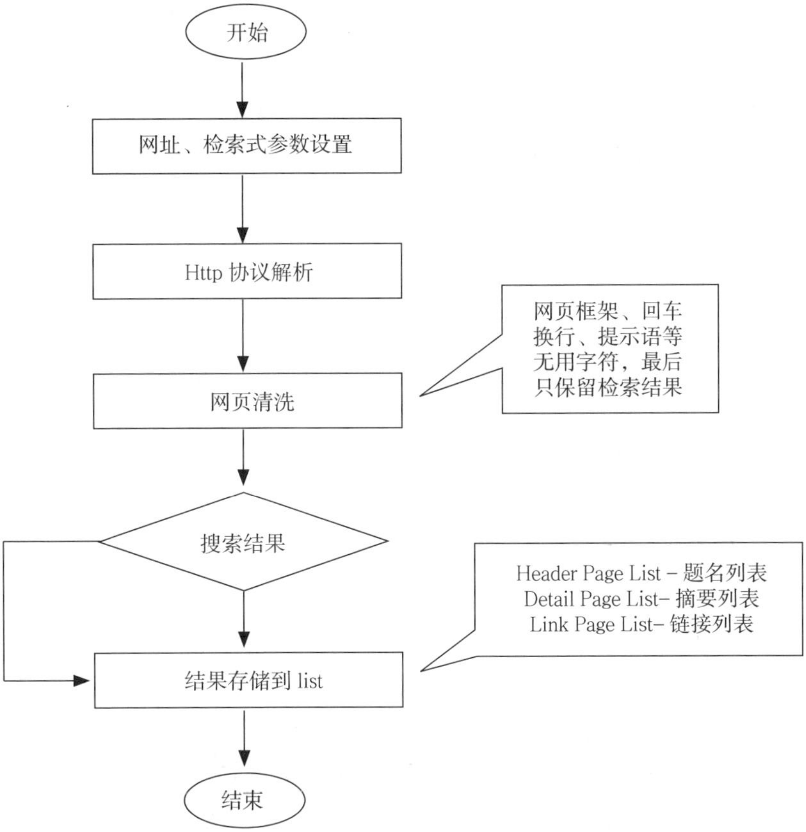

图 5-11　搜索引擎远程检索组件流程

操作系统将多线程、多任务的概念扩展到应用，将每个应用的具体步骤划分为可并行执行的线程，不仅为其他应用任务分配处理减少时间，还为应用的不同线程分配处理减少时间。操作系统中的多线程程序NilabVIEW可分为4个线程用户界面，分为网络通信、数据输入，每个线程独立工作，并给予优先级。因此，操作系统的多线程应用程序可以与其他系统上运行的应用程序同时执行多个任务。对于单线程应用程序，同步调用可以阻止应用程序中的其他操作，直到操作完成。多线程读取可以防止这种情况发生。当同步调用线程正在运行时，其余与调用无关的程序可以在其他线程中继续运行，而不是等待同步调用完成。这样，当应用程序中的所有线程都可以同时运行时，CPU就不会空闲了。最终，多线程应用程序最大限度地提高了CPU的使用效率。

数据收集的基本要求是多任务多线程同时采集多个东盟信息资源网站的数据。当下流行的Python主要有Heritrix、WebSPHINX、WebLech和Arale等，通过在Python中启用多线程采集东盟信息资源，就可以实现同一时间执行多个网络采集的任务，多个任务间互不干扰，从而极大提高了采集的速度和效率。同时，利用现代CPU的多核心的特性，在用主流编程语言，如C++、JAVA等，编写网络采集程序时，能直接使用语言框架提供的并行操作指令来高效便利地实现多任务操作，这在大数据时代能更有效地面对巨量的东盟网络信息资源，进行不同角度、不同维度的信息检索和信息资源采集。

（4）支持多模式采集。

网站登陆采集。当用户登陆东盟信息资源网站的时候，将用户的IP地址、登陆设备的类型、登陆设备的操作系统、所使用的语言等相关信息记录下来，再使用这些信息进行东盟信息用户数据分析。此外，用户登录的时间、登陆重试次数、密码强度等信息也会被记录下来，这些信息有助于利用大数据分析系统绘制东盟信息用户画像。

网站跨层采集。传统的互联网体系结构是根据开放系统互联（OSI）标准组建的，该标准运用了分层结构，每层协议在使用下层协议所提供的服务实现问题解决的同时，向上层提供相应的服务，各层之间的操作和运行是相对独立的，关联仅在相邻层之间交互。东盟信息采集工作中的跨层采集，就是在东盟信息网络各层与其他层之间进行相关信息的采集，即通过上下层之间的相互操作实现对互联网各层的整体采集。这种采集并没有打破传统网络分层的模式，而是使清晰的层间界限变得模糊，使网络中描述每个子层特性的参数能够协调融合，并且层与层之间可以相互操作，让协议栈以全局的方式满足东盟信息资源的采集所需，并根据东盟采集系统的约束条件，以及网络特点来加以综合优化，完成对网络资源的配置，提高东盟信息采集的综合效能①。

POST采集。HTTP协议是Internet应用最广泛的网络协议之一，该协议有两种类型的信息，即请求和响应。它对3种不同的请求予以返回，即GET、HEAD和POST。GET请求可以返回Request-uri指定的任何东盟网络信息资源，HEAD与GET的请求只能返回指定信息文档的第一部分，文档的内容并没有返回。POST请求可发送用户填写的请求表单的信息，还可通过电子邮件发送，亦可推送新闻。常见的与东盟相关的POST请求应用包括发送电子邮件、发帖、留言、写博客或日志、上传或共享东

① 钱颖．无线网络资源管理的跨层研究[D].浙江大学博士论文，2007（5）：30.

盟信息资源文件、东盟国家用户注册、登录东盟网络信息资源网站、东盟在线游戏玩家信息交换等。东盟网络信息采集可将基于HTTP 协议的POST 信息搜集还原系统（模块）部署在各种局域网的出口处，以便对互联网络中与东盟相关的POST 信息活动状况进行实时监控，并通过对POST 二进制流传输的信息进行内容还原，与原先设置的东盟敏感信息特征库进行比对，再以文本内容查询模块辅助，从而完成东盟国家敏感信息源的快速定位，实现东盟信息资源的数据过滤。

脚本采集。为了极大提高东盟网络信息数据的采集效率，可以利用脚本批量导出东盟国家数据库数据，比如使用Powershell或者Python等脚本语言，编写专门的东盟信息数据采集脚本。脚本在Windows和Linux系统里定时或者按计划运行，或者根据相应业务场景的触发条件运行，远程登陆Mysql、Elasticsearch等数据库，根据设置的查询条件和搜索范围来导出所需的东盟相关数据。

动态网页采集。动态网页是网页文件里嵌入程序代码（比如JAVA、PHP等程序语言）的网页。在东盟网络信息采集时，系统在后台执行东盟网络信息与服务器的数据交换，由后台提供实时数据的查询并对嵌入到页面中的脚本程序进行查询，实现动态页面中脚本片段的解析。动态页面中对脚本片段的解析有两种办法：一是采用开源浏览器对网页进行渲染，浏览器输出渲染结果后，再自动对网页里的标记文本内容，以及超链接进行提取；二是通过开源的脚本对搜索引擎进行解析并将浏览器和脚本解析引擎绑定在一起，同时自动建构一个环境以解析脚本语言，使动态页面的脚本片段加载到解析环境之中，通过分析提取出脚本语言中隐藏的文本信息和超链接，最后完成动态网页的采集①。

科研数据采集。为了实现东盟国家科研数据的有效使用和长期保存，需要针对研究东盟国家资源数据的动态特征，对科研数据进行更新。利用哈佛大学定量社会科学研究所开发的Datacerse提供交叉搜索技术实现数据的交叉检索，并且支持数据样例的引用和论文数据集的引用②。在搜集东盟各国科研数据时，可以针对各类科研数据的仓储系统，选择合适的网络Python工具进行东盟网络信息数据采集。

微信息采集。当前社会环境被微小的数字碎片围绕，它松散地联结着人与信息的世界，并不停地作动态重组，成就了微信息的生态语境，对人们的社会生活产生了很大的影响，使人们逐渐习惯利用零星的时间，在微信息环境中捕获碎片化的信息。东盟信息资源在微信息环境中以信息碎片的形式进行流动和传播，东盟微信息单元常以文献层面下更具体的信息资源片段形式存在，这些片段只有与用户目标主题强关联的片段才会得到关注，基于这种前瞻性的考虑，东盟网络灰色信息资源的

① 方开庆．动态页面数据采集方法的研究与分布式实现[D]. 北京：北京交通大学，2013.

② 李丹丹，吴振新．研究数据管理服务综析[J]. 图书馆学研究，2012（9）：54-59+69.

收集必须将注意力放到信息单元的聚合上[①]，注重多种微媒体形式的信息采集，根据微用户的需求，来提供分散的、细致的、个性化的东盟微信息服务。

3. 网络灰色信息资源的搜集

东盟网络信息资源的搜集包括信息抽取、信息转化和信息清洗3个步骤。

（1）信息抽取。

网络灰色信息资源数量巨大，面对信息爆炸的严峻挑战，信息抽取成为人们在海量信息中快速找到真正需求信息的重要自动化工具[②]。

信息抽取是文本挖掘中最重要的一项技术。它通过结合运用一些处理手段和处理方式（如语义技术、语料资源和自然语言的处理等），直接从文献中抽取相关的数据信息，将文本信息进行结构化处理，更换组织形式。通过输入的信息来比对原始文本，从而提取文本的有关特征，相匹配的即以固定格式输出。通过这种方式，信息从大量文本中被提取，并以统一的、有组织的形式组合在一起。

信息抽取技术是元数据抽取、信息分析、索引和检索的技术基础，应用信息抽取技术可以从非结构化的文本中抽取出经过组织的、结构完整的信息。信息提取则是从大量文本中直接提取用户所需的信息，这需要运用自然语言处理等技术，对文本内容进行一定的分析才能完成，信息抽取系统是与领域相关的，只能抽取出用户已经设定好的、与主题相关的数据信息。在处理一些大型数据时，信息提取系统通常将信息检索系统的输出数据作为输入。

信息抽取虽然需要对文本进行相关分析，但系统与人脑对文本的理解是有差异的。在信息抽取的过程中，用户只需要获取目标数据，而不需要详细追究文本的意义与写作意图等较深层次的理解问题。因而，信息抽取技术仅仅是一种浮于表面的文本理解的技术。在对东盟网络信息进行数据抽取的时候，必须定义好所抽取的领域知识，这不仅要提取东盟网络灰色文本数据，还要抽取语音、图像、视频等多媒体数据。

（2）信息转化。

①数据转换。

数据转换是指按一定规则将数据转换为另外的表达形式的过程。在转换过程中，数据的内涵和外延都是不变的。计算机的数据转换通常是发生在软件系统升级的过程中，在此过程中，数据库会随之升级。由于数据量的不断增加，原来数据构架的不合理性就会凸显，在其不再能满足各方面的要求时，就需要进行数据转换。

②语言转换。

一些数据库或者网页由于不同语言的语法和语言特性不同，其代码也不相同，从中采集到的信息编码也会不同，在进行信息组织的时候就难以形成结构化的数据

① 李禾.微信息环境下高校馆藏资源微聚合服务的研究[J].图书馆学研究，2015（4）：66-70+65.

② 郭喜跃，何婷婷.信息抽取研究综述[J].计算机科学，2015（2）：14-17+38.

库。因此需要将这些非结构化的数据进行转换，即需要一个语言转换工具将采集到的数据进行代码转换。这需要一个中间语言来识别和统一不同的代码，通过这一语言设计、解析验证的方式将其他语言转换为所需的语言。编译器就是这样一种转换器，它将抽象的语言转换成更接近机器的语言，通过转换就能识别异构数据库中不同格式、不同编码的信息，使得信息能相互融合。

（3）信息清洗。

互联网信息呈爆炸式增长，致使信息质量参差不齐。人们即使是在有目的地查找信息的情况下，也很难准确获得所需要的信息。信息清洗技术，顾名思义，就是对数据的清洗，对冗余信息的剔除。当前网络环境复杂，数据的质量问题出现的原因有很多。像东盟术语缩写的不合理使用，就会造成数据使用的混乱，不利于将数据整合形成可检索的东盟信息记录。大量相似、重复的东盟信息会降低数据处理的效率，导致东盟信息数据库超负荷运行，造成数据异常、不完整或者缺失，还可能造成人为或者其他的系统问题，由此，就产生了“脏数据”。

数据清洗就是指将数据库中的信息进行精简，去除重复和无用的数据，并将剩余数据按照既定的规则进行组织，从而提高信息质量和信息利用效率的过程，即得到“干净数据”的过程。在东盟网络信息资源建设中，对东盟信息的处理不仅需要借助信息技术，建设者自身也要提高对东盟信息资源的理解和把握，在运用信息清洗技术的同时，对技术无法处理的低质量数据，进行人工筛选、处理，以便为用户提供高质量的东盟信息服务。信息清洗技术的运用，是提高信息筛选效率的基础，是提升东盟信息资源科学化的保证。

总的来说，数据清洗的原理是利用数据挖掘技术，将还没有被清洗的数据，按照一定的算法和规则转化成数据挖掘所需求的数据[①]。

数据清洗的主要过程如下：首先，对搜集到的信息进行一定的数据分析后，得到“脏数据”，也就是先广泛地、多途径地收集网络上的东盟信息并进行分析，得到有用的信息和无用的、多余的信息；然后选择数据清洗的算法和规则，利用这些算法和规则对获得的“脏数据”进行手工或自动清洗，直到满足数据清洗的要求。手工清洗即人工清洗，是人力劳动，其特点是准确度高但速度较慢，一般适用于规模小的数据清洗。在规模较大的数据处理中，则通常采用准确度一般但速度较快的自动清洗方式。自动清洗具有速度较快和省人力的优点。其缺点是清洗过程和后期维护相对困难，成本较高。大数据环境下，清洗的数据数量庞大，通常都是采用自动清洗的方式。由于东盟网络信息来源广泛、信息纷杂，如果只采用自动清洗方式很难保证信息的质量。所以需要两种数据清洗方式相结合，在东盟网络信息采集完成以后，先

① 李明.数据清洗技术在文本挖掘中的应用[D].南京：南京理工大学，2008.

进行自动化的数据清洗，未被程序识别的个别信息再采用手工清洗方式进行清洗。

（四）东盟信息组织

1. 基于领域本体的信息采集本体库的构建

东盟网络信息采集面临的主要问题是如何在特定主题环境下高效地采集相关的信息资源，并保持较高的利用率。解决问题的主要方法就是给采集系统提供一个主题参照物，而领域本体就是众多主题参照物中的一种，且能够实现信息实体间的语义关联。基于领域本体的网络信息采集就是以构建的领域本体为核心，依据领域本体中已定义的概念、属性、层次关系、实例及一些必需的外部资料，在语义层面对网络信息进行采集，从而得到结构化的知识并保存的过程 。东盟网络信息资源量大且复杂，采用本体的方法不仅为东盟信息资源规范化描述提供了基础，也为提高东盟信息采集和检索的准确性提供了保证。

领域本体面向特定的主题，是提高东盟网络信息资源采集质量的关键因素。构建领域本体的方法很多，常用的有骨架法、TOVE、METHONTOLOGY、七步法等。本文借鉴七步法，采用Protégé 本体编辑和可视化工具构建东盟领域本体库，构建过程主要包含以下几个步骤。

（1）确定本体的专业领域和范围。

东盟领域本体库是以东盟作为研究领域，将东盟各国的数据、信息和知识规范作为统一的概念和术语，涉及东盟政治、经济、文化、科技、旅游等各个方面。东盟是由多个不同语言国家组成的国际组织，因此东盟领域本体库有多个语种的版本，如泰语、马来语、越南语、缅甸语等，且本体之间能够通过语义关联实现本体映射，使东盟各国的信息和知识能够互联互通。

（2）建立核心术语和概念等级体系。

目前，尚未有可以复用的东盟领域本体，因此东盟领域本体的核心术语、概念可以从以下途径获取：一是借鉴现有本体中的相关概念，如《中国图书馆图书分类法》和《汉语主题词表》中列出的东盟各个国家的重要术语；二是参照东盟相关的词典和著作，如《东南亚历史词典》《东南亚语日常词汇图解分类词典》《现代泰语词典》等东盟各个语种的词典；三是浏览以东盟为核心的各个官方网站、各国政府官网、OA资源等。

（3）定义类和概念层次关系。

本文借鉴主题词表和各类网站常用的主题分类原则，采用自上而下的方法构建东盟领域本体的概念等级体系，根据中国与东盟的合作与交流的情况，其可划分为经济贸易、文化旅游、科技、语言、教育五大核心类，在此基础上细化五大类的子类，由此得到东盟领域本体的层级结构。利用Protégé 软件的OntoGraf功能将本体概念体系可视化，如图5–12所示。

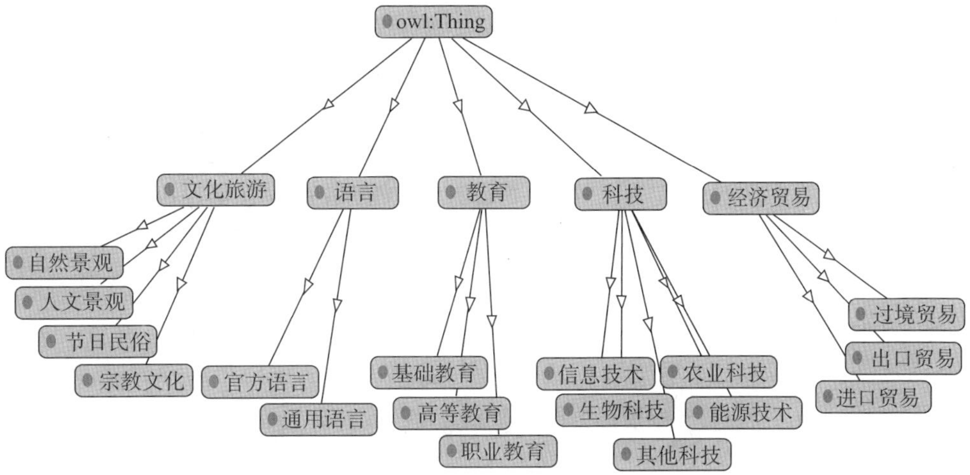

图5–12　东盟领域本体的概念层级结构

（4）定义属性、属性约束和值域。

本体中，属性用来将类（概念）加以联系和区分，包括对象属性和数据属性。对象属性主要描述类之间存在的关系，如教育类和语言类可用“包含”的属性来描述，表示教育中含有与语言相关的信息。数据属性用来描述类的特征，对类的实例加以赋值，如经贸类的实例具有交易者、交易时间、交易地点等数据属性。

（5）创建实例。

在东盟领域本体中创建各个类的具体实例，并添加属性值。在Protégé 软件的Individuals窗口添加类的实例，以语言类为例，在官方语言子类下创建包括越南语、马来语、泰语、老挝语、他加禄语、印尼语、高棉语、缅甸语在内的实例信息，在通用语言子类下创建英语实例，如图5–13所示。

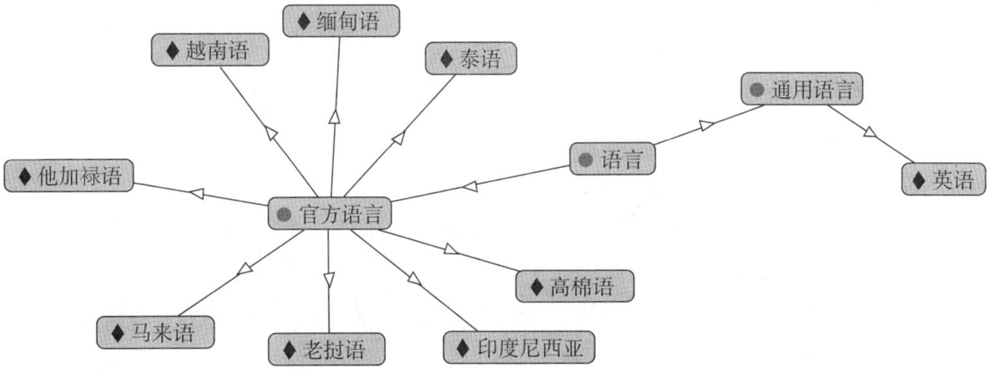

图5–13　东盟领域本体的语言类实例

2. 东盟网络信息资源采集的过程

（1）制定资源抽取的规则。

网络中分布着大量的非结构化信息，制定信息资源抽取规则就是将非结构化数据转为结构化数据的过程。元数据是一种常见的结构化数据，包括标题、作者、摘要、时间、机构和出版者等。制定抽取规则是东盟国家网络信息资源建设的基础，这意味着信息提取方式的确定①，因此提取规则的准确度越高，信息提取的精确度越高。网络信息资源有4个特点：①半结构化和非结构化；②不同形式的数据源；③动态性强；④组织的簇聚性。东盟国家网络信息资源不仅包括上述特点，还具有语系差异大、资源分布不集中等特点。东盟各国网站更多的是面向当地人开发与访问的，使用的是当地默认语系，东盟各国语种差异大、数量多，这使得除官方语言形成的信息资源外，还存在广泛的非官方语言形成的信息资源。东南亚国家发展情况各有不同，主要表现为信息密集度不同和覆盖范围广。

东盟国家网络信息资源建设，首先，根据用户需求，先确定大概需要从哪些方面采集信息，如文章标题、作者、摘要、发布时间、文章配图、正文内容：其次，对抽取东盟信息的各种特征和规律进行描述；再次，对待抽取的这些信息进行识别和定位；最后，确定要抽取的东盟网络信息。

东盟网络信息资源抽取的规则就是将政府及各行业、各高校的官网作为重要的信息源，按制定好的领域知识库对东盟各国的网络信息进行收集，收集的内容包括政治、经济、教育、文化、历史、科技、旅游等领域知识，包括东盟网络灰色文本数据以及语音、图像、视频等多媒体数据。

（2）确定搜集的特定网站。

东盟国家网络灰色信息资源的平台不计其数，可以根据建设目标来确定一些有代表性的网站。这些网站必须是官方的、权威的，以确保获取信息的准确性，避免采集到大量的垃圾信息。

①东盟各国政府网站。

随着全球政府网络办公工程的推行，东盟各国及地方政府都在网上建立了自己的网站，或者Facebook官方账号。这些官方网站及官方账号所呈现的信息内容绝大多数都是较为集中的、全面的、权威的，是当地社会、经济、政治、文化、政府及科技等各类信息资源发布的密集场所，也是对外宣传的主要窗口和平台。这些网站除了发布上述重要信息外，还有很多统计数据、社会经济发展报告、金融、行业动态，以及上市公司经营状况等信息，对东盟国家政治、经济的研究参考价值极高，如越南河内市政府官网，如图5-14所示。

---

① 朱建华. 一种基于Web的新闻抽取方法[J]. 情报杂志，2010，29（S2）：139-141.

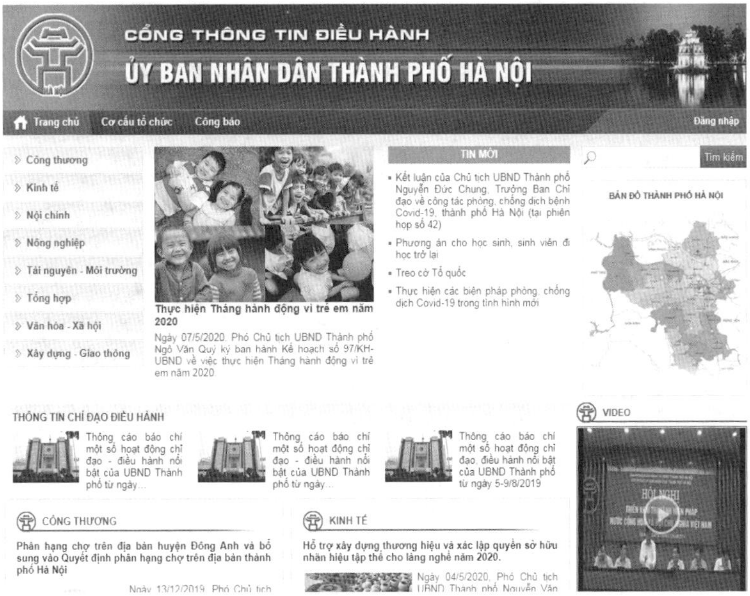

图 5–14　越南河内市政府官网（https：//www.thudo.gov.vn/）

②地方新闻、媒体、资讯网。

以地方广播、电视、报纸等各种媒体创办的网站是东盟国家灰色网络信息的重要来源。例如，泰国的《民族报（英文版）》（图5–15）、《泰国日报》（图5–16）、《暹罗日报（泰文版）》（图5–17）等网站，都会设立新闻、商业、亚联、科技、生活、旅行、美食等栏目，全方面反映最实时的国家资讯。

图 5–15　泰国民族报网站（英文版）（https：//www.nationthailand.com/）

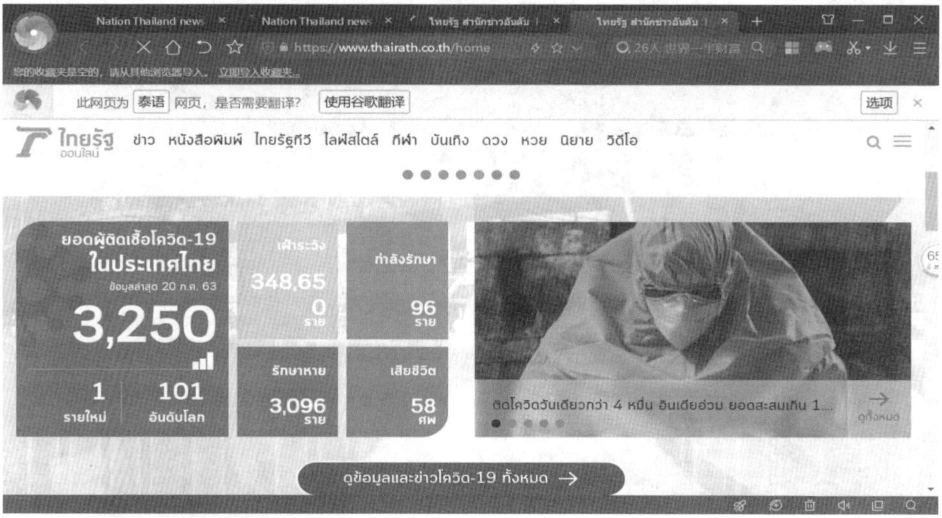

图 5-16　泰国日报网站（http：//www.thairath.co.th/home）

图 5-17　暹罗日报网站（泰文版）（https：//siamrath.co.th）

③东盟国家综合门户网站。

东盟各国的地方综合性门户网站，具有信息量巨大、内容极为丰富、点击率高等特点，因此，此类东盟网络信息源是不可或缺的。这些网站一般设有新闻财经等资讯栏目，招聘租房等便民栏目，交友学习、跳蚤市场等服务栏目，以及旅游、电影、音乐美食等娱乐栏目（图5-18），如泰国的泰联网、缅甸的果敢论坛等，能够呈现百姓生活的方方面面。

图 5–18　泰联网首页（http：//www.thailianwang.com/portal.php）

④东盟国家机构、社会团体网站。

东盟国家机构、社会团体网站收录东盟国家各种机构和团体的科研项目、学位论文、行业政策、科研项目、最新动态、科教活动等相关资源，此类网站在拥有国家特色的同时，具有相应的专业性，如新加坡南安艺文社（图5–19）、菲律宾华裔青年联合会Kaisa Para Kaunlaraan等。

图 5–19　新加坡南安艺文社首页（http：//www.artsnanan.org/index.aspx）

⑤极具规模的东盟国家社交平台的公众号。

根据2018年第一季度6个东南亚国家的五大应用下载量，可以看出Facebook社交产品极受东南亚国家用户的欢迎，这些应用在印度尼西亚、马来西亚、泰国、越南和菲律宾的排名都很高。数据显示，每天利用Facebook玩游戏、看新闻、开展娱乐活动的用户超过2亿[①]。不同国家的地方政府也会在Facebook上开通官方账号，比如泰国的Mahasalakan省（图5-20）。

图 5-20 泰国马哈沙拉坎府的官方Facebook账号

微信（WeChat）是一个新型的、庞大的社会网络体系。在十年的时间里，微信创造了一个良好的社会生态系统，其功能集网络、媒体、商业、办公和付款于一体，现已经成为在国家层面具有重大影响力的移动通信工具。根据DUG 2018春季App市场报告显示，2017年微信登录量达到902万，得到了中国移动用户的广泛支持，这加速了微信公共平台的快速发展。根据2017年微信经济数据报告（WeChat Economic Data Report）和2017年微信用户调查和商业Insight Data，到2017年年底，微信拥有1000多万个微信公众号，其中包括350万个活跃账户和7.57亿每月活跃粉丝。微信公众号已成为微信平台的主要功能之一。自中国—东盟自由贸易区成立以来，东南亚国家之间民间利用微信交流愈加频繁，社交平台上出现了难以计数的账号/公众号，如“泰语泰国”“大缅甸”“缅甸今日（图5-21）”“泰国中文网”“老挝快讯”“醉美缅甸”“泰国妞”等传播本国语言、文旅、艺术等的东盟国家微信公众号。这些公众

① DUG：2018春季App市场报告（东南亚篇）[EB/OL][2020-10-15]. http://games.sina.com.cn/y/n/2018-06-14/hcwpcmr1112015-p2.shtml.

号在本地具有数量庞大的粉丝群，在世界各地也有一定的影响力。

图 5-21 “缅甸今日”微信公众号

（3）资源的自动抽取。

根据信息抽取规则，信息资源的抽取主要有人工抽取和自动抽取两种方式。在海量的网络信息资源中，自动抽取可减轻信息人员的工作量，从而提高工作效率。东盟国家网络信息资源抽取的目标对象主要包括：①对特定格式文档自动抽取，如PDF、DOC、PPT、HTML、JPEG等格式；②对Web网页的自动抽取；③中外文数据库文献的自动抽取，如含题名、作者、来源、关键词、摘要、引文、外部特征等的结构化信息。

信息资源抽取框架应该包括抽取规则、信息抽取和自动检测反馈机制3个模块。首先，利用网络抓虫技术爬取Web网络中的目标文档，并将其存储到本地信息库中。随后从信息库中获取一定数量的相关文档进行抽取规则训练，这就需要先进行文档的预处理，对无关节点及无效节点进行过滤，然后定位动态区域块，再次过滤非主题链接块，接着精确定位主题数据，最后才生成提取规则。由于同一目标站点的文档由固定模块生成，所以生成的文档结构布局相同，根据此特点，抽取规则将不会改变，利用生成的抽取规则反向抽取该站点下的其他文档信息即可。自动检测反馈机制的目的是检测提取规则是否失败，从而触发提取规则生成模块来制定提取规则。常用的自动提取器有元数据自动提取器，主要包括英国国家档案馆DROID（Digital Record Object Identification）文件格式识别工具、新西兰国家图书馆的元数据提取软件和法国的Miner Catalogue PRO软件。

（4）资源的清洗和转化。

东盟国家的信息资源有着各自的特点，所以各国的数据商都会按照本国的实际需求来选择适当的数据类型。因此各国数字资源的格式就形成了五花八门的状态，数字信息格式的多样化给东盟信息资源的开发利用造成了一定的困难，这也是资源信息建设中需要解决的问题。由此可见，在东盟国家资源建设的过程中，资源的清洗与转化十分重要。

（5）资源的智能组织。

①自动分类与标引。

自动分类与标引包括自动主题分类和自动主题标引，自动主题分类是指将一篇文章自动分类到预先设定的类目，自动分类一般分为以下两类：a.自动分类技术，即在现有类别系统的前提下，将文献分类到相似性最大的类别中；b.自动聚类技术，利用计算机根据特征属性的相似性将文档聚合成，生成不同类别的不同文献集①。东盟国家网络信息资源分类应根据用户需求制定，例如，高校图书馆东盟文献信息资源收藏历来以文化教育资源为侧重点；科研机构用户对东盟信息资源的需求主要是科技和研究文献；政府用户对东盟信息资源的需求主要是东盟国家的法律文件、政策法规；而公共图书馆用户对东盟文献信息资源的需求偏向于文学艺术、文化旅游、休闲娱乐等相关文献②。自动主题标引是指关键词的自动提取，如抽取5~6个关键词。

②全文索引。

东盟国家网络信息资源的组织与检索应紧密依托全文索引，全文索引是实现自然语言检索，提高检索率的基础。由于我国与东盟国家政治、经济和文化存在诸多交流障碍，对信息检索的灵活度同样存在一定的障碍，所以，实现网络信息资源全文检索有助于提高用户的检索。全文检索技术强调面向全文，将文档的所有基本元素写入索引，通过自然语言来实现检索需求，更多的是借助邻词和截词匹配原文信息，最终排序反馈给用户。自然语言处理技术包括句法分析、语义分析、语用分析、

① 田甜．文档自动分类的方法探讨[J]．情报杂志，2006（2）：77-78.

② 黄文福，苏瑞竹．“一带一路”倡议背景下东盟文献信息资源的采集[J]．内蒙古科技与经济，2017（7）：91-95.

语境分析等。

全文检索数据库系统的结构分别为底层数据库、数据处理与全文检索模块、前台检索与后台管理。首先读取底层数据库中的东盟国家网络信息资源记录，将不同格式的信息资源规范统一，使之成为标准的、可供索引的数据，然后将这些数据通过分词系统根据用户定义的规则创建索引库。用户使用搜索系统选择搜索方式，并输入搜索词。搜索服务模块根据用户输入的搜索模式，形成机器可读的检索语句。然后，调动检索模块和索引库，将文献资源呈现给用户。

该系统可为用户提供3种检索路径：一是普通检索，类似于谷歌或者百度的一框式快速检索，可以节约时间，适用于初级用户检索需求；二是高级搜索，通过题名、关键词、作者、时间、摘要、全文等多字段组合搜索，实现精准化检索效果；三是表达式检索，这是为专业人员提供的，是一种更为复杂的检索方式，常利用限定符、布尔逻辑运算符和截词符限定语句。除此之外，还应该提供检索建议、同义词检索、拼音检索等方式，满足特殊用户的需求。

③自组织

自组织又称大众分类法，是用户在信息中添加标签（Tags）的一种信息分类方法[①]。标签是用户根据自己的信息使用习惯和信息分类目标而设置的。所添加的标签不仅为添加者服务，还被共享于整个网络。东盟国家网络信息资源建设的最终目的是为用户提供信息服务，对于资源建设的加入用户，可以对资源建设的内容和质量提出可行性建议，进一步提高图书馆东盟资源库的质量。与主题词和关键词的规范使用相比，标签一般不要求全面概括或高度精练的词汇，标签词汇也不要求具有规范性、自由性、简易性、开放性的特点。常见的大众分类法主要应用于各社交类平台，包括豆瓣、微博、博客、网络社区等。

东盟国家网络信息资源引入大众分类，将呈现以下优点。

一是提高信息组织的通用性。大众分类与传统的主题分类优势互补，尤其在专业性强、文化差异大的信息资源被用户检索利用时，大众分类的优点可见一斑。用户在参与信息分类时，可以根据用户理解的变化和信息内容归属的变化，不断改变信息的分类，从而满足广大用户对信息分类的需求。东盟国家网络信息资源建设更多的是面向国内用户，从这个角度来看，我国的用户处于一种信息素养较低的状态。利用什么信息、如何利用及评价信息将会是用户利用信息的难点，大众分类有效地解决了这个问题。用户的自组织定义信息资源标签，减少了信息资源理解和检索的难度。

二是体现用户的个性化。用户参与的信息分类充分体现了以用户为核心的理念。用户是信息生产和利用的主体。自己组织想要使用的信息更符合用户的使用习惯。

① 翟青竹.论网络环境下的个人信息组织[J].情报探索，2012（10）：94-97.

此外，通过该方法得到的分类信息也可以在一定的时间内反映出用户的最高需求，以及新定义的信息类别通过环境中无处不在的网络反映社会的发展趋势。也就是说，大众分类增加了用户个性化需求，必然减少分类组织的专业程度，大众分类是为弥补主题标引的缺点而产生的分类体系，以满足用户检索和利用信息资源的需求。

第六章　东盟信息资源开发与利用的分析

第一节　东盟信息资源整合——以开放存取为例

东盟信息资源具有多语种、分布广、难获得的特性，使得其对国家战略的支撑，对用户需求的满足受到了极大的局限。要实现国家战略和用户各方面需求的支撑功能，东盟网络信息资源的搜集和整合是关键。

一、开放存取东盟 OA 资源的整合

东盟各国文化发展程度差异较大，各国的开放存取资源发展也不均衡，但是办学质量较高的大学都会建设机构知识库，至少有学位论文库。加上世界各国东盟研究机构整合本单位研究成果而形成的机构知识库，以及OA期刊所登载的相关研究论文，可以得到的资源就比较丰富，但是这些OA资源分布十分广泛，数据格式不一，信息标引不统一，而服务平台所提供的检索功能比较单一，用户很难找到相关的链接，使得利用十分不便。这些情况促使图书馆必须对东盟信息资源进行开发整合。本节将研究如何将这些资源进行搜集和整理并重新组织，以实现数据和信息的深度整合及关联，实现一站式的检索及检索结果的可视化。

对于OA资源的开发整合，需要先确定信息源。首先，国内OA电子期刊、国内东南亚（东盟）研究机构（包括政府、高校及学协会）的机构知识库都是重要的信息源；其次，对新加坡、泰国等东盟国家的类似于机构知识库的数据库，还有OA期刊进行全面的采集和整合；最后，对欧美国家东南亚研究的学术机构建立的机构知识库也要进行全面的搜集和整合。欧美国家的OA资源比较丰富，但东南亚的OA资源相对较少，要特别注重这些资源的获取和整合。

（一）国内 OA 东盟数据资源的整合

厦门大学的东南亚研究中心（https：//nanyang.xmu.edu.cn/）对全球具有一定规模的东南亚研究机构做了列表和链接，包括东盟各国，以及美、日、法、德、西班牙等国约50家亚洲（东南亚）研究机构。

中国社会科学院亚太与全球战略研究院也建立了“东南亚研究网”（http：//sea.cass.cn/）。该网收录了2008—2016年国内出版的部分东南亚研究学术著作，以及各类期刊公开发表的东南亚研究信息，并在首页设有学术动态、热点问题、时评、专家学者、研究机构等栏目，以跟踪时事及研究热点。同时链接了如文莱政策和战略研究所、越南中央经济管理研究所、印尼经济研究中心等30多所东南亚研究机构的官网。这些研究机构网站就是东盟原语种网络资源获取的优质来源，是东盟国家资源的重要信息源。

除此以外，还有北京大学、中国人民大学、云南大学、广西大学、广西民族大学等综合性大学，北京外国语大学、上海外国语大学、洛阳解放军外国语大学等大学都有东盟研究机构和相当多的研究成果。

将这些资源整合起来，可以为用户提供优质的东盟信息资源。

（二）国外东盟OA数据资源的整合

东盟国家政府和研究机构的网站资源，以及出版的数字资源也可以作为资源整合的重要数据来源。http：//www.oalib.com/提供所有OA期刊和出版社的资源检索以及按期刊和出版社浏览的功能，而且不需要注册即可全文下载，这也是我们进行东盟信息整合的理想信息源。谷歌学术搜索https：//xs.glgoo.net/也是OA资源整合的最重要的信息源之一，以“ASEAN Research”进行搜索得到结果45万余条。http：//www.socolar.com/是全学科覆盖的包括中外开放获取文章的多语种OA资源库，下载全文需要注册，会给我们的整合带来麻烦，所以需要在采集工具中设置Cookie登录。

二、东盟OA信息资源的组织

将各种OA资源采集后，经过数据清洗、转换形成格式统一的文档，再进行分类和标引，即可利用语义网技术进行深度聚合，以实现资源检索的可视化。

（一）深度聚合技术

实现东盟国家网络信息资源深度聚合所需技术包括领域本体技术、大数据挖掘与集成技术、语义知识与信息资源转换技术。

1. 本体技术

利用本体技术实现网络信息资源的语义内容的组织管理，不仅有助于实现东盟国家网络信息资源的深度聚合与深层次获取，也有利于实现信息资源聚合技术与方法的进一步发展和完善。

利用领域本体集成技术，可以达到两个目的：一是利用本体提供的概念系统及其层次结构，对信息资源元数据进行清晰的标准化描述和形式化描述，实现对领域知识的共同理解；二是由于元数据是文档实体的浅层关联和聚合，不能揭示文档实体内部深层次的概念和语义，所以通过领域本体实现异构资源的语义关联，利用语义映射机制，构建结构完整、有序的三维知识网络，实现网络信息资源的聚合。网络信息资源的深度聚合需要相应的聚合工具，常见的语义深度聚合工具有D2R、R2R、SILK等。通过这些工具可以将网络信息资源转化为可处理的语义格式，就可以进行深度聚合。网络信息资源的深度聚合本质上是为了实现知识检索，知识检索的基础就是领域本体。建立本体，首先，要进行需求分析和本体分析；其次，分析后编写本体，进行验证和评价，并不断完善；最后，根据实际需求进行调整，直至符合实际应用要求。

一般来说，以本体模型作为基础可以构建基于本体的知识组织体系。本体模型的创建可以分为3个阶段。首先是概念化，确定东盟国家网络信息资源的元概念，以及概念之间的关系，主要是建立它们的相交关系、属种关系、同义关系等，例如，有马来西亚语、印度尼西亚语、葡萄牙语等形成的信息资源，这些信息资源又隶属于哪些国家的网站，以及这些信息涵盖了哪些类别的信息（经济、文化、政策等），每个概念和子类要有所说明；其次将本体模型化，也就是用图示的形式来表达元概念及其关系，建构正式的本体关系模型，描述上述信息资源的内涵外延及语义关系，构建一种网络关联结构；最后，形成本体知识组织系统。

2. 大数据分析与挖掘

大数据时代，东盟网络信息资源的数量和种类繁多，给东盟网络信息资源的深度聚合增添了难度，尤其是在数据分析涉及挖掘各种隐藏的知识时尤其具有挑战。利用大数据的理论和集成技术可以对数据进行分析、挖掘，并建立知识模型，实现东盟信息资源的深度聚合，挖掘出潜在的知识，开展知识服务。网络信息资源中存在着各种各样的结构化、非结构化和半结构化数据[①]。由于东盟多语种网络信息资源的数据类型和数据格式不统一，其数据类型也同样是呈现出多样化的特征。因此，大数据模式下必须对东盟信息资源进行标准化建设，才能进行网络化和语义化处理。充分利用大数据的思维、理论和技术构建知识模型，便可达到网络东盟信息资源的深度聚合，从而提高知识服务能力。

3. 语义网技术

语义网是链接词语、理解词语，以及它们之间关系的通用信息交换媒介，使计算机能支持网络信息资源的自动推理。语义网主要通过资源描述框架 RDF、OWL（Web本体语言）来呈现资源，并完成数据交换。应用语义网图书馆能实现东盟网络信息资源深度聚合，将互联网上不同国家（地区）的网络资源聚集起来，并揭示它们之间的各种关联，实现东盟国家间的网络信息资源共建共享。利用语义网技术整

---

① 马黎艳．语义网技术在图书馆数字资源深度聚合中的应用[J]．湖北函授大学学报，2018，31（5）：36-37+40.

合东盟互联网资源，将资源、资源标识和资源描述统一起来，可以建立关联知识库，使单一的知识体系变成庞大的相互关联的综合知识资源库，实现语义检索。

（二）信息资源的深度聚合

对东盟信息资源进行语义格式转换后，可以采用映射方法、相似度计算方法、机器学习、发布关联数据和语义Web技术等聚合方法来聚合东盟信息资源。

映射方法。映射方法可以借助映射工具（词库和翻译工具）来直接完成聚合工作，另外，也可按照其特点（多个）去将本体的编辑和合并共享，再去转换本体格式。

相似度计算方法。采用相似度算法去计算聚合对象的属性和语义相似度，包括基于内容、距离和属性的相似度计算。

机器学习。机器学习实际上是到大量数据中寻找模式，例如，要对东盟信息资源进行聚合，就必须选取一些数据实例进行预处理，也就是要做语义表示，建立相应的训练集，最后根据其特征进行分类。当网络爬虫技术收集到的数据输入到系统中时，它可以自动在现有的特征分类中找到属性，并确定相关关系。在东盟网络信息资源的聚合过程中，机器学习是最常用的方法，操作相对简单且省时，精度也比较高。机器学习方法作为东盟信息资源深度聚合的工具，可以将采集到的并经过预处理的数据划分为不同内容、不同语言的标注样本训练集，然后提取相应的实例对象，使用机器学习方法完成学习过程，并对这些对象的特征进行分类，判断输入的对象实例是否为等价关系。

发布关联数据。东盟网络信息资源深度聚合后，可借助相关工具对关联数据进行发布，以便用户获取东盟网络信息资源。

语义Web技术。利用语义Web技术可以使网络信息资源实现可视化，也能将网络资源整合到语义检索中，使图书馆的东盟网络信息资源不再面向图书馆内部用户，而是面向社会大众，真正地实现东盟网络信息资源的共享。同时，东盟网络信息资源的深度聚合，可以为用户提供语义检索和推荐，满足用户的语义搜索需求，完成知识共享的过程。

（三）东盟信息的区域组织

由于东盟网络信息资源存在语言种类多样、数据格式不统一、资源分布不均衡等情况，信息资源的共建共享缺乏统一的信息组织标准，因此很难提高区域间信息资源的共享程度。网格技术就可以解决这些问题，实现区域信息的共享。使用数据网格技术可以将分散的异构信息进行有序化组织，实现资源共享和信息集成的目标[①]。

网格环境下的网络信息资源来源不同，存储在全球范围内，利用网格技术共建

① 索传军．网络信息资源组织研究的新视角 [J]. 图书情报工作，2013，57（7）：5-12.

共享东盟国家网络信息资源可实现信息资源的高度共享，由于东盟国家资源存储的系统、访问接口、操作平台、访问规则各不相同，所以具有高度的异构性。网格信息资源组织，以分布在网格节点上的相互独立的网络信息库或机构作为基本单元，在这些节点处把所需信息资源的内容、属性等基本信息以元数据的形式进行采集，然后将这些元数据整合到一起，同样再按照一定的规则和方式，对这部分元数据进行描述和命名，最后构建元数据索引节点，使得这些描述和命名完成的元数据存储其中[①]。当用户发出检索请求时，这些节点就去执行任务，并发现、调度、匹配检索结果供用户使用。

第二节　多源东盟信息资源的融合

一、多源东盟信息资源组成类型

多源信息资源融合就是将通过不同途径、不同方式收集到的信息资源进行整合，再形成统一的格式，便于利用的数据集过程，如图6-1所示，数字化馆藏资源、融合的网站资源及整合的订购资源3种组成了信息资源的来源。

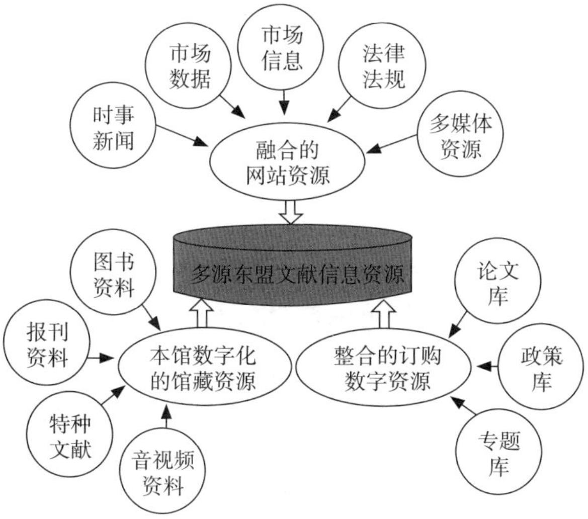

图6-1　多源信息资源组成类型

（一）融合的网站资源

网络信息的蓬勃发展，使得网站资源的重要性达到了前所未有的高度。聚合网

① 王春梅.基于网格的数字图书馆资源组织模式构建[J].现代电子技术，2016，39（2）：49-52.

站资源是指图书馆从东盟国家的网络上采集到的时事新闻、市场信息、经济信息资源。这些网络信息资源精准地反映了各东盟国家的政治、经济等多方面现状，将其聚合与分析可以为图书馆开展东盟信息服务和支持用户决策提供重要的信息资源基础。

（二）数字化的馆藏资源

以文献资源建设为主要工作之一的图书馆，收藏了东盟各种类型的书籍、报纸、原版音视频文献（光盘）以及其他相关资源。图书馆通过对纸质文献的数字化处理，聚合所购买的原版音视频文献，形成数字化的东盟馆藏资源，极大地丰富了自身的多源东盟文献信息资源体系。

（三）整合的订购资源

就目前而言，由于资金、馆藏政策、语言等多种条件的限制，单一的图书馆或若干个图书馆组成的图书馆联盟并没有具备建设完整而全面的东盟信息资源体系的条件与能力。因此在需要东盟信息资源但无力建设资源体系的情况下，购买外部资源便是一个很好的方式。图书馆可以向数据提供商、咨询公司、情报研究所等机构购买有关东盟各个国家的专利数据库、政策数据库、论文数据库等数据库，利用这些数据库的专业性、权威性、实用性为图书馆有关服务提供帮助。

二、多源信息的融合

（一）同型异源信息的融合

同型异源信息的融合实际上是对这些信息进行聚合，也就是针对同一类型的信息平台进行信息聚合。这里主要指对所购买的文献信息资源数据库及新媒体平台东盟信息的聚合。

图书馆所获取的同一类型的东盟文献信息资源，皆来自具有不同形式、不同标准和不同服务模式的不同书目资源提供者①。在数据库方面，中文期刊的图书馆资源一般由中文数据库提供商提供，如CNKI、维普等，而外文期刊的资源取自外文数据库，如EBSCO、ELSEVIER等。这些数据库资源存在着同型异源的特点，而各新媒体平台的信息资源如果单从同一类型的平台来说，也是有同型异源的特点。

对于不同来源的东盟文献信息资源，需要进行集中的整合与处理，通过统一字段格式、同类字段识别转化等方法将这些同型异源文献信息资源进行聚合分析，使这些同型异源的东盟文献信息资源可被统一、获取与利用，更好地为服务与决策提供支撑②。

---

① 余艳，黄湘林．多源采访信息融合策略[J].图书馆，2011（2）：109-109.

② 陈科文，张祖平，龙军．多源信息融合关键问题、研究进展与新动向[J].计算机科学，2013，40(8)：6-13.

（二）异质异构信息的融合

在“互联网+”环境下，单一类型的信息资源已不能满足用户和决策者的需求。此外，除前十位常用信息资源来源外的资源，如社交媒体数据等零级信息和一级信息，也开始成为研究分析的新焦点。因此，在此大环境的影响下，图书馆想要进行完整完善的信息融合，就必须对所收集到的来源和类型不同的信息资源进行深入的整合和处理。图书馆可以对不同条件下收集的各国论文资源、书籍、报刊、专利等东盟不同类型的资源和微信、微博等不同平台类型的资源（异型异源文献信息资源），通过子字段拆分、融合分析等方法，进行统一整合，并对结果进行定性研究和相关性分析，从而更好地反映东盟国家的发展状况，为用户提供多层次、多类型的东盟信息服务。

（三）多语种信息的融合

由于东盟十国均有自己的语言，所以在东盟信息资源搜集过程中，大多都是以不同语言进行信息资源收集。而大多数图书馆工作人员没有全面掌握这些语言，无法在短时间内理解并处理大量的东盟信息资源。为了融合这些多语言信息，需要使用翻译工具将多种东盟语言的信息资源自动翻译显示成中文，以便馆员进行文献信息的分类标引和分析挖掘，使融合的东盟文献信息资源服务平台能为用户提供东盟多语种信息。

（四）多源信息融合层次

多源信息融合的实现，有着不同的采集和抽象层次，通常来说包括以下4个层次：基础层、数据层、特征层和决策层，如图6-2所示。

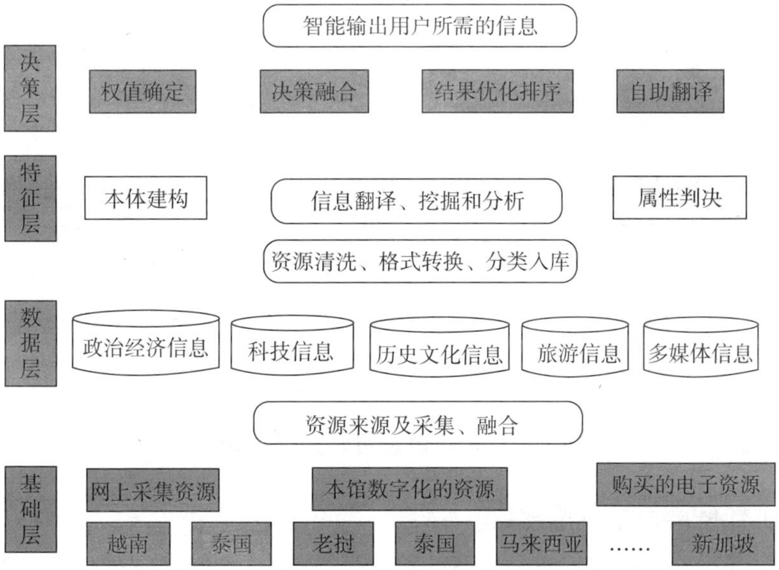

图6-2　多源东盟信息资源融合的层次

基础层由网上采集到的东盟各国的数据、对馆藏纸质资源进行数字化所形成的数字化的资源、图书馆采购的各语种电子资源（数据库）组成，是数据融合的基础。

数据层资源融合是指在采集到的原始数据层上直接进行的融合，对各个信息源获得的未经处理的数据进行综合与分析。这个层次的信息融合实际上是属于低层次、低维度的简单、简易融合。

特征层资源融合的第一步便是提取之前收集好的有关数据信息的关键特征，并根据这些特征对信息进行科学的组织和分类。通过提前进行特征提取，使得这一层次的融合对信息总量进行压缩，从而帮助用户在检索时快速检索到自己需要的信息，在浏览信息时，更利于用户的理解与把握。

决策层的东盟信息资源的信息融合，就是将每条信息源的数据从宏观和全局的角度进行整体协调。通过对不同来源数据提取的特征进行分析和融合，并提供自动翻译，直接为决策提供支持。

三、多源东盟信息资源的处理与揭示

为了使融合的多源东盟信息资源更好地服务信息用户，对信息资源的揭示显得尤为重要，通过对信息资源在描述层、聚合层和应用层的处理与揭示，为东盟信息资源更好的服务呈现提供了基础，如图6-3所示。

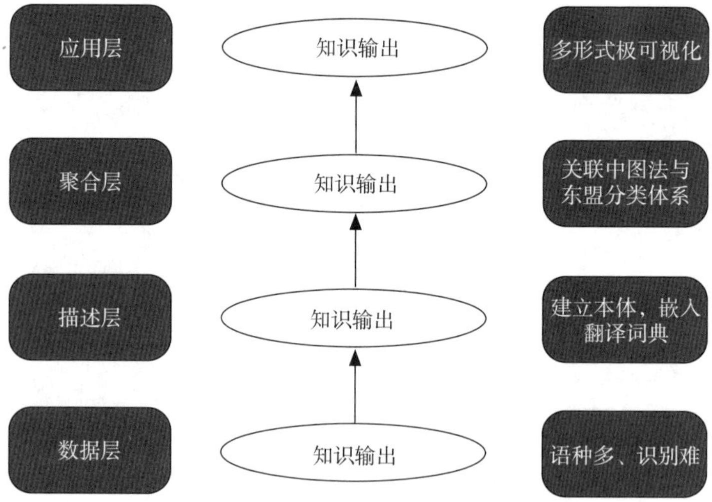

图 6-3　多源东盟信息资源处理与揭示过程

（一）数据层信息资源融合

在数据层融合东盟信息资源，意味着图书馆将直接融合分析东盟国家的各类数据，无须任何其他操作。这种数据层的直接融合，可以最大限度地保证东盟国家相关数据的原创性，完整地把握和分析相关数据。

但是，在合并的过程中由于大量的类型复杂、格式多样的数据被吸收进来，需要进行高标准的处理来确保数据具有相同类型和格式才能便于共享和利用，因此，对图书馆来说，收集到的东盟信息资源很难实现数据层的融合。

（二）特征层信息资源融合

与数据层的融合相比，特征层的信息融合是一个中间环节。特征层的融合首先从收集的大量数据中提取关键特征，然后根据这些特征组织和科学地划分信息，帮助用户迅速地从信息资源中找到所需信息，如图6-4所示。图书馆从不同来源的数据中获得的不同特征构成了东盟信息资源的特征层，再对提取的特征集成加以处理分析。将信息合并到特征层可以显著减少分析所需的数据量，减少计算量，减少对数据处理能力的需求，并使其更容易操作。

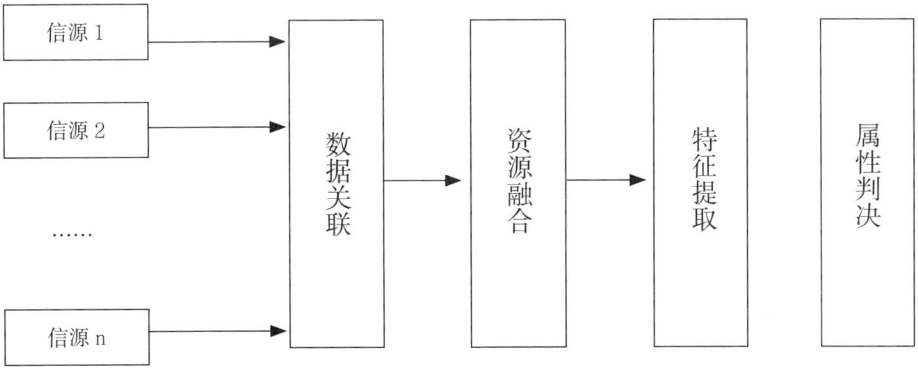

图 6-4　特征层信息资源融合

（三）决策层信息资源融合

决策层的东盟信息资源融合需要根据决策的内容来进行，涉及东盟具体问题的决策时，先将东盟信息资源聚集，然后对它们进行特征分析，这些东盟信息资源之前就已经提取出来，包括从不同的媒体和途径获取的不同类型、不同结构的信息资源。这可以直接结合决策定制展开，最大限度地分析多选决策方案的优劣，最大限度地协助决策者作出最科学的决策和合理的决定[①]。

另外，为了使用户快速作出决策，当用户提取决策层信息时，还会作相应的处理，使后期的利用次序更高。这些处理包括多语言的机器翻译，以及对多源信息进行检索后，其结果的可视化显示等。这些检索功能在一定程度上提高了用户的检索效率，优化了用户体验，并辅助用户作出科学合理的决策。

① 梁彩云．数据层和决策层的信息融合算法研究及应用[D]．长春：吉林大学，2007.

四、图书馆多源东盟信息资源融合的方法

（一）东盟多语种信息资源的识别

图书馆东盟多源信息融合指的是，对不同语言的信息进行组织后，把所有的信息资源存储在不同语言库和信息资源的语言语料库中，为信息资源组织和使用打下基础。

由于东盟语言的多语言性质，东盟语言的识别及分类一直以来困扰着图书馆工作人员，也成为相对难以解决的技术问题之一。从文本、图像、音视频中识别不同语言的信息资源涉及多个学科的多种技术，如图像处理、信息选择、语音识别等。要科学分类和组织不同语种的东盟信息资源，文本特征的提取十分重要，要提取特征就不能绕过语种的识别，语种识别是特征识别的基础，所以说，使用机器来识别语种是东盟信息资源组织的基础。

在东盟的多语种识别中，可以使用多特征、多语种的树分类器。树分类器由一组节点和一条有条件的决策线组成，如图6-5所示，每个节点代表一个语种信息的集合，通过多层次的语种判决，最后只有一个语种信息资源被识别出来。东盟的每一种语言都有着不同于其他语言的特点，比如越南语，它的单词之间的距离比正常语言的字符之间的距离要大。字符之间的空间划分可以有效地识别越南语信息资源。又如，在泰国语中，有32个字母和元音符号，4个音调符号标记在字母上方，通常没有标点符号。除了字符间隙长度和音调符号外，可以通过各种语言特征来判断，如特殊字符等，字符的分解、文本的切分、单词及流通域的分割、字符特征的提取等技术将东盟信息资源集合划分为不同语种的信息资源集合，以便更好地融合多源信息资源①。

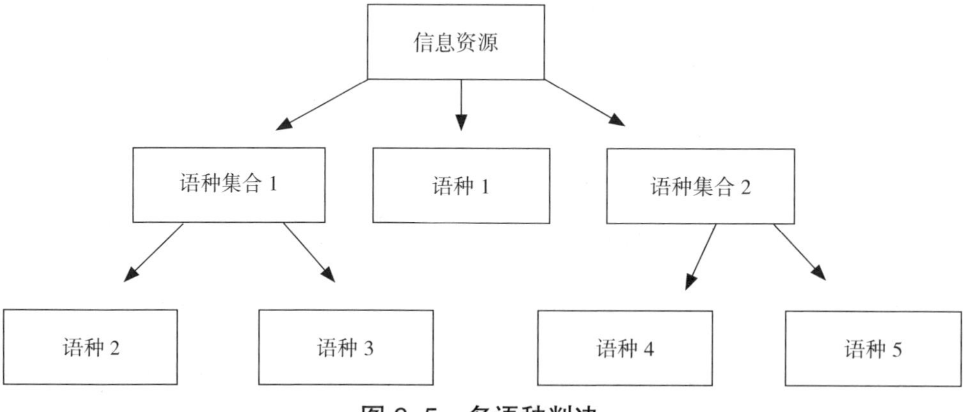

图 6-5　多语种判决

① 曹莉．基于文种识别的东南亚传真报筛选检索研究 [D]. 郑州：解放军信息工程大学，2009.

（二）资源元数据处理

1. 东盟多源信息资源的元数据处理

元数据处理的第一个步骤是对东盟信息资源元数据的收集。在目前的技术状态下，系统地收集元数据，使用Oaipmh接口进行处理，并进行人工收集。第一种方法是系统的、自动的收集，这种方法最适合图书馆，因为它可以有效地减少人力投资。但是，数据接口的技术研究尚未完成，仍然需要更多设计，来实现系统对元数据的自动化收集；第二种方法是使用OAI-PMH接口，它能自动快速地收集和整理数据，但应用程序限制了选择性；第三种方法是手工收集，即手动导出和组织元数据。这种方法容易处理，系统内部不需要变化，易于传播和沟通，其缺陷是获得外部数据库处理速度缓慢，需要更多的人力资源和一定的时间延迟。由于这三种方法目前均存在不足之处，所以建议在实践中结合这三种方法，根据具体问题选择适当的元数据收集策略。

一旦有效地收集了元数据，就要对元数据进行验证和记录。这就需要对收集到的数据进行验证，以确保收集到的元数据能够有效使用。收集方法存在的缺陷和不足，会导致元数据的部分缺失，出现格式和资料不完整的元数据，以及无法打开的元数据等，因此还应检查元数据的修改结果。在验证元数据没有问题之后，再进行详细和完整的记录。元数据包含大量与存储数据相关的描述性信息，如元数据容量、元数据字段、元数据开始和结束日期、元数据数量等。

2. 元数据标准的制定

建立一致的元数据格式是进一步记录元数据的先决条件，因此基本任务之一是为元数据制定标准。鉴于东盟信息源的复杂性，包括不同语言和大量元数据来源，图书馆有必要对统一的元数据格式进行详细、具体和准确的描述。对于元数据转换，需要为搜索字段的设计和用户搜索界面的显示制定标准规则。对于东盟的各种数字化信息资源，主要根据实际情况指出和修改标题、负责人、关键字、日期和成员数据库等关键字段。

3. 元数据格式的统一和整合

定义元数据的规范格式后，图书馆可将之前收集的各类东盟信息资源，通过元数据的描述机制，转变为多种类型的资源来处理，并进行资源格式统一的分析。图书馆需要对数据清理和规范工作进行研究，以便对其描述中所列出的那些元数据进行处理。在处理重复元数据、修改非标准元数据等之后，再将其存储到预先设计的存储系统中。

（三）资源组织方式机构仓储化

机构仓储化指建立统一的元数据存储体系，将经过收集、标准制定、整合之后的元数据集中到一个仓储系统之中，实现机构仓储一体化管理，如图6-6所示。

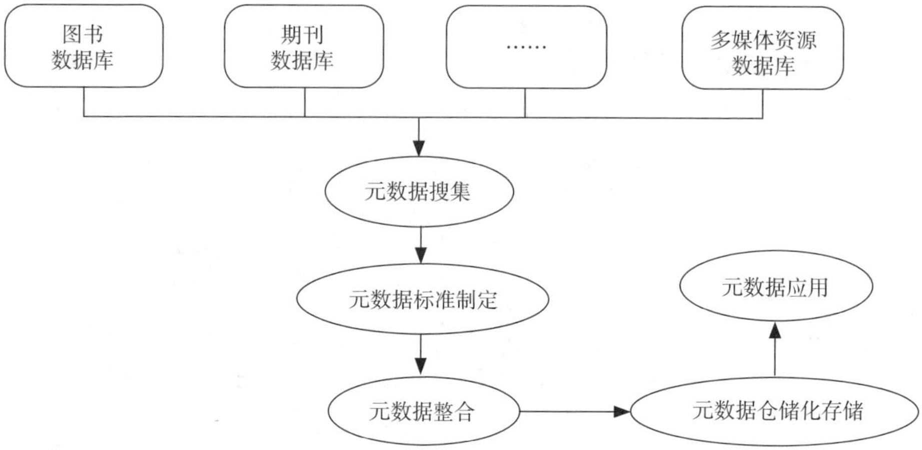

图6-6 多源东盟信息资源的元数据处理

这个存储系统将多样化的元数据导入元数据存储设施中，为所有元数据提供统一的存储和集成，增加东盟信息资源的易用性和实用性。通过统一的检索平台，能够检索元数据仓储库中的东盟数据，为统一检索提供了一个有效的平台。

(四)资源语义化组织

1. 资源加工与处理

信息资源的处理是资源开发和利用的先决条件。对于资源复杂且数量众多的图书馆信息资源，有必要利用自然语言处理技术对资源进行处理，以完成语义组织的基本工作。

语料库的构建是资源处理和存储的基础，必须以资源的特点为依据构建语料库。资源的语法语料库处理，包括语言注释、语义角色注释、段落关系注释等。与简单的中文资源处理不同，东盟国家的语言种类繁多，语法也各不相同，这使得为不同的语言构建语料库更加困难。可以利用语言识别技术，对不同的东盟语言语料库进行分割和组合，并对语料库数据进行分析。鉴于目前技术的局限性，东盟语言的处理仍然需要对机器处理的数据进行验证和查证，并对其有效性进行评估，以便进一步处理和改进。

2. 资源本体构建

本体是对一个领域的术语及其关系的程序化描述，是该领域资源语义的基础工作。本体信息的组织方式需要对专业概念之间的关系进行详细而全面的描述，通过该领域的专家对该领域的不同概念及其联系的理解可以构建领域本体。

近年来，本体在许多科学研究领域受到了广泛的关注，其重要作用得到学术界普遍认同。目前，本体的应用领域除了图书馆外，还有计算机领域及应用的各学科领域，包括语义Web、知识工程、软件工程、人工智能、信息架构、生物医学计算，其应用研究主要解决这些领域的知识交流和获取的障碍①。此外，本体论的构建在知识的挖掘、发现和运用中起着基础性的作用，在东盟信息资源的融合和解释中需要定义基本的语义关系和语义类型②。

一般而言，本体可分为多个阶段的工作流，分别是模型构建、概念获得、属性获得、关系获得。构建东盟多源信息资源模型，可选择恰当的关键字来建构东盟多源信息资源的知识元结构，对东盟信息资源进行全面描述和分类。在实践中经过不断更新和拓展，行业分类词表几乎完全覆盖了东盟在相关领域的信息资源，并有效地标注和组织起来。属性获取的含义是通过对东盟多源信息资源进行人工开发和提取、获取叙事与存储相关概念的重要属性。构建东盟信息资源的本体，其实就是寻找东盟多源信息资源中的概念及其概念之间的逻辑关系，并根据相关理论和相关标准，建立起科学的东盟资源本体，确保相关概念的标准化和规范化，使本体具备可用性和复用性。要根据东盟多源信息资源的特点，将词汇体系结构化，使资源合理地归纳到合适的体系中，以便实现东盟资源的检索与分享③。

3. 语义资源生成

语义资源生成就是指东盟信息资源的本体建成后，会形成东盟信息资源的语义资料库，通过对东盟信息资源进行语义标注，即可建成语义化的东盟信息资源库，建成东盟知识服务平台，为图书馆提供良好的东盟信息服务奠定基础④。

在实践中，经过一系列的搜索、下载、清理和关键字提取操作，辅助本体知识库不断更新和扩展。语义资源的创建促进了图书馆资源的深度聚合，并通过语义关联有效实现了图书馆知识发现服务。

（五）资源智能化发现

1. 检索结果智能化

各种类型的东盟信息资源，经过元数据标引、仓储化处理和语义化描述等一系列的组织和加工，最终提升到应用层的效果，也就是在检索的查准率和查全率方面取得较好的平衡，并提供个性化、一站式的资源检索结果，以及可视化的分析结果，成为东盟信息资源服务利用的重要路径，为东盟有关科学决策提供重要情报支撑。

由于个体的不同，连接到图书馆系统的用户会有不同的需求和特点。用户对信

① 鲍玉来. 基于领域本体的蒙医药知识库构建与知识发现研究 [D]. 长春：吉林大学，2018.

② 曾丹. 基于意义建构信息利用偏差弥合的释义 [J]. 武汉理工大学学报（社会科学版），2012，25（4）：636-641.

③ 肖龙翔. 图书馆东盟多源信息资源融合研究 [D]. 南宁：广西民族大学，2019.

④ 翟姗姗，刘齐进，白阳. 面向传承和传播的非遗数字资源描述与语义揭示研究综述 [J]. 图书情报工作，2016，60（2）：6-13+21.

息资源的搜索和阅读会留下用户的个人印记。这些浏览记录有个人需求特点，通过智能化设计，系统能记录用户的个性化需求，对用户个性化信息需求进行分析，并据此为用户推荐更有针对性的资源①。

检索东盟多源信息资源库，系统可以对库内相关数据之间的关系进行分析，并将检索分析结果汇集提交给检索用户。图书馆东盟信息资源关联发现的完整流程是，首先获取相关数据并进行整理和分析，然后挖掘数据之间的关联，分析出与检索需求相匹配的知识集合，最后在知识服务平台上显示。

2. 翻译辅助技术支持

翻译辅助技术是在计算机的帮助下自动从一种语言转为另一种语言的技术。近年来，随着计算机计算能力的提高，越来越多的研究人员致力于机器翻译研究，取得了很好的效果，机器翻译也越来越准确。

东盟国家语言环境复杂，每个国家均有自己的语言，如越南、马来西亚、泰国、柬埔寨等。此外，东盟还有其他通用的语言，如英语、葡萄牙语、俄语等。如果由这些语言构成的东盟信息资源没有得到精准的翻译，就很难得到充分的利用。因此，图书馆在为用户提供东盟信息服务时，如果建成的东盟知识服务平台能够提供信息的自助翻译功能，在检索的过程中可以用中文进行检索，机器也将检索的结果用中文显示，将大大提高用户的利用效率。

（六）资源可视化表达

1. 可视化技术

根据图书馆学五定律，图书馆的任务就是及时、准确地提供给用户所需的东盟信息资源。而如何充分利用自身的技术手段，为用户提供高水平的信息服务，也是图书馆的任务和目标之一。

图书馆拥有非常丰富的东盟信息资源，用户难以在短时间内对这些丰富的数据进行全面、有效的分析和处理，这给用户的学习和研究带来了困难。可视化技术的出现使这一障碍得以消除。借助技术手段将数据和信息转化为图表，对大量数据信息进行简洁、清晰的解释，已成为解决用户处理数据能力局限性的重要方案。

以文本表达的信息资源，能够详细而准确地给用户提供用户所需信息资源。可视化技术却能将文本的信息资源转为直观与立体图形，使用户方便快捷地获得直接的感官体验，迅速地理解和掌握检索出的信息资源。

2. 可视化实现功能

资源可视化是以用户需求为驱动，便于用户快速获取和理解所需资源的一种辅助技术。东盟信息资源的可视化表示主要包括两部分：检索过程可视化和检索结果

① 吉雍慧．数字图书馆中的检索结果聚类和关联推荐研究 [J]. 现代图书情报技术，2008（2）：69-75.

可视化。

在以往的检索过程中，用户先将检索内容输入检索框，待检索完成后才能看到检索结果，但是可视化功能实现了检索过程与检索结果的同步，使检索过程有所展现，对检索过程的理解也就更加直观，用户可随时根据这些展现来对检索策略进行调整，辅助用户开展更准确的检索①。

对于用户东盟信息资源检索的结果，可视化一反繁杂的结果列表显示，将其转化成为图形呈现给用户。这种可视化的图形实际上是通过对检索结果的统计和聚类处理，将从表面无法体现的信息之间的深层次关系，以及隐藏价值挖掘出来的结果，能极大地促进用户对这些信息资源的利用。

发布关联数据。东盟网络信息资源深度聚合后，可借助相关工具对关联数据进行发布，以便用户获取东盟网络信息资源。

利用语义Web技术可以使网络信息资源实现可视化，也能将网络资源整合到语义检索中，使图书馆的东盟网络信息资源不再面向图书馆内部用户，而是面向社会大众，真正地实现东盟网络信息资源的共享。同时，东盟网络信息资源的深度聚合，可以为用户提供语义检索和推荐，满足用户的语义搜索需求，完成知识共享的过程。

第三节　东盟信息资源融合——以文化旅游为例

2018年，我国文化和旅游部正式批准成立，在“文旅融合”的背景下经过几年的发展，我国从中央到地方的文化事业、旅游事业和产业等实现了全面的融合发展。从国内转向国际视野，中国与东盟各国地理相连、人文互通，文化旅游已经成为中国与东盟跨境合作与友好往来的重要窗口。东盟文化旅游信息资源旨在传播东盟文化、促进东盟旅游活动顺利进行，向旅客和潜在旅客传达东盟各国的历史文化、精神文化、社会价值、生活方式等各类信息，既包括东盟语言信息资源，也包括中文及其他语种的东盟旅游相关信息资源②，使得东盟信息资源开发与传播研究具有现实意义。

当前，国内对东盟信息资源建设与开发利用的研究已经取得了一定的成果，主要有东盟信息资源建设、东南亚非通用语种图书的采访策略、东盟特色数据库建设

① 张继东．数字图书馆信息可视化应用模型研究[J].情报理论与实践，2011，34（1）：103-106+128.

② 张颖，苏瑞竹．中国图书馆东盟信息资源建设现状及趋势[J].农业图书情报学刊，2014（7）：5-9.

等①②③④。东盟旅游信息资源的深层次开发（聚合）与传播（知识发现和推荐）研究尚未开始。但中英文信息聚合及服务推荐的实践和研究已经取得很大的突破，相应的研究有基于元数据的知识聚合、基于主题图的知识聚合、基于本体的知识聚合，以及基于关联数据的知识聚合等⑤⑥⑦；资源服务推荐主要有本体规则推理、关联语义链、谱聚类、协同过滤和情景分析等方法⑧⑨。现有的研究成果为东盟文化和旅游信息资源的深层次开发利用和传播提供了很好的借鉴。

一、东盟文化旅游信息资源的构成与建设方法

（一）东盟文化旅游信息资源的类型与特征

1. 东盟文化旅游信息的类型

按照信息资源的载体类型，东盟文化旅游信息可分为两种类型：纸质资源和数字资源。纸质信息主要有中文资料、西方相关信息，以及东盟非通用语种信息资料。数字资源主要有3种类型：①以数据库形式存在的结构化信息资源，包括国内建设的东盟语言特色数据库、东南亚论文库、东南亚旅游资源库、东盟科学数据等，以及东盟各国的机构知识库、数字图书馆、OA资源等；②以纸质版信息数字化后产生的电子文档；③以虚拟形式存在的网页信息，如东盟各国政府官方网站、东盟国际组织官网、旅游网站、搜索引擎、论坛等。

2. 东盟文化旅游信息资源特征

①多语种。东盟10个正式成员国使用的语言不同，其产生的信息资源自然就包含多个语种的信息内容，包括英语、马来语、越南语、泰语、印尼语、泰米尔语、缅甸语、他加禄语、老挝语。此外，在中文、俄文、日文等信息中还存在许多与东盟文化旅游相关的信息资源。

②非结构性。东盟文化旅游信息资源来源于不同数据库、不同网站，数据结构

① 李灿元，麦林，钟建法．高校图书馆小语种图书建设的问题与对策[J]. 图书馆建设，2011（9）：18-20.

② 谢耀芳．广西东盟特色信息资源建设探析——以广西壮族自治区图书馆为例[J]. 大学图书情报学刊，2011（4）：49-51.

③ 梁俭，胡海燕，金建英，等．基于东盟特色专题馆藏资源建设的调查分析——以广西壮族自治区图书馆为例[J]. 图书馆学刊，2017，39（2）：35-38.

④ 黄文福，苏瑞竹．“一带一路”战略背景下东盟文献信息资源的采集[J]. 内蒙古经济与科技，2017（7）：91-95.

⑤ 曹树金，李洁娜，王志红．面向网络信息资源聚合搜索的细粒度聚合单元元数据研究[J]. 中国图书馆学报，2017，43（4）：74-92.

⑥ 张云中，冯双双．基于主题图的数字档案标注系统资源聚合研究[J]. 图书情报工作，2018，62（14）：116-124.

⑦ 毕强，刘健．基于领域本体的数字信息资源聚合及服务推荐方法研究[J]. 情报学报，2017（5）：452-460.

⑧ 刘健．数字图书馆资源聚合与服务推荐研究[D]. 长春：吉林大学，2017.

⑨ 尹婷婷，曾宪玉．深度学习视角下图书馆馆藏资源推荐模型设计与分析[J]. 现代情报，2019，39（4）：103-107+124.

不规则、不统一，非结构性是其主要特征。

③分散性。东盟成员国的发展情况不均匀，不同国家因国情需要有不同的信息需求，信息资源建设也就各有侧重，导致东盟文化旅游信息资源分布不均匀。

（二）东盟文化旅游信息资源的采集

1. 东盟纸质信息资源的采集

东盟文化旅游纸本信息根据文种的差异，可选择不同的采访途径。通用语种信息资料出版发行渠道畅通，可以直接向图书销售机构订购，还可以与各级各类图书馆、文化和旅游部门共享东盟旅游信息资源。对于东南亚非通用语种信息，出于东盟国家图书市场发展不健全，出版数量和种类较少、购书成本高等原因，不适合政府采购，必须采取联合采购、现场采购的方式进行采集。非正式出版的信息资料可以通过举办的各种东盟会展、会议收集文化和旅游专题信息。部分非公开的东盟文化旅游信息可与东盟各国驻华使领馆建立友好往来关系，通过信息交流、交换互赠等方式获取。

2. 东盟数字信息资源的采集

针对以数据库形式存在的结构化信息资源，可以在信息化发展较好的国家直接购买与文化、旅游相关的数据库资源。对于信息化发展缓慢的国家，可以通过政府官方网站、旅游网站、各类信息机构网站等采集开放的数字资源，整理、分类形成新的数据库。我国的数据库建设较为成熟，在福建、广东、广西、云南等省区的图书馆和科研机构已建成各具特色的东盟数据库资源，可以通过共享、交换、采购或定制的方式获取。针对传统信息数字化加工形成的电子文档，可以直接购买其电子版，以节省图书馆的采购经费。部分图书会随书赠送光盘，附带有原书的音频/视频等素材，可以将这些数据下载并整理添加到数据库中。针对东盟旅游网页信息资源，主要利用网络爬虫技术进行采集，抓取的字段包括来自网站、标题、作者、发布时间、信息内容、URL地址等数据，然后清洗过滤掉内容重复的页面。

（三）东盟文化旅游信息资源的整理

1. 语言预处理

东盟文化旅游信息资源涉及多国语言，既有通用语言（如汉语、英语），也有非通用语言（东南亚非通用语种），所以在东盟旅游信息资源分类与整合的过程中，需要在数据入库之前进行语言识别预处理，包括语种识别、跨语言信息映射、多语言机器翻译等。对于通用语种的信息资源，语言预处理可借助机器翻译来完成。而对于东南亚非通用语种的信息资源而言，当前的机器翻译质量极不理想，因而还需要建立高质量的东盟语言平行语料库、语义知识库等。

2. 数据归一化

东盟文化旅游信息是多源异构、表现形式多样的海量数据集，其数据类型、数据格式和数据结构不统一，因而需要对采集到的信息资源进行归类、去重、标引、规范化等数据操作。数据标引的难点是解决多语种文献信息的标引问题，需要制定多元合理的元数据标引方案，以支持描述和关联汉语、东南亚小语种等文献信息资源。纸质文献需要熟悉东南亚语言的专业人员进行人工标引，提取文献的形式特征（题名、作者、来源等）和内容特征（关键词、主题词等），按照不同语种建立相应的元数据库，如汉语元数据库、泰语元数据库、越南语元数据库、马来语元数据库等。数字资源可以利用自动分词、信息抽取、数据标引等技术进行数据抽取，数据质量的净化、转化，以及数据加载处理，使之成为半结构化或结构化数据①。由于东盟旅游信息资源通常会涉及众多实体，所以在开展自动分词、信息提取和数据标引时，应充分利用现有的东盟国家库、地名库、人物库和其他语料库对相同语言信息资源进行归一与集成②。

二、东盟文化旅游信息资源的组织与深度聚合

（一）东盟文化旅游信息资源聚合的层次

按照资源聚合深度的差别，可以将东盟文化旅游信息资源的聚合划分为3个层次：数据集成、信息整合和知识聚合③。①数据集成是以异构数据为对象，将其在逻辑上或物理上加以有机集中，并以统一的用户接口方式表现出来，达到异构数据的共享，其缺陷是不能揭示资源与实体之间的关系，如引用关系、耦合关系等。②信息整合是采用一定的方式，链接各种来源、载体、类型的信息资源，使相互间独立的信息实体形成关联，实现信息资源的全面整合和一站式获取④。信息整合能够揭示资源实体间外部特征的关联，但整合的深度不足以挖掘资源实体间隐含的复杂语义关系。③知识聚合旨在挖掘知识单元间的内在关联，对知识资源进行动态关联和筛选组织，实现知识单元的有机连接和多维组织⑤。本体、主题图、关联数据的发展，为实现知识层面的聚合提供了强有力的工具。

（二）东盟文化旅游信息资源深度聚合

聚合是深层次的信息组织，为了实现中国与东盟在文化和旅游领域的深入交流与跨境合作，有必要对东盟文化旅游信息资源进行基于语义的知识聚合。本体在海量复杂的信息资源中具备明确、规范和包含语义信息等优势，能够快速高效地聚合

① 曹健，秦荣环，孙会清，等．基于Hadoop的高校图书馆数字资源整合利用研究[J].图书馆工作与研究，2018（3）：74-78+101.

② 王连喜，甘穗福，林楠铠，等．涉华信息资源归集与舆情分析框架构建[J].情报杂志，2020（6）：135-142.

③ 杜晖．基于耦合关系的学术信息资源深度聚合研究[D].武汉：武汉大学，2013.

④ 施旖．基于主题图的非物质文化遗产档案资源聚合研究[D].武汉：华中师范大学，2017.

⑤ 唐晓波，谭明亮，李诗轩，等．基于风险短语挖掘的知识聚合模型研究[J].情报理论与实践，2020，43(8)：152-158+139.

各种信息资源。因此，本书提出基于本体的知识聚合方式以实现东盟文化旅游资源的深度聚合，其体系框架如图6-7所示。东盟文化旅游资源聚合模型主要由采集层、语义化层、聚合层和服务层四大模块组成。

1. 东盟文化旅游信息资源本体建构

本体可以看成由特定领域内的相关概念知识组成的知识库，其中包括本领域知识聚域内相关概念的定义及概念间的关联关系①。本体构建方法较多，影响较广泛的有Methontology法、TOVE法、骨架法和七步法。

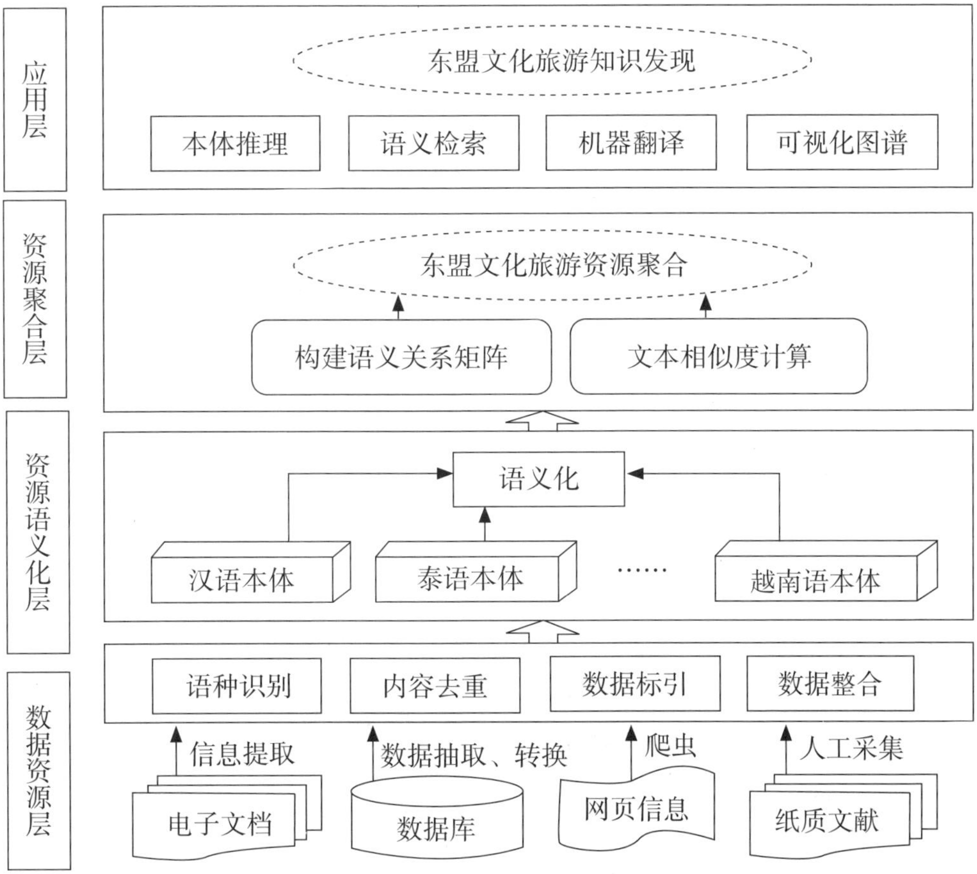

图6-7　东盟文化旅游资源聚合模型体系框架

本文采用Stanford开发的七步法，根据《中国图书馆分类法》、《GB/T 18972-2017旅游资源分类、调查与评价》、百科词条及相关旅游网站等，以Protégé软件作为本体编辑和可视化工具构建东盟文化旅游本体。以中文版为例，本体模型描述如下。

---

① 徐顺航，杨长春，徐筱，等.面向智慧旅游的文物领域本体构建及推理[J].计算机工程与设计，2020(8)：2321-2326.

（1）确定东盟文化旅游本体的领域和范围。东盟文化旅游本体是将东盟国家文化和旅游领域的知识、信息和数据规范为统一的概念和术语，并按照其层次关系组成的概念化体系①，包括中文及东南亚语种等多个子本体。其专业领域涵盖东南亚各国的节日风俗、宗教礼仪、人文艺术、特色美食等在内的文化领域，以及建筑景观、购物指南、交通路线、旅游设施等在内的旅游领域。

（2）定义东盟文化旅游本体的类和概念层次关系。根据已有的旅游、地理本体模型和各类旅游网站，采用自顶而下的方法构建东盟文化旅游本体的概念体系，划分为旅游国家、旅游资源、旅游设施、旅游空间及旅游参与者5个一级类。在五大类的基础上，逐步细分出每个概念的子类，最终完成本体的概念层设计。利用Protégé软件的OntoGraf功能将本体概念体系可视化，如图6-8所示。

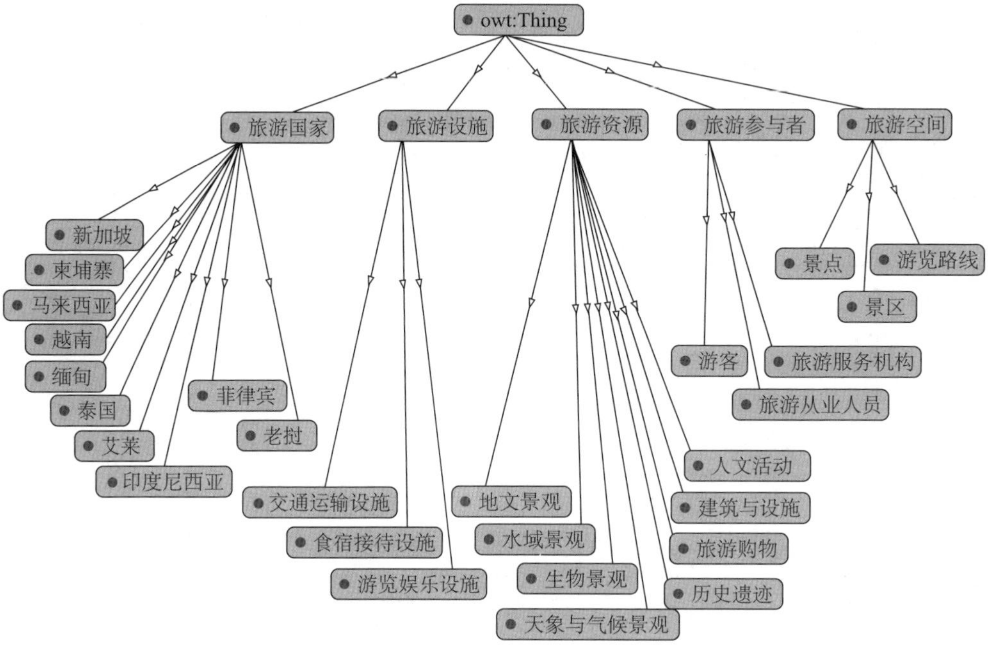

图6-8 东盟文化旅游本体的类及层次关系

（3）定义东盟文化旅游本体中的属性及属性之间的层次关系。东盟文化旅游本体中的类、对象和实例不是各自独立的，而是相互关联的，因而需要定义属性约束关系来约束类和实例间的关系。类的属性分为对象属性和数据属性，对象属性主要是把具有不同特征的旅游类别结合起来，如设置“包含”属性是把景区和游览路线、人文活动、地文景观等联系起来；数据属性是对不同旅游类别进行个性化区分，利用文字进行详细的描述（如景区包括电话、价格、地址等数据属性），并使用不同的

① 洪烨，康明娟，李仁杰，等.旅游地理本体模型设计与张家界实例研究[J].地理与地理信息科学，2016（3）：95-99.

数值加以具体描述。东盟文化旅游本体的部分属性如表6–1所示。

表6–1　东盟文化旅游本体部分对象、数据属性

属性名称	属性类型	属性值	定义域	值域
位于	对象属性	景区所在国家	景区	国家
		住宿机构所在国家	住宿机构	
		服务机构所在国家	服务机构	
邻近	对象属性	住宿机构邻近景区	住宿机构	景区
		餐饮机构邻近景区	餐饮机构	
具有	对象属性	景区具有的食宿接待设施	景区	食宿接待设施
		景区具有的交通运输设施	景区	交通运输设施
包含	对象属性	景区包含的游览路线	景区	游览路线
		景区包含的人文活动	景区	人文活动
规划	对象属性	服务机构规划的游览路线	服务机构	游览路线
选择	对象属性	游客选择的游览路线	游客	游览路线
欣赏	对象属性	游客欣赏的水域景观	游客	水域景观
		游客欣赏的地文景观	游客	地文景观
电话	数据属性	电话	景区、服务机构	String
价格	数据属性	价格	景区、住宿机构	String
地址	数据属性	地址	景区	String
营业时间	数据属性	时间	景区	String

（4）添加东盟文化旅游本体实例。为确定的各个类创建实例，并添加属性值。以泰国旅游为例，通过查找泰国旅游网站、旅游指南和旅游服务大全等，以及国内旅游网站、相关数据库等获得东盟文化旅游本体实例信息，通过手工方式进行实例填充。图6–9为旅游空间的部分实例及属性约束关系，景区是根据旅游国家划分出来的旅游区域，包括泰国各个城市、岛屿等地区，如曼谷、清迈、华欣、普吉岛、苏梅岛等；景点是景区中包含的具体旅游点，如大皇宫、四面佛、清迈大学、黑庙、大佛塔寺等。相关的约束关系有“包含”“具有”“临近”等，如景区包含的游览路线、景区具有的旅游服务机构、食宿接待设施的临近景区等。图6–10为旅游资源大类下“建筑与设施”和“人文活动”的部分实例。

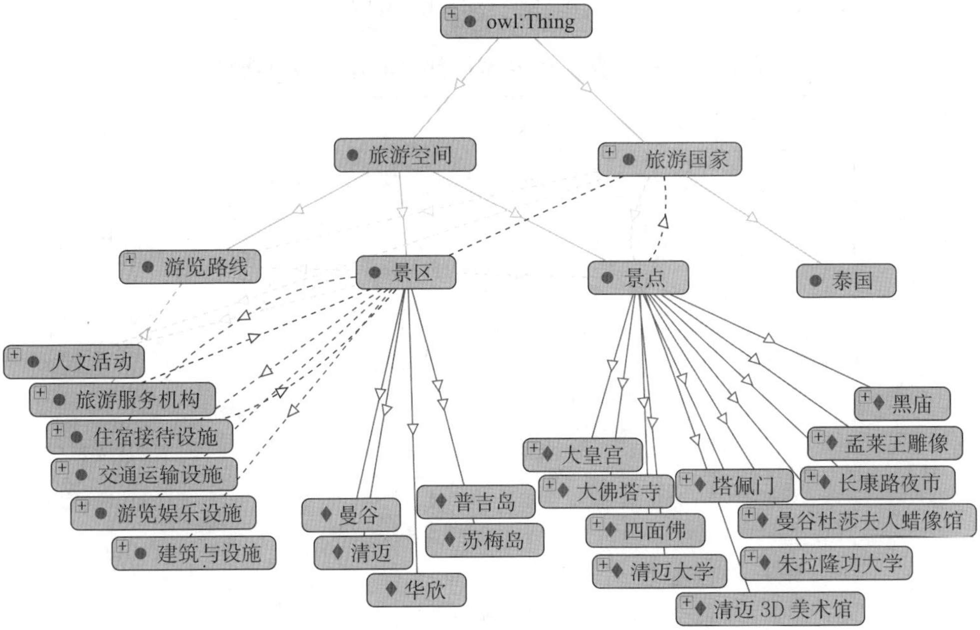

图 6-9　旅游空间部分实例及属性约束

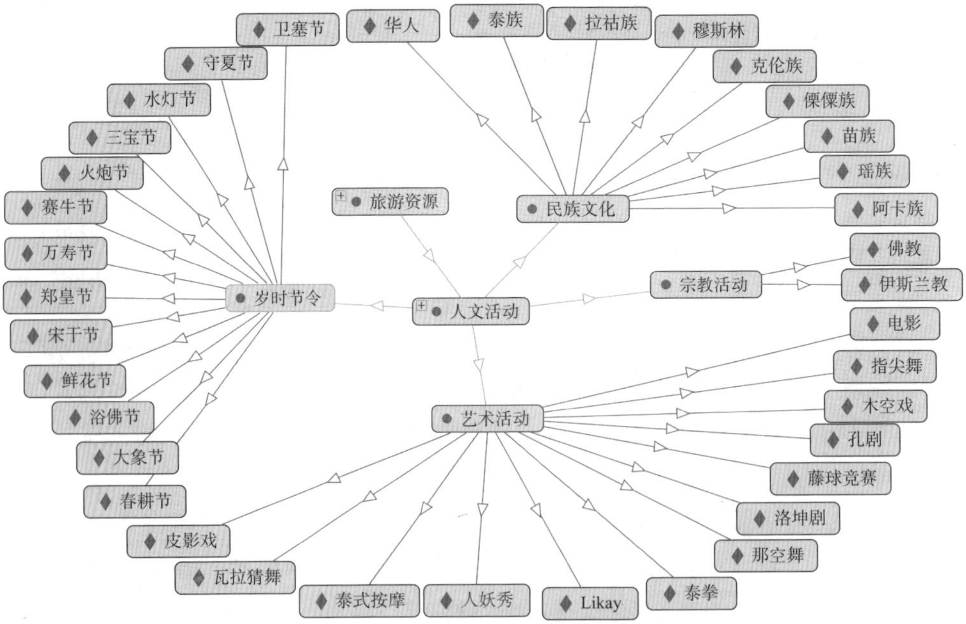

图 6-10　旅游资源部分实例

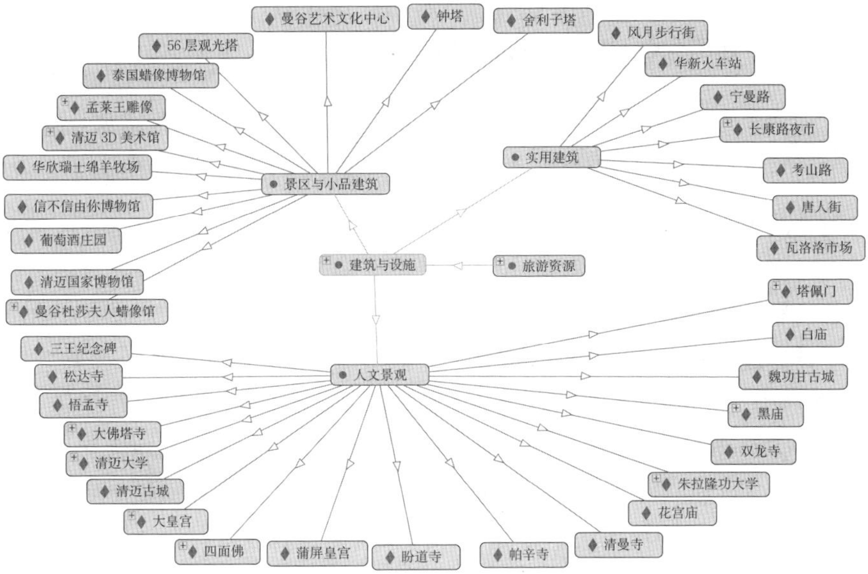

2. 东盟文化旅游信息资源聚合技术

（1）东盟文化旅游信息资源语义化。

将信息资源语义化为机器理解的语言是实现资源聚合的前提与基础，而本体又是语义化描述的基础工作。在资源语义化层，本体可以在资源集合的上一层构建一个本体模型以实现对资源对象进行语义化揭示，然后开展对信息资源的语义标注，将东盟信息资源涉及的实体与其对应的本体实例关联起来[①]。RDF/RDFS（资源描述框架）和OWL（网络本体语言）是W3C组织推荐的语义化描述语言。东盟文化旅游本体的构建需要采用OWL语言描述类、属性和实例，以OWL文件存储于本体库。RDF使用“实体-属性-值”三元组来描述领域知识概念，可实现知识单元的细粒度重组。基于构建的本体概念模型，从东盟信息源数据中抽取国别、景点、机构等知识实体，将普通元数据转化为以RDF格式表达的语义元数据，存储于知识库中。

（2）东盟文化旅游资源语义相似度计算。

语义相似度计算通常需要使用具有层次结构关系的语义词典，如本体、同义词词林、Word Net等。基于构建的东盟文化旅游本体来计算信息资源间的语义相似度，可以将具有相似主题和内容的信息资源进行关联。常见的语义相似度计算方法有基于距离的方法、基于内容的方法和基于属性的方法[②]，它们分别通过概念间的路径长度、共享信息程度和属性相似程度来计算概念的语义相似度。但这3种方法都存在自身的局限性，如计算准确度较低、复杂程度大等问题。综合考虑东盟文化旅游本体

① 毕强，尹长余，滕广青，等.数字资源聚合的理论基础及其方法体系建构[J].情报科学，2015（1）：9-14+24.

② 刘健，毕强，刘庆旭，等.数字信息资源内容服务推荐研究——基于本体规则推理和语义相似度计算[J].现代图书情报技术，2016（9）：70-77.

的树形结构特点，将3种方法结合起来，采用混合式的计算方法，提高计算的精确度。假设两个本体概念G_1和G_2间的语义相似度为$sim(G_1, G_2)$，则计算公式如下：

$$sim(G_1, G_2)=a \times sim(G_1, G_2)_{dis} + b \times sim(G_1, G_2)_{ic} + c \times sim(G_1, G_2)_{attr}$$

其中，a、b、c分别是路径长度、信息含量和属性的调节参数，且$a + b + c=1$。

（3）东盟文化旅游资源聚类分析。

聚类算法可以将信息资源按照相似度聚集成合适的簇，有效解决了信息冗余的问题。东盟文化旅游信息资源包含文本、图像、音视频等多种类型的数据，具有高维性、稀疏性和时序性等特点，传统的K-means、DBSCAN等聚类算法容易陷入局部最优、聚类效果不理想的局面。谱聚类能够识别非凸分布的聚类，对于处理高维、稀疏数据的聚类很有效，且能够收敛于全局最优[①]。但谱聚类结果需要用K-means进行聚类，这会不可避免地引入初值选择带来的不确定性。K-means和谱聚类的联合聚类算法（K-Means and Spectral Clustering，KMSC）将K-means和谱聚类的目标函数集成到统一的框架中，利用乘法更新规则进行算法优化，既可以避免K-means收敛于局部最优，也可以避免谱聚类给后续处理带来的麻烦，使聚类效果更加理想[②]。

三、基于知识发现的东盟文化旅游信息的挖掘与应用

（一）东盟文化旅游信息资源的挖掘

1. 本体推理检索结果排序

本体推理是利用本体中的概念和属性进行逻辑推理，基本思路在于用规则来表示本体知识库中的本体，然后制定规则库，根据推理引擎依照适合的推理算法从既有的事实中推算出隐匿的信息[③]。本文使用SWRL作为东盟文化和旅游领域内概念知识的规则表示语言，使用Jess作为推理引擎。结合东盟文化旅游领域本体的类、实例和属性，将东盟文化旅游信息资源进行语义解析与转换，构建该领域的规则集合。在Protégé中安装Jess插件，使用Jess推理机制解释OWL语言建立的东盟文化旅游领域本体和SWRL语言建立的东盟文化旅游规则库，OWL本体和SWRL规则经过解析器映射为Jess事实和Jess规则，Jess引擎执行推理后产生新的事实，最后将推理结果按照相关程序推荐给目标用户[④]。东盟文化旅游本体推理系统模型如图6-11所示。

① 吴银昊，那日萨，李慧．基于Gaussian LDA与谱聚类融合的代表性负向评论提取[J]．情报科学，2021，39（3）：136-142.

② 陈迪，刘惊雷．基于乘法更新规则的k-means与谱聚类的联合学习[J]．南京大学学报（自然科学版），2021（2）：177-188.

③ 吴彦伟．智能查询中的本体推理机制及其应用研究[D]．西安：西安电子科技大学，2014：19.

④ 张瑜．基于本体的矿工不安全行为知识表示和推理研究[D]．徐州：中国矿业大学，2019.

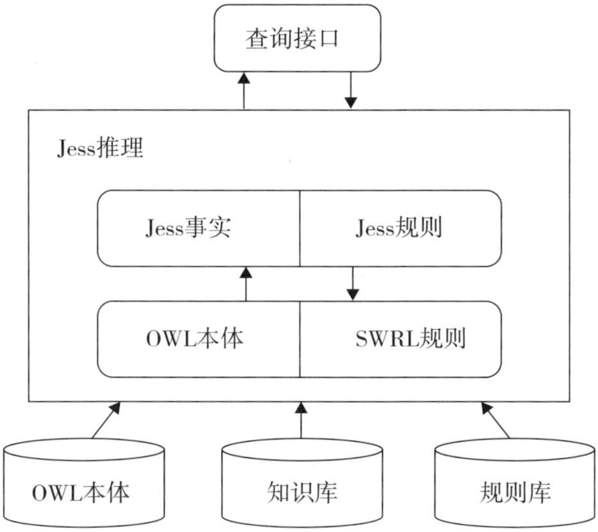

图 6–11　东盟文化旅游本体推理系统

2. 提供资源服务推荐

服务推荐模块包括用户数据库、协同过滤、基于知识等个性化推荐技术，为实现定制用户个性化旅游方案和智能化推送信息提供底层数据和技术支撑[①]。个性化推送的基础是建立用户兴趣数据库，用户在注册时可对旅游国家、旅游景点、旅游方式等兴趣主题进行选择，主动向系统提供个人对东盟文化旅游信息的偏好需求条件，便于后期系统推荐个性化信息。服务器端从收集到的用户非结构化数据中提取用户特征，以确定用户感兴趣的旅游主题和旅游目的地等。用户在使用时，系统实时跟踪和监测用户的信息浏览与信息搜寻行为，根据用户使用习惯及时更新用户的兴趣数据。后台根据用户注册时的静态数据和采集到的动态数据建立用户数据库，利用大数据技术挖掘其潜在的东盟旅游信息需求，进而智能化地推送东盟旅游信息。

（二）东盟文化旅游信息资源传播

1. 可视化揭示

可视化展示是东盟文化旅游信息资源传播的首要环节，只有以直观可视、通俗易懂的方式呈现给用户，才能达到东盟文化旅游资源的全方位揭示和良好的传播效果。东盟文化旅游信息资源的可视化模块主要是利用相关的可视化技术和工具，以视觉形式展现海量信息资源之间存在的关联和深层内涵，提高聚合结果的理解度和认知度[②]。可视化展示界面可以实现东盟文化旅游信息资源的类目浏览和主题检索。知识系统的分类导航栏目划分为旅游国家、旅游攻略、文化风俗、路线推荐四大板

① 郭顺利 . 社会化问答社区用户生成答案知识聚合及服务研究 [D]. 长春：吉林大学，2018.

② 张建红 . 基于语义关联的海量数字资源知识聚合与服务研究 [J]. 图书馆工作与研究，2016（8）：44-47.

块，用户通过逐级浏览查找感兴趣的旅游文化资源，同时获得与该资源对应的详细信息，包括文字介绍、图片、音频/视频等内容，并以地图的形式呈现该资源所在的地理位置。主题检索框支持东盟文化旅游资源的内容检索，用户可以使用关键词获取相关主题的所有信息资源，并将检索后的结果以文字、图像或视频等可视化形式反馈给用户。

2. 创新资源形式

创新性的信息内容和资源形式，能够吸引更多用户获取和利用平台提供的信息和服务，促进东盟文化和旅游资源的广泛传播。东盟文化旅游知识系统的内容和服务应遵循媒介传播的规律，对受众的喜好和行为进行深入调查，以满足用户需求为导向来定位系统的服务和内容，同时增加互动和反馈渠道①。以生动、直观的方式展现东盟各国的民俗文化、异域风情、审美情趣和特色景观是知识系统的重要目标，因此资源形式必须包含文字、图像、音频/视频、地图等多种类型。与传统旅游服务平台不同的是，系统集成了东盟文化旅游知识库，包括图书、期刊、会议信息、政策标准、统计数据等大量信息数据，为推动东盟国家文化和旅游融合发展、促进中国与东盟各国文化旅游合作提供信息保障。此外，系统还嵌入了“写游记”模块，用户可以将自己的旅行体验、旅游路线、食宿推荐等内容以图文、音视频等形式发布到平台上，实现资源的共建共享。

3. 资源传播模式

东盟文化旅游信息资源可采取政府主导和市场导向相结合的传播模式。从文化体制的角度分析，公共图书馆可以与政府合作，以文化和旅游部、各级文化主管部门为东盟文化旅游信息传播的核心主体，以旅游带动中国与东盟各国的文化交流和人民往来。针对系统提供的增值服务可以采取市场导向模式，在知识聚合的基础上打造特色东盟文化旅游资源的品牌形象，同时与各大媒体平台融合，增强品牌传播力，使东盟文化旅游资源广泛渗透到国内旅游市场。在传递的方向上，既可以采取多向传递，最大限度地实现东盟文化旅游信息资源的共享，也可以进行单向传递，为用户提供信息咨询服务，帮助用户更深入地了解东盟文化和旅游信息。此外，用户在浏览信息的过程中，还会产生点赞、评论和转发等信息行为，并通过个人关系网进行传播，以此类推，实现信息的裂变式传播。

① 李颖. 基于传播学视角的移动图书馆发展趋向探析 [J]. 图书馆工作与研究，2020（3）：109-113+128.

第四节　数字人文背景下东盟信息资源的重构与利用

一、数字人文——资源重构技术

数字人文从最早的“人文计算”产生以来发展至今，无数学者对其内涵外延作了研究和论证，业内统指人文学者运用计算思维，将研究对象通过计算机软件以可关联、可计算和可视化的方式进行知识重构，便于开展统计分析和信息挖掘。研究者们通过这种思维方式，发现人文学科中蕴藏的特征和规律，以及隐藏的新知识，为研究对象的发展趋势作出判断，并提供依据。

数字人文技术把没有形体的数据、文字、概念和故事变成画面，通过人类最发达的感觉系统——视觉，帮助缺乏数字直觉的学习者加深理解和体验，开展数据背后意义的抽象思考。学术上通过数字技术进行知识重组的研究日渐丰富，研究者结合文本分析工具用于研究语言现象和规律、哲学的概念语义分析，结合多地图叠加技术展现各种学科知识在时间上的演化过程及空间分布，可以挖掘历史人物的行踪轨迹和关系。我们乐于发现数字技术为人文学科带来的计算结果，例如，从武则天称谓的词频变化、朝代分布、信息分布和地理空间聚合分布等多个观察维度，能够看出历史对武则天的客观评价[①]；通过法律语言学的分析方法鉴别《布谷鸟的呼唤》的真实作者与《哈利·波特》的作者J.K.罗琳是同一人[②]；对《左传》里的事件、人物信息进行结构特征的计量，用可视化结果分析出《左传》里的人物在同一事件中出现的概率、人物关系特点及人物地位表述[③]。多媒体映像技术可对艺术和历史进行史料的解释和重建再现。例如，《清明上河图》的全息影像展示，应用数据库《3D实景莫高窟》展示“数字敦煌”“虚拟洞窟”等[④]，结合历史地理信息系统，还可实现古代道路和城市复原、语言民族变迁调查地图。数字技术的魅力不仅施展在学术上，政治决策也会被可视化的知识表现形式打动，例如，在19世纪，英国护士和统计学家Florence Nightingale为了一些不太能理解传统统计报表的公务人员制作出了一种色彩缤纷的图表形式，这就是历史上著名的“南丁格尔玫瑰图”，用以表述军队医院季节性的死亡率，才终于得到当时的高层包括军方人士和维多利亚女王对医事改良的支持。

① 欧阳剑．大规模古籍文本在中国史定量研究中的应用探索[J].大学图书馆报，2016，34（3）：5-15.

② 金雯，李绳．“大数据”分析与文学研究[J].中国图书评论，2014（4）：69-75.

③ 胡悦融，马青，刘佳派，等．数字人文背景下“远距离可视化阅读”探析[J].图书馆论坛，2017，37（2）：1-9.

④ 王洁．大数据思维与数字人文的加值应用——传统文化数据库发展的新趋势[J].图书馆理论与实践，2018（5）：104-108.

二、东盟信息资源建设现状

（一）东盟信息资源建设的成效

2011年，中国—东盟中心正式成立，着力促进中国与东盟各领域合作，从政府到科研机构，从高校到企业，对东盟的研究日益深化，对贸易、投资、教育、文化、旅游、信息媒体等方面进行了全方位的渗透。各类信息服务机构为东盟研究开展了大量的信息保障工作，东盟信息资源的收集整理已经有多个数据平台在进行，并各具特色。

国家统计局[①]也做了六大洲多个国家的统计网站的链接跳转，亚洲部分涵盖29个国家，其中东盟国家有7个，发布包含GDP、CPI、人口普查、粮食产量等多种国家数据统计指标。

探寻东盟国家的文化资源可以发现，有些国家电子书资源相对丰富，例如，泰国的移动电子书网站[②③]，印度尼西亚的Gramedia电子书平台、Wayang Force综合类书籍与杂志。一些东盟国家的机构知识库，以及高校的学位论文库相对健全，如新加坡国立大学学位论文库、泰国朱拉隆功大学学位论文数据库。东盟各国及地方政府网站，或者Facebook的官方账号、地方新闻媒体、综合门户网站、社会团体网站、论坛等是当地政治、经济、社会、文化、科技，以及政府信息发布的集中地，如越南河内市政府官网[④]，泰国马哈沙拉坎府facebook账户[⑤]，泰国的《民族报》[⑥]《泰国日报（英文版）》《暹罗日报（泰文版）》等网站，泰国的泰联网[⑦]，缅甸旅游信息网[⑧]，缅甸果敢论坛，新加坡南安艺文社[⑨]，菲律宾华裔青年联合会（Kaisa Para SaKaunlaraan）[⑩]等。自中国—东盟自由贸易区成立以来，东南亚国家民间利用微交流的方式愈加频繁，社交平台上出现了难以计数的公众号，如泰语泰国、大缅甸、缅甸今日、泰国中文网、老挝快讯、醉美缅甸、泰国妞等，这些都属于活跃的实时信息来源。

（二）东盟信息资源建设的新挑战

国家“十三五”期间，东盟基础资源的建设在资源深度加工和整合、数据库的建设与组织、保障平台的建设与维护等方面都加大了创新的力度，东盟信息资源保

① 国家统计局 .[DB/OL].https://data.stats.gov.cn/gjwz.htm
② 泰国移动电子书网站 1.[DB/OL].http://mebmarket.com （MEB by ASK Media）.
③ 泰国移动电子书网站 2.[DB/OL].http://book.truelife.com True Digital Bookstore.
④ 越南河内市政府官网 .[DB/OL].https://www.thudo.gov.vn/.
⑤ 泰国马哈沙拉坎府 Facebook 账户 . [DB/OL]. https://www.facebook.com/mahasarakhamtoday/.
⑥ 泰国《民族报》.[DB/OL].https://www.nationthailand.com/.
⑦ 泰联网 .[DB/OL].http://www.thailianwang.com/portal.php.
⑧ 缅甸旅游信息网 . [DB/OL].http://www.myanmars.net/download/.
⑨ 新加坡南安艺文社 . [DB/OL].http://www.artsnanan.org/index.aspx.
⑩ 菲律宾华裔青年联合会 Kaisa Para SaKaunlaraan. [DB/OL].http://www.philonline.com.ph/.

障的能力和水平显著提升。但随着数字人文的兴起，研究人员对数据有着更丰富和更深层的诉求，而当下东盟信息资源建设仍然是以数据集散建设模式为主，这种传统知识组织形式下的数据材料之间缺乏有意义的关联，用户只能通过零散的原始数据进行孤立的分析，而不是通过多维度的观测计算来发现数据中蕴含的深层问题。东盟信息资源建设取得的成就只是一种建设式的改变，而不是重构式的改革。面对复杂变幻的信息技术环境和日益增长的用户信息需求，东盟信息资源供给的不平衡、不充分，信息资源的组织方式单一，个性化和集成化的服务程度不高等问题并没有完全解决，更有信息资源开发利用不足与无序滥用的现象并存①。

随着国内对东盟国家发展研究需求的提高，数字人文技术的出现带来了全新信息环境的形成，以及科学研究范式的转变，使得东盟信息资源的组织方式、管理体制、保障机制、业务方式等方面都有待重新界定和设计，以提高东盟信息资源保障水平。图书馆等信息服务单位积极探索东盟信息资源保障体系的新目标、新要求、新场景，以满意用户信息需求作为出发点和归宿，在数字人文技术的引领下，探讨东盟信息资源建设和服务的创新和转型，建立融合的信息生态系统，支撑我国数字资源保障任务顺利推进。

三、东盟数字资源堆栈的搭建

利用数字人文技术对东盟信息资源进行组织和重构，需要搭建一个集数据抓取处理、资源语义重构性描述及具备认知计算功能的用户响应机制于一体的数字资源堆栈，即数据栈、语义栈、用户栈，不同栈的数字人文技术构成层级结构，每一层面都有运用下一层的能力，我们讨论从堆栈底层向上直至用户需求响应的实现理念，如图6–12所示。

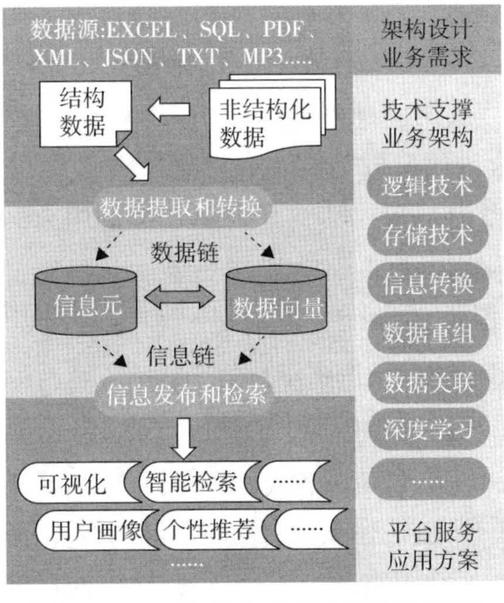

图6–12　数字人文堆栈搭建模型

① 中共中央办公厅 国务院办公厅.《国家信息化发展战略纲要》[J]. 中华人民共和国国务院公报，2016（23）：6-16.

（一）数据栈

数据的处理是资源堆栈搭建的重要根基。最早出现的数据形式是以定量数据对信息进行统一、标准的表示为代表的结构化数据，也就是关系型数据库当中所存储的数据，这类数据的存、取、用都简单，而且技术成熟。但是随着信息技术的深度普及，特别是近年来社交媒体的爆发式增长，出现了以文本、影音、短视频等为代表的数据形式，无法使用预先定义的数据对信息进行统一、标准的表示，也无法直接使用关系型数据库进行存储。而这类数据被归纳为非结构化和半结构化形式的数据，不便使用传统关系型数据库作为数据二元结构的逻辑表现，特别是以自然语言为代表的非结构化数据，则专门需要通过NLP（自然语言处理）技术识别文本中的关键信息元，包括特定用词，通过分词这一环节的处理，构建出词库字典，提取关键字形成向量、建立索引，并利用深度学习模型，向量化的单字、词语、短句进行神经网络自动学习。而对语音音频文件进行非结构化数据处理，也是先将其转换为文字，再利用NLP技术对文字进行识别。非结构化的数据没有对数据的格式进行严格的限定，这其实对于现实事物在堆栈当中的描述是有利的，数据可以在堆栈当中自由地流入及更新。利用更贴近于自然的手段对用户所拥有的非结构化数据进行有针对性的探索和挖掘，并且用户可以根据自建的模式来检索想要获取的数据。如今非结构化数据不再是信息资源的附加描述，而是蕴含着丰富的可关联、可统计、可视化的资源，能够对事物进行多维度的描述。

（二）语义栈

对数据栈当中所提供的各类信息元进行转换，提取有价值的信息，利用数据思维对信息元的数据分析和构建模型重新进行语义组织。为保证数据集的准确、一致、完整，堆栈建设需要进行数据的载入、清洗、转换、重排等操作。语义栈的主要功能是将经过处理的数据通过计算机手段展示其概念和含义，实现信息重组和推理。

信息在计算机系统当中是数据结构和控制结构的组合，其表现为数据的存储和数据的利用。在存储和利用数据时，为了尽可能纠正数据集的错误，在进行数据分析之前可以通过Pandas提供的类库资源对分析目标进行数据纠错、数据重塑。在Pandas中可以利用诸如dropna、fillna、innull、notnull等函数对缺失值进行处理，通过Dtype来对数据值类型进行重新修改，字符数据集可以通过字符串内建对象方法对常规简单的文件进行操作，对于需要进行模糊查询的文本操作，可以通过正则表达式的方式进行处理，顺带处理了缺失数据的问题。数据信息的关联、互通、重组、聚合，往往不在一个文件或者数据库当中，或者数据通过非常规的分析格式进行分布，这时就需要对数据集进行规整化的操作，可以使用Pandas分层索引的观念，将高维度的数据放入到低维度的数据格式当中进行处理。对于合并分布数据集，Pandas

可以提供pandas.merge、pandas.concat、combine_first 3种内置解决方案。

信息推理是语义栈的重要职能，以深度学习结合海量数据集，得到目标数据在特定领域里的训练模型，通过算法实现信息推理。为信息推理提供决策能力的算法是深度学习，这是机器学习的一种，而Tensor Flow作为深度学习的框架，除了能够提供各类预测算法外，其特别之处在于提供了强化学习的算法。强化学习算法能够让具有决策能力的智能实体，在通过感应外界环境的变化而激发自身作出决策。当前，自然语言处理技术也得到了深度学习的助力，解决了语义匹配当中语义相似的问题。

选择和利用好适当的工具可以提高数据载入时的工作效率，节约数据的准备时间，有利于数据有效地进入用户响应环节。

（三）用户栈

信息的重构并不是要将原有的数据消除或是新建，当源数据集的表现方式不能满足用户需求时，用户栈需要将数据进行透视、堆叠、变形和组合，形成二次知识，满足用户可以直接利用的期望，使得数据集内的数据意义不变而语义更加丰富。对于重组的数据并非只有一次生命，在栈当中是可以重复利用的，并且可以随时间推移不断完善和扩充，形成优质的数据集，提供精准研究服务。因此，信息重构的重点，不仅是数据处理技术，还有用户响应机制。海量数据的统计结果形成分析图形的可视化，呈现数据之间的关联和规律，让抽象的信息具体化，有助于研究者发现信息蕴含的隐藏知识和规律。Python框架下优先选择对于数据可视化的最便利的Matplotlib绘图库，能够轻松绘制出多种类型的二维图表，利用mpl_toolkits.mplot 3d工具库，还可以实现三维图表的绘制，准确展示高质量的数据内容，提升信息交互中的效率、分析结果的可靠性和研究成果的说服力。

四、东盟数字资源重构后的利用分析

（一）统计数据可视化

从研究者的角度进行设计，将东盟十个成员国的各类信息资源进行主题建制，采用开放式结构提供研究及统计数据，以及可视化工具。用户获取所需数据后可以从年份、国家、城市等维度进行变量编码，从而制作出基础数据的各类对比图，以及进行关联性分析、数据过滤、矩阵散点、用户画像、三维聚类、特征筛选、回归分析、帕累托图等分析可视化。用户只需要从数据栈中下载所需字段的数据制成表格，导入语义栈中的可视化工具，即可生成对应的可视化图谱。我们选取东盟十国的GDP及其相关指数、人口总数、商业贸易指数及就业、失业人数、航空运输等共18个字段的交叉数据资源，以三维聚类散点图的方式进行组织重构，得到东盟十国经济贸易人口发展概况的对比散点图，能够直观地看到在18个维度下各国发展所处的位置，如图6-13所示。

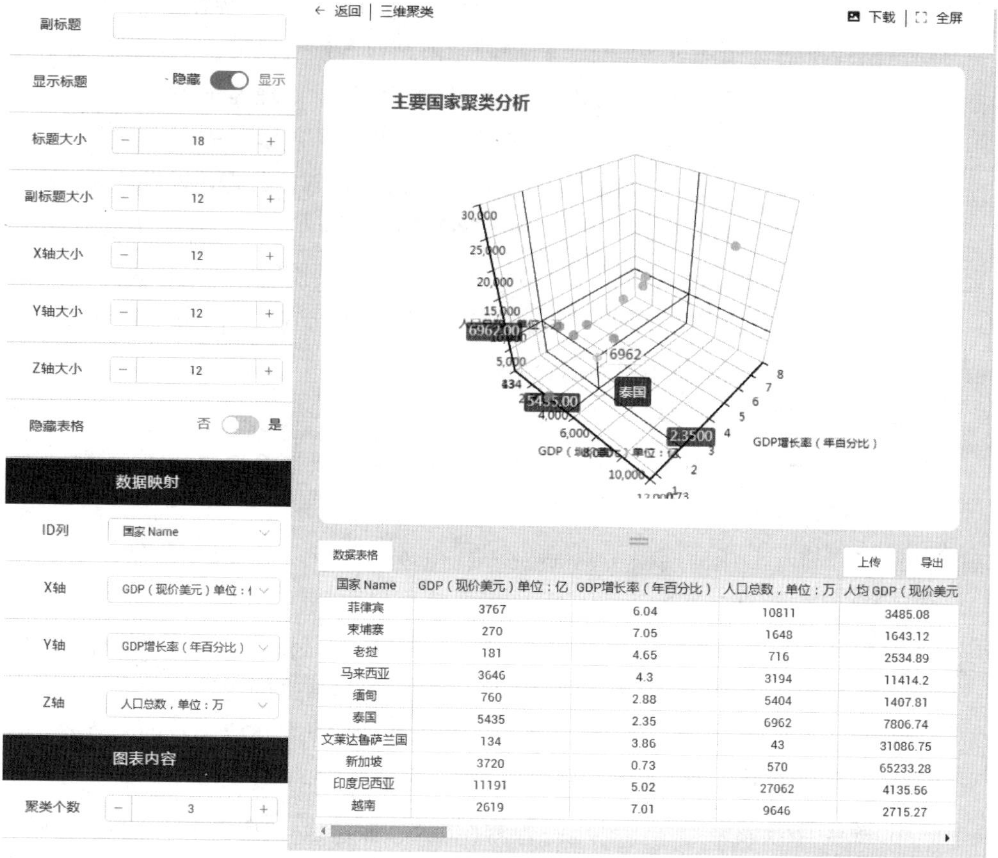

图6-13 东盟十国经济贸易人口数据交叉重组及三维聚类分析

（二）文本分析处理

对信息资源进行文本标准统一处理后，可以进行统计分析。提炼文本中的关键词排列呈云朵状，关键词的大小与在文本中出现的频率成正比，最大的关键词也会处在中间位置，过滤掉出现率和相关度低的文本信息，用户能通过第一视觉感知并捕捉文本的中心思想，以“对越自卫反击战”百度百科的描述为例，用户只要扫一眼词云图，即可了解相关重点词，如图6-14所示。

常见的文本挖掘方式还有中文分词、词性分析、专有名词识别、知识图谱、情感分析、文本自动摘要、主题识别、故事流等。假如用户在对某国皇室人物及其关系地位进行文本研究时被冗长的人名和复杂的关系所困扰，我们可以利用专有名词识别技术，将文本导出成人物关系知识图谱，能快速提高用户的理解效率。

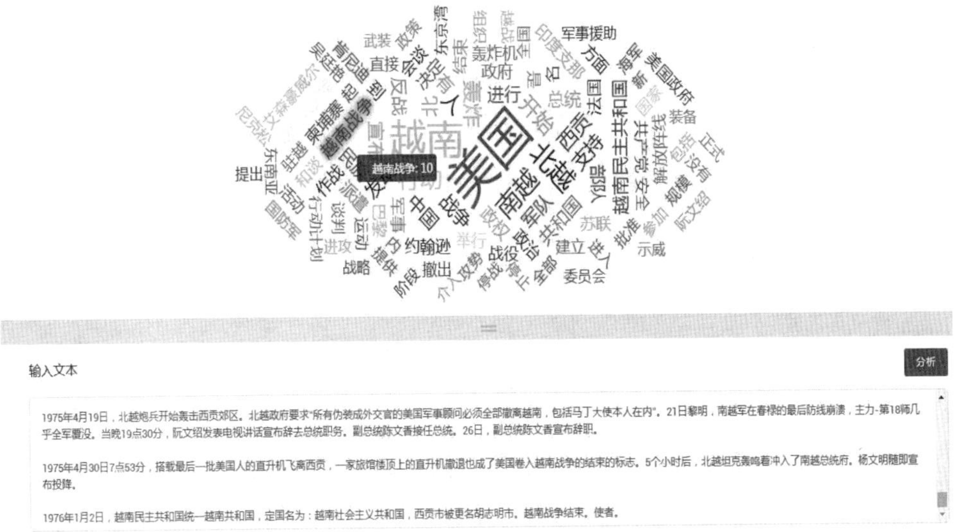

图 6–14　“对越自卫反击战”关键词云图

（三）地理空间信息的有效揭示

当用户研究的对象具备区域性分析的时候，采用地区分布图、地图散点图、连接地图和三维地区柱状图等知识组织形式，一目了然且美观有趣。尤其三维柱状图，将柱形展现在指定的地理区域上，用户只需要输入地点的经纬度和研究数据，即可生动地比较数据之间的关系，并揭示其地理分布的信息，如东盟各国主要城市的人口、经济发展指标、文化建设、疫情概况等数据资源，均可以使用地理空间信息揭示及利用，如图6–15所示。

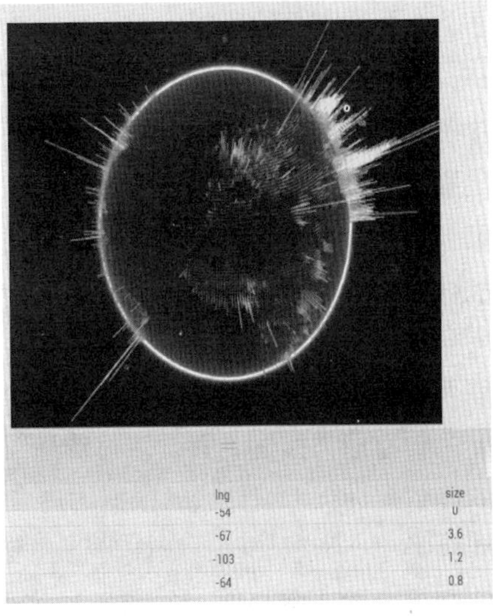

图 6–15　地理空间信息

（四）时序分析

过多的时序数据在转换为折线图时会显得杂乱无章，很难直接通过观察来发现数据的意义，这时可以通过时序散点图、极坐标图、热力图、动态图、周期图、多系列三维柱状图、不同颜色形状结合观测的主题河流图、自变量与因变量的回归分析、基于数据算法的预测分析、跨库数据的关联融合等来进行分析，如图6–16所示。

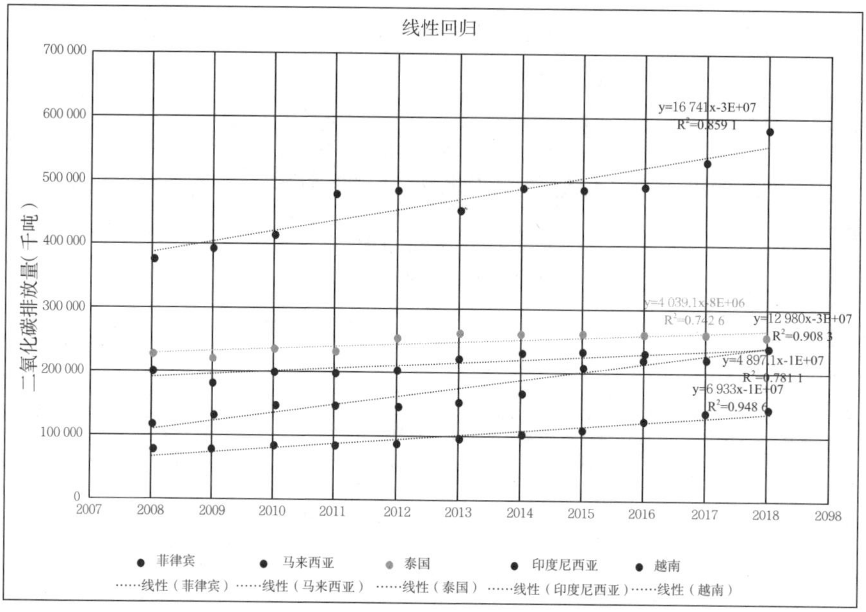

图 6–16　二氧化碳排放量（千吨）东盟前五名国家

（五）跨库关联

跨库关联指的是实时跨库数据的关联、计算、推理和可视化。研究者往往需要多个数据库的关联，这样做，一种情况是为了融合更多的数据去发现问题和规律，以求更接近事物的本质；另一种情况是因果关联分析，掌握外在因子的变化，以发现其对研究事物发展的内在影响。第一种情况，例如，用户在追踪某个事件进展时，往往要关注网页、微信、社交平台、手机应用、论坛、报刊、视频、问答、评论、广播电视等各种类型的相关报道的实时动态，用户栈对需求产生响应，获取数据后进行跨库关联及数据融合，将信息清洗后重新组织，以一站式可视化呈现多维度的动态。

信息语义描述。假设以“贸易”和“东南亚”为关键词，用户栈可以对各种实时媒体数据进行组织，然后根据用户自定义设定字段的动态追踪，用户勾选了时间范围、媒体类型、情感属性、媒体类别、发布地区、精准度、信息源等信息类别，最终形成用户需要的观测界面，如图6–17所示。从图6–17中我们看到，对于东南亚贸易关注度较高的前三个地区是北京、广东和广西，数据来源及时且丰富的前三个渠道是网页、微信和App，用户可以点击地图中的高亮城市，获得对应地区的数据资源。用户栈还应具备人机交互的实现条件，用户可以对系统数据进行纠错和降噪处理。

第二种情况，假设用户研究新冠肺炎疫情对经济的影响，用户栈需要整合疫情基本信息、人口流动、经济影响3个模块的数据，重构成新冠肺炎疫情与经济研究数据库。其中，新冠肺炎疫情的基本信息包括每日疫情数据、财政补助资金情况、确诊病例逗留地点分布、病患轨迹、医疗救治医院情况；人口流动包括省份及城市的迁入和迁出人口比例；经济影响包括宏观经济、股市、上市公司的数据。在这个研究数据的提供过程中，用户栈对跨库数据的组织思路，如图6-18所示。同理，用户如果研究事件趋势及传播路径，用户栈需要对数据进行重组。

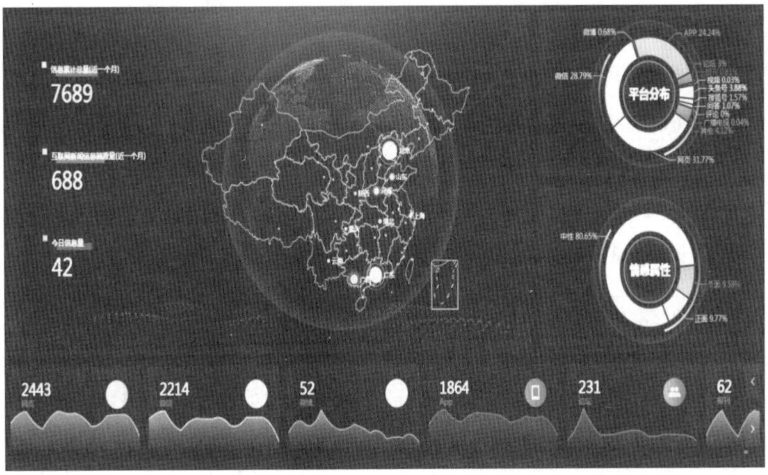

图6-17　2021年6月1日16：00关于“贸易+东南亚”的多平台信息发布实时统计

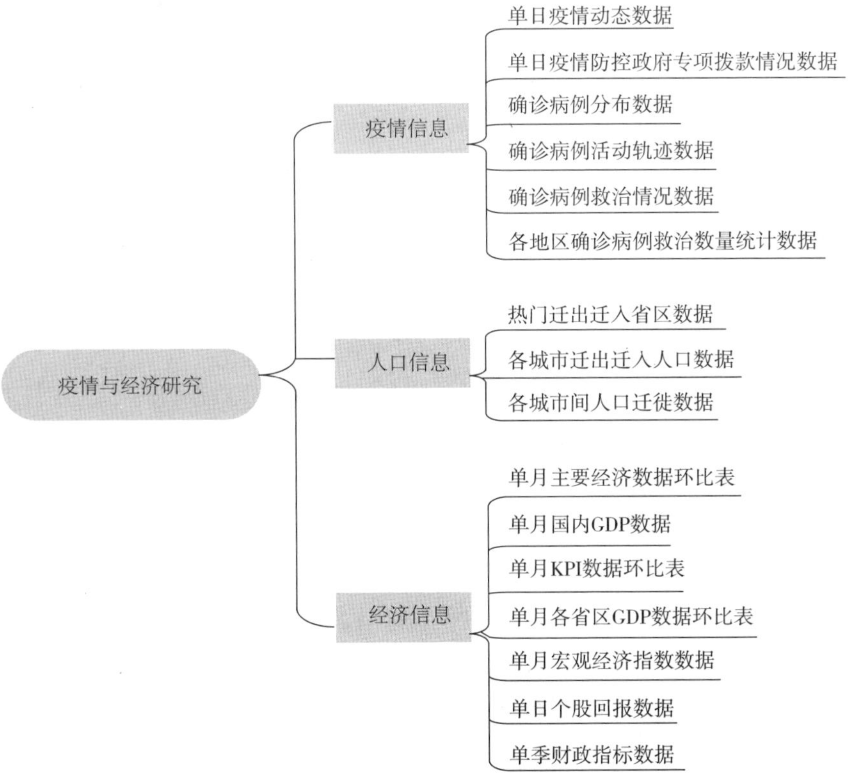

图6-18　新冠疫情与经济研究数据跨库组织思路

五、构建东盟信息服务保障体系的思考

基于在信息资源重构工作中面临的实际问题和挑战，关于建设完善的东盟信息资源服务保障体系，我们提出以下几点思考。

（一）注重特色建设，构建协同机制

东盟信息资源的组织与利用目前还处于劣势，供需不平衡，资源组织单位之间要加强合作，形成合力，整合资源，协同创新，取长补短，建立稳定共赢的合作关系。组建跨学科、跨领域的研究团队，增强东盟信息资源的整合能力，建设以科研单位、高校图书馆为依托的东盟信息服务保障平台，形成统一发布数据组织成果的机制，为东盟研究和国家重大战略的实施提供理性思考和精准服务。

（二）提升数字思维，加强融合统一

信息资源的组织提供者需要高水平的数字素养，研究人员也需要具备一定的数字思维，用户对数据组合需求思路越清晰，就越有利于数字人文技术在其研究领域的发挥，因此数据思维和数字人文研究范式的推广也应列入信息素养培训体系的课程中。同时，资源组织单位各行其政的现状必须要得到改善，提高数字融合意识，积极搭建交流平台，扩大沟通渠道，无论是从资源内容还是数据格式，加强统一融合，这对完善东盟信息保障服务体系具有跨越性的意义。

（三）增加平台评价，完善服务体系

针对各资源平台的数据服务建立评价机制，包括数据利用分析、科研产出分析、成果影响力分析、高产及高影响力作者分析、对政府和公共决策的影响分析等，可以为东盟信息资源组织平台的发展和完善提供决策参考依据。

第七章　东盟信息资源开发与利用策略

经过前六章对东盟信息资源支撑及开发的理论研究，阐明了资源支撑与开发的要素和技术，探讨了东盟信息资源支撑和开发的策略。本章将在此基础上，结合支撑及开发的特点，应用先进的技术及理念，综合提出东盟信息支撑及开发的策略，对开发平台、服务平台、交流平台进行理论建构，以实现对东盟信息服务的总体支撑。

第一节　东盟信息资源开发平台的功能设计

在如今的大数据时代，许多书刊都有电子版，会议材料、法规制度都在网络上供用户查询，政府、企业、公司、科研机构的许多数据也都在网上免费共享，尤其是各大门户网站上的东盟信息会实时更新，而且质量高，但信息缺乏连贯性和系统性。东盟信息资源开发平台是开发东盟网络信息资源并进行数据挖掘的系统，通过平台可以进行智能化的网络信息采集，专业工作人员亦可对采集到的东盟资源进行组织加工，其程序是先对资源进行评价和筛选，再对资源进行标引和著录，并将这些东盟信息资源添加到数据库发布，最后将资源整合到馆内自建的东盟数据库中，使得整个东盟信息资源建设呈现可持续的及时更新与不断充实的状态。

下面重点介绍东盟信息资源开发平台的设计过程。

一、系统的框架

根据对系统功能的分析，将其分为用户操作使用的前台与管理者设置的管理后台两个部分。前台分为5个模块：注册与登录、信息检索、东盟网络资源库、东盟主题信息库及语料库。后台则分为内容管理、采集管理、舆情聚焦管理、系统设置4个模块。东盟网络信息资源与数据挖掘系统结构图如图7-1所示。

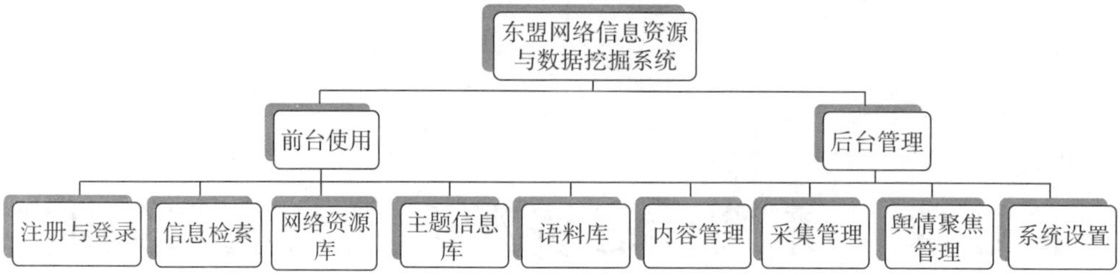

图 7-1　东盟网络信息资源与数据挖掘系统框架

二、前台系统的主要功能与模块设计

（一）东盟网络资源库模块

此模块主要是对互联网上一些有较大国际影响力的东盟网站进行信息资源采集，如东盟国家权威报纸及主流论坛，以关键词为导向，定向收集网络中的热点或即时的新闻媒体、社会聚焦、生活资讯等信息①。考虑到系统运行的可行性与实用性，采集的网站应事先指定，数量控制在100个以内，又由于各网站有其相应的规则及保护措施，以及随着时间的发展，其对新技术的使用或者保护规则发生了变化，为保证采集的有效性，该模块需要随时进行技术上的更新。通过持续抓取特定网站中关于东盟的信息资源，不断更新建设东盟网络资源库。

（二）东盟主题信息库模块

东盟主题信息库模块以主题词为导向，把采集到的某一主题相关类别的信息集成到一起，通过设置不同的URL过滤策略，使这些主题信息能够在相对较短的时间内，检索尽量少的网络空间，搜索到更多与主题相关的网页并加以采集。采集的过程侧重于通过对大规模东盟权威报纸全文库的检索，对东盟各国主流媒体的热门话题进行追踪与分析，对东盟各国互联网上公众的言论和观点进行分析和预测。系统在资源库和主题信息库都设置了舆情聚焦的栏目，选取最新最热的舆情专题显示在前台的显要位置，每个舆情专题的显示页会默认显示出该专题下被聚类的所有舆情，用户可选择时间段进行查询，采用谷歌翻译内嵌的方式将原文标题翻译成中文，检索结果将生成相应的舆情分析图。分析图有3种类型，即该专题信息总量的时间流量图、信息总量媒体分布图（图7-2）及该专题言论的属性分布图（图7-3）。言论属性的舆情判断默认为中性，其正负面的判断由人工提前设定的正面词、负面词的情况来判定。

① 郭亚平.大数据背景下的科技信息资源开发与利用研究[J].中国管理信息化，2019，22（12）：171-172.

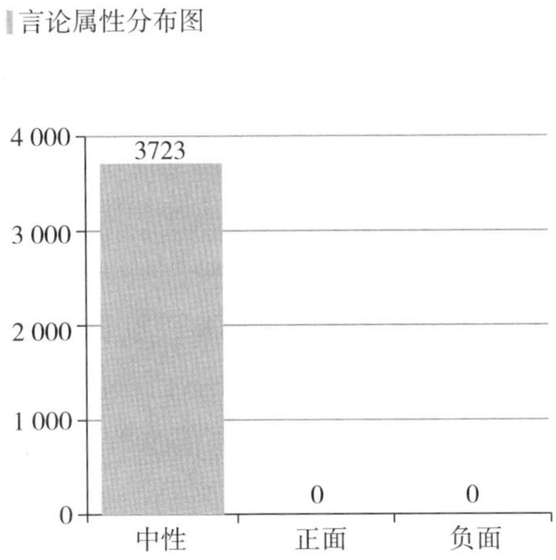

图 7–2　信息总量媒体分布

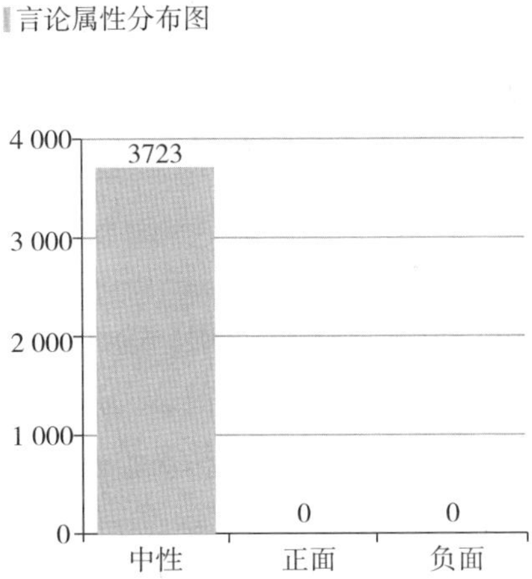

图 7–3　专题言论属性分布

（三）语料库模块

对采集并存入东盟信息资源库的内容进行语料分析，在大规模东盟信息资源的基础上开发东盟语言教学与研究所需要的各种语法、语用及语法结构示例库，借助计算机分析工具，用户可开展相关的语言理论及应用研究，辅助东盟信息的语言教学与科研。该模块提供的语料检索，优化了对于不同语种的特殊检索方式。

（四）检索模块

整合并共享已有的纸质信息、东盟数字资源及网络采集的东盟信息资源，实现数字化东盟信息资源的一站式检索。信息检索方式有两种，即一般检索和高级检索，一般检索和高级检索可对检索结果进行条件排序和二次检索[①]。检索结果从语种、国别、分类及时间等角度实现分面展示，对采集的网络信息资源实现全文浏览，对已建设的纸质信息、东盟数字资源实现全文定位跳转。

三、后台系统的主要功能与模块设计

（一）采集管理模块

采集管理模块设置了两种采集方式：一是定向关键词采集，先进行分类设置，再设定检索策略，在分类设置中设定关键词组作为采集导向，对定向网站按照关键词中标采集；二是全站扫描采集，由用户对所针对的定向网站的各栏目进行分类，或将栏目指向用户已设定好的专题分类中，并将网站列表设置的文章全部收录，不跟关键词进行匹配。

同时此模块具有采集分类管理功能，将指定的采集网站或者电子报纸媒体或者用户自定义命名的专题分类进行管理。可多个、多层分类设置关键词、过滤词，可

① 郭亚平．大数据背景下的科技信息资源开发与利用研究 [J]. 中国管理信息化，2019，22（12）：171–172.

以启动和停止该分类的采集任务，批量删除已经采集的内容。对采集命令中的文本数据，按照分类保存到数据库中。过滤词是针对系统中所有的采集信息进行分类，包含这些过滤词的内容都不会被采集入库。

（二）内容管理模块

对采集回来的内容进行入库管理，以列表形式进行展现，可按照标题、正文、分类、时间进行组合检索，进行标题、内容、日期、所属分类的调整，推荐或取消、修改、添加或删除某些信息，并将某个时间段的入库信息编目导出。非平台用户可在前台留言索取需要的信息资源，管理员在此模块可看到用户索取信息的正文，并进行资源索取回复、提供、管理等操作。

（三）舆情聚焦管理模块

首先对系统中所有采集的内容计算出热词，作为新闻热点分析和预测的依据。热词不同于关键词，它可能是名词也可能是不规则用词。所以在热词的发现过程中可能会出现常用词的误用，这需要通过人工添加来屏蔽，从而在长期使用中不断提高预测的概率，然后按设定的时间范围进行热点话题的分析。其主要分两个方面：一是东盟媒体及网民对本国政治、经济、社会关注的话题；二是东盟媒体及网民对中国政治、经济、社会关注的话题。系统不但对采集的东盟权威报纸全文及论坛信息进行时间范围内的热点话题设定的分析，而且在时间设定范围内按政治、经济、社会等类别进行分类分析，形成话题聚类及主题词聚集，列出相关度高的新闻或帖子的标题及全文链接，根据舆情信息情况转成可视化的分析图表。

四、东盟基础数据库及管理维护子系统

（一）基础数据库

与科研院所等单位合作共建全方位的东盟基础数据库，包括政治与外交局势、国际合作、冲突等数据，全球经济的GDP、贸易、投资等数据，各国军事支出、武器装备等数据，东盟中文量化数据，东盟各国的民俗文化、诺贝尔奖获得情况、教育情况、失学率等[①]数据。通过嵌入翻译词典可在用户使用时将信息翻译成中文，以便读者直接利用，为中国—东盟研究提供智力参考[②]。

（二）数据管理维护子系统

该子系统包括管理员设置、用户注册及完整全文浏览授权等管理功能，为东盟信息管理平台、东盟网络信息资源采集与数据挖掘系统、东盟基础数据库提供统一的底层结构连接与各项功能的维护与升级。

---

① 龚立群，高琳 .Google Scholar 与跨库检索系统的比较研究 [J]. 现代情报，2007（12）：177-179+183.

② 陈硕，陈真勇，熊璋 . 企业门户信息系统统一检索平台的研究 [J]. 微计算机信息，2008（33）：4-6.

第二节　东盟信息资源网络服务平台的构建

一、东盟信息资源网络服务平台设计

（一）平台构建的总目标

为了增加东盟信息资源网络服务平台构建的计划性，同时进一步确保平台构建的高效率，结合平台构建的主观和客观情况，本研究从满足不同用户的需求、促进纸质资源与数字资源相融合、确保平台可持续发展、实现平台的共建共享4个维度提出本平台构建的总目标，力求能构建一个立足广西、服务中国—东盟战略合作、辐射全国东盟信息用户的东盟信息资源网络服务平台。

1.满足不同用户的需求

从问卷（附录3）调查的结果来看，用户的信息需求受自身职业、现实需求等因素的影响较大，为使平台更好地满足用户的信息需求，提高平台的使用率、影响力与发展潜力，在平台构建前，必须明确目标用户的职业构成、需求特征等，并以此为根据，制定平台建设的目标。

（1）满足不同职业的用户需求。

不同职业的用户受职业性质、工作特征的影响，对平台提供的信息资源内容和呈现形式的需求会有一定的差异，因此平台在构建的过程中应全方位考虑不同职业的用户信息需求的特点和影响因素。例如，学生用户需求以学习类资源为主，而且对资源的系统性有较高的要求。机关/事业单位用户的需求更倾向实务性，对资源的集成性有更高的要求。专职技术人员的信息需求多与自身研究方向有关，对资源的专业性、权威性有较高的要求。为更好地满足不同职业用户的需求，平台可以为用户设置账号登录，用户首次登录后可以自主选择接受个性化调查，填写个人职业、关注领域等基本信息，允许平台自动收集、处理和挖掘个人的资源使用行为数据。平台据此为相应用户生成用户画像，有针对性地对每次的检索结果进行筛选和排序，便于不同职业的用户更好地找到自己所需的信息，平台也能更好地满足不同职业的用户需求。

（2）满足不同驱动因素带来的用户信息需求。

通过调研发现，因学术研究和专业学习对东盟信息资源产生需求的用户，其信息需求具有长期性、稳定性的特点，他们占对东盟信息资源有需求的样本总数的

82.63%，是平台资源的主要需求者。因旅游/求学对东盟信息资源产生需求的用户，其信息需求具有不确定和阶段性的特点，他们是平台的灵活型用户。该类用户往往容易被图片信息或夸张的标题所吸引，满足他们的信息需求需要加强图片及音视频资源的建设，并且文字信息内容应注重简练、通俗易懂。

2. 纸质资源与数字资源相融合

随着互联网、智能手机、平板、笔记本电脑等移动终端的推广和发展，数字资源受到了众多用户的热爱和追捧，学术界不少专家学者预测在不远的将来，纸质资源将被数字资源完全取代，可从当前的发展来看，纸质资源与数字资源共存的可能性更高。首先，纸质资源本身具有数字资源无法完全替代的属性，特别是一些珍贵的古籍和手稿，这些形式的纸质资源具有不可替代的收藏价值。其次，数字资源本身还存在一定的不足，如阅读的依赖性、格式的不兼容性等问题尚待解决。最后，虽然当前用户对纸质信息资源的利用率有所下降，但仍有部分用户对纸质信息资源有持续的需求。因此，东盟信息资源网络服务平台在构建时应以“纸质资源与数字资源相融合”为目标之一。

我国现有的东盟数字信息资源，大部分是各图书馆将馆藏纸质信息资源通过扫描等手段进行数字化加工形成的。东盟目前可购买的数据库甚少。随着互联网技术的广泛使用，运用网络爬虫等技术可以大量收集开放的东盟数字信息资源。因此，东盟信息资源网络服务平台在构建时需要从纸质资源和数字资源两个角度出发。对于纸质资源，首先需要了解它们数字化的情况，避免重复建设；其次，对未数字化的资源进行数字化，力求实现所有资源均可通过数字化进行全文传递的目标；最后，建立资源目录，提供资源的纸质版馆藏来源，为有需要的用户提供资源向导等。对于数字资源，首先应注重构建的系统性，避免信息的碎片化和杂乱化；其次，数字信息资源产生的渠道广、类型多样，在多渠道采集信息时，应着重对信息内容的权威性和可信度进行审核，避免误导用户。纸质资源与数字资源相融合是要以最小的人力、物力、财力投入，在最大限度上满足用户对不同存储格式的信息的需求。

3. 确保平台可持续发展

确保平台可持续发展是平台具有生命力、竞争力的重要基础。首先，社会中的各种信息无时无刻不在更新变化，从信息的时效性出发，平台需要持续更新信息内容以满足用户的信息需求。其次，任何平台构建后，都需要不断地调试和完善，以更好地为用户提供高水平的信息服务。最后，信息技术是不断更新换代的，平台的运营需要紧跟时代的脚步，运用新兴技术不断拓展平台的功能，让平台可以像“一个生长着的有机体”一般，不断发展完善自身的功能和服务水平，赢取用户的信任和依赖，实现平台运营的稳步进行。因此，平台构建需要以可持续发展为目标，这既是平台自身长期发展的需要，也是给平台用户提供更高水平的信息服务的要求。

4. 实现共建共享

实现东盟信息资源的共建共享是东盟信息资源网络服务平台建设的重要目标。首先，共建共享不仅是我国建设社会主义社会的重要指导思想，还是当今社会发展的一种积极态势，东盟信息资源网络服务平台的构建应积极响应这一重要指导思想，还应以此为目标去积极实现。其次，立足当前的实际情况，在资源整合和技术支持等方面，都需要多方力量共同参与平台构建。通过共建共享的模式构建东盟信息资源网络服务平台，是一种极佳的共赢模式。最后，通过共建共享可以扩大平台的影响力，为平台招募人才、推广使用等奠定良好的基础。

（二）平台的构建主体

东盟信息资源网络服务平台因资源语种的多样性、来源的国际性，以及平台功能的特殊性和对系统要求的高兼容性等，构建的难度比一般平台更大。以多主体共同参与的模式和共建共享进行平台构建，可以最小的人力、物力、财力构建起最大限度地满足用户信息需求的平台。根据调研结果可知，文化和旅游部门、图书馆及高校是最受认可的平台构建主体。此外，根据中华人民共和国文化和旅游部官方平台公示，文化和旅游部负责公共文化事业的发展，以及指导、推进文化和旅游科技创新的发展，推进文化和旅游行业的信息化、标准化建设[①]。由此可知，东盟信息资源网络服务平台的建设应纳入文化和旅游部门的工作内容。此外，图书馆作为公益性的文化事业单位，信息资源服务工作是其工作体系的重要组成部分。高校是我国培养人才的主要阵地，也是平台构建人才输出的重要单位；高校图书馆在东盟信息资源建设方面具有的优势和取得的成果可为平台的资源建设提供保障。

因此，本研究结合文化和旅游部门、图书馆及高校的职能特点，将平台的构建主体及负责内容划分如下：首先，文化和旅游部门负责政策引导、政策优惠、资金支持等；其次，图书馆负责平台的筹备和运营，以及提供信息资源支持；最后，高校负责人才培养与输送，以及平台建设所需信息资源的提供。各构建主体积极发挥自身的职能特点，协调互助，定将发挥“1+1>2”的效果。

（三）平台的内容

东盟信息资源网络服务平台的内容可分为3个主要部分：首先是平台构建的基础——东盟信息资源，其次是平台的服务资源，最后是平台的衍生资源。

1. 东盟信息资源

首先，依据信息资源呈现方式的不同，可将我国现有东盟信息资源划分为文本资源、图片资源及音视频（多媒体）资源3个大类。其次，结合觅食理论中的斑块理

① 文化和旅游部主要职责[EB/OL]（2020-10-1）[2021-06-05]. https://www.mct.gov.cn/gywhb/zyzz/201705/t20170502_493564.htm.

论与本研究获得的平台构建需求调研结果，可将三大类东盟信息资源进行聚类，以便于用户快速检索到所需的资源。依据读者所需的资源主题进行聚类，可分别建立语言文化资源库、政治军事资源库、科技农业资源库、商业贸易资源库、旅游景观资源库等。依据资源的来源、国别进行聚类，参照各国资源特点，以及各国国家特色进行国别数据库设计和建设，便于用户更直观感知东盟各国的文化、信息资源等差异。聚类建立的资源数据库与平台的栏目设置紧密结合，用户通过平台栏目链接可直接访问对应的主题资源数据库或国别数据库，便于缩短系统反馈的时间，提高平台信息检索的效率。

2. 平台的服务资源

平台的服务资源主要指帮助用户更好地获取平台服务的资源，包括平台的简介、平台资源概况展示、平台的使用指南、平台常见问题答疑等参考咨询类的信息资源。平台的服务资源与平台的功能、平台构建的形式、平台的栏目规划和页面设计等紧密联系，平台的服务资源具有随着平台的功能、平台构建的形式、平台的栏目规划和页面设计等的更新而更新的特征，是围绕平台服务建立的一种具有平台个性化特征的资源。

3. 平台的衍生资源

平台的衍生资源主要分为3类：一是用户访问平台产生的数据资源，通过合理分析用户访问平台的数据，可推出热门资源、不同主题和类型的资源访问排名表、“睡美人”资源等；二是平台借助平台资源优势推出自定主题的信息产品等，平台的信息产品是集成化、智慧化的衍生资源，可帮助用户进行战略决策，提高平台的核心竞争力；三是平台接收和记录的用户反馈类资源，认真剖析用户反馈的内容，有助于找到平台建设存在的痛点和不足，帮助平台不断完善自身不足。

（四）平台的功能

平台的功能可分为平台的基础功能和增值功能，基础功能有一站式检索、时事热点播报、学术交流及社交等；增值功能有互译、网络教学，以及智慧感知的移动服务等。下面将根据调研中用户的重视程度对平台的功能进行设计和介绍。

1. 互译

根据前期调研可知，对东盟信息资源有需求的用户中，近半数未曾掌握任意一门东盟国家的语言，掌握东盟国家语言的用户中仅17.06%感觉自己对所掌握的语言是比较熟练或非常熟练的，此外，近60%的用户希望平台可以提供互译功能。为使语言不再成为用户获取和使用东盟信息资源的障碍，平台设计提供互译功能。通过嵌入翻译词典等方式，为用户提供互译的统一检索，且用户可以根据自身需要选择是否对检索结果进行划词翻译、段落翻译或全文翻译。该功能可帮助无东盟语言基础的用户获取和使用东盟信息资源，辅助有东盟语言基础的用户快速掌握东盟信息资源，提高东盟信息资源的易获取性和使用性，从而提高东盟信息资源的使用率和传播率。

2. 网络教学

平台的网络教学功能主要指在平台中下设一个栏目，添加如MOOC、腾讯课堂等的网络教学内容，以供用户通过平台进行自主学习。根据中国互联网络信息中心（CNNIC）第46次《中国互联网络发展状况统计报告》指出：截至2020年6月，在线教育用户规模达3.81亿，占网民整体的40.5%[①]。新冠肺炎疫情的突然来袭，让网络教学的形式快速被广大用户认识并使用，网络教学因具有不受时间、地点的限制以及可重复播放等优势而得到了广大用户的接受和认可。据调查，54.17%的用户希望平台拥有网络教学功能。对于网络教学资源的来源，一方面平台可根据实际情况按主题进行录制，另一方面，平台可与开展东盟教学的高校合作进行录制。

3. 时事热点播报

通过观看时事热点播报，了解各国大事，掌握最新动态，一直都是信息用户最为常见的信息行为之一。政府需要掌握国际最新资讯，以及时调整决策；社会需要密切关注国际趋势，为公民提供正确引导；研究者需要紧跟国际前沿，确定研究方向。在前期问卷调查中，希望平台提供时事热点播报功能的用户占51.88%，可见用户对时事热点播报有巨大的需求。因此，平台应在第一时间收集和转播东盟各国官网报道的重要突发事件，及时播报各国最新科技成果和方针政策，以便于各类信息用户从时事热点播报中挖掘分析出具有重大价值的深度信息。

4. 学术交流及社交平台

用户信息服务的发展过程经历了搜索服务—推送服务—互动交流服务等阶段，随着用户信息服务的变化，学术交流及社交平台成为重要的信息获取形式，受到了用户的广泛认可和使用。通过学术交流及社交平台，用户可以找到与自己有共同研究方向的研究者交流信息，从交流或沟通中掌握新知，开阔自己的研究视野，启迪研究思维。学术交流及社交平台为有共同学术背景或志同道合的用户提供了互相交流的渠道，通过探讨和分享可以推动双方交流的科学研究的发展，也有助于平台了解和预判用户需要的信息资源的内容和类型，解决用户在当前信息获取过程中遇到的难点和痛点。

5. 智慧感知的移动服务

未来的社会将是一个智慧化的社会，信息服务智慧化发展是一种趋势。智慧化服务以智慧感知为基础，通过移动互联网为用户提供服务。智慧感知以智慧化生成

① 中国互联网络信息中心．第46次中国互联网络发展状况统计报告，2020年9月29日，http://www.cnnic.net.cn/hlwfzyj/hlwxzbg/hlwtjbg/202009/t20200929_71257.htm.

的用户画像为基础，感知用户的信息需求特点与平台的信息资源情况、平台当前操作系统的运行情况、后台数据库的访问情况等，为用户获取信息提供最优的策略引导，实时显示各类信息资源的访问人数、下载情况及最受关注的热点信息资源等，辅助用户解锁信息获取的新技能，掌握各类信息的多方面动态。

6. 信息传递

信息传递是东盟信息资源最受用户欢迎的服务方式，是问卷数据统计排名第二的信息服务形式。平台的信息传递功能就是用户检索所需的信息，若本馆没有收藏，则平台可自动向收藏这方面信息的图书馆请求信息传递。如果系统中有图书馆收藏该信息的电子版，系统即可自动传递给所需用户，若无电子版，则由收藏有纸版信息的图书馆进行扫描后上传至本馆的自建数据库，系统即会自动将信息传递给所需用户。

二、平台构建的形式

（一）门户网站

根据中国互联网络信息中心发布的《2019年中国网民搜索引擎使用情况研究报告》显示，截至2019年6月，我国搜索引擎用户规模达6.95亿，使用率为81.3%[①]。门户网站是电脑端用户最常使用的查询信息的方式，从问卷的调研结果来看，门户网站（具体体现为各类搜索引擎）是超过40%的用户常用的获取信息的途径。本研究中的门户网站是指各种资源、技术聚集整合形成的，为用户提供信息服务的平台界面，如百度、谷歌、人民网等。

以门户网站的形式进行平台构建有以下几点原因：第一，门户网站是大多数公民进入互联网的“引路人”，因此以门户网站的形式构建网络服务平台有助于用户搜索信息，并掌握获取东盟信息资源的方法和手段。第二，门户网站不仅具有在最初建立阶段的搜索和发布信息资源的功能，而且随着自身的不断发展，可以提供实时信息咨询和交流，便于用户使用平台咨询专家或与其他用户进行交流，获取更多元的信息。第三，门户网站有成熟的盈利模式，可为平台的运营和发展带来持续的资金扶持。第四，中国城市未来的网络化发展是一种必然趋势，以门户网站的形式构建信息资源网络服务平台无疑是一种更好、更有前途的选择。

（二）App

App（Application）是近年来随着各类移动终端设备的广泛使用，被各领域服务商和开发商开发出来的一种应用程序，这种第三方应用程序因其便捷性和功能的强大性受到越来越多人的使用和青睐。此外，在前期的问卷调研中，用户除了曾经尝试过的获取东盟信息资源的渠道外，更倾向于其他获取东盟信息资源的方式，排名

① 2019年中国网民搜索引擎使用情况研究报告[EB/OL]（2019-10-25）[2021-0605]. http://www.cnnic.net.cn/hlwfzyj/hlwxzbg/ssbg/201910/t20191025_70843.htm.

前三的均是各类App，分别是学习类App（如慕课MOOC）、即时通信App（如微信公众号）和短视频App（如抖音）。由此可见，以App的形式构建信息资源网络服务平台是从实际出发，符合大众的期待和需求的。

以App的形式进行平台构建有以下几个优点：首先，App具有使用步骤少、同步功能、自动更新功能等优点。点击App即可打开浏览信息，登录账号，亦可联网同步获取过往笔记和账号记录，对于不断升级的平台功能，可自动更新，让用户第一时间体验新的服务。其次，App的针对性强且贴合度高，可针对东盟信息资源的特点进行系统分析和设置对应的解决方案。例如，在设计东盟信息资源网络服务的App时，可以根据用户需求的特点，结合资源语种的多样性，把设计者的思路充分融入App的系统设计中，提高App的亲和力和实用性。最后，App定制服务反馈及时，平台可根据信息资源的实际情况，要求App定制公司不断完善功能模块。另外，定制的App软件在使用和更新过程中若出现问题，或对平台功能有新的需求，App定制公司需迅速给出解决措施或提供新的完善方案。

（三）“两微”

本研究中的“两微”指的是微博和微信公众号。在新媒体时代，随着“两微一端”（“一端”指移动客户端）受到越来越多公众的关注和使用，其信息发布和传播的能力也日益突出。目前，微博成为众多年轻人分享和检索信息不可或缺的平台，微信公众号也占据了不同年龄层次用户的大量上网时间。

以“两微”的形式进行平台构建理由如下：首先，“两微”用户量大，有助于东盟信息资源的推广和使用。截至2016年第二季度，微信已经覆盖中国94%以上的智能手机，月活跃用户达到8.06亿[①]。2019年3月15日，根据新浪微博数据中心发布的报告显示，微博月活跃用户达到4.62亿，连续3年用户数量增长7 000万以上[②]。其次，“两微”功能有助于东盟信息资源的传播和使用。“两微”传递信息的类型与东盟信息资源的类型相贴合，“两微”的实时信息交流等功能也有助于平台提高信息服务的效率。

三、平台栏目规划和页面设计

本研究的平台栏目规划将根据信息觅食中的斑块理论，将平台内容按照资源类型、资源主题或资源来源国进行分类和组织，设计一级栏目；此外，进一步利用菜单模型，将一级栏目内的信息资源按实际情况进行细分，把相互间具有较强关联性的信息资源归类组织[③]。同时根据“视觉热点呈现F布局”理论，将重要信息线索以

① 聊天软件排行[EB/OL]（2019-06-19）[2021-06-05].http://www.gzgp.org/kuaixinwen/titan/2019- 06-19/54692.html.

② 2018微博用户发展报告[EB/OL]（2019-03-15）[2021-06-05]. https://data.weibo.com/report/reportDetail?id=433.

③ 孙羽佳，许慧，王晓军，等.基于信息觅食理论的高校数字图书馆学科服务的构建策略[J].商业经济，2019（7）：194-196.

字体、颜色或背景等方式进行区分，并将这些信息线索放置在平台页面的“F”区域，以缩短用户信息搜索的时间，提高用户的觅食收益率。现参照已有的网站、App、微博和微信公众号的特点，将不同构建形式的平台的栏目和页面设计介绍如下。

（一）门户网站的栏目和页面设计

根据觅食理论的斑块理论，在门户网站栏目中设置个性化运用，需要在栏目划分时重点突出平台功能和资源，以便用户结合自身信息目标制定检索策略，贴合用户信息检索的特点。此外，平台的栏目数量不宜过多，本研究综合考虑门户网站的功能和资源，设计了以下7个栏目（详见表7–1）。

表 7–1　门户网站的栏目设计

栏目名称	栏目简介
首页	用户打开平台的默认页面，主要用于栏目的展示和实时热点播报等
资料库	主要为数字化的信息资源，按国别—信息类型（图书、期刊、报纸）等逐步设计子栏目
音视频库	主要为东盟各国的音视频资源，按音频/视频—国别等逐步设计子栏目
图片库	主要为东盟各国图片资源，按国别设计子栏目
政策法规	东盟各国颁布的政策和法规，按贸易、教育、外交、科技等主题进行整理
学习交流	下设课程学习、互动交流两大子栏目，主要为用户提供教学和学习交流服务
咨询帮助	下设常见问题答疑 、专家提问、使用帮助和在线咨询等服务

另外，结合“视觉热点呈现F布局”理论，根据门户网站的7个栏目，从平台的资源及用户信息行为的特征出发，将平台门户网站的页面设计如下：门户网站页面上端是用户查找信息时的重要的指路牌，因此，在页面上端板块依次陈列7个栏目，方便用户根据所需资源类型找到信息。此外，在页面左边放置平台App和平台“双微”的二维码，以便用户通过多种途径使用本平台获取信息。平台的中间部分可根据国别数据库内容按照国别设置栏目，供用户根据国家查找信息。除此之外，页面在设计编排和色彩搭配时可以结合各国特点，吸引用户的关注力，打造平台特色。

（二）App 的栏目和页面

根据App的页面特点，结合觅食理论和页面布局理论，综合考虑多方因素后，本App 的栏目设计主要根据主题和资源类型两个方面进行设计。首先，根据主题分为5个栏目，每个栏目根据国家进行内容划分，各栏目可供查询的资源可以与国别库快速对接，提高用户信息检索的效率。其次，根据觅食理论的斑块理论结合资源类型划分出了5个栏目，方便用户选择自己喜欢的资源类型，获取自身感兴趣的信息资源。

页面设计如图7-4所示，首先，App打开的默认界面的上端设计有不同主题的资源栏目、检索框、登录面设计栏目及帮助栏目，用户可根据自身感兴趣的资源主题进行检索。App的下端是根据资源的类型设置的栏目，方便平台进行资源的组织、整理和更新。

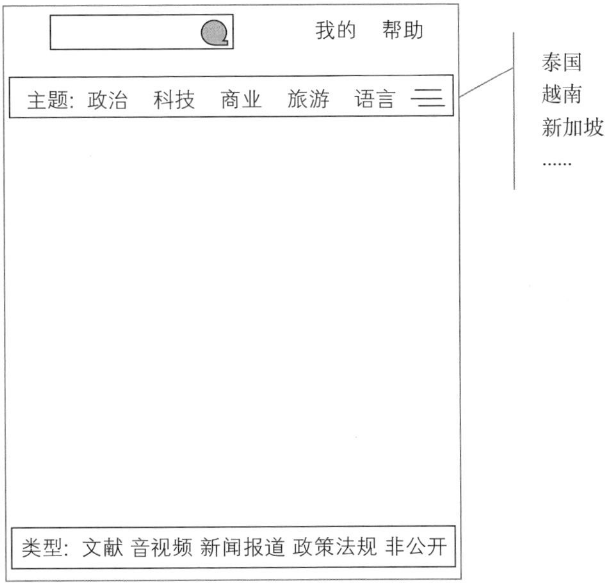

图7-4　App 默认界面

（三）“两微”的栏目和页面设计

首先，微信公众号主要是便于客户使用手机等移动设备快速查阅信息和平台主动为用户推荐信息。为更好地实现平台的功能，工作人员结合觅食理论对其进行了栏目设计，如表7-2所示。

表7-2　微信公众号栏目设计

栏目名称	栏目介绍
热点播报	对东盟最新动态进行播报，同时提供往期播报热点查询
我的资源	下设数字资源、纸数检索、阅读驿站、课程在线4个子栏目
常用服务	服务指南、在线咨询、互动交流、专家答疑、个人中心5个子栏目

其次，微博的栏目设置主要指平台在构建初就已经拟定好微博发布的内容可以划分成的板块，平台的微博根据各板块内容的更新情况进行发布，本研究对微博发布信息的板块大致设计如表7-3所示。

表 7-3 微博栏目设计

栏目名称	栏目简介
时事热点	对重大热点新闻信息进行第一时间转发和报道
资源导航	将平台资源情况和特色资源进行趣味化传递，吸引读者对东盟信息资源的关注和使用
科研速递	将东盟相关研究中有重大发现或极具影响力的文章和著作进行介绍，供用户通过持续的碎片化阅读提升科研素养

最后，在页面设计方面，由于微博和微信公众号的页面布局较为统一，所以，需要注意多采用吸引人眼球的照片或特殊的字体及字体排版去凸显本平台的特色。例如，每次发布的信息标题都由该信息来源国的官方语言和中文组成，能快速吸引需要该国信息的用户的注意力，也让用户快速判断该信息是否为自己所需目标国的信息。同时，能让平台用户在潜移默化中了解东盟各国字体字形的特点。

第三节 中国—东盟图书馆信息交流平台的构建

目前，中国与东盟的信息交流平台建设参差不齐，以中国—东盟大学智库联盟为代表的学术性信息交流平台发展态势良好，科研成果丰富，这主要得益于其吸收了大量的国内外跨学科人才，也包括以广西民族大学为主导的相关机构拥有较强的资源实力、雄厚的科研能力、相应的实践基础，以及得天独厚的地理优势。相反，“一带一路”公共图书馆联盟发展态势不足、联盟组织结构松散、尚未形成良好的合作机制①。最关键的因素是缺乏稳定的线上合作平台，即信息交流平台，要想全面地实现信息资源的互联互通，仅凭线下的合作论坛将独木难支。因此，以提高东盟信息资源利用水平为目标，必须实现信息资源开发利用的提档升级，完善线上文化合作信息交流的机制等。根据《附录4：用户对东盟信息资源与服务的需求情况的问卷》调查结果，我们对中国—东盟图书馆信息交流平台构建进行了研究。

一、中国—东盟图书馆信息交流平台的功能模块分析

中国—东盟图书馆信息交流平台的总体目标是以网络平台为依托，整合现有的中国与东盟信息资源，通过技术手段开发信息资源，建设三大服务平台为支撑的图

① 杨玲，张秋．基于知识交流视角的国内外高校图书馆学术文化讲座实践与探索[J].图书馆建设，2017(7)：65-71.

书馆信息交流平台，即资源共享服务平台、信息交流服务平台和决策支持服务平台。围绕政府、机构、单位、个人等服务对象提供商务、政治、经济、文化、科技等全方位的信息。该信息交流平台的表现形式不局限于网站，App、微博、微信等也是平台的表现形式，以期推进中国与东盟的文化交流合作、发挥中国与东盟各级图书馆的优势，最终实现充分的、均衡的图书馆共建共享形式，凸显图书馆对外文化交流的重要作用。经深入研究，笔者主要从宏观、中观和微观的角度提出了构建信息交流平台的策略，包括信息集成门户、参考与决策咨询服务、信息素养与游戏学习、用户交流社区和个性化服务。其中，信息集成门户和个性化服务属于宏观层面上的探讨；参考与决策咨询服务和信息素养与游戏学习属于中观层面的探讨；用户交流社区属于微观层面的探讨。这五大服务功能模块正是为解决本研究最开始提及的问题，即中国与东盟各国图书馆之间的交流合作。

（一）信息集成门户

目前，中国与东盟地区图书馆的合作较少，越南、柬埔寨、泰国、马来西亚、新加坡、菲律宾及缅甸与中国图书馆均有合作关系，其余三国几乎没有图书馆层面的合作往来[①]。构建数字化平台、建设信息集成门户，可最大限度地实现馆藏资源的共建共享，从而促进中国与东盟信息资源的互联互通。

1. 分类导航

导航网站，顾名思义，就是为用户提供快捷方便的网络导航，使用户在该平台上可以直观地发现和寻找相关的主题网站。中国—东盟图书馆联盟属于国际图书馆联盟，服务平台所呈现的形式不同于全国性图书馆联盟或区域图书馆联盟，应当优先考虑双方的文化特点。本研究参考与借鉴中国—东盟矿业信息服务平台、中国—东盟环境信息共享平台、中国—东盟传媒网、中国金融信息网等各大信息平台导航的特点，总结出中国—东盟图书馆信息交流平台的分类导航要素，一级栏目包括国别概况、东盟动态、成员馆、资源共享、智库服务、用户社区、我的信息。国别概况应当涵盖宗教信仰、民俗美食、旅游热点、金融旅游和馆藏建设等专题；东盟动态应当涵盖“一带一路”、中国东盟博览会、热点专题和国际时事等专题；成员馆主要指各级图书馆网址链接，通过链接进入各馆网站；资源共享应当涵盖特色数据库、专题数据库、自建数据库、联合借阅、图书荐购和资源捐赠等方面；用户社区应当涵盖参考咨询、读者留言、发现圈子、我加入的圈子和推荐等；智库服务包括政府服务、公众服务等。在平台首页，应当涵盖新闻公告、信息素养服务、个性化服务、本平台概况和相关链接等专题。

2. 一站式检索

基于图书馆联盟的图书馆信息交流平台门户网站的很多数字资源分布在各个图

① 张璐，徐军华．我国与“一带一路”沿线国家图书馆合作建设研究[J]. 图书馆学研究，2019（4）：96-101.

书馆数据库，不同的图书馆门户网站不同，用户在检索信息的时候必须通过间接的手段来获取信息，这在一定程度上给用户带来了不便。因此，图书馆应当充分整合分散的信息资源，为用户提供一站式检索平台，这样不仅节省了用户的时间，而且提高了信息的利用率；通过一站式检索，用户可以共享国内的东盟信息资源，也可向东盟国家图书馆申请信息传递，共享东盟国家的信息资源，提高东盟信息资源的利用率，真正实现信息资源的保障体系“国内保障占70%，另外30%通过国际互借、国际交换从国外获得①”的理想目标。目前，很多图书馆都采取了一站式检索平台，然而受IP及并发用户的限制，资源共享程度较低。图书馆应当打破传统的物理条件限制，建立国际性的图书馆信息交流联盟。

3.“我的信息”界面

“我的信息”界面应包括个人收藏、浏览历史、个人订阅、点赞及评论等内容，用于展示用户在浏览和学习过程中的信息行为。通过可视化图表、数据统计的形式向用户提供其账号使用的天数、信息检索的历史、订阅公众号的数量、加入圈子的情况等，还应当为用户提供设置选项，用户可打开或关闭消息通知、私信提醒、个性化内容推荐等。

4.新闻或信息发布

通过新闻或信息发布，为用户提供点赞、评论、创建话题、浏览次数、收藏和加入圈子等服务，圈子服务可与圈子里的小伙伴、专业馆员进行互动，例如，信息素养圈、特色数字资源圈、采购新书圈、决策咨询圈、馆际互借圈等；选择话题主要是指提议、发反馈与热门讨论，例如，对该信息交流平台的建议、反馈求助（参考咨询服务）、“一带一路”话题、学术论坛话题、东盟旅游、民俗美食、公共卫生突发事件话题等。用户在平台上留下的信息作为平台开展服务的原始数据，进一步为完善用户社区和提供智能检索服务。在这一过程中，体现的是价值共创理念，用户提供想法或建议，平台加以完善和巩固；当然，平台发布的信息和提供的优质服务，用户可以充分使用。该信息交流平台产生的任务由用户与馆员共同完成，从而帮助该信息交流平台提高服务质量、提高效率、改进现有服务、提升知名度等。

（二）参考与决策咨询服务

我国同“一带一路”沿线国家开展信息服务合作的图书馆有上海图书馆、厦门图书馆，其合作形式主要是馆际互借和参考咨询。我国同东南亚地区图书馆开展的信息服务合作交流处于起步阶段，合作领域不够全面，合作深度也比较浅显。上海图书馆与新加坡国家图书馆开展的联合参考咨询使我国用户通过该平台便可咨询新加坡国家图书馆相关问题，厦门图书馆与新加坡南洋理工大学开展的馆际互借，保

① 朱晓兰．再谈国家图书馆东方语文图书采访工作[G].国家图书馆图书采选编目部．新形势下的图书馆采访工作．北京：北京图书馆出版社，2005：88-93.

持了良好的合作关系。由此可见，拓展合作的领域、提供交流的深度有必要进一步加强，发挥图书馆在“一带一路”文化交流中的重要作用。

1. 图书馆决策咨询平台基础

参考咨询服务属于图片馆与用户之间的交流，决策咨询服务等同于智库服务。本研究指出参考咨询服务面向普通大众，决策咨询服务面向政府与企事业单位、机关、团体等。参考咨询服务是图书馆服务的常见形式，包括常见问题解答、检索借阅咨询等，这些问题可由机器智能解答，可由参考咨询馆员解答，也可由学科领域专家解答。近年来，图书馆参与智库建设越来越受到学者的关注。国内外公共图书馆领域，智库服务的具体内容有提供产业分析工具、行业热点监测软件与产业发展态势分析工具、行业数据报告、行业管理决策和政府政策咨询服务等①。国内外高校图书馆智库服务的具体内容有智库图书馆馆员和空间服务、资源检索和借阅服务、参考资料和学术指导、展示学术成果和档案、为制定中国教育政策提供数据支持、东南亚及海外华人资料收集、建立非洲研究资源数据库、特别收藏和其他特别服务等②。中国与东盟图书馆交流平台既要关注经济贸易领域的产业转型、行业发展和投资合作，也要重视学术领域的知识输出、科研成果和学科建设。“一带一路”倡议下的图书馆资源共享与信息利用从根本上要求该平台拓宽数据库层次，从基于“个体”的基础性数据库到基于“合作”的整合性数据库，再到基于“升级”的创新性数据库，以此来满足不同服务对象的信息需求，如图7-5所示。围绕政务、商务与公益信息3条主线，从横向和纵向两个层面全面整合贸易、环境、卫生、科技及科研领域的信息，逐步形成该平台的基础资源。

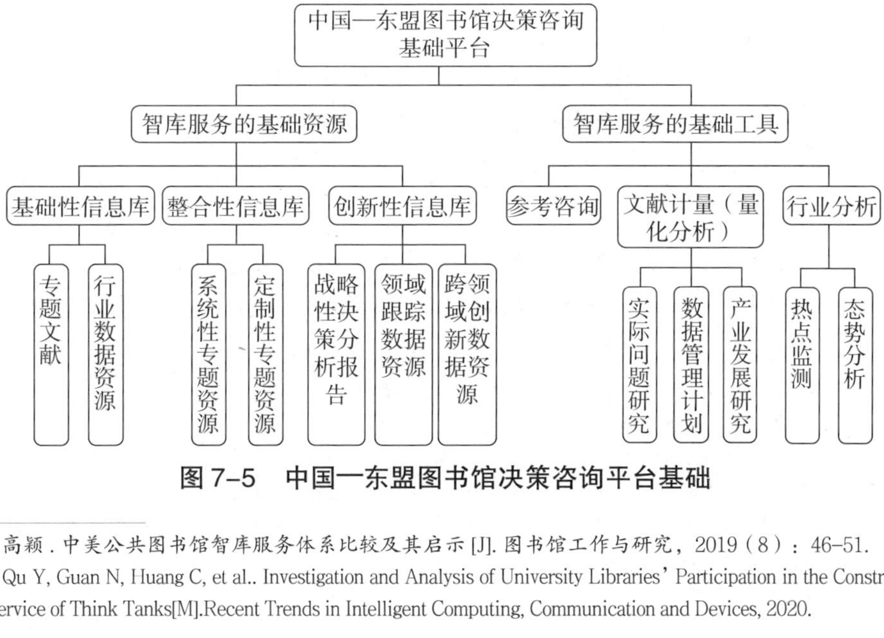

图 7-5　中国—东盟图书馆决策咨询平台基础

① 高颖．中美公共图书馆智库服务体系比较及其启示[J]. 图书馆工作与研究，2019（8）：46-51.

② Qu Y, Guan N, Huang C, et al.. Investigation and Analysis of University Libraries' Participation in the Construction and Service of Think Tanks[M].Recent Trends in Intelligent Computing, Communication and Devices, 2020.

2. 图书馆决策咨询平台服务框架

我们构建了中国—东盟图书馆决策咨询平台服务框架，如图7-6所示。

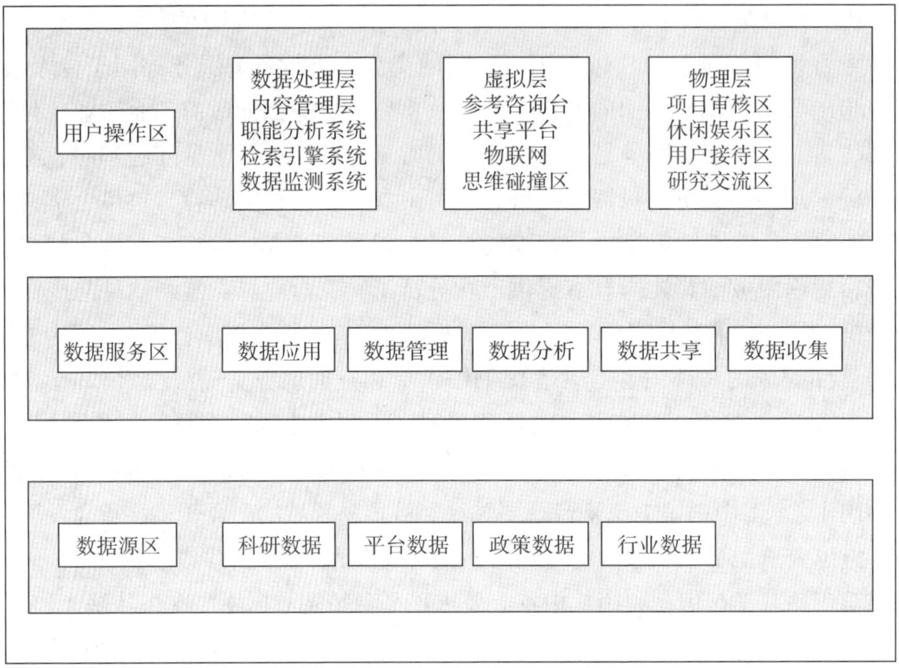

图7-6 中国—东盟图书馆决策咨询平台服务框架

（1）用户操作区。

①物理层。

用户操作区的物理层主要为用户与智库馆员之间提供沟通的渠道、情感的诉求。一方面，使工作人员了解用户的基本需求，从而为用户提供针对性的解决措施；另一方面，可使用户了解智库的基本服务和建设规模，挖掘潜在用户。从这个角度来看，物理层极为重要，是值得关注的一个层次。

②数据处理层。

数据处理层是数据处理的重要模块，将该平台拥有的数据集进行标准化组织、存储和分类，同时对不同数据源所收集的非结构化数据进行处理，通过情感分析、数据挖掘和意见挖掘形成本平台特有的数据集供用户检索和利用。主要包括内容管理、智能分析 、数据监测和检索引擎四大功能模块。

③虚拟层。

虚拟层是决策咨询平台的核心，提供了共享平台、参考咨询台、思维碰撞和物联网四大功能模块。数据共享平台是集数据分析、运营管理与成果服务于一体的平台，诸如美国图书馆的“开放存取情报”资源库、信息资源库、国家政策资源库、行业报告资源库等。此数据共享平台实现了一体化管理与信息流层面的优化。参考咨询台相当于传统的参考咨询部，只是在服务范畴与服务深度上实现了一定程度的升级。思维碰撞是各图书馆馆员与智库馆员之间的深度交流，即“图书馆专业馆员”与“各行业领域的专业人士”综合体，实现了图书馆资源提供与资源利用的完美衔接。

（2）数据服务区。

数据服务区包括数据的应用、管理、分析、收集与共享。各馆基础信息资源与其他领域收集来的信息资源，经过统一的标准存储到智库基础平台，数据的数量、质量需要达到统一规范的管理，通过平台或客户端进行数据的传递、发布、下载、共享及应用。

（3）数据源区。

数据源区包括行业数据、科研数据、政策数据和平台数据，行业数据是通过公开的网站获取的政务、商务与公益信息；科研数据是通过各大高校图书馆与学科群获取的研究成果和研究态势；政策数据是通过出版数字化学术专著、专辑或研究报告，可引导社会舆论、影响政府决策或为中国—东盟博览会等提供决策支持；平台数据是通过该平台的运营而产生的内部数据，可通过信息分析与数据挖掘为本平台的发展提供建议。

（三）信息素养与游戏学习

信息素养指的是发现信息、理解信息和使用信息等综合能力的集合[①]。在国内，东盟信息资源分布于各类公共、高校、研究机构图书馆，如中山大学、北京大学和东南亚研究机构等。在东盟各国，受贫富差距的影响，信息资源的分布密集程度不一。除此之外，受语言文字、东盟数字化水平、数据格式规范等一系列影响，东盟信息资源利用难、可获得性弱。因此，开展信息素养教育有助于用户更好地利用东盟信息资源。为拓展信息素养教育手段、提高用户使用东盟信息资源的可接受性和学习性，本研究提出了寓教于乐的学习平台信息服务策略，以期丰富图书馆信息服务的方法。通过游戏软件提供语言学习和东盟的历史文化、地理环境、经济信息、法律法规等知识。

1. 信息发布与平台预约

整合各图书馆资源、集中专业图书馆馆员，定期开展东盟的历史文化、地理环境、经济信息、法律法规等知识培训。各图书馆轮流举办信息素养大会，讨论数据库的开发、交流游戏软件的研发、提供用户基础数据、探索信息素养前沿领域与新的增长点。各馆通过该信息交流平台进行预约，派遣图书馆馆员参加培训。

① 黄如花，李白杨．数据素养教育：大数据时代信息素养教育的拓展[J]. 图书情报知识，2016（1）：21-29.

2. 寓教于乐的语言学习平台构建策略

数字游戏可以作为有效的学习工具，为有目的的学习提供支持和支撑。好的游戏应该具备特定的核心要素来实现这一目标。本文采用了Shute和Ke提出的概念①，主要关注设计良好的数字游戏的7个核心要素，即适应性挑战、控制、不确定性、交互式问题解决、持续反馈、感官刺激和具体目标。

游戏要素特征不一，各要素的权重应当有所区分。具体目标的设置最为关键，有利于学习者专注于游戏的目的，并在游戏中进行导航。感官刺激游戏利用图形、声音或故事情节来吸引学习者，目前国内许多语言学习软件利用故事和图片来增强学习者的学习效率，提高趣味性，比如百词斩，但是百词斩偏向英语学习，尚不涉及非通用语种语言。另外，要注重持续反馈和交互式问题的解决，设计师应提供玩家在学习东盟语言过程中的相关反馈，还要为学习者提供游戏互动的机会，通常涉及一系列问题或任务的解决。例如，平台招募了两位母语为东盟语种的志愿者和两位以汉语为母语的志愿者，并将他们配对，以问答检验对东盟语言学习的影响。这个过程要求参与者用非通用语种解决相关的问题并完成对应任务。最后，对于游戏的改进应从以下几个方面进行：不确定性、控制和适应性挑战。基于游戏的语言学习可能过于注重促进学习而忽视了游戏的不确定性。一个好的游戏应该引起悬念，这样才能有效地吸引学习者。Jalali S.和Dousti M.试图研究计算机教育游戏能否改善伊朗小学生的英语语法和词汇的掌握②，该游戏评估了学生课堂上与所学单元相关的语法点和词汇项目。在这种情况下，学生们根据他们对所学单元的理解能够准确地判断结果，因此该游戏的结果是可预测的，但这不利于吸引学习者。根据Shute和Ke的观点，精心设计的游戏应该让学习者控制游戏的玩法、游戏环境和学习体验。同时，好的游戏应该与学习者的能力相匹配，使挑战具有适应性。笔者建议将东盟旅游元素加入到语言学习当中，一方面，随着“一带一路”倡议下文化的交融与交汇，我国前往东盟各国旅游的游客与日俱增，这增加了双方的亲切感与好奇感；另一方面，旅游元素可增强用户的代入感，对常用语言文字的覆盖面较广。

基于数字游戏的语言学习研究并不少见，但多数针对的是英语，基于数字游戏的东盟语种语言的学习几乎空白。Klimova和Kacet指出③，目前数字游戏主要通过3个方面来促进语言学习：①提供对目标语言的视觉和听觉接触；②对特定语言的知识（如语法和词汇）进行量化；③促进对语言学习和实践的投入与参与。对东盟语言的

① ShuteV.J, Ke F.Games, learning, and assessment.In D.Ifenthaler, D.Eseryel, &X.Ge（Eds.）, Assessmentingame-basedlearning（pp.43－58）.NewYork:Springer.

② JalaliS, DoustiM.Vocabulary and Grammar Gain through Computer Educational Games[J].GEMA OnlineJournal of Language Studies, 12（4）, 1077－1088.

③ KlimovaB, KacetJ. Efficacy of Computer Games on Language Learning[J].Turkish Online Jour- nal of Educational Technology-TOJET, 16（4）, 19－26.

学习，有利于掌握和熟练使用东盟信息资源，进一步了解东盟各国的政治、经济和文化生活，从而促进中国与东盟双方的合作与交流。基于游戏的语言学习拓宽了东盟信息资源服务的途径和策略，为东盟信息资源的利用提供了方法。笔者根据Shute和Ke的七要素理论，设计了基于游戏的语言学习框架，以期为东盟的语言学习提供帮助，如表7-4所示。

表7-4　基于游戏的语言学习框架

核心要素	具体目标	交互式问题解决	感官刺激	持续反馈	不确定性	适应性挑战	控制
具体内容	遵循的规则、要实现的目标、获得成就感	招募专家、虚拟人物、组队过关	文化环境、风土人情、故事设计、民族特色	排行榜、荣誉值、驱动性奖励	悬念、彩蛋、随机事件、文字冒险	难度等级、学习进度	难度等级、学习进度

设置具体的目标，使玩家掌握检索并利用东盟信息资源的基础语言知识，剖析东盟语言文字的历史演化、文化隐喻，使其贯穿游戏的所有环节。利用高校图书馆的非通用语种的学科优势为用户提供交互式问题解决服务，专业人员的评价将有助于加快游戏的进程，提高用户的学习效率。在感官刺激上，发挥旅游业优势，尽可能使旅游元素成为游戏中的主导地位，这是因为旅游业是中国—东盟自由贸易区建设和发展的重要产业，也是促进双方国家友谊的重要途径①。借鉴主流游戏中的驱动性奖励、排行榜和荣誉值来促进玩家保持游戏娱乐的惯性，例如，玩家等级越高，虚拟旅游场所的选择越多，能更好地提升用户的成就感和归属感。增强悬念、随机事件和彩蛋的参与，强化了游戏的趣味性，可使玩家沉浸其中。相比较英语而言，东盟语种的应用范围更小，常见的主流游戏或多或少地使用了一定量的英语作为游戏的一部分，东盟语言作为游戏语言时要注重玩家的可控制性，做到可操控、可代入、可沉浸。

3. 基于游戏的信息素养平台构建形式与策略

（1）基于游戏的信息素养平台的构建形式。

①基于游戏的信息检索。

近年来，逃生游戏作为另类的娱乐方式，吸引了大量的玩家，因此，人们对逃生游戏的兴趣越来越大。越狱室是指将玩家锁在房间内，与时间赛跑、发现线索、解决谜题，以便及时逃脱的游戏。仅在美国，就有超过2 300个逃生游戏室，有报道称该行业正在蓬勃发展②。企业和公司都在使用逃生室来增加员工的凝聚力，因为参

① 赵蕊洁．东盟国家多语种信息资源建设研究[D]．南宁：广西民族大学，2018.

② Economist. https://www.economist.com/gulliver/2019/01/11/the-escape-room-games-indust ry-is-booming, July 6, 2020.

与者需要为了共同的目标而合作[①]。逃生游戏室的设立被公认为有许多目的，如提高沟通技巧、学习特殊元素等，可以培养人们知识发现、信息检索的能力。

②基于游戏的信息评价。

近年来，基于游戏的信息素养教育研究越来越多，也使得多数游戏侧重于信息检索[②]。基于游戏的信息分析与评价较少被学者关注，一些研究平台会关注虚假信息和假新闻，如Roozenbeek[③]，他们开发了一款基于互动选择的冒险游戏，目的是建立对假新闻的策略认知抵制，这款游戏名为“坏消息”，它使玩家扮演假新闻创造者的角色，目标是帮玩家吸引尽可能多的追随者，使玩家的可信度最大化。玩家的文章越可信，得到的粉丝就越多，同时，玩家会看到文章的影响力和与假新闻题材的不同主题。他们提供的证据表明，不管受教育程度、年龄、政治与意识形态和认知风格如何，玩家发现和抵制虚假信息的能力在游戏结束后都会提高。在娱乐领域，《假新闻》（爆料游戏）是一款基于著名纸牌游戏“反人类卡牌游戏”的棋牌游戏[④]。在这个游戏中，玩家必须选择正确的单词或短语来填补句子中的空白，其目标是创造最合适的标题。标题有3种类型，玩家可以对标题进行分类，其中之一是“假新闻”。这款游戏的目标是如何创造吸引用户点击的标题，并理解为什么它会影响人们的选择。另一个例子是关于假新闻的生成器，用户可以通过选择自己的标题、图片和行情来爆料自己的新闻[⑤]。

（2）基于游戏的信息素养平台构建的策略。

首先，说明游戏的目标。玩家需要做些什么才能赢得比赛。例如，征服尽可能多的行星，到达棋盘上的某个点，解决一个难题或一个谜团等。

其次，确定玩家为达成游戏目标而计划执行的行动、活动或任务。例如，球员如何开始比赛，并向目标移动和前进？规则允许什么，不允许什么？玩家何时或如何到达游戏的终点？

再次，识别游戏所做的动作。例如，游戏允许每个玩家在有限的时间内移动，当玩家到达游戏中的某个正方形时增加难度，每次玩家到达某个方格时给增加点数等。

最后，找出阻碍玩家达成游戏目标的原因。例如，其他玩家阻止他们移动或摧

① Tick tock escape room. https://www.ticktockescaperoom.com/the-psychology-behind-the-esca pe-room/, July 6, 2020.

② 吴建华，王静宇 . 故事驱动的信息素质教育游戏研究 [J]. 图书馆论坛，2017，37（1）：26-32.

③ Roozenbeek J，vanderLindenS.Beatingthehelloutoffakenews.Ethical Record:Proc.Conway Hall Ethical Soc.122, 4-7（2017）.

④ LazerD.M.J, et al.The science of fake news. Science 359, 1094 - 1096 (2018). https://doi. org/10.1126/science. aao2998.

⑤ Council of Europe:Freedom of expression, 09 July 2020. https://www.coe.int/en/web/commissioner/thematic-work/media-freedom, July 6, 2020.

毁他们的太空飞船；当玩家在掷骰子时获得双六，或者在游戏中失去他们的全部生命时，玩家会再次失败或重新开始等。

游戏规则一旦确定，会通过网页或App的形式呈现给玩家，在玩家体验的过程中，设计师要关注4个问题，为该游戏的更新和评价作准备。这4个问题分别是：①准备（第一个阶段，向玩家解释游戏的学习目标）；②玩（玩家开始玩游戏，熟悉游戏规则，并试图达成其目标）；③述职（游戏结束后，玩家可以反思玩游戏的经过，并回答有关学习内容的问题，以澄清可能的错误）；④评估（评价玩家是否达成了规定的目标，是否完成了预期的内容，是否培养了解决问题的能力）。在最后一个阶段，设计师可以设计一项用户体验计划，以评估玩家是否达成了学习目标，这是根据他们在游戏中所积累的知识和他们能够发展的技能来确定的。为了评估玩家对主题的认识，设计师可以要求他们写一篇小文章。例如，在上述历史案例中，玩家可以根据他们自己的体验写一篇文章来解读——泰国的社会、政治和经济状况。在评估玩家的技能方面，设计师可以为他们提供解决“游戏中的问题”的机会。在这一阶段，设计师应该主要评估玩家解决问题的过程，而不仅仅是评价最终提出的解决方案。了解玩家在游戏体验过程中掌握东盟信息资源的状况，以及玩家擅长或倾向解决哪类问题，哪类问题属于玩家的知识盲区，进一步针对性地设计问题与游戏形式。

（四）用户交流社区的内容与模型构建

1. 用户交流社区内容

用户交流社区属于用户与用户之间的交流平台，其根据用户检索或互动的数据，智能分析用户需求，提供平台检索结果服务和其他用户解答服务。本研究所指的用户交流社区是以知识交流为主，借鉴了社交媒体技术的思维，通过挖掘用户的信息行为从而为用户提供个性化服务。其应用的主要技术方法有情感分析、人机交互、内容审核、图像识别等技术，可以充分地挖掘用户数据。中国—东盟图书馆信息交流平台不仅要实现东盟信息资源的共建共享，而且要实现知识的流通与交流。传统意义上的东盟信息资源服务，主要由图书馆馆员来为用户提供思路、建议和方法。基于用户交流社区的理念，用户的消息、数据、信息和知识来源还可以是其他用户，也就是说，用户与用户之间也存在知识交流、知识服务，这种交流形式必须依托用户交流社区。构建中国—东盟用户交流社区主要有以下原因：第一，我国的东盟信息资源分散较广，信息密集度低，用户对所需信息的来源渠道模糊，构建用户交流社区可以实现用户的集中，也就是说，A用户可以从B用户那里了解相关渠道；第二，由于语言文字的障碍，用户对东盟信息的兴趣度较低，从而导致东盟信息资源的利用度低，结合其他用户的利用体验，可以向有需求的用户提供帮助；第三，由于用户对东盟文化、经济和政策的不了解，图书馆对用户的信息需求程度了解也不高，只有挖掘用户信息，了解用户需求，才能为下一步的用户服务提供数据支撑；第四，已有的东盟信息服务研究和实践更多的是针对组织或会议，较少直接面向用户，用户的评论、点赞和转载带来的知识输出，同样增加了用户的黏性，提升了平台的层次。构建用户交流社区的主要思路包括对用户行为的分析、信息的智能获取、整合用户行为、为用户建立移动存储空间、构建用户分类法、建立用户评价机制。

2. 用户交流社区模型的构建

本小节主要论述构建用户交流社区的思路，并提出相应的数学模型，旨在从用户信息行为的角度来讨论构建中国—东盟用户交流社区的可行性和可操作性，属于微观层面的分析讨论，借鉴了胡媛提出的“数字图书馆知识社区聚合模型”，在此基础上加以改进，优化了基于用户关系的知识需求偏好计算模型①。

接下来，笔者将从两个角度构建用户交流社区：一是用户行为；二是用户关系。用户行为又可分为显性行为与隐性行为。显性行为又分为评论、点赞、转发和收藏等，隐性行为又分为页面浏览时间、翻页与拉动滚动条次数等。用户关系分为用户信任关系和需求相似关系。通过计算用户的知识需求偏好，实现精准化和个性化的知识推荐服务，这正是构建用户交流社区的根本意义。

（1）基于用户行为的知识需求偏好。

用户的知识需求偏好可以从两个方面来观察，即显性行为与隐性行为。通过分析用户知识需求偏好度来确定用户知识需求偏好，也就是用户对某个知识资源的关注和需要。用户知识需求偏好度越大，说明用户对某个知识资源越关注、越需要，用户知识需求偏好度计算模型可为用户个体知识需求偏好计算和用户群体知识需求偏好计算提供理论基础。如果用户对某知识资源的需求偏好表现为显性行为，设定该知识需求偏好度为A，如果用户对某知识资源的需求偏好表现为隐性行为，设定该知识需求偏好度为B，设定用户对某知识资源的需求偏好度为SUM，那么公式“SUM=A+B”即可成立。其中，用户知识需求偏好度位于0到1之间，理论上，显性行为越强，隐性行为越弱，用户知识需求偏好度越接近1，说明用户对该知识资源关注和需求越大，反之越小。当A为1时，可以不考虑用户的隐性行为，反之，当B为1时，就应通过用户的隐性行为来挖掘用户的知识资源需求和关注。

接下来，笔者将分析显性行为与隐性行为的表现形式。谭琼认为，用户在文本中的停留时间、访问次数、修改、保存、编辑等行为可以反映用户对知识资源的需要和关注②；曾春指出，用户在进行浏览、检索、收藏、评论、翻页、滚动和点击鼠标

① 胡媛，曹阳，张发亮，等. 基于用户关系的数字图书馆社区知识需求聚合模型构建 [J]. 图书馆学研究，2017（21）：45-52.

② 谭琼，李晓黎，史忠植. 一种实现搜索引擎个性化服务的方法 [J]. 计算机科学，2002（1）：23-25.

的信息行为时，一定程度上也反映了用户对知识资源的需要和关注[①]；Claypool M.认为，用户通过浏览网页和往复滚动网页时，所花费的时间长短可以说明用户对该界面信息的关注度和兴趣度，进而明确用户的知识需求[②]；Liang T.P.也认为，用户在浏览网页信息时的平均阅读速度在一定程度上反映了用户对知识需求的偏好[③]。综上，本文将显性行为确定为对知识资源的分享、下载和讨论等，将隐性行为归纳为用户在浏览信息的过程中所产生的一切信息行为，如网页停留时间、拉动滚动条和翻页次数。①网页的浏览与查阅时长：网页停留时间越长，说明文本内容对用户的吸引程度越大，用户对知识资源的关注度越高，一定程度上表明用户在深度阅读该知识资源和进行讨论等。②拉动滚动条与翻页次数：当用户对知识资源进行反复阅读时，会出现拉动滚动条与翻页次数增多的现象，这表明用户对该知识资源产生了一定的兴趣和需求，同时，该方式是对网页停留时间作为判断依据的补充，因为长时间的网页停留也可能是用户离开了设备或无阅读浏览行为。

（2）基于用户关系的知识需求偏好。

①建立用户—知识资源关系网络。

当用户对某一知识资源进行了复制、下载、浏览、收藏、转发和评论等行为时，可以理解为该用户对这一知识资源有需求偏好，将用户与知识资源关联起来有助于分析和计算用户的知识需求偏好。用户数据来源于服务器上的网络日志，将用户与知识资源写成二维表，最终形成用户—知识资源关系网络。用户i的知识需求偏好可表示为U_i。

②用户知识需求关系计算。

用户间的知识需求关系依据各用户对同一知识资源的需求偏好来计算，本文将用户知识需求关系定义为用户之间的知识需求偏好资源数目交集与并集之比。用户的社会关系值大小为0~1，越接近1，说明用户知识需求关系越强，反之越弱。用户知识需求关系计算模型表示为：

$$SR(i,j)=\frac{|O(U_i)\cap O(U_j)|}{|O(U_i)\cup O(U_j)|}.$$

其中，$SR(i,j)$表示用户知识需求关系，$O(U_i)$表示用户i的知识需求偏好资源数目，$O(U_j)$表示用户j的知识需求偏好资源数目。

① 曾春，邢春晓，周立柱．个性化服务技术综述[J].软件学报，2002（10）：1952-1961.

② Claypool M, Le P.Waseda M and Brown D.Implicit Interest Indicators[C].Proceedings of the ACM Intelligent UserInterfaces Conf(IUI), 2001：33-40.

③ Liang T.P, Lai H.J.Discovering User Interests from Web Browsing Behavior:An Application to Internet News Services[C].Proceedings of the 35th Annual Hawaii International Conference on System Sciences, 2002.

③单个用户知识需求偏好计算。

计算单个用户知识需求偏好，首先要对分布在平台上的知识资源进行分类、聚类，形成相似知识资源簇，其次通过用户行为分析用户关注的知识资源数目，最后寻找知识资源簇的特征向量（又称为簇中心），具体计算模型可表示为：

$$U_i^I = \sum_{a \in A} (\frac{N_{ia}}{N} \times V_a)$$

其中，U_i^I表示用户i的知识需求偏好，N_{ia}表示用户i关注的知识资源中属于簇A的数目，N表示用户i关注的所有知识资源数目，A表示用户i关注的知识资源所属的所有簇的集合，a表示某一知识资源簇，V_a是簇A的中心。

④用户群体知识需求偏好计算。

用户群体知识需求偏好可以理解为用户潜在知识需求偏好，用户的知识需求偏好不仅受自身的影响，而且受社区其他成员知识需求偏好的影响。根据“用户个体知识需求偏好”，只能计算出用户当前的知识需求偏好，潜在的知识需求偏好将无从得知，通过分析社区群体偏好的计算，用户潜在的知识需求偏好在某种程度上可以被发现和证实。基于用户的协同过滤（User-based CF）指出：A和B两个用户相似，然后给A推荐B喜欢的东西。根据用户间的社会关系值，确定影响用户知识需求偏好的用户群体。确定该用户群体有两种方法：一种是确定群体中用户的总数量为n，通过用户与其他用户的社会关系值的强度，计算出强度值最高的n个用户为该用户群体，最终计算用户群体知识需求偏好；另一种是设定用户知识需求偏好阈值λ，将知识需求偏好大于或等于此阈值的其他用户组成该用户群体，并根据用户间的社会关系值加权计算用户群体知识需求偏好。用户群体知识需求偏好计算模型可表示为：

$$U_i^Q = \sum_{j \in Q} SR(i, j) \times U_j^i$$

其中，U_i^Q表示用户i所在的用户群体知识需求偏好，Q表示该用户群体中其他用户成员总量，j表示其他用户，$SR(i, j)$表示用户i与j的社会关系值，U_j^i表示用户i所在的用户群体中其他用户j的知识需求偏好。

（3）用户总体知识需求偏好计算。

用户总体知识需求偏好是单个用户知识需求偏好和用户群体知识需求偏好之和，通过加权计算的方式，计算出用户总体知识需求偏好。因此，用户的知识需求偏好由两部分组成：一是直接知识需求偏好；二是间接知识需求偏好。计算模型可表示为：

$$U_i = \beta \times U_i^I + (1-\beta) \times U_i^G$$

其中，U_i^I是个体知识需求偏好，U_i^G是群体知识需求偏好，β位于0到1之间，是可调节的变量。β值越大，结果越偏向于用户直接知识需求偏好，反之，越偏向于间接知识需求偏好。技术人员不可盲目改变β值，应根据实际需求调节β值大小。

综上，通过分析用户的显性行为和隐性行为，以及基于用户关系的直接和间接知识需求偏好，得出用户对某一类知识资源的喜爱或偏好度，实现精准化和个性化的知识推荐服务。

（五）个性化服务

1. 嵌入式自助翻译

语言障碍阻碍了中国与东盟的文化交流和资源利用，构建嵌入式自助翻译系统可解决东盟信息资源利用率低及用户检索利用效率低等一系列问题。根据赵蕊洁在《东盟信息资源建设研究》中的分析可知，东盟国家主要的语种是英语、马来语、泰语、越南语、老挝语、他加禄语、印尼语和高棉语[①]。笔者统计了各大翻译平台对东盟翻译的支持程度，如表7–5所示。

表 7–5 翻译平台对东盟翻译的支持程度

翻译平台	支持翻译的语言
百度翻译	英语、马来语、越南语、泰语、老挝语、他加禄语、印尼语和高棉语
有道翻译	英语、越南语和印尼语
腾讯翻译君	英语、越南语、印尼语、泰语和马来语
谷歌翻译	英语、马来语、越南语、泰语、老挝语、印尼语和高棉语
金山词霸	英语、马来语、越南语、泰语、老挝语、印尼语和高棉语
讯飞翻译	英语、马来语、越南语、泰语、老挝语、印尼语和高棉语

从表7–5中可以发现，百度翻译对东盟翻译的支持程度最高。通过嵌入百度翻译到中国—东盟信息交流平台，可实现信息资源的语言转化。

（1）网站翻译。

在网页的设计过程中，语言与网页布局不仅要满足国内用户的使用习惯，还要考虑东盟国家用户的使用习惯和特点。增设网站的语言转换功能，用户可自如地切换网站，对于中文的人名、地名和历史事件，尽可能以超链接的形式作为补充背景材料。对于网页的一级类目可局部改造，多级类目可大胆变异，尽可能符合东盟各国用户的网页浏览习惯，结合政治环境、经济环境、文化环境调整最佳的信道容量。同时，编排与东盟各国相符的行文习惯，避免传播噪声的出现。另外，要发挥专家

① 赵蕊洁．东盟国家多语种信息资源建设研究[D]．南宁：广西民族大学，2018.

的优势，聘请业内教师与外籍专家参与网页的编排设计工作。

（2）信息翻译。

中国—东盟自由贸易区提供了东盟各国语种的英汉互译服务，该服务为人工服务，价格高昂，不适合广大用户进行实时的信息检索、浏览。此外，从事东盟国家语言翻译的人才比较稀缺，人工翻译质量普遍不高。因此，嵌入式自助翻译呼之欲出，机器翻译的核心难点是语料库缺乏的问题，在“一带一路”倡议背景下，越来越多的游客前往东南亚国家旅游，带动了东南亚旅游业的兴起，东盟机器翻译逐渐进入人们的视野，机器翻译在人工翻译准确率不高的情况下仍占绝对优势，讯飞在语言翻译与学习、实时翻译、图像识别、外贸商务、旅游等方面有较高水平，可以满足中国与东盟的经济与文化交流。

另外，余正涛教授和他的专业团队创建了汉语—东南亚语言语料库，规模壮大，其创建的“小语洞见OCR系统”实现了拍照识别、实时翻译，在此基础上，开发的智能扫描仪也实现了东南亚国家文字的扫描和识别，可用于东盟信息资源的搜集和开发。其搭建的东南亚跨语言事件检索和分析系统，为用户了解东盟国家间关系及重大新闻提供了支持，可将该平台应用于东盟信息资源的检索与利用，进一步消除用户检索东盟信息的障碍。

2. 移动服务

本文提出的移动服务主要是指利用移动终端设备（如手机）实现移动咨询服务、移动阅读服务、移动推荐服务和移动订阅服务等，旨在从传播层面来加强中国与东盟的合作交流，进一步推动“一带一路”倡议的传播发展。“一带一路”倡议的核心要义就是信息资源的互联互通，在信息的联通上，新媒体（以电视、电脑和手机等为主要输出终端）发挥着更重要的作用，据统计，截至2021年1月，全球手机用户数量达到52.2亿，其中有42亿为社交媒体用户①。图书馆应利用新媒体，强化与用户的沟通，讲好“一带一路”故事，传播新思想，切实将“一带一路，网络先行”的思想贯彻到中国—东盟图书馆信息交流平台之中。

二、信息交流平台总体架构及关键技术

朱伟珠设计了京津冀跨区域公共图书馆联盟平台总体结构，将该信息交流平台分成了4层，从下到上依次是基础设施层、数据资源层、业务逻辑层和用户应用层②。

① 报告：全球手机用户数量为52.2亿，互联网用户数量为46.6亿.[EB/OL]（2021-01-28）[2021-02-03]. http://www.inpai.com.cn/news/new/20210128/76263.html. [EB/OL]（2021-01-28）[2021-02-03].http://www.inpai.com.cn/news/new/20210128/76263.html.

② 朱伟珠，李春发.服务于协同创新的京津冀跨区域公共图书馆联盟平台构建分析[J].现代情报，2017，37（10）：78-83.

卜冬菊等针对高校图书馆联盟知识共享平台，提出3层知识共享平台架构方法①。吉林省图书馆联盟云服务平台系统架构大致分为3层，即资源层、云服务层和用户层②。福州大学城移动数字图书馆联盟云服务平台将总体结构分成5层③。龙朝阳提出基于SOA的数字图书馆联盟信息服务平台系统分层逻辑模型，分别是基础设施层、数据层、逻辑层和应用层4个分层④。孟祥凤提出了图书馆联盟数字资源共享平台的服务架构，即基础层、平台层、服务层、应用层及门户层⑤。

近年来，中国与东盟各国在经济和文化等领域的交流日益显著，对信息资源的需求日益攀升⑥。为拓宽信息交流的渠道、推动资源共享的升级、提高东盟信息利用水平，一方面可利用物联网、云计算、人工智能、大数据和互联网等技术组织、开发和挖掘东盟信息资源；另一方面可加强信息交流平台与用户的交互，利用用户行为数据，协助用户学习，实现信息交流平台的高质量服务。结合上文所述及现实需求，笔者将中国—东盟图书馆信息交流平台设置为符合国际标准的5层架构，分别为物联层、传输层、平台层、应用层和门户层，各层都应该有图书馆馆员的参与，如图7-7所示。

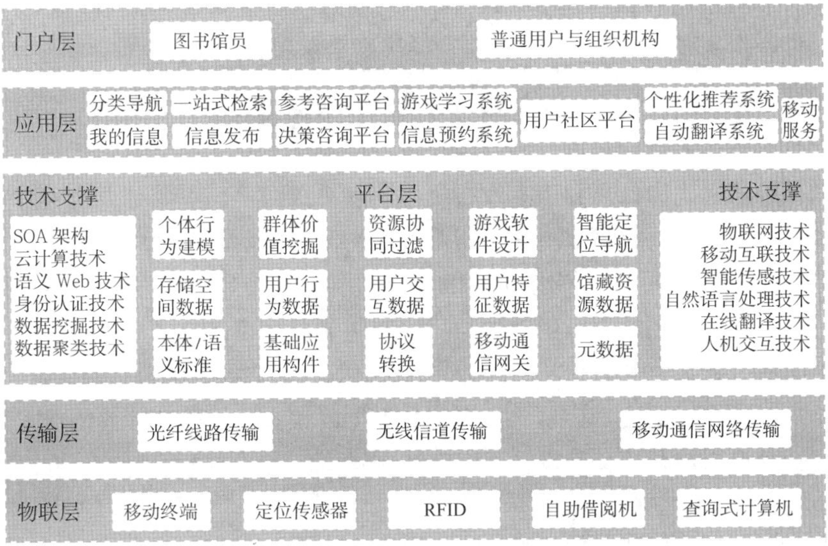

图7-7　中国—东盟图书馆信息交流平台架构

① 卜冬菊，曹悦恒．高校图书馆联盟知识共享平台构建及发展优势研究[J].情报科学，2016，34（4）：86-89.

② 谢原，张静鹏，周秀霞．图书馆联盟云计算服务平台的设计与实现——以吉林省图书馆联盟云服务平台建设为例[J].情报科学，2012，30（12）：1854-1857.

③ 沈镛，林熙阳，林雪英．基于云计算的移动数字图书馆联盟服务平台建设研究——以福州大学城图书馆联盟云服务平台为例[J].情报探索，2013（10）：119-121.

④ 易菲，龙朝阳．基于SOA的数字图书馆联盟信息服务平台构建[J].图书馆工作与研究，2011（6）：4-7.

⑤ 孟祥凤．图书馆联盟数字资源共享平台架构研究[J].图书馆界，2015（2）：5-8.

⑥ 徐燕，陈怡玲，李荣．广西科技信息共享服务平台建设的实践与思考[J].图书情报导刊，2020，5（8）：44-47.

物联层包括定位传感器、RFID、自助借阅机、查询式计算机、移动终端等设备。技术人员通过RFID自动识别技术实现对馆藏实体资源的管理；通过定位传感器指引用户检索与寻找信息资源，实现智能导航，进而分析用户的活动路线与习惯，同时可实现自动定位与到馆推送服务；通过自助借阅机实现自动化借阅图书；通过查询式一体计算机，既展示平台推荐的信息资源，又能检索查阅相关信息；通过移动终端服务实现信息资源的精准推送，提高用户效率。

传输层包括3个方面，第一个是光纤线路传输，第二个是无线信道传输，第三个是移动通信传输，实现三位一体，以此来感知和适应用户的传输需求。

平台层是中国—东盟图书馆信息交流平台中的核心结构，位于应用层和物联层之间，即该层以物联层和传输层为基础，向应用层提供服务。强化东盟知识服务图书馆馆员的主导地位，吸收懂技术、懂图书馆服务的跨学科人才，通过本体与语义标准、基础应用构件、协议转换、移动通信网关和元数据等规范，将物联层感知到的用户基础数据、用户信息行为数据、读者特征数据、用户交互数据和馆藏资源数据等统一存储与维护，制定技术方案，统一部署算法，最终实现个体行为建模、群体价值挖掘、资源协同过滤、智能定位导航和游戏软件设计等服务目标。

应用层是直接面向用户的可操作、可交互的系统与平台。需要参考咨询图书馆馆员、信息素养图书馆馆员的参与，为用户答疑解惑、开展用户教育活动。分类导航、一站式检索、我的信息和信息发布统称信息集成门户，主要是方便用户查阅自己的相关信息（点赞、收藏、下载、浏览和评论）和检索数据库中的信息资源；参考咨询平台和决策咨询平台分别为用户提供常见问题解答和附加值较高的信息产品；游戏学习系统和信息预约系统供馆员与用户使用，旨在通过信息素养教育提升用户的信息资源使用效率与水平，以及开展馆员培训等；用户社区平台有两个重要目标，一是为用户提供知识交流平台，二是为馆员提供数据支撑；移动服务拓宽了信息交流平台服务的渠道，利用移动设备，借助社交媒体，用户便可访问该平台，同时可随时随地接收个性化推荐信息。

信息技术的进步为图书馆的转型和发展提供了许多新的可能，本研究致力于研究中国—东盟图书馆信息交流平台的服务与功能，以期拓宽信息交流的渠道、推动资源共享的升级、提高东盟信息的利用水平。应用计算机领域前沿技术，有利于实现这一目标，在中国—东盟图书馆信息交流平台的构建过程中，以下关键技术应当考虑。一是语言翻译技术，语言障碍阻碍着中国与东盟的经济文化交流。计算机辅助翻译技术（CAT）实现了翻译工作的自动化，在人工智能领域，图像翻译进展迅速，谷歌、微软、Facebook和百度均拥有能够让用户搜索或者自动整理没有识别标签的照片的技术。通过图像翻译，用户便可根据东盟信息的封面判断题名、作者、出版社和国别等，初步了解信息种类与内容、快速识别和过滤信息；翻译记忆工具和术语管理工具可规范东盟地区的专业术语，提升图书馆对专业领域知识的服务能力，如利用T-Manager术语库工具，在MS Excel表格中自动分析术语。根据用户需求可以在运行中管理术语库，也可以从外部工具中导入术语，如World Server GMS和SYSTRAN机器翻译词典及其他术语工具。技术的应用还有助于词库的统一化，确保不同术语库或机器翻译词典之间的一致性；分析具体词汇表或机器翻译词典，根据用户需要，将某一术语库修订或将旧词汇表转化为SYSTRAN机器翻译词典等。除此之外，还有云翻译技术、机器翻译技术和翻译协作技术等。二是大数据技术，旨在挖掘和分析海量的用户数据，精准发现用户需求，充分开发东盟信息资源，实现知识资源的协同过滤。三是可视化、虚拟现实及人机交互技术，将隐性知识（技能、团队合作和经验等）显性化，通过游戏化的形式将知识资源传播给用户，提高用户的信息素养能力，增强用户的学习体验等。四是云计算技术，基于云计算的图书馆资源共享服务系统。其旨在利用云计算相关技术实现“云库”平台，并在虚拟存储池中构建图书馆之间的电子资源共享存储体系，以满足图书馆的需求。就中国与东盟各国的图书馆而言，云计算技术可解决双方信息资源存储地理分布和系统异构等共享问题。五是人工智能技术，对分布在网络上的东盟信息资源智能存储与组织，通过语义分析，实现自然语言信息检索。

第八章　东盟信息资源服务支撑策略

东盟信息资源支撑是以足够的资源和便捷的服务作为保障的，便捷的服务就是以东盟信息资源保障体系为基础，深入开发信息资源形成知识服务体系的同时提供个性化的高层次服务。本章研究东盟信息的服务方向和策略，服务方向主要有为国防外交决策咨询提供服务，为中国—东盟经济贸易合作提供信息支撑，为中国—东盟科技合作提供科技信息服务，为国家政治、经济、社会发展提供战略信息服务，即竞争情报服务，为中国—东盟旅游深度合作提供旅游信息服务，为东盟语种人才培养和研究提供信息服务。

第一节　东盟信息资源服务主体——多元供给

"一带一路"的倡议是一项以经济建设为主导，全面促进中国与沿线周边国家之间互联互通的伟大工程。东盟各国是中国"21世纪海上丝绸之路"上的重要合作伙伴，东盟信息资源是双方合作交往中不可或缺的重要资源，是信息服务支撑。本书将分析国内东盟信息服务的供给现状，在总结现有服务存在问题的基础上，提出东盟信息服务多元供给策略，为优化服务提供参考依据。

一、国内东盟信息服务供给现状

东盟信息服务是以一定数量的东盟信息资源为基础、提供相应服务为标志，满足用户对东盟信息资源与服务的需求，为东盟相关事务的推进和决策提供信息保障。

（一）东盟信息服务供给主体日趋多元化

信息服务主体是信息服务的承担者，即信息资源和服务的提供者。随着中国与东盟的合作交流日益频繁，衍生了大量东盟信息需求，促使东盟信息服务迅速增加。目前，东盟信息服务主体呈现多元化趋势。图书馆是专门的信息服务机构，主要从事信息资源的收集、整理与加工，提供基础性、公益性的东盟信息服务。传媒机构是东盟信息资源的生产者和重要的传播者，其宣传报道的东盟资讯具有较高的时效性、实用性和参考价值，新闻媒体直接或间接地参与到东盟信息服务供给的行列中。以出版社、数据库商、专业咨询机构为代表的企业，是富有活力的东盟信息服务市场的供给力量，主要提供出版物、数据资源、咨询报告等信息产品，以及服务平台工具等。

除了图书馆、传媒机构、出版社、内容提供商和专业咨询机构等传统的信息服务机构外，非专门的信息服务部门、由个人或民间自发形成的团体均参与到东盟信息服务的行列中。政府、高校、科研机构等非专门的信息服务部门，在其主营业务中附带提供了一定的信息服务。政府是整个社会最大的信息拥有者和控制者，政府部门拥有大量权威性、政策性文件，在东盟信息服务中具有重要作用。高校及科研机构是东盟学术信息的生产者，在东盟学科教学和东盟研究基础上产出高层次的智力研究成果。

（二）东盟信息服务方式与主体性质相关

近年来，政府主导的东盟信息服务逐步增多，高校和研究机构的东盟研究迅速发展，图书馆逐渐加大对东盟信息资源建设的投入力度，传媒对东盟信息的供给崭露头角，提供东盟相关资源与服务的企业日趋活跃。不同供给主体开展东盟信息服务的目标、对象和方式的特点如表8–1所示。

表8–1　不同主体开展东盟信息服务的特点

供给主体	主要目标	服务对象	服务方式	主要代表
政府部门	服务国家发展战略、地方发展战略	全体用户	制定政策，发布信息	中国“一带一路”网、国家税务总局税收服务“一带一路”倡议专题网站、国家信息中心“中国一带一路网”、中国—东盟中心网站
高校、科研院所	满足本机构教学、科研的需要	本机构用户	提供智力研究成果	北京大学“一带一路数据分析平台”、上海社科院“一带一路”大数据库“丝路信息网”、中国南海研究协同创新中心《南海文库》数字资源、中国南海研究院“南海信息数据库”、厦门大学东南亚研究中心

续表

供给主体	主要目标	服务对象	服务方式	主要代表
图书馆	服务区域、行业或机构，适度提供社会服务	区域、行业或机构用户，部分面向政企与社会用户	提供公益性信息资源与服务	厦门大学图书馆“东南海疆研究数据库”、北京大学图书馆“南亚与东南亚英语文学数据库”、广西民族大学图书馆的东盟信息数字资源平台
传媒机构	宣传报道，增进了解沟通	全体用户	新闻报道，信息宣传	新华网、国际在线、央视网“一带一路”频道
企业	为目标用户提供资源与服务，实现盈利	企业及利益相关者、付费用户	提供商业性信息产品与服务	国研网、EBSCO公司“一带一路资源中心”、社会科学信息出版社“一带一路”专题数据库、中经网“一带一路”统计数据库

政府职能部门提供的东盟信息资源具有权威性，但存在对信息资源开发不够重视、服务力度不足等问题。高校、研究机构开展的东盟信息服务具有较好的针对性，但对用户来源进行了限制，服务的受众面较局限。以图书馆为代表的公益型信息服务机构，提供的往往是面向大众、需求基础的东盟信息资源，主要满足用户的共性需求，因而对用户的个性需求关注不足，而同质化的东盟信息服务将难以满足用户多层次的需求。资源提供商、咨询公司等营利性企业，为追求商业利润必然无视缺乏市场价值的用户需求，转而重点关注盈利机会较大的信息服务需求。传媒机构提供的东盟信息服务具有较好的灵活性，但追求新闻价值会更多关注热点而非用户实际需求。

（三）东盟信息服务多元供给的实例分析

中国—东盟博览会是中国和东盟国家政府共同主办的国际经济贸易活动，从2004年至今已连续举办了17届，历届中国—东盟博览会的成功举办离不开相关信息服务的支持。具有政府性质的中国—东盟博览会秘书处通过其官方网站发布的论坛活动、投资贸易、系列展会、品牌合作等权威信息，为用户了解中国—东盟博览会提供了便利的信息渠道。由研究机构编制的东盟研究报告、中国—东盟博览会发展报告等智力成果，是开展投资合作、商品贸易与服务贸易的重要参考。海内外新闻媒体对中国—东盟博览会进行了广泛而深入的实时报道，为用户提供了丰富的新闻资讯。在政府、研究机构、媒体等多元主体的共同参与下，信息服务有效促进了中国—东盟博览会的顺利召开。

二、现有东盟信息服务存在的问题

（一）各服务主体定位不清晰，开展东盟信息服务动力不足

由于东盟信息服务供给主体的功能与定位不明确，部分职能部门和信息机构在服务供给上存在缺位现象。重视资源建设、忽略开发利用的观念长期存在，导致本应承担东盟信息服务的部门未能充分履行职能，直接影响了东盟信息服务的数量、质量与效率。全国性信息服务机构难以协调各类东盟信息资源与服务的有效供给；地方性信息服务机构虽然在东盟信息服务中掌握一定主动权，但信息资源、人才、技术等积累不足，制约了本区域东盟信息服务的发展。

机构定位模糊，弱化了东盟信息服务支撑“一带一路”发展的作用。以图书馆为例，图书馆对服务缺乏清晰的认识和定位，人才队伍结构不合理与资源建设投入不足的问题普遍存在。从事东盟信息服务的人员主要是现有的图书馆馆员，他们受限于专业背景、学历职称、业务技能，难以胜任专业化、精细化的东盟信息服务工作。有的图书馆馆员身兼数职，无法集中精力开展东盟信息服务工作。由于东南亚各国文化差异大、所包含的语种众多、部分国家整体发展较为落后等，信息难以收集，这就需投入较多资源来推进相关业务，直接影响了图书馆开展东盟信息服务的积极性。

（二）未能把握用户信息需求，东盟信息服务有效供给乏力

在“一带一路”战略背景下，中国与东盟交流合作的迅速发展衍生了大量东盟信息服务需求，用户既有获取原始信息资料的需求，又有直接利用经过加工处理的信息解决现实问题的需求。受限于传统用户需求的收集方式和用户需求表达渠道不畅，服务机构对用户需求的把握较为片面，服务内容单一、针对性不强、应用价值不高，难以满足用户对东盟信息服务多样化、多层次的需求。同时，在东盟信息服务领域用户参与度处于较低水平，用户仅作为信息服务的供给对象，缺乏与服务主体之间的双向互动，也导致用户的参与价值并未引起足够的重视。

我国现代信息服务行业体系在政府的主导下，逐渐形成了公益性服务和经营性服务相结合的二元结构[①]。公益性信息服务机构虽然不以营利为根本目的，但东盟信息服务属于超出常规工作的新业务，推进需要资源、经费、人员、技术和设备等多方面的投入。这使得服务提供主体在履行服务职能的过程中必然要权衡自身服务行为的成本与收益，其行为体现并不是无私的“利他者”，而是具有显著“经济人”的特性，制约了东盟信息服务的有效供给。经营性信息服务机构遵循市场规律，在追求利益最大化的过程中，通过限制服务提供的条件对服务对象进行筛选区分，进而将服务供给集中于利润空间较大的领域。这导致小众化的东盟信息服务需求被排除在外，使得东盟信息服务的供需矛盾突显。

① 胡昌平 . 创新型国家的信息服务与保障研究 [M]. 北京：学习出版社，2013：160-161.

（三）用户获取信息服务不便，东盟信息资源建设效益偏低

东盟各国语言属于非通用语种，受众范围小，普及程度远不如英语。东盟信息资源涵盖语种多，跨语言障碍致使东盟信息资源建设面临巨大挑战。首先，东盟原版文献资源跨区域采购成本高，非再版资源回溯建设周期长，前期资金投入在短期内难以看到显著效益。其次，东盟国家出版业和电子数据产业发展差异巨大，传统采购途径尚未成熟，制约了东盟数字资源的建设。最后，东盟信息资源组织方面也存在诸多困难，信息组织标准化问题长期存在，现有的东盟语著录标准不统一，简单套用中文的编目字段导致数据参差不齐，增加了东盟信息资源共建共享的难度和协同管理的成本。现有CALIS联合目录公共检索系统还有待进一步完善，跨语言检索需要技术攻关。图书馆现有东盟信息资源的数量相对不足、服务层次偏低。新闻媒体提供的东盟信息资源良莠不齐、缺少开发，整体质量不高。部分研究机构具备较好的资源与服务水平，但其东盟信息服务局限于小范围的用户。不同机构的东盟信息服务水平差异大、发展不平衡，存在数字鸿沟。

东盟信息资源具有载体丰富、语种多样、来源分散等特点，客观上增加了用户获取的难度。加之许多信息机构忽视对东盟信息资源的宣传推广，严重影响了用户对东盟信息资源与服务的知晓率和利用率。东盟信息资源建设效率偏低，用户发现和获取服务成本过高，严重阻碍了东盟信息服务的健康、稳定发展。这一不利局面需要通过政策引导、创新机制和渐进式的服务改革逐步改善。

（四）现有服务缺乏统筹协调，主体间合作竞争机制不完善

目前，东盟信息服务缺乏宏观层面的统筹协调，未能出台相应的政策指导和建设标准，政策、资金支持力度不足，影响了东盟信息资源建设的效益和服务提供。由于服务理念和管理方式在整体上较为陈旧，加之政策资金等激励的缺位，许多机构的服务功能尚未充分发挥。

各机构间合作与竞争机制不完善的问题长期存在，缺乏合作易造成重复投入和资源浪费，缺少竞争易导致相关业务单一和服务效率降低。图书馆是公益型东盟信息服务供给的典型代表，由于缺乏制度激励和具有可操作性的合作共识，东盟信息服务基本处于自给自足的状态，各主体对东盟信息资源共知、共建、共享不够重视，跨部门、跨系统的统筹协调较为匮乏。经营型信息服务机构由于行业壁垒，极易形成垄断而导致服务惰性，缺乏改善东盟信息服务的动力，造成东盟信息服务供给不足、服务效率较低等不利局面。

三、东盟信息服务多元供给策略

（一）明确服务主体职能定位，形成多元供给格局

清晰的职能定位是各主体开展东盟信息服务的前提。由于部门职责和行业分工

的差异性，不同主体在东盟信息服务领域各有擅长，政府相较于市场而言，在公共服务政策管理、规章制度制定等方面具有权威性，而市场在公共服务创新、推广成功经验等方面更具优势，社会则在完成非盈利的任务上更显强势①。由地方政府主导，协同中央部委、重点高校、科研院所、企业等单位构成的中国—东盟区域发展省部共建协同创新中心，通过服务方式创新实现东盟信息服务供给主体的多元协作，对东盟信息服务进行细化分类，发挥不同主体的特色和优势，构建政府、企业、非营利性组织等多元主体共同参与的东盟信息服务供给模式。

政府是东盟信息服务的核心和主导，除提供政府出版物、政策性文件外，应发挥顶层设计引领作用，对东盟信息资源建设进行科学规划，制定东盟信息服务发展目标。通过政策引导、资金扶持和细化责任与权利，推动东盟信息服务体系的不断完善。高校、科研机构服务于东盟人才培养与学术研究工作，产出高学术价值的东盟教学和研究成果，为决策提供智库服务和理论支持。图书馆承担着信息中介职能，以及以公益服务保障公众信息的基本职能。媒体组织是新闻的创造者和传播者，他们通过报纸、广播、电视、计算机和移动网络等媒体平台传播东盟的信息，是中国与东盟增加了解和沟通交流的重要手段。企业应发挥在成本控制上的优势，提供有偿服务灵活适应市场需求，以竞争促进东盟信息资源优化配置，提高东盟信息服务的供给效率。

（二）推进供给侧结构性改革，挖掘用户参与价值

我国的东盟信息服务仍处在积累阶段，提升服务质量的关键在于供给侧结构性改革，加快东盟信息服务机构转型，创新服务模式，提升服务水平和质量。同时，完善用户参与东盟信息服务的制度设计，结合实际探索行之有效的用户参与路径，促进东盟信息资源的优化配置，实现东盟信息服务的有效供给和高效利用，推动形成东盟信息服务与用户需求相互促进的良性循环。

用户参与对深化和拓展东盟信息服务的内涵具有积极作用。一方面，东盟信息服务是以需求为导向，用户通过参与表达需求和偏好促进东盟信息资源与服务的优化；另一方面，庞大的用户群体在某些领域具备参与东盟信息服务供给的潜力，借助一定的条件能够发挥用户的主体作用，扩大东盟信息资源与服务的基础。

（三）重视东盟信息宣传推广，优化服务内容方式

随着信息技术的发展，网络信息服务得以普及。网络信息服务体系在协同式管理、低成本运作和无障碍服务送达方面具有巨大优势，用户通过网络获取东盟信息服务已成为一种发展趋势。因此，应借助网络信息平台，加快推进数字化东盟信息服务体系建设。数字化东盟信息服务体系建设离不开信息基础设施的保障，并需要技术、设备及软硬件设施等大力支持，需要结合实际、统筹规划、整合资源。一方

① 姜晓萍. 建设服务型政府与完善地方公共服务体系 [M]. 北京：中央编译出版社，2015：304.

面应系统梳理现有东盟信息资源的分布与构成，形成全面的目录体系，以数字图书馆、学科门户为依托，推动特色及专题数字资源建设，实现多载体形式资源兼容并举，优化东盟信息服务的内容和方式；另一方面，服务主体应综合分析国家战略、区域发展需求，把握用户需求发展趋势，优化东盟信息资源结构，协调开发各类资源比例，适度向重点领域、急需方向倾斜，充分发挥资源价值。

不同主体可以根据自身实际情况积极开拓网站、微信公众平台、移动客户端等访问渠道，加强对东盟信息资源的宣传推广。例如，开辟网页专栏，集中展示东盟信息资源；或使用统一标签凸显专题内容，方便用户快速查找相关资源。充分利用微博、微信等新媒体的交互功能，转载热门文章、专题推介等受用户欢迎的内容进行适当引流，提高用户关注度，扩大资源与服务的传播范围①。此外，尝试运用区块链、云计算、人工智能、机器深度学习等新技术创新信息服务方式和手段②，提高信息资源的开发利用水平，探索智慧化的东盟信息服务。

（四）建立健全合作竞争机制，提高资源服务效益

完善制度建设是促进东盟信息服务良性发展的重要举措。要完善制度建设，一是细化东盟信息服务的标准体系，通过制度逐步规范东盟信息服务的供给数量与质量；二是加强行业指导和过程管理，发挥行业协会、产业联盟、合作组织对东盟信息服务的协同作用；三是推进信息服务工作评估和质量监督，切实提高我国东盟信息服务质量；四是完善相关法律法规建设，以法制化引导东盟信息服务发展。政府、企业、传媒、高校及科研机构、图书馆等既有共同的服务对象，又有各自的服务重点和服务范围，不同服务主体之间既有分工又有协作，还有适度的竞争。信息服务机构只有在竞争压力面前才会努力提升服务质量，提高服务效率，提供满足用户需求的东盟信息服务。

除了服务主体的内生驱动力外，良好的外部政策环境同样不可或缺。公益服务相关主体应积极争取政策支持，探索赞助、捐赠、合作共建等经费来源，形成多元筹资机制，巩固东盟信息服务的财政基础以确保东盟信息服务的稳定性和持续性。局部引进俱乐部型产品，以制度激励社会合作提供多样化的东盟信息服务。经营型信息服务在信息服务市场的经营中存在竞争压力，为了追求企业利益最大化必然会摈弃与社会需求不适应的服务理念。通过合理的政策引导，有助于企业提供更能满足用户和社会需求的东盟信息资源与服务产品，创造更好的资源与服务效益。

---

① 司莉，何依．我国图书馆“一带一路”资源建设和服务发展现状调查 [J]．图书馆论坛，2021，41（9）：20-28.

② 叶继元．聚焦学科核心领域重构文献信息资源保障体系 [J]．图书与情报，2020（5）：1-8.

第二节　东盟信息资源服务内容——服务细分

一、提供决策咨询服务

（一）提供专题信息

1. 提供国防与外交专题信息

（1）建设国防与外交专题信息资源库。

建立类似美国的国防系统数据库，如GPA、WPI、INSPEC等数据库，将图书馆相关馆藏资源（东盟各国的信息和国内外出版的相关信息）数字化，同时利用现代化技术搜集东盟和世界各国有关东盟军事的情报信息。

中国与其他南海周边国家的关系十分复杂，既有唇齿相依、睦邻友好的一面，也有在边界问题、南海问题上存在争端的一面，使得中国在与东盟的国防和外交上涉及的有关双方国家主权、历史、法律等敏感问题，成为我国政府关注的焦点，以及国内政治、历史、国际法、国际关系等领域专家学者持续研究的主题。对边界线的界定，边境地区的安全，边民的发展，以及南海诸岛的地理、资源、主权交涉、国人开发经营、时人评价等研究，均需要古今中外信息资源及时政舆情作为支撑。因此，必须开发利用国家国防安全需要的东盟信息资源，为政府官员和相关学者的研究提供支持。边界线的界定需要研究各时期各国对于这些岛屿、地名的变更，这就需要各时期涉及各国的地图典籍作为考证；对于主权的交涉，则不仅要掌握各国的现行政策，还要对其交涉历史进行梳理，这也同样离不开信息的支撑，离不开东南亚各国的信息资源支撑。要研究解决争端的措施，离不开研究涉及各国的法律及舆情，离不开产生问题的根源，离不开研究南海的各种资源的地理位置和布局。同时，要维护南海安全，还要研究军事的布局，这就离不开各国的军事投入及布防信息等。这些信息包括古今中外的地理信息资源、各种地图册（包括三维卫星地图），以及有关军事方面的信息资源，包括古今中外的战事（东盟本国内的战争、东盟各国间的战争及中国与东盟国家的战争）信息。提供的前提是图书馆全面搜集这些信息，并进行组织，建立国防外交知识库。

国防和外交离不开对大量相关信息的搜集、整理和甄别，国防外交决策实际上是对信息进行处理与挖掘，并得出结论的过程。因此，建立外交知识库是推进智能国防外交工作和研究的重要措施。在国防外交工作中急需一些专业和基础知识库作为基础，如边境情况知识库、边界海洋知识库、华人华侨知识库等；这些知识仅凭个人力量很难搜集，但却是可以共建共享的资源，由图书馆来协助建立这些知识库可以做到信息资源和人力资源的双重共享，使得图书馆馆员的信息采集和组织技能得到充分的发挥，国防外交机构的工作人员也能便捷地得到所需的信息。此外，在国防和外交调研中得到宝贵的一手材料，如各国国防布防和政要情况等调研成果，也可为后续调研、分析、决策提供信息支持。通过建立基础性、专业型知识库，可以节省大量外交调研成本，提高国防外交决策效率，尤其是通过大数据分析，可以更好地为国防外交决策服务。

以庞大的国防外交知识库作为信息支撑，运用现代智能计算技术，对现有信息进行数据挖掘，通过数据挖掘与数据分析，提供预警功能，通过建立数学模型，可以为国防外交工作提供决策支持①。

网络信息资源是国防外交专题信息资源库的重要组成部分。建立国防外交专题信息资源库，一方面，要将涉及军事情报的相关信息资源搜集到数据库中，如各国的三维地形地图（详细到每条街道、每个楼栋、每条小路、每座小山、每条小溪），最好有各国的布防图，又如记载各国历史上的有关战役的信息资源（包括文本信息资源和音视频、图片及地图等）；另一方面，要搜集各国的国防科技报告，至少要全面搜集各国公开的科技报告，同时搜集欧美等西方国家针对东盟各国国防的相关报告，以及散布在其他科技资料及资料库中的东盟国防科技资料。东盟各国国防部的计划、指令、指示、政策、法规、国会信息等动态信息更要及时更新，以提供最新的东盟各国的国防信息资源，为国防及其研究提供专题信息服务②。

（2）提供国防与外交信息资源。

图书馆可利用传播学技术手段，将东盟国防军事信息传播给普通大众，尤其是广大大学生。首先，利用网络平台发布国防专题信息实现线上线下资源共享，通过移动媒体终端推送国防信息资源。其次，网络传媒具备信息接收的自主性和阅读时空的任意性，用户亦可通过筛选、定制的方式来选择适合自身的阅读内容。最后，图书馆还可以利用网络爬虫技术收集用户信息行为数据，调研获取用户使用专题信息数据库的意见和建议，根据用户需求自动抽取和发布信息，实现信息全时空的共享，同时给国防爱好者提供快速获取信息资源的有效途径。

（3）提供中国—东盟法律法规信息资源。

东盟各国的友好合作涉及国家的政治协商、经济贸易、文化交流等相关领域，大到国际交流，小到企业合作、个人交流，都需要东盟信息资源的支撑。因此，充分了解东盟各国法律法规信息对于增进中国与东盟间的政治外交大有裨益。通过对东盟各国的法律、政策信息的采集、组织和开发整合，建立东盟国家的法律法规数

① 刘东升．信息时代的外交变革与中国外交的挑战[D]．北京：外交学院，2015.

② 庞勤．美国国防科技信息数据库简介[J]．强度与环境，2009，36（5）：25.

据库来提供东盟法律法规信息服务。数据库的内容首先是东盟各国现行的法律信息，历史上的法律法规，以及形成的背景和实施成效，为中国—东盟国家友好合作提供信息资源保障；其次是有关东盟国家的社会、文化发展的政策及规划信息，尤其是各种研究报告，包括东盟国家的文学作品、文化典籍、历史信息，来源包括东盟国家自身的研究报告和西方国家的研究成果，以及我国智库产生的各种研究报告。

（4）提供中国—东盟友好合作的历史材料。

历史信息是中国与东盟各国友好交往的历史见证，可以在中国—东盟交流合作间产生情感共鸣，为中国—东盟友好交往奠定民心基础。中国—东盟交往的档案是政府开展对外合作交流的重要参考材料。信息机构要搜集国内相关的档案资源，同时要搜集东盟国家与中国或者其他国家的外交档案信息资源，如《大南实录》《越南汉文燕行信息集成》《越南区域文化与文化分区》等相关的出版物。中国—东盟自由贸易区建设的各种文书档案及新闻报道、中国—东盟民间交流的历史记载也有一定参考价值。

信息机构将历史档案和有关新闻报道、文学艺术、影视等资源搜集整合成数据库，提供有关中国—东盟友好交流的网络信息、图书报刊、电影电视、动漫音乐等资源给政府及公民，为政府开展对外友好交流合作提供参考，也能让公众多方面、多途径地了解中国—东盟交往的历史。

2. 提供东盟经济贸易信息

（1）提供投资研究报告。

在对某一领域或某一项目进行投资之前，企业都需要设法获取最新的相关信息，从而作出是否投资的决定。东盟国家众多，投资环境各不相同，需要借助各种信息资源来进行可行性分析。图书馆可以搜集相关研究报告建立投资研究报告数据库，也可以辅助撰写通用的研究报告充实投资研究报告库。通过与东盟有关机构开展合作，在东盟各国开展前期市场调查，为企业提供市场数据，并综合考虑交通状况、资源、市场需求等，完成最终的分析报告。相关分析报告对东盟各国的投资机会作出较为全面系统的分析，能为用户投资选择提供有价值的参考。

（2）提供环境信息资源。

东盟各国的国情迥异，各自的经济贸易环境与政治环境截然不同，又相互影响，投资者特别关注东盟各国的经济贸易环境。经济贸易环境不仅包含经济方面，如整体的经济发展变化趋势、物价涨落情况、居民消费水平等，而且包括政治方面，如国家的经济政策及政局是否稳定等。图书馆应具体问题具体分析，根据不同东盟国家各自特殊的经济贸易环境进行分析和研究，密切关注随时会发生变化的各国的投资环境，积极搜集相关信息建成中国—东盟环境信息知识库，通过智慧化的技术，充分挖掘数据信息，提供预警功能，为政府和企业提供东盟动态的环境信息，以便他们作出正确的决策①。

（3）提供经贸市场信息资源。

市场信息在市场竞争中非常重要，它能帮助企业对有关产品的市场走势进行预测，以便科学合理地制定营销策略。经贸市场信息的内容很多，其中，行业信息是最为常见的，企业竞争对手的信息和顾客的信息也不能忽略。图书馆利用自身信息检索的特长和优势，搜集中国—东盟行业信息、竞争对手信息及消费信息等情报，建立经贸市场信息库，为企业提供有效的东盟市场信息，助力中国—东盟企业间的合作和发展。

（二）提供专题研究报告

1.提供国防与外交研究报告

（1）提供现有的研究报告。

信息机构要将搜集到的东盟各国国防研究报告作为东盟信息服务的重要内容。一方面，构建知识发现的东盟国防信息服务门户，将研究报告模块置于明显位置，便于用户浏览；另一方面，搜索引擎按专业和非专业用户提供简便的一框式检索或高级检索界面，为用户检索所需报告提供便利。同时提供资源订阅功能，及时将更新的相关研究报告推送给用户。

（2）撰写通用的研究报告。

信息机构可以利用自身信息分析的专业优势，将搜集的东盟国家国防信息情报（主要是公开的信息）进行融合、聚类、分析，编制相关研究报告，这些报告包括南海的局势、西方国家在东盟的军事部署现状、东盟各国针对世界军事格局采取的策略等，将研究报告推送给有关部门及研究者，也供对此感兴趣的用户阅读，以便他们了解国防局势。

（3）承接研究项目，提供专项研究报告。

信息机构是国防外交领域的耳目和尖兵，不仅承担了相关情报分析工作，还提供面向决策层的国防外交咨询。面对日益复杂的国际环境，如何成为各级决策层的智囊团，是信息机构面临的现实问题。信息机构可以积极承接政府和军队的有关东盟的研究项目，针对当前问题大量收集和分析各类信息资源，编制专题研究报告，或者对未来趋势进行合理预测，使这些研究报告不仅能被委托者采纳，也能在一定的范围内或者解密公开后，被研究者、公众、媒体使用，成为具有决策参考价值的东盟信息资源的新鲜血液。

① 苏瑞竹，肖龙翔．“一带一路”战略下的图书馆东盟经贸信息咨询初探[J]．企业科技与发展，2017(6)：35-137.

2. 提供经济贸易研究报告

后疫情时代，中国—东盟的经济贸易合作显现了强劲韧性，中国与东盟各国在经济贸易领域有望进一步实现高质量发展。而经济贸易研究报告为我国用户深入了解东盟经济贸易的发展现状与趋势提供了重要参考。

（1）提供现有的研究报告。

当前，中国和东盟各国的业界和学界，甚至是各级政府均在各行各业开展经济贸易合作的深入研究，形成了很多研究报告，散落在不同的地方，不易获取。虽然可以从一些智库发布的研究报告中获取，尤其是东南亚研究院（中心）这类性质的机构，它们在这方面的资源最多，但是用户搜集起来比较费力、麻烦，也不易查全。因此，图书情报机构通过技术手段，将分布在不同机构的资源搜集、组织、整合，建成可提供可视化服务的数据库，受到用户的欢迎。该数据库收集的是如《中国—东盟进口贸易指数研究报告》《中国—东盟机电产品贸易研究》《中国—东盟自由贸易区货币合作模式研究》《人民币实际汇率变动对中国—东盟贸易效应的研究》《中国在东盟境外经贸合作园区建设状况的调研报告》等的报告。东盟国家的研究机构发布的研究报告也是要搜集的重要内容，如泰国的泰国商会大学经济与商业预测中心提供了大量的研究报告和统计信息，并对泰国及各区域的经济贸易作了全面的研究和预测，其信息对我国与泰国的经济贸易合作有较高的参考价值，图 8-1 就是泰国商会大学经济与商业预测中心主页截图（http：//cebf.utcc.ac.th/statistics.php?StatisticsID=2）。

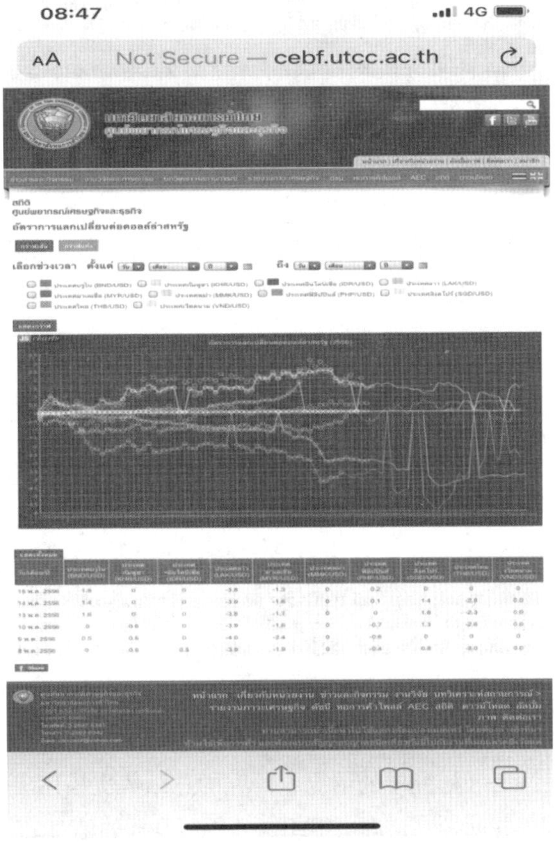

图 8-1　泰国商会大学经济与商业预测中心主页

（2）撰写并提供通用的研究报告。

开展东盟信息资源服务的图书情报机构，其研究人员具备开展东盟研究的先天优势，一方面，服务人员可以参与用户的课题研究，帮助他们查找资料、辅助他们撰写研究综述；另一方面，服务人员能够自己开展东盟研究，撰写研究报告。这些报告是通用的，针对某一行业或某一领域，而非针对某一企业或机构。因此，研究报告的适用范围更广，能为较多的企业或机构用户所利用，如《泰国核电市场预测报告》《中国泰国香米电商行业分析及发展方向研究报告》等。

（3）提供专项研究报告。

信息服务机构提供的研究报告若无法满足用户的需求，用户可委托图书情报机构为他们量身定制研究报告。图书情报机构需根据自身资源状况与研究能力，决定是否承接该项目。一旦承接该项目，该图书情报机构就要开展全面的信息调研和社会调研。通过对国内外的调研（包括网络调研），将新获取的第一手材料补充到原有的研究报告中，并对原有的研究报告作全面的分析和调整，一些陈旧的研究报告和发展迅速的产业研究报告就要重新审查，基本上需要重新撰写。

中国—东盟专题研究报告的撰写流程包括以下几个方面：

第一，介绍项目研究的背景。综述国内外（尤其是中国—东盟）有关该项目研究的主要成果和研究现状，找到该研究领域的不足和创新点。

第二，阐述该研究的理论价值和实践意义。

第三，明确研究目标和任务。项目研究的内容就是研究任务，明确研究任务就是要知道研究目标是什么，达成这个目标需要做些什么，这一环节需要进行具体、详细的表述，以便用户能尽快从中判断是否需要这个研究报告来进行决策支持。

第四，选择研究方法。调研的方法主要有调研法（含文献调研法）、问卷法、统计法、分析法等。

第五，详细叙述研究步骤和过程。要详细叙述研究步骤和过程，将研究的研究前的准备、研究中的情况、研究的总结依次描述出来。要精心详细地阐述研究的主要过程，并回顾、整理、组织、分析所掌握的信息。

第六，撰写研究成果。这是整篇研究报告中最关键的部分和项目研究的价值体现。应用科学的理论和方法对研究调研来的相关材料与数据进行分析，对发现的问题提出有针对性的、符合客观规律的、可操作性强的应对策略。

第七，简要论述研究的局限与展望。主要对研究的某些原因致使一些问题未能解决作出解释，表示在今后的研究中将继续努力，力争解决。

二、开展语言学习信息服务

（一）为自主学习提供信息服务

东盟语言自主学习的本质是学生具有强烈的学习兴趣、学习热情、自律性、自学能力和学习方法。Hurd&Lewis认为，自主并不是独立，虽然它们看起来很相似，但个体间的交互性才是自主所强调的[①]。Littlewood也曾指出，"如果将每个学习者置于理想的学习环境中，那么个体对于学习的主观能动性就较容易调动起来，充分发挥自觉、自主的学习能力[②]"。因此，学校要为学习主体创设良好的自主学习环境，包括信息资源和学习空间（含虚拟空间，即网络社区）。自主学习者在自主学习过程中，要与信息资源互动、与同学合作、与教师交流，从而达到促进学习的效果[③]。

图书馆通过对搜集到的各种信息资源进行整合优化，即对从不同媒介搜索、收集到的东盟语言信息资源进行筛选、整理、改编、转化、融合，与相关教师精诚合作，吸纳教师的课件、课堂视频和微课视频等，建立自主学习的东盟语言信息资源库，创建自主学习平台，提供信息资源支持学生的自主学习，帮助学生自主开展知识建构[④]，为学生的自主学习提供信息资源保障。

自主学习平台主要以网络教学功能开展服务，该平台利用MOOE、腾讯课堂等的网络教学内容，使用户通过平台进行自主学习。东盟语言学习者比较小众，不能大规模地开展课堂教学和培训，网络自主学习将受有此需求的学习者青睐。据调查，54.17%的用户希望平台拥有网络教学功能。网络教学资源平台可根据实际情况按主题进行录制，平台也可与开展东盟多语种教学的高校合作，对教学过程进行录制。

（二）为情景学习提供信息平台

情景学习理论认为，学习活动不应与文化分开，学习者需要在真实的文化背景中学习，将所学到的知识运用起来，形成多种属于自己的解决问题的策略。也就是说，情景学习强调的是在真实的活动中去构建知识的意义。在情景学习中，学习成为纯粹的符号抽象游戏[⑤]。

为东盟语言的自主学习创造情景是图书馆东盟信息资源建设的重要内容。学习者只有在应用情景中学习东盟语言，才能取得最佳效果。因此，如果要学习好东盟语言，学习者亲身前往东盟国家生活与学习就是最佳的途径，学习者可以直接体验东盟语言的真实情景，并沉浸其中。然而，此种方式在现实当中并不适合绝大多数的学习者，也无法满足国内日益增长的东盟语言学习需要。为解决东盟语言学习者情景学习的需求，图书馆可以将有关东盟的视频信息资源推送给学习者，让他们观看这些视频资源，包括电影、电视剧、戏曲、新闻及其他的短视频，就能达到替代真实情景的目的，从而获得真实情景学习的替代经验。

---

① Hurd, S.&Lewis, T..Language Learning Strategies in Independent Setting[M].Toronto:Multilingual Matters, 2008.

② Littlewood, W..Defining and Developing Autonomy in East Asian Contexts[J].Applied Linguistics, 1999（1）.

③ 任欢欢．教育生态学视角下自主学习的意蕴与特性 [J]. 教学与管理，2016（24）：1-3.

④ 冯霞，黄芳．基于自主学习的外语信息资源整合优化研究 [J]. 外语电化教学，2013（2）：47-52.

⑤ 范文杰．运动技能的外显学习与内隐学习 [M]. 中央信息出版社，2007（8）：92.

（三）为交互学习提供信息环境

1. 交互学习的线下空间

线下东盟语言学习空间存储与东盟语言学习的相关资源，包括东盟语言原版书、东盟语言专业书（中文或英文）、东盟语言的课外读物、东盟语言考试用书、东盟语言工具书等。学习者能够方便地从学习空间内获取所需的信息资料。线下的学习空间还可设置一些学习者可以交互的小空间，如咖啡吧，让学习者轻松地阅读、学习和交流，并分享自身的创意，实现自己的诉求；又如朗读空间，让学习者通过朗读来提高自身的语言能力。

2. 交互学习的线上空间

线上空间旨在提供信息资源的智慧化服务，图书馆全面搜集商业性优质的东盟多语种学习产品，搜集教师的课件和视频，搜集各种网络资源，应用网络教学软件，建立东盟语言教学平台，该平台支持移动服务，同时遵循语言学习规律，突出东盟语言的实际应用能力。平台全面支持专项技能的训练，既有听力、口语、口译的练习，也有阅读、写作的练习。各个专项技能的训练可以实时交互，能够把学习者的学习情况记录下来，自动跟踪学习进度，并进行即时反馈，让学习者对自己的学习情况了然于胸。平台对学习者的练习、作业进行自动评分，让学习者既看到进步，也认识到不足，便于及时调整学习策略。此外，学习者学习结束后还可通过网上测试了解自己的学习成效。

在听力学习方面，该平台提供听力讲解、复听训练、听写教学和听力测试4个模块。听力讲解实现声文同步播放、书签播放，随堂提问检测学习效果；复听训练可反复听取听力讲解的内容；听写教学可选择听写单词或者句子，系统自动发送听写内容，学习者键入听写内容，系统自动讲评并给出成绩；在听力测试方面，学习者选择测试后系统自动组卷，进行答题，系统自动点评和评分。

在口语教学方面，平台设置跟读、朗读和小组讨论3种模式。跟读模式提供跟读训练，在跟读过程中系统能将学习者的读音与原声进行比对，并反馈给跟读者，让其纠正自己的发音；朗读训练过程中，系统亦将朗读者的读音与原声进行比对并反馈给朗读者，使之能及时不断地纠正自己的读音，达到训练的目的；小组讨论则通过虚拟的方式与其他学习者开展线上讨论，讨论的议题由平台根据学习者的水平自动提出，并推送相关材料，如东盟的历史文化短文或者东盟国家发布的新闻，让参加讨论的人员自己先学习了解，然后进行讨论（口语），讨论结束系统亦有点评和评分。小组讨论能很好地检验口语学习的成效。

在口译学习方面，平台提供记忆能力和跟读能力训练，通过短期记忆和影子训练提高学习者的记忆能力和快速跟读能力；通过交传技能训练和同传技能训练提供学习者东盟语言的口译水平。

在阅读和写作方面，平台给学习者进行精读和阅读理解训练提供了材料，还提供句法、改错、鉴赏和综合写作的训练，学习者通过该平台提交训练的作业，系统对作业进行点评和评分。通过反复训练，使学习者减少语法错误，提高东盟词汇的应用水平，提高学习者的东盟语言阅读和写作水平。

在笔译学习环节，平台提供包括文学、商务、科技、旅游、法律、政论、应用说明文等形式的翻译练习资源，并且这些资源配有译文作为参考，学习者完成自主练习后可查看参考。经过大量的反复训练，学习者能积累专业词汇和专题翻译经验，掌握笔译的技巧。

通过听力、口语、口译和阅读理解、写作能力、笔译能力的专项及交叉训练，不仅增进了学习者与系统的交互，而且促进了学习者之间的交互，提高了东盟语言的应用水平①。

三、科技信息和竞争情报服务

（一）提供东盟国家的行业科技信息

1. 满足科研用户群需求

科研用户群主要指高校研究与东盟合作相关行业的教师、研究员及研究生，以及这些行业系统科研院所研究人员及研究生。随着中国—东盟科技合作的深入，中国和东盟各国在航空航天、互联网、云计算和大数据等科技产业方面具有很强的互补性。清洁能源与自然资源在进行深加工的时候，仍然有极大的合作空间，发展目标、发展方向非常明确。作为世界上最大的制造国和第二大经济体，中国与东盟之间的科技合作空间和潜力巨大。高校和研究机构的科研用户研究东盟科技发展需要全面掌握东盟国家的科技发展状况，需要东盟国家的行业科技信息，也就是说，图书馆要满足用户这方面的需求。

2. 满足科技管理部门用户的信息需求

为了更好地开展中国—东盟的科技合作，科技管理部门要把握东盟各行业科学技术的发展趋势，以服务于政府与东盟产业合作发展规划的制定，要把握各行业科学技术的发展趋势就离不开信息资源的支撑。图书馆要满足这些需求，就要对东盟行业科技信息进行采集、组织，提供东盟的产业发展政策信息，以及东盟科学技术及其在产业上的应用信息，以便用户能对我国的科学技术与东盟的科学技术水平进行全方位的比较，提出中国—东盟科技产业优势互补的方针政策，为企业与东盟企业的合作提供决策依据。

3. 满足企业用户群体的信息需求

为了更好地开展中国—东盟的产业合作，企业要把握东盟相关企业的科技现

① 于学勇 . 高校网络化外语教学模式研究 [M]. 北京：国防工业出版社，2013：114-130.

状及发展趋势，这需要大量相关信息资源作为支撑，图书馆应对东盟国家企业的生产、专利、销售信息进行采集、组织，并提供服务，满足企业用户群体的信息需求。

（二）提供东盟国家行业特种信息

1. 提供专利信息

企业是知识产权创造的主体，企业的发展离不开自身的专利发明，也离不开对专利信息的利用。随着中国—东盟科技合作的进一步深化，东盟专利信息为企业开展东盟经济贸易投资和科技合作提供了决策参考。只有了解东盟的专利状况，才能把握与东盟企业开展科技合作的方向。图书情报机构可以向企业提供相关专利信息。东盟的专利信息包括专利说明书和其他的专利授权、质押等信息。这些信息对企业和个人用户来说难以检索和获取，除了语言障碍外，信息垂直获取途径也是用户所不了解的。图书情报部门为企业用户提供的这些信息在很大的程度上解决了他们的燃眉之急。

2. 提供标准信息

标准是国家或者行业针对重复性事件和概念而定义的规则，这种规则是以科学、技术为准绳，以实践经验为依据进行综合考量而得出的，制定的规则在以具体形式公布之前，必须经有关各方协商一致，然后经主管当局审核，成为共同遵守的准则和参照的依据。中国—东盟经济贸易合作深入开展，企业需要了解东盟国家各行业的标准，包括生产流程的技术标准和产品质量的标准。图书情报部门应当重视对东盟各国的标准进行搜集、组织并提供利用。目前，国内已有部分情报机构通过网络采集到了东盟国家的标准（以英文信息为主），并提供使用。但是，东盟语言的标准尚未采集、组织并提供使用。仅英文信息并不能涵盖所有的标准信息，将东盟语言的东盟国家标准进行搜集、组织并提供使用任重道远。

3. 提供统计信息

统计信息是指利用统计技术进行采集、传输或存储的信息，一般以数据或者资料的形式显示。统计信息来源于社会活动，类型涵盖社会活动的方方面面，统计不仅包括对原始信息的基础统计，也包括对整理信息的个性化统计，以及对分析信息的综合统计和对监督信息的统计。反映社会活动的数据和资料通过统计技术处理后变成具有参考价值的信息。因此，世界各国的机构组织都会对本国的经济社会发展情况作全面的统计，东盟国家也不例外。图书情报部门应将这些统计信息搜集到东盟信息库中，通过标引、挖掘和分析融合，使之形成语义网，使得用户检索结果能可视化显示，这将有效支撑中国—东盟的科技合作实践和研究。

4. 提供产品说明书

产品说明书是一种说明性文书，它既对产品的用途、性能、特征、使用方法进行了概括介绍，也对产品的保养方法、注意事项作出了说明。产品说明书是消费者了解产品的重要途径，产品的生产者、性能、特点、使用方法及维护等信息能够通过产品说明书传递给消费者，这让它在商业活动中的使用相当广泛。图书情报机构搜集、组织产品说明书，将东盟国家一些优势产品的说明书提供给用户，为经济贸易企业正确地了解产品提供有效参考，尤其是对产品的技术性能、遵循的标准、享有的专利及产品的使用方法和保养措施等内容，不仅满足一般用户的需求，也满足中国—东盟经贸及科技合作的决策参考需求[①]。

（三）开展竞争情报服务，满足竞争情报需求

1. 满足投资决策的竞争情报需求

对于要投资东盟国家的企业而言，竞争情报可以帮助规避其对东盟国家投资的风险。东盟国家的政治环境和社会经济环境有很大的差别，对我国的外交策略也各不相同，这些未知的因素给投资增加了诸多不可预测的风险。企业要对投资环境进行分析研判，就必然产生竞争情报需求或者寻求竞争情报服务。

2. 满足技术转移中的竞争情报需求

当前，技术转移已成为企业提高生产力水平的重要方式。而在技术转移过程中，掌握必要的信息是相当重要的，技术竞争情报就是企业需要的信息资源。在中国—东盟科技合作日益深化的背景下，企业间的技术转移必须要通过技术竞争情报的分析，对转移技术的发展趋势和先进性进行评估，同时对该项技术的相关信息进行长期跟踪，将技术外部环境的变化及竞争对手的技术发展情况牢牢地掌握在自己手中，保证技术的市场竞争力，并且要密切关注技术市场的发展前景，积极收集有关信息。做好技术评估，才能在了解技术需求方信息的基础上评估其技术吸收消化能力。根据这些信息，技术转移方设计合理的技术转移方案，控制转移成本，规避转移风险，消除不确定因素，使技术转移能有效完成。而技术需求方则可根据这些信息，了解技术供给方的研发能力和市场信誉，掌握技术的关键参数和指标，在内部评估自己的技术资源和能力，做好技术转移的资源配置，保证技术转移的效率。信息服务机构搜集、组织并向用户提供这些信息，可满足用户技术转移中的竞争情报需求。

3. 满足国家政策中的竞争情报需求

国家区域战略发展和战术实施，需要政府部门掌握各种情报信息，尤其是竞争情报。而竞争情报服务就是为需要竞争情报的组织或个人提供相应服务，服务内容涉及竞争环境和竞争策略，它能够为企业在预警、决策和执行方面提供决策依据。竞争情报服务在国家政策的制定过程中具有战略意义。服务内容包括对东盟国家的政策法规、科技和市场竞争情报的提供。

---

① 万中国．人文素养提升[M]. 北京：北京理工大学出版社，2018（8）：238.

4. 满足电子商务中的竞争情报需求

当前，电子商务已经广泛地出现在各种商业贸易活动中，开展电子商务需要坚持信息的开放性和透明性，但信息外泄的巨大隐患也随之出现，电子商务企业的核心信息随时都有被泄露的风险。要规避情报泄露的风险，企业就必须采取必要的手段来应对，反竞争情报就是较为常用的一种手段。反竞争情报行为是在掌握竞争对手的市场战略、产品开发、市场份额等情报后，分析竞争对手需要获取什么样的商业信息，由此制定相应的控制措施，确保企业商业机密信息在流动环节上的安全。企业要提高反竞争情报的能力，就必须注重网站信息安全，对一些敏感信息谨慎发布，在内部信息交换上严禁内部真实信息的外泄，对于披露的相关信息要虚实相混。

图书馆应多渠道、全方位搜集竞争情报。电子商务是通过互联网实现的，竞争情报研究必须将互联网作为信息容器的巨大优势充分利用起来，广泛搜集电商企业的产品信息，以及消费者个人消费体验信息。一方面，研究者可利用检索系统在各网站站点检索并获取正式发布的信息资源；另一方面，通过搭建网络的信息交流平台，如QQ、BBS、博客等，在相互的信息交流中收集非正式交流渠道中的信息，能满足用户在电子商务中的竞争情报需求。

四、旅游文化信息服务

（一）提供东盟旅游资源知识地图

1. 东盟旅游资源总体分布

东盟各国都具有十分悠久的历史，文化遗产丰富，宗教与民族成分复杂。随着宗教与民族文化的不断发展与融合，逐渐形成了各自独特的历史与文化，也给东盟各国披上了神秘的色彩。在当地形成了很多富有宗教色彩的建筑，如印尼的婆罗浮屠、马来西亚的国家清真寺、泰国的佛统金塔、柬埔寨的吴哥窟等[①]。这些丰富的物质文化遗产深刻体现了当地的文化特色，吸引了世界各地的大量游客。

东盟是多民族所组成的国家联盟，融合了亚洲文化与欧洲文化的精髓。由于地缘位置接近，中国与东盟各国的文化具有诸多的共同点。中国公民前往东盟各国旅游的人数日益增多，中国是东盟旅游最大的客源国之一，促进了东盟各国旅游经济的发展。东盟国家的资源丰富多彩，有婀娜多姿、各具特色的旅游资源，还有现代大都市的资源，无不吸引着大批的游客前来游玩。

东盟身处热带地区，常年如夏，四季界限不明显，可以开展各类民族宗教活动。此外，东盟地形复杂，地形与气候一起形成了绚丽多姿的自然景观，有利于释放东盟国家的旅游活力。例如，泰国的普吉岛依靠风光迷人、碧水蓝天的景色，成为泰国南部的世外桃源和亚洲最著名的旅游胜地；印度尼西亚的巴厘岛又称“花之

① 刘宏明. 海岛文化旅游开发的对策研究——以嵊泗为例 [D]. 浙江：浙江大学，2004.

岛”“南海乐园”“神仙岛”，成千上万的中国和外国游客慕名前去观光旅游，为东盟旅游市场的开发注入了新活力。

总体来讲，考虑到东盟各国文化和自然资源产品开发与发展程度有所不同，所处旅游资源发展阶段也不一样，东盟各国旅游资源布局主要表现为两部分：一是新加坡、马来西亚、泰国、印度尼西亚，这几个国家的旅游业是其支柱产业，它们的重点是开发海滨海岛旅游产业、康养旅游产业、商务会展旅游产业和邮轮旅游产业；二是菲律宾、柬埔寨、越南、老挝、缅甸、文莱，这几个国家则是侧重自然风光旅游资源，依托旅游资源所在地或旅游城市，围绕文化、古迹、遗产和自然风光来发展旅游产业。

2. 东盟旅游资源的类型及分布

（1）历史文化名胜古迹旅游资源。

新加坡是一个城市型的国家，缺乏名胜古迹旅游资源。马来西亚的古晋是一座有着浪漫氛围与历史气息的城市，又称“猫城”，世界首座猫博物馆坐落于此，市中心保留着许许多多的古物，有华人寺庙、殖民期英式建筑、河滨公园等。马来西亚的诗巫是著名的度假胜地，又称“新福州”“小福州”“天鹅城”，它的旅游景点相当集中，游客可步行参观有历史和文化价值的旅游景点，其中“乃裳街”就是后人为纪念黄乃裳对诗巫的贡献而命名的，还设立了乃裳中学，并立了黄乃裳塑像。马来西亚的尼亚国家公园（Niah National Park）是棕熊、山猫、岩羚羊、红鹿和灰海鹰的栖息地，也是世界著名的考古洞穴；园内最具代表性的是大岩洞，洞内有古代壁画，有1 000多年的历史了，还有木质建筑——古代船棺，是100多年前建成的。泰国有4万多座佛教寺院，被称为“千佛之国”。众多的寺庙和古宫殿群是泰国历史文化名胜古迹旅游的重要资源。印度尼西亚的日惹是古典文化艺术的中心，有荷兰殖民地的遗址、苏丹王的宫殿、两座佛教寺庙和印度教庙宇的遗迹；印度尼西亚的巴兰班南拥有东南亚最大的印度教寺庙群。历史悠久的菲律宾的马尼拉大教堂，是罗马式拱券结构的建筑风格；世界文化遗产西班牙殖民小镇——维甘是菲律宾仅有的五项世界遗产之一。柬埔寨拥有1 161个历史文化名胜古迹旅游的景点，其中最负盛名的就是吴哥窟，它是古代文化艺术的珍贵遗产，其中最具特色的有巴戎寺、吴哥寺和班迭斯雷宫。越南共有五项世界遗产，分别是下龙湾、丰芽-格邦国家公园，广南省的会安古城、美山圣地，以及承天顺化省的顺化古城①。缅甸著名的瑞光大金塔是驰名世界的佛塔；缅甸的蒲甘被称为“万塔之城”，是一个建筑艺术保护区，是世界著名的人造旅游奇迹；缅甸曼德勒的建筑和雕刻艺术等体现了缅甸的传统文化，其中以世界上最长的木桥吴炳木桥最为出名。老挝最著名的塔銮佛塔是老挝的象征和东南亚著名的古迹之一；老

① 马魁君．邮轮旅游地理[M]．大连：大连海事大学出版社，2016：77.

挝的琅勃拉邦是欧洲殖民者建造的风格独特的古城，目前仍有679座当时所建的建筑物，它们久经沧桑，历史气息浓厚，是老挝现存最老的古城；老挝的川矿省的石缸阵景区有令人震撼的各式巨型石缸，是“世界四大石器之谜”之一；老挝最引人制胜的古遗址之一是占巴塞文化风景区，该景区完美地体现了公元5~15世纪以来老挝的历史文化发展[①]。文莱历史文化名胜古迹旅游资源比较丰富，有世界最大的皇宫、世界六大宫殿之一的努鲁伊曼王宫，有金碧辉煌的清真寺，有“东方威尼斯”之称的文莱水乡，还有苏丹纪念馆、文莱博物馆、丘吉尔纪念馆等[②]。

（2）自然风光旅游资源。

新加坡旅游资源主要是热带气候海岛自然风光旅游资源，结合新加坡的邮轮旅游，吸引了大量的游客。马来西亚的古晋拥有观赏稀有象鼻猴的峇哥国家公园（Bako National Park）、观赏巨大莱佛士花的加汀山国家公园、观赏红树林生态的古晋湿地国家公园（Kuching Wetland National Park）、观赏各种棕榈和动植物的库巴国家公园（Kubah National Park）、观赏红毛猩猩的实蒙古野生动物保育中心和马当野生动物保护中心，这些都是马来西亚丰富的自然风光旅游资源；马来西亚的诗巫是大自然的度假胜地，最主要的特色就是巨大的拉让河，旅游者可选择住在可欣赏河流景色的房间欣赏这一自然风光。泰国的普吉岛是具有代表性的自然生态旅游度假胜地，岛上遍布海滩和海湾，还有欧式风格的家居建筑等；泰国的芭提雅以阳光、沙滩而闻名，温度适宜，景色秀丽，有“东方夏威夷”之称；泰国的玛雅湾、玉佛寺、玛岛、兰达岛、阁沙梅岛是知名的海岛自然风光旅游胜地。印度尼西亚自然风光旅游资源得天独厚，从美丽的巴厘岛到爪哇，再到苏门答腊、加里曼丹、苏拉威西，甚至在印度尼西亚偏远的山林，都可以欣赏到其神奇的自然风貌和文化风情[③]。菲律宾的大堡有丰富的自然风光资源，被誉为“南海金银岛”，有最高的山峰——阿波山、最美的瀑布——卡瓦山瀑布，火山和山谷遍布，还有珍稀的野生动物。柬埔寨拥有100多处自然风光旅游资源，多分布在海滨或山区，如位于避暑胜地象山山脉的卜哥山、南部海滨等。越南长达3 200千米的海岸线上岛屿无数，有着极多的天然的比较宽阔的海港及海滩，自然风光秀美，景色非常宜人。缅甸山清水秀，依然保留着原始的景色，缅甸的自然景观浑然天成，独具特色，如世界著名的滨海度假胜地额布里海滩，遍布缅甸的伊洛瓦底江、萨尔温江、钦敦江等河流。文莱崇尚生态风光旅游，因此，境内生态环境得到很好的保护，巴都阿波伊森林保护区内的淡布隆国家公园就最大限度地保持了原始森林的风貌，如里面有7千米的木板路和树木路作为自然卖点，让游客有机会深入森林探讨生命[④]。

① 赵明龙．中国南宁至新加坡旅游通道建设构想[J]. 东南亚纵横，2010（10）：46-53.

② 沈北海．泛北部湾区域合作研究 中国—东盟“一轴两翼”新格局[M]. 南宁：广西人民出版社，2007.

③ 金牧．印尼的生态旅游[J]. 世界环境，2009（5）：26-29.

④ 张虹鸥，黄耿志．新世纪海上丝绸之路：东南亚发展与区域合作[M]. 北京：商务印书馆，2018: 283-293.

（3）休闲度假旅游资源。

新加坡是一个花园城市般的旅游胜地，休闲度假旅游资源底蕴丰厚，被重点打造的圣淘沙度假区以休闲观光度假为主，重视城市美化，开拓周围的小岛作游览观光胜地。马来西亚的古晋，其文明的发迹与发展跟河流相互关联，如果到古晋旅游，河流是必游景点之一，乘坐木舟顺流而下，河边美景尽收眼底，马来村庄、玛格烈达古堡、达鲁哈纳黄金桥、议会大厦、海唇街和亚答街等建筑一览无遗。泰国的曼谷、清迈、华欣是著名的城市休闲度假旅游胜地，风景秀丽，深受游客的欢迎。印度尼西亚的巴厘岛，岛上景色迷人，海天一色，是最著名的海岛度假旅游胜地；岛上面有美丽的海滨浴场和海滩，每年吸引大量游客来度假①。菲律宾的大堡海滨休闲旅游度假区是举行卡达雅万节的场所，有美丽的海岛花园沙茂、神秘湖泊“隐秘海”所在地圣伊西德罗镇、卡拉加古镇等。柬埔寨拥有40多个休闲度假旅游胜地，如有着无污染海水、四周环绕白色沙滩的隆岛等。越南有着风景迷人的海滨休闲度假胜地和避暑休闲胜地，如大勒市的春香湖、情人谷、泉林湖、千鲤瀑布，较为著名的休闲度假旅游城市有河内、海防、岘港、大勒、芽庄等。老挝的万荣有着丰富的休闲度假旅游资源，是著名的休闲旅游胜地，这里有众多千奇百怪的岩洞，其中以坦江溶洞最负盛名，还有神奇的喀斯特地形地貌。

（4）康养旅游资源。

康养旅游即健康养生类旅游，它是一体化的旅游产品，涵盖健康服务、旅游休闲、文化娱乐等方面，是一种通过休闲养生的手段使人达到自然和谐状态的旅游活动。新加坡重点开发康养旅游资源，如利用温泉开设疗养院，倡导教育旅游，即通过新加坡教育机构极好的教育设备和先进的科技吸引海外学生前来游学，主导“新加坡国际医疗”计划等，吸引更多的游客前来新加坡进行康养旅游。马来西亚也在开发康养旅游，与新加坡不同的是，它主打传统医药概念，以结合华（中国）、巫（马来西亚）、印（印度）种族的传统医药技术和民宿作为旅游卖点。此外，从2001年起，马来西亚推出了旅游奖励项目，旨在培养青少年的爱国热情，解决青少年的各种不良嗜好。泰国积极整合服务型医疗、居民健康保健服务、传统草药类产业3个资源，打造独特的国际康养旅游。越南河内的胡志明陵是越南进行爱国主义教育的康养旅游胜地②。

（二）提供东盟旅游企业知识地图

图书情报机构要对东盟国家的这些旅游资源进行全面的搜集，并以地图的形式

① 胡平．东盟国家旅游业迅猛发展的原因[J].（2 012-03-11）[2020-01-18]. https://wenku.baidu.com/view/ea9d7a0c581b6bd97f19ea78.html.

② 张虹鸥，黄耿志．新世纪海上丝绸之路：东南亚发展与区域合作[M]. 北京：商务印书馆，2018:283-293.

组织起来，为旅游业界研究和决策参考提供保障。

1. 国家级旅行社信息

国家级旅行社是经国家旅游局批准的，拥有多个不同语种的翻译人员和导游人员，可以直接经营国际旅游业务，承办各种国际性会议，为社会各界提供各类翻译服务等，且只有国家级旅行社才能直接经营国际旅游业务。国家级旅行社信息是大型旅行社、中小型旅行社的行业标杆、行动指南和前进方向。

2. 大型旅行社信息

有专家认为，大型旅行社的裁决是由国家旅游局根据标准选择的100家旅行社，同时要具有特定的销售网络和接待网络。而我们认为，作为大型旅行社，首先要经国家旅游局批准，其次要有相当的资本、有规模、有网络，具有出（入）境旅游资质，可以向社会提供多功能旅游服务。大型旅行社信息是指导大型旅行社行业升级发展的重要需求，可以帮助企业转换经营机制，加大激励力度，增强约束力，使旅行社的发展更具活力与动力。

3. 中小型旅行社信息

中小型旅行社作为旅行社行业的主体，具有顽强的生命力和极好的适应力。中小型旅行社信息是指导中小型旅行社形成行业发展环境的关键，引导中小型旅行社走现代化企业之路，增强自身的核心竞争力，推动旅行社立法进程，促进旅行社实行差异化、品牌化策略，运用信息技术提高办事效率。

（三）政策法规

旅游政策法规是由国家制定的，体现了执政党和国家发展旅游业的目标，并为保证实施和实现这一目标而制定的行为依据和行为准则。旅游经济是国民经济的组成部分，具有很强的综合性。因此，旅游经济的发展不能违背客观的经济规律，力求减少投入以获得最佳的经济效益，使整个旅游经济达到综合平衡。同时，要通过旅游政策法规来保障和实现市场调节的经济杠杆作用，并对旅游经济活动进行监督、管理和指导，遏制旅游经济活动中出现的各种损害国家利益的行为。因此，有必要向旅游学界提供国家有关旅游政策法规，尤其是与东盟国家相关的旅游政策法规，以及我国和东盟各国研究旅游管理的有关政策法规，让学习和研究人员能顺利获取相关信息，学好相关知识和做好相关研究。

（四）提供东盟旅游交通及报价信息

1. 东盟旅游交通信息

对于旅行者来说，旅游出行首先必须要掌握交通状况，了解路况，才能对所选择的旅游路线做到心中有数。在东盟旅游中，交通工具的选择是非常重要的，到达目的地后，与旅游点的距离有长有短，那么选择的交通工具就显得十分重要了。长途旅行中，如果要想节省时间和保存体力，那么可以选择走高速公路或搭乘动车，不过那样的话就不能领略沿途的风土民情了。其实，随着社会的发展，现在的国道与高速公路的差距有所缩小，走国道沿途会经过很多有特色的城镇、乡村，可以去感受下当地的风土人情与风俗习惯。若旅客对路况不熟悉、缺乏旅游经验，就应该根据自身的时间、经验、爱好灵活取舍，以安全出行为原则。图书馆开发东盟旅游交通信息资源，将各国的地图及交通工具和时间运行图等搜集起来，通过数据关联起来，制成旅游交通图，并提供东盟旅行者查询利用，能使旅行者根据自己的经济、时间及偏好选择相关的旅游路径和目的地，也能使旅游业界据此开发不同的旅游线路。

（1）交通即时信息。

①航班信息。

航班信息是游客在机场获取的最基础也是最重要的信息，它的即时更新与变动，直接影响到机场各部门的实际工作运转情况，是游客确认变更出游计划、安排行程的必要因素。因此，即时向机场各部门传递完整且准确的航班信息，是最初也是最基本的一步，它是联系机场工作与游客需求之间的纽带之一。

②其他交通信息。

其他交通信息是指除航班信息外，所有反映交通状况的信息，如手机定位等。因此，其他交通信息采集必须及时准确，它反映的是随时变动的交通状况，为出行者提供出行帮助。

③交通资费信息。

交通资费包括城市交通综合规划费、普通公路车辆通行费、高速公路车辆通行费及清障救援服务费、汽车客运站服务费等。随着现代化信息社会的发展与进步，交通业得到迅猛发展，保证交通的畅通无阻是政府在特定的条件下对国家经济、民生的要求。开展东盟旅游必须了解这些信息，以便旅行社能更好地开发旅游线路，做好成本核算。对于旅客来说，可以以此为依据进行自助游的线路设计，甚至是自驾游的计划。

（2）交通线路优化信息。

交通线路信息优化是旅游发展的必然趋势，引导着旅游资源的开发。如何对交通线路进行科学的设计与规划，显得尤为重要。例如，兴建旅游风景区的道路、设计科学合理的旅游交通线路、尽可能使用环保型交通工具、旅游交通与一般交通要进行分流导流、开通旅游交通专线等，均需要相关信息资源的支撑。

东盟方面各旅行社的报价是东盟当地旅行社销售部门根据东盟内各国客源市场和除东盟外的客源市场的需求，按照东盟各国的价格政策最后确定的价格。因此，东盟方面各旅行社的报价是基于东盟各国法律法规制定的。

2. 中国各旅行社的报价信息

中国各旅行社的报价是中国当地旅行社销售部门根据中国各省、市、县客源市场和除中国外的客源市场需求，按照中国各省、市、县的价格政策，最后确定的价格。因此，中国各旅行社的报价是基于中国法律和中国各省、市、县法律法规制定的。

比较各旅行社报价信息是为东盟旅行者提供信息服务的内容之一。综合考虑不同的旅游城市或不同的旅游景点、不同的旅游路线规划、不同的促销宣传景点游、不同的旅游卖点、不同旅行社的旅游服务质量等因素后，旅行者再根据自身经济能力和旅游需求，选择最适宜自己的旅游路线规划或确定落实某个旅行社跟团旅游。同时，旅行社的报价受到国内和国际旅游市场及外汇汇率变化的影响，为了使报价更适合旅游市场的需要，最大限度地提高企业的经济效益，需要随时调整旅游价格。图书馆将各大旅行社的报价信息搜集起来，并与数据源相关联，即时更新报价信息，让用户可以对任一项目进行检索的结果以价格排序，并能根据用户的评价进行综合排序，从而为旅行者选择合适的旅行社提供信息依据。

（五）提供东盟风土人情、风俗习惯信息

1. 提供主要节日信仰庆典信息

泰国信仰上座部佛教人口占本国90%以上，主要特色节日庆典有万佛节、水灯节、宋干节、春耕节、清迈博桑纸伞节、董里水下婚礼节、芭堤雅国际音乐节。越南主要宗教信仰是上座部佛教、天主教、和好教、高台教，主要特色节日庆典是灶君节、哈节、光中节、越南国庆日、盘古节、雄王节。文莱主要宗教信仰是伊斯兰教、佛教、基督教、道教，主要特色节日庆典是开斋节、封斋节、登霄节、圣纪节、古尔邦节、文莱皇家武装部队庆祝日。马来西亚主要宗教信仰是伊斯兰教、佛教、印度教、基督教，主要特色节日庆典是圣纪节、屠妖节、花卉节、开斋节、卫塞节、马来西亚节、大宝森节、砂拉越节、沙巴节。柬埔寨信仰上座部佛教居民占本国90%以上，主要特色节日庆典是御耕节、卫塞节、比萨宝蕉节。老挝主要宗教信仰是上座部佛教，主要特色节日庆典是宋干节、迎水节、卫塞节、结夏安居节、赛舟节、塔銮节。新加坡主要宗教信仰是佛教、道教、伊斯兰教、基督教、印度教，主要特色节日庆典是大宝森节、九霄节、开斋节、屠妖节、龙舟节、新加坡时装节、新加坡电影节。印度尼西亚主要宗教信仰是伊斯兰教、基督新教、天主教，主要特色节日庆典是静居节、圣纪节、登霄节、民族节、卫塞节、开斋节、圣母升天节、英雄节。菲律宾主要宗教信仰是天主教、伊斯兰教、基督新教，主要特色节日庆典是阿提阿提罕节、仙奴诺节、迪那央节、花卉节、莫里诺斯节、牛仔节、帕希亚节、奥班多生育节、彩绘节、丰收节、马斯卡拉节、希根特节。缅甸主要宗教信仰是上座部佛教，主要特色节日庆典是佛诞节、宋干节、光明节、阿难陀寺节、浴榕节、

安居节、点灯节、拜塔节。图书馆为旅游业用户提供这方面的信息服务，一方面能满足旅游从业者对此类信息的需求，在开发旅游资源和对游客的导游活动中更鲜活地表达出这些节庆的渊源和文化内涵，满足游客的深层次要求；另一方面也能使进行自由行的游客充分了解旅游目的地的节庆信息，包括时间、空间和文化内涵，能更好地作出旅游攻略。

2.提供需要注意的宗教禁忌信息

在泰国、缅甸、柬埔寨、老挝等信奉佛教的国家，凡是与佛教有关的言行举止都要非常注意，要谨言慎行，对佛祖要尊敬。在游览宗教寺庙时，如果遇到正在举行宗教仪式，或者正在进行宗教聚会，不要急于入内，先脱鞋、脱帽，不能佩戴太阳镜。进寺庙参观，衣着要得体，不要穿裸露身体部位较多的服装，比如无袖T恤、背心、热裤、超短裙等。需要特别注意的是，无论任何情况，女性禁止与和尚接触。另外，在寺庙之外，言行举止同样需要格外注意。在缅甸，乌鸦被认为是大黑天神的化身，人们视其为“神鸟”，对其倍加爱护，不允许伤害它们。此外，他们也对牛奉若神明。在车水马龙的街道上，如果有牛在街上行走，要让“神牛”先走，车辆和行人不能和“神牛”抢道。乘坐交通工具时，如有空座，先看看空座旁边是否坐着僧人，若有僧人，则不能坐，坐则被视为不尊敬佛祖，在这种情况下只能另找位置。在柬埔寨，人们认为，头是身体最神圣的部位，脚则是最不神圣的，所以用脚指着人或者寺庙都被认为是特别不礼貌的。

在印度尼西亚、文莱、马来西亚等伊斯兰教国家，清真寺等圣地是免费向游客开放的，但是要注意，进入圣地时，不得穿鞋入内，不得携带带有红色或者黄色图案的物品，禁止携带长刀、匕首等刀具①。当伊斯兰教徒在做祷告时，要肃静，不得打扰他们，行走尽量不要发出声音，不得在他们的面前走过。一般不能在寺庙里拍照，如果要拍，必须先得到允许。寺庙里的《古兰经》，不能触碰。女性游客要注意穿着，若身着短裙、短裤、吊带背心等服装，须换装才能进入圣地。在印度尼西亚的巴厘岛，如果腰间没有束上腰带，是不得进入寺庙的。在文莱，除了穆斯林女性，其他人不得进入寺庙②。

这些信息是旅游从业人员，尤其是涉及东盟旅游的从业者必须掌握的知识信息，必须通过专题的形式来向用户提供，使旅游从业人员能随时随地通过网络获取信息，提高自己的业务能力。

（六）提供旅游年鉴和统计信息

旅游年鉴是随着旅游事业发展，反映旅游事业情况的、按年度编辑发行的、具

① 杰福.基于跨文化交际的中巴非言语禁忌对比研究[D].沈阳：沈阳师范大学，2016.
② 唐妮.中国与东盟国家文化禁忌的对比研究[J].湖北广播电视大学学报，2013，33（12）:76-77.

有信息价值的资料性工具书。旅游年鉴的统计信息反映了旅游经济和旅游发展的总体概况，是国家宏观管理旅游事业和旅游事业宏观决策的重要依据。因此，旅游年鉴和统计信息是旅游经济发展到一定阶段的产物，并随着旅游事业的不断发展而发展。充分的、准确的旅游年鉴和统计信息，有利于旅游经营管理部门、旅游企业了解旅游市场，有利于掌握旅游者的旅游动机，有利于预测旅游市场供求发展趋势，有利于生产和提供合适的旅游产品，更是旅游管理研究人员开展学术研究的重要信息保障，是旅游管理教学活动的重要知识保障。

五、东盟信息资源阅读推广服务

（一）全民阅读背景下图书馆东盟信息资源利用与推广

图书馆作为开展阅读推广活动的主体，对倡导和实现全民阅读具有重要的作用。随着“一带一路”的发展，东盟各国与中国关系更加密切，人民群众中对有东盟信息资源需求的群体也越来越多，东盟信息资源逐步受到各级各类图书馆的重视，为图书馆开展东盟信息资源的阅读推广奠定了良好的基础。

1. 我国图书馆东盟信息资源利用情况

（1）广西壮族自治区图书馆东盟信息资源利用情况。

广西壮族自治区图书馆（以下简称区图）通过收集整理东盟信息资源，为广大用户提供专业的信息服务。

为了对我国图书馆东盟信息资源利用情况进行研究，我们对区图进行了调研。据工作人员介绍，虽然近几年来区图的东盟信息资源建设有了一定的进展，东盟馆藏数量也逐年增多，但东盟信息资源的开发利用并不理想，东盟信息资源服务仍然处于被动的状态。调研发现，前来了解利用东盟信息资源的用户相对较少，利用东盟信息资源的用户基本为经济行业或科技行业的专业人员及对东盟经济与科技发展进行研究的科研人员，以及准备前往东盟国家进行访学或留学的人员，而其他人员基本未见踪影。由此可见，区图亟须开展东盟信息资源阅读推广来提高东盟信息资源的利用率。

（2）高校/科研机构图书馆东盟信息资源利用情况。

高校图书馆是我国东盟信息资源建设和利用的主力军，其拥有的东盟馆藏具有面向教学、科研的特性，体现了学校的办学特色和学科、专业特点[①]。

重点院校在东盟信息资源的利用方面成效较大。例如，厦门大学的东南亚研究中心由于对网站信息进行定期更新，对建立的几大东盟相关数据库也加强信息的更新维护，还推出与东南亚研究相关的4个公众号，使所藏信息资源得到了广泛的利用。

具有地缘优势的广西民族大学非常重视东盟信息资料的建设和利用工作，不断

① 苏瑞竹，张颖．东盟信息资源共建共享策略研究[J]. 图书馆建设，2013（9）：38-42.

提高东盟信息资源的利用率，对非通用语种语言学科发展有很大帮助。

据统计，自广西民族大学图书馆建馆以来至2021年4月7日，广西民族大学图书馆入藏东盟信息共50 909册，总借阅次数18 584次，东盟藏书利用率36.5%。文学类东盟信息资源馆藏数量最多，占比37.2%，利用率较高的前5名学科分别为语言类（63.9%）、艺术类（42.7%）、文学类（41.7%）、历史地理类（40.6%）、自然总论（34.4%）。

（3）调查结果分析。

①东盟信息资源用户满意度偏低。

虽然东盟信息资源数量在持续增加，但用户对图书馆东盟信息资源的满意度并不高，尤其体现在用户的保障率和资源覆盖率方面，对东盟信息资源的增长率满意度较高，说明各系统图书馆东盟信息资源增幅明显。调查显示，时效性也是用户满意度较低的一项指标，这说明东盟信息资源采集的新颖性不足，导致东盟信息资源虽然数量增加了，但用户满意度偏低。

②东盟信息资源的宣传和推广存在不足。

广大用户对东盟信息资源的了解程度不高，东盟信息资源的利用率与图书馆的其他信息资源相比也相对较低，造成这个现象的主要原因是图书馆对东盟信息资源的宣传和推广不足。用户并不会花费过多的时间在图书馆进行深入的寻找，这也就导致他们甚至不知道图书馆内不仅有纸质的东盟信息资源，还有东盟信息数据库。由此可见，东盟信息资源的利用率过低与图书馆对东盟信息资源的宣传和推广强度低有直接关系。

2. 开展东盟信息资源的阅读推广的意义

（1）助力实现“一带一路”倡议目标。

对东盟信息资源展开阅读推广，可以增进用户对东盟的了解，帮助用户认识东南亚国家的民风民俗，促进中国—东盟社会经济的共同繁荣，增进中国—东盟人民的相互理解和信任，实现“一带一路”倡议的目标。开展东盟信息资源的阅读推广可以吸引更多更广的用户了解和使用东盟信息资源，提高东盟信息资源的利用率，消除用户对东盟的不确定性，促进双方的合作。

（2）有效促进图书馆服务创新。

全民阅读的浪潮正在席卷整个中国大地，“多读书、读好书”的良好氛围正在形成，且书香社会已经建成。开展东盟信息资源的阅读推广活动能使图书馆更精准地挖掘对东盟信息资源有需求的潜在用户，针对不同用户开展不同的阅读推广，设立专门的东盟信息资源搜寻获取机制，有效促进图书馆服务创新，提高东盟馆藏利用率，为开展全民阅读精细化活动打下基础。

（3）更好地发挥东盟信息资源效益。

图书馆通过打造阅读推广宣传活动品牌，全面提升整体形象，提高知名度，形成特色，成为名牌图书馆①。图书馆通过将东盟信息资源阅读推广打造成特色资源品牌，势必提高东盟信息资源的知名度，更好地发挥东盟信息资源效益，使图书馆取得良好的社会效益。

（4）主动提供更契合的资源与服务。

开展东盟信息资源的阅读推广需要对已经收集整理过的东盟信息进行细化分析，以便更好揭示东盟信息资源的内容，挖掘东盟信息资源的价值。例如，有图书馆馆员在对东盟信息资源进行细化分析后得到的与东盟各国经济有关的信息资源被自治区党委分析后，提出了构建以南宁-新加坡为中轴，建设泛北部湾经济合作区、大湄公河次区域合作两个板块的“一轴两翼”经济发展战略构想，对区域经济发展产生了积极作用。同时，对东盟各国文化信息资源进行细化分析，全面、系统地展示东盟各国的文化、民族等方面的概况，对政府机构的决策起到很大作用，对中国—东盟的教育、文化合作与交流也起到积极的推动作用。

对东盟信息资源进行细化阅读推广，可以更好地挖掘东盟信息资源的价值，能主动提供更加契合的资源与服务。

3. 图书馆开展东盟信息资源的阅读推广的策略

（1）吸纳用户参与推广。

无论是东盟信息资源还是其他方面的信息资源，其存在的本质是为人所用，换言之，提高东盟信息资源的利用率是开展东盟信息资源阅读推广的主要目的。图书馆要开展东盟信息资源的阅读推广，首先应尽可能全面及时地掌握信息用户的需求。不同的图书馆面向的读者不同，不同的读者群体所需要的东盟信息资源也不尽相同，且东盟信息资源涵盖许多不同领域、不同方面，所以开展东盟信息资源阅读推广的主体需要全面及时地掌握用户的需求，以便在东盟信息资源的推广过程中更有针对性，帮助用户群体找到所需的东盟信息资源。

在东盟信息资源推广过程中可以吸纳用户直接参与。图书馆可以召集志愿者参与东盟信息资源推广，带给用户更多的参与感，让他们对东盟信息资源更加熟悉，促进图书馆东盟信息资源的宣传推广。

（2）提供自助翻译服务。

语言障碍是影响用户使用东盟信息资源的主要制约因素，东盟各国的语言属于非通用语种，特别是东盟原版信息资源所采用的语种众多，现实中大部分用户不具备东盟语言的背景，因此在进行东盟信息资源获取的过程中需要相应的翻译服务。

① 王延红．开发特色资源开展特色服务——打造图书馆品牌的两大要素[J]. 中国科技信息，2005（13）：315.

图书馆要进行东盟信息资源的阅读推广，提供自助翻译服务是必不可少的条件，在图书馆中提供词典等翻译工具，设置翻译机器或者开发相应的翻译软件，可以帮助用户克服语言不通带来的障碍，提高东盟信息资源阅读推广的效果。

（3）加强用户培训宣传东盟信息资源。

对用户进行培训也是东盟信息资源推广的重要方面。培训课程可以分为线上和线下两种模式，线下培训可以直接设置在图书馆的东盟阅览室内，主要吸引当地或附近的用户，线上培训可通过腾讯会议、MOOC、钉钉等软件实现实时开课，或者随时观看培训视频。

对培训内容进行分层，可分为简单讲座和专业讲座，前者适用于普通用户，后者适用于科研人员及学习用户。在讲座开讲前主办方通过图书馆现场、官网及微信公众号进行宣传，可发放小礼品吸引用户参与，用户可通过图书馆官网、微信公众号等方式进行报名。

（4）举办文艺休闲娱乐活动来展示和推广东盟信息资源。

当前人类已经进入了娱乐消费时代，阅读推广活动要适应大众快节奏的生活，就要有一定的社交娱乐性，要在娱乐中潜移默化地引领用户“由浅入深”地阅读东盟信息[①]。相比于上班族和学生来说，社区群体拥有更加宽松自由的时间，图书馆通过举办游戏休闲娱乐活动吸引社区用户群体参与，在娱乐中达到阅读推广的目的。图书馆工作人员可以在游戏中设置一些有关东盟的知识抢答，内容可以包含东盟各国的风土人情、民风民俗、美食美景，这些知识均可通过阅读图书馆的东盟文献获得，知识抢答设置几个阶段，每个阶段都有相应的奖励，参加的用户都可以获得奖励。在娱乐休闲的基础上增加奖励机制，以此来激发用户了解、学习东盟文化知识的动力，借阅东盟文献，达到推广东盟信息资源的目的。

此类的游戏休闲娱乐活动可以定期邀请东盟领事馆的工作人员及其家属前来参加，可以增进中国—东盟人民之间的友谊，通过一起参与活动认识了解对方。社区群体中不乏学龄前儿童，图书馆在阅读推广活动中可以设置儿童游戏，如绘本阅读、故事表演等，通过游戏互动的形式激发小朋友们的阅读兴趣，促进中国与东盟的小朋友们建立友谊。还可以设置中国—东盟神话故事汇集点之类的专题活动，通过VR、AR设备打造身临其境的神话环境，帮助参与活动的人员更好地理解神话故事，更好地促进东盟阅读推广活动成功举行。

（二）东盟信息的数字阅读推广

随着国内经济的快速发展，国民收入逐渐增加，恩格尔系数逐渐下降，越来越

① 张伟丽．在阅读推广活动中加入娱乐元素趋势的思考——以安徽省图书馆为例[J].管理观察，2019（10）：84-86.

多的国民消费从衣食温饱中解放出来，国人掀起了到东盟国家旅游的热潮。再加上“一带一路”建设工作的推进，大量商人涌入东盟国家进行投资，促使国人对东盟国家的相关信息日益关注。

1. 东盟信息数字阅读推广的侧重点分析

首先，受语言及获取信息资源的渠道单一等相关因素的影响，国内对于国外信息的利用率并不高，由于语言的差异，外文信息的用户大部分是专业的学者，而普通群众对外文信息的使用率并不高，东盟国家的语种多为非通用语种，使用者的范围更为狭窄，使得东盟的信息在国内难以被开发并加以利用。

其次，不同用户的知识结构和阅读兴趣各异，应有针对性地开展分众式阅读推广，依据不同群体特征采取相应推广策略。科研人员与高校师生群体具有一定的信息查找能力，所以东盟信息阅读的推广对象应为普通的用户，这部分用户数量庞大，且极具推广潜力，由于对于中外文阅读的不适应及掌握困难，对于有声阅读和数字阅读的不熟悉，他们难以获取自己所需的信息。因此，推广的目标群体应为除科研高校以外的普通用户。从中外文阅读、有声阅读、数字阅读3个方面切入，推广东盟信息的阅读。如果能充分利用这些东盟的信息，可以给旅游、商业、文化等领域带来巨大的效益。

最后，通过相关的调查与分析发现，可将目标用户的范围缩小，定为非学术研究类的普通用户，针对这类特殊的用户，对用户行为及用户偏好作出一个分析推断，然后根据这个特殊的用户群体，针对性地提出切实有效的推广方法，对症下药。推广从需求产生，针对需求，解决需求，而非生硬的强行推广，目的在于让用户在产生对于东盟信息的需求时，第一个想到的是我们所设计的平台，自然而然地使用，从而产生良好的口碑，进而使平台产生用户影响力，通过影响力来进行更深一步的推广传播。

2. 东盟信息数字阅读的推广方法

（1）搭建平台。

①实现中文与东盟原版信息的互通。

中外文阅读推广的难点之一在于语言的障碍，虽然现在有着许多的翻译软件，但实际要将复杂繁多的东盟信息用翻译软件逐页翻译并不简单，这个过程需要将两个软件来回切换，并不方便，由此许多用户放弃了东盟语种的阅读。

通过建设东盟信息阅读的平台来实现中国—东盟文献信息阅读的互通，以App或者微信小程序的形式呈现，使得用户可以随时查阅所需的外文信息资源。平台可将东盟的信息按特定的分类法进行分类，并设置关键词检索的检索方法，让用户可以根据需求找到所需的信息资源。例如，用户想到东盟某国家旅游，想提前了解一些有关该国的信息，利用传统的搜索引擎在网络进行搜索后，发现信息杂乱无章并且缺乏可靠性，这时东盟信息平台的优势便体现出来。平台的信息具有针对性，都是东盟的信息，并且平台自带了外文与中文的切换，信息由平台进行筛选，保证了信息可靠性的同时，提高了信息的检索效率。普通的用户，即使非专业学者，也可以通过东盟信息平台查询和利用信息。

②加入有声阅读的功能。

有声阅读是近些年兴起的一种阅读模式，可以给视力残疾的人士带来阅读便利。结合最新的人工智能技术，利用语音进行信息资源的查找，并把找到的信息翻译成中文进行播报，使残障人士在对东盟信息有需求的时候，也能够轻松地进行查找，获取自己所需的信息。

有声阅读不仅能够帮助残障人士了解东盟信息，也在一定程度上解放了正常的普通用户的双手和双眼，使得用户可以在处理其他事务的同时享受阅读的乐趣。例如，用户在就餐时，通过有声阅读，便可一边获取信息，一边享受美食；抑或者用户在户外慢跑等锻炼身体的时候，也可以通过有声阅读，来获取自己所需的东盟信息。

有声阅读可以作为文化程度较低的群体接受信息、接受知识的一个重要途径。通过有声阅读，即使是不识字的中老年群体，也可以获取他们所需的信息。

③采用数字阅读的形式。

在时间碎片化严重的当今社会，数字阅读更加有利于东盟信息的推广。在地铁或者是一些日常的使用场景中，人们手捧手机或者平板也成为常态，纸质阅读的场景越来越少。推广数字阅读，可以充分利用用户的碎片化时间，从而使得东盟信息得到更好的推广。与智能手机结合，采用数字阅读的形式，东盟信息才能得到最大化的推广。

（2）组织宣传活动来推广平台。

东盟信息的推广离不开图书馆的支持，图书馆可以举行相关活动来推广数字化的有声阅读多功能平台。活动不仅仅局限于东盟信息相关的查找类的知识竞赛，因为该种活动参与者多为学生群体，更多的推广的目标群体是从事非学术性研究的群体。因此，在设计活动时，不一定非得设计与东盟信息相关的活动，可充分运用市场营销的相关推广手段，设计各式各样的活动，能让用户群体去下载这个与东盟相关的App，并保持App的使用时长，在一段时间的使用体验之后，用户会形成对该软件的相关产品记忆，即使之后用户卸载了该软件，但当后期生活、工作、旅游期间产生了对于东盟信息的需求时，自然而然地会想起该软件，并开始使用，这就使得推广效果达到了最佳。用户是在产生需求之后主动使用该软件，而非被动式地接受推广。

当今数字阅读已经进入了立体数字阅读的时代。立体化阅读就是一种将视、听、说、动、思、话、演、创、玩融于一体的阅读体验模式[①]。探索东盟信息的立体阅读模式，将单一的文字信息与丰富的多媒体资源进行结合，可让用户在传统阅读、主题活动、创作表演、培训辅导中领略东盟信息的魅力。

（3）与旅行社合作进行平台推广。

由于普通用户获取东盟国家相关信息的动机大多数是为旅游作参考，而东盟国家的语言为非通用语种，用户很难进行自主旅游，所以他们大多数会参加旅游团，对旅游团的依赖程度较高，与旅游团接触频率最高，时间也最长，因此与旅行社合作，能够最大限度地推广东盟阅读。将每个东盟国家的信息与该国的旅游套餐紧密结合，用户在提前了解旅游信息的时候，就会产生对东盟国家相关信息的了解需求，而旅行社并不能提供相对完整、专业、可靠的信息资源。此时用户与旅行社之间就产生了一种需求的空缺，这种空缺便可以由我们的东盟的信息服务平台进行填补。如果可以获得国家或者政府的补助，便可以将我们所开发的东盟的资源平台免费发放给旅行社，由于平台是免费的，旅行社必定会欣然接受，合作便会比较容易深入。如果国家及政府没有提供资金上的支持，则可以采用销售的模式，让旅行社采购我们的平台，或者将咨询业务外包给我们，以此来维持资金链的连续性，达到对东盟阅读推广的目的。

（4）与企业进行合作推广。

因推广的对象主要为非研究型学者的普通用户，而普通用户最常接触的便是抖音、百度、微信等平台，当他们出现信息需求的时候，并不一定会到知网等学术性网站去获取资源，而是从百度获取信息，或者在抖音、微信公众号等App上被动地接受信息。当前是一个流量为王的时代，巨大的流量能够带来巨大的商业价值，巨大的流量也能够带来巨大的推广效果。抖音、百度、微信公众号，这些渠道都能产生巨大的流量，如果能够成功地运用这个巨大的流量，就能够获得最大化的推广效果。东盟信息阅读的平台会存在生命周期，但是如果能够依附这些流量巨大的企业，便可以保证东盟信息推广的长久性。

①与抖音平台进行合作。

近年兴起的抖音短视频平台，为用户提供了大众展示宣传的有力途径。东盟多语种文献的电子阅读，同样可以借助抖音平台进行推广。东盟多语种文献的推广是一项复杂的任务，它需要在有限的展示时间内对宣传内容进行精心编排，力求精简，突出主题，并符合抖音作品的规范。由于抖音的受众多为普通用户，所以短视频作品考虑从用户的角度进行拍摄。设置商业或旅游等现实情境，展示普通用户如何开展东盟多语种文献的电子阅读，获取所需信息并解决相关问题。

---

① 王妍．少年儿童图书馆开展立体化阅读的思考——以天津市河西区少年儿童图书馆图书剧表演活动为例[J]. 图书馆工作与研究，2020（3）：105-108.

可以设立东盟多语种文献推广的官方账号，由图书馆等信息服务部门定期开展相关读书活动或比赛，让用户参与拍摄东盟多语种文献的相关作品，并对优秀的用户作品进行评选表彰。通过宣传作品征集，让用户在参与体验中掌握获取东盟多语种文献资源的方法，达到电子阅读推广的效果。同时，抖音账户可以和微博、微信公众号等其他宣传渠道进行关联，短视频作品可以同时在抖音、微博、微信公众号中展示，并链接东盟多语种文献电子阅读的渠道，以此相互引流，做到多种渠道的宣传互补。

②与微信公众号进行合作。

微信服务已渗透到生活的方方面面，拥有海量用户群体的微信公众号是开展东盟多语种文献推广的重要渠道。许多图书馆都拥有官方微信公众号，借助微信公众号可实现资源检索、获取、宣传等功能。微信公众号不仅可以提供资源入口，按照主题或专业类别对资源进行整理展示，还能提供关键词检索功能，为用户根据自身需求主动获取资源提供便利。

在日常生活中，微信公众号可以向用户推送介绍有关东盟衣、食、住、行各方面的文章，或有关东盟文献资源检索与利用、东盟国家资讯等具有实用性与趣味性的推文，潜移默化地影响用户，培养用户的使用习惯，让用户在产生东盟多语种文献的需求时，自然而然想到使用微信公众号来查找所需的资源。

（5）与旅游景点合作进行平台推广。

在东盟国家旅游，由于语言文化不通，大多数游客会请一个导游来进行景点文化的讲解，而请导游的费用较高。由于导游不是一对一服务，导游的服务也不够精细，所以近些年也出现了一些“电子导游”，从事“电子导游”工作的人员利用一些收听设备，将提前录制好的内容进行播放。而用户接受这些内容的过程大多数是被动的，如果在讲解过程中出现了一些疑问，并不能得到及时的解答。因此如果在旅游景点推广东盟的信息，必定会取得极为可观的成效。用户在旅游时可以自主地运用东盟信息进行学习，了解东盟国家的相关信息资料，这就会达到一个非常好的推广效果。

（6）利用VR、AR等技术展示多媒体东盟信息资源。

公共图书馆面向的是社会大众的需求，其资源建设以大而全为建设目标，但在常规服务基础上进行特色阅览室的建设，为大众提供特色资源服务，创立图书馆自身特色，是公共图书馆有别于其他图书馆的地方。开辟东盟阅览室，设置专门的区域进行东盟资源的存放与展示，并在阅览室内安置专项书架存放中国—东盟博览会资料，设立包括东盟十国的旅游特色、特产图片或模型的展柜，以此吸引用户的兴趣。在阅览室的装修方面可以考虑一些含有东南亚风格的桌椅、壁纸及书架，给用户创设沉浸式体验环境。同时可以在阅览室内划出相应区域设置科技设备，利用

VR、AR技术进行东盟信息资源展示，给用户带来沉浸式信息获取的感受。由VR、AR所呈现出的环境和场景比书面或者多媒体呈现的更加生动形象，也更容易使用户接受。这类科技产品使用户通过游戏体验，增加了东盟信息资源的趣味性，帮助用户对信息的记忆与理解。而且这类科技产品很大程度上吸引用户前来进行感受，使用户不出国门也可感受东南亚风光，身临其境地感受东南亚文化。

第九章　东盟信息资源支撑——保障体系建设

第一节　建设目标和原则

一、建设目标

在国家信息主管部门的统一领导下，紧紧围绕“一带一路”倡议目标，依据“整体规划、分工合作、共建共享、协调发展、联合保障”的建设方向，积极借鉴发达国家的经验及我国的成功范例，协调合作建设高质量的东盟信息资源体系，依托已建成的国家信息基础设施和 CALIS、CASHL 项目，进而做到东盟信息资源的共建、共知、共享，构建便捷高效的信息传递系统，全方位为人们提供所需的东盟信息资源，最大限度地满足人们持续增长的东盟信息需求。

（一）在信息收集与积累方面满足多方面用户需求

1. 满足不同目的的用户需求

不管是东南亚国家还是中国，人口密度都很大。众多的人口数量催生了种类不一的信息需求。按照信息需求的目的及工作性质的不同，所有的用户大概被分成了4种类型，即商贸双方、政府的公职人员、普通个人和科研人员。政府公职人员对于东盟信息的需求，主要为双方国家作决策所需的相关东盟信息和政府为处理内部事务所产生的信息。科研人员及相关专业的学生对于东盟信息的需求，主要为双方国家在高等教育中存在的差异和科学研究成果等方面，科研人员通过了解双方国家教育的区别，取长补短，根据自身实际情况进行互助合作。商贸双方对于东盟信息的需求，通常发生在贸易往来里。在国与国之间的贸易往来过程中，首先必须了解对方国家有关进出口贸易的相关政策信息，以及两方的国家和人民对商品的需求信息，也可以理解为对产品市场情况的信息需求。普通个人对东盟国家的信息需求，主要与个人生活有着重要联系。这样的信息需求每个人是不同的，而且这些信息需求有着很大的变化性且无固定范围。但是大多数普通个人的信息需求可以理解为国家美食、文化差异、旅游信息等。信息资源保障建设的首要功能，是为用户提供权威的、广泛的、正确的信息服务，所以信息资源的建设内容一定要满足不同种类的需求。

2. 满足不同年龄段的用户需求

东盟信息资源针对的用户是所有对信息资源有需求的公民，不同年龄段的用户对东盟信息资源有很多的不同需求，所以在东盟信息资源保障体系建设的过程中需要考虑不同年龄段用户不同的信息需求。少儿群体对于东盟信息资源的需求，一般汇集在画册、绘本、童话故事等便于掌握且富含教育作用的内容上。因此，一定要重视对该方面的信息资源内容的建设；青少年群体尚且处于求学阶段，需要掌握更多的东盟诸国文化教育方面的信息，通过掌握不同的东盟国家的文化内容，青少年可以开阔眼界、扩展自身知识面，很大程度上助力未来发展；成年群体有自己喜欢的兴趣范围，针对其所需要的信息资源，图书馆可以面对不同的个人信息需求，开展多角度的东盟信息资源保障建设；老年人群体的阅读能力较为有限，可以收集东盟各国不同的音视频或跟我国有关的传统文化艺术作品，来满足老年人对东盟国家的了解需求。

3. 满足不同文化层次的用户需求

信息需求用户的文化程度不同，会对他们的信息资源需求产生影响。面对用户良莠不齐的文化水平，在资源建设过程中需要考虑到资源建设的不同层次划分。资源建设的目的既然是为用户所用，就应该考虑用户文化程度的差异对资源需求的影响。因此，要根据不同层次的需求对东盟信息资源进行分层建设，以满足不同文化层次的用户需求。

4. 满足保障体系内的所有用户的需求

由于东盟信息用户相对小众，资源建设的投入较小，东盟信息服务机构拥有的东盟信息资源数量均比较少，单一机构不能满足所有用户的信息需求，所以开展共建共享显得尤为重要。满足体系内所有用户的需求是东盟信息资源保障体系建设的理想目标。

只有分析不同年龄段、不同用户人群信息资源的不同需求，才能够建设出全方位满足所有用户需求的东盟信息资源体系，达成东盟信息资源保障体系建设的终极目标。

（二）在书目控制方面建立和完善检索体系

1. 严格执行呈缴制度

对于国内出版的与东盟相关的信息资料，均须向国家图书馆呈缴，以保障国内出版的文献均可纳入东盟信息资源保障体系之中。从我国目前有关呈缴制度的行政法规（《出版管理条例》《音像制品管理条例》《音像制品出版管理规定》《报纸出版管理规定》《期刊出版管理规定》《图书出版管理规定》《电子出版物出版管理规定》）来看，无论是纸质文献还是数字资源，无论是图书还是报刊都要向国家图书馆呈缴。

但是，由于一些出版物是作者自费出版的，也就是说，并非所有出版物都能主动呈缴，尤其是一些地方出版社常常有遗漏情况发生。因此，要严格执行呈缴制度就要图书馆与出版社之间进行协调与合作。

2. 实现在版编目和集中编目

图书在版编目（CIP）指的是图书在编辑出版过程中，全国集中编目中心按照拟出版的图书校样进行编制的书目数据，包含有出版地、著者、书名、出版社、出版年、分类号、主题词和国际标准书号（ISBN）等内容，出版社会将编目信息印在版权页。在版编目可以供图书馆、出版社等在进行标准化著录时使用[①]。

国内出版的东盟文献必须严格进行在版编目，同时以双语的形式进行著录。在版编目要在原国标GB/T3792.2的基础上进行拓展，在东盟信息保障体系中增加双语著录这一标准，使集中编目有循可依，也使分类和标引更加准确，检索系统功能更加强大。

3. 实现馆际互借和信息传递

建立健全保障体系的服务机制，利用保障体系平台开展联机检索、网络检索和馆际互借与文献传递服务。借助系统提供的帮助功能对用户进行自助培训，通过培训掌握检索的方法，其中，最核心的是对检索格式的构建，对系统环境的设置（设置成可识别东盟语言的环境）和对检索结果的各种显示方式，让用户除了可以得到传统的检索结果列表外，还可以根据需要得到可视化的显示方式。此外，对于本馆没有收藏的资源，系统亦可以提供馆际互借与文献传递接口，用户可以通过此系统方便地得到相关的服务，获取所需的信息。

（三）可持续发展

就全球来看，不论是物质领域还是其他领域，都提倡可持续发展的战略。可持续发展战略不但是针对全球经济环境的战略，也是人类针对未来希望的战略。不同国家之间的友好合作也都是为了实现更好的可持续发展，利用双方国家共有的资源建立长期的、可持续的发展前景。中国主张与东盟国家进行长期合作，从而有助于双方互利共赢。如果在建设中，有一方不能再为双方的共同利益进行努力，而是想不劳而获，这将会破坏双方可持续发展的计划，更可能会对双方国家的合作关系造成不可扭转的严重后果。双方国家之间的合作需要双方国家之间保持友好关系才能实现可持续发展战略的不断进步。同样，信息资源保障体系的建设也是如此，如果信息资源保障体系建设的合作部门之间发生了只愿利用别人共享的资源，而不乐意投入自身的人力、物力、财力来共同建设，或者只看重自己所在单位所需信息资源

① 杨晓景，付桂珍．走出非通用语种图书采编困境的新途径——全国外语院校图书馆联盟成立的意义[J]．大学图书馆学报，2010（2）：15-18.

的建设而忽视了整体东盟信息资源保障体系的建设，那么整个东盟信息资源保障体系的建设必定会停滞不前，甚至会拖垮整个进程。所以在东盟信息资源保障体系建设的过程中，各个合作机构在自我发展得到满足的同时，要考虑到全局的发展，做到共建共享，并且边建设边使用，通过用户的反馈进而不断改进新的建设内容，来满足用户的更多需求。

另外，东盟信息资源保障体系建设的可持续发展也要注意争取经费的支持，需要将此项建设的经费列入政府年度财政预算中。

（四）多载体资源的全面融合

随着网络和电子资源的迅猛发展，部分学者持纸质资源将会被淘汰的观点。可是截至目前，纸质资源并未被别的形式的资源取代，众多的用户依然会选择并且利用纸质资源进行阅读，所以东盟纸质信息的建设必须得到同样的重视。虽然很大一部分的用户对纸质资源的利用大不如前，可是诸多类型的纸质资源是无法被取代的，并且具有极高的收藏价值。比如东盟国家具有鲜明特色的期刊，具有重要历史意义的会议记录。对价值较低且已娱乐化的纸质资源，应当适当减少资金的投入。对有特色或者收藏价值高的纸质资源，应当增加建设资金的投入，从而做到对纸质资源建设的合理筹划。

电子资源的建设一定要注意其资源的系统性，以防数据库内容的重复建设，促进特色数据库的建设。根据东盟国家的多种语言建设相应的专属数据库，从而满足不同用户的使用需求。通信网络技术的诞生加速了信息资源的传播速度，使信息资源的产生数量极大增加。网络信息资源种类很多，分布范围很广，这中间会含有很多重要的信息，是当下信息资源建设的重点内容。对东盟网络信息资源的内容挖掘，也是目前东盟信息资源建设的重要内容。网络信息资源的建设不仅能增加用户的资源利用率，还可以提高信息资源利用的实效性。面对三种不同形式的资源建设，一定要制定出合理的建设方案，针对建设的资金进行合理的资源配置，并不断优化，力争用最少的人力、物力、财力产出最能满足用户需求的信息资源内容，让所有的用户均能通过共享平台获取信息。

（五）资源共享和资源置换

中国与东盟国家建立合作伙伴关系的重要目的是利用双方国家的有限资源来共同创造更多的利益。双方国家应投入资源和制定一个统一的组织、规划、协调机制，保证合作的顺利进行，通过合作给予对方国家不同方面的支持。双方均可利用本国较多的资源，换取本国较稀缺的资源，从而达到资源置换的目的。这种方法不单能在国家之间运作，在各单位部门间也可以进行，这种方法不仅能节省资金，还可以帮助合作双方树立信任与依赖，达到共建共享的效果。

信息资源保障体系的建设确保了各方对信息资源的获取。东盟信息资源开发，也是为实现东盟信息资源建设的可持续共建，实现信息资源互利共享奠定基础，因此需要一个统一的规划进行组织协调，建设一个由多个图书情报部门组成的共建共享合作机构，并在资金政策方面给予支持和保障，合作主体各单位按规定好的方案与东盟各国协商信息资源的采购与置换事宜。在信息数据库及信息服务平台建设的过程中要同时考虑不同的异构网络和异构数据库，做出统一融合的方案，确保既要能被用户使用，又不会因为格式不同而产生信息资源获取困难的问题。

二、建设原则

（一）思想性原则

不同国家之间存在的差异体现在各个方面，比如经济、信仰、文化、政治等。这种差异将会直接影响不同国家对同一事件的看法和做法。大部分东南亚国家的信仰是不同的，这些信仰之间或多或少存在共通或者对立，于是就产生了每个国家的公民在看待同一事物时所作出的不同反应，以及政府对于这类反应采取的不同措施。在信息资源建设过程中，一定要注意每个国家的思想是不一的，必须制定出符合规范并且不会出现用户歧义的信息资源建设原则。

各个国家的制度不同，造成了人们思想和言论的不同，有些信息内容可能在有些国家是可以公开讨论，甚至公开发表的，流传于民间，可是这在有些国家却是被禁止的，不同的政党之间会发生相互冲突甚至诋毁的现象。所以，富含政治性的言论和书籍杂志，一定要谨慎地进行收录。

不同国家对不同信息内容的管理不同，因此，在对东盟信息资源进行整理挖掘的过程中，对那些富含辱骂、不客观、消极思想等问题的信息资源内容，一定要妥善处理；对一切有违反我国政治与意识形态的信息资源，要坚决予以摒弃。

（二）战略性原则

“战略”一词最先在军事方面被提出。该词的意思，是探寻谋略和智慧的纲要，是军队的指挥者用于指挥作战的手段。在古代，“战略”这个词就已被运用。《孙子兵法》被看作我国第一部对战略进行全面规划的著作。

东盟信息资源保障体系建设本身就有战略性的特征。一方面，它是我国了解和掌握东盟国家军事、经济和科学技术的总体情况的基本保障；另一方面，在开展信息资源保障体系建设的过程中也要根据建设主体的情况从战略上做好资源建设的规划。

要不断加深与东盟国家间的开放与合作，满足用户对东盟国家的经济、国防、外交、贸易、科技、产业发展等信息需求，为东盟区域信息资源的深入研究提供新的动力，这种战略思想丰富了东盟国家信息资源保障体系建设的内涵；东盟信息资源是中国与东盟国家开展文化交流的物质基础，在维护民族文化多样性、保护世界文化遗产等方面也有重大意义，因此，要坚持战略思维来建设东盟信息资源保障体系。

（三）针对性原则

关于东盟信息资源保障体系的建设，其自身就带有针对性，包括针对东盟各个国家、不同语言类型、不同种类的信息资源进行收集与建设。信息资源建设开展的初衷是满足不同用户的语言需求。建设信息资源一定要具有针对性，要分类建设不同的语种类型，遵循针对性原则。

针对不一样的用户需求来建设信息资源是针对性建设的原则。认真评估不同类型的用户对信息资源的需求，从而确定信息资源的建设目标。要从国家战略的高度来开展东盟信息资源保障体系的建设，对于那些当前用户需求不明朗的东盟信息资源，必须有针对性地加以建设，以满足用户的不时之需，满足国家战略的需要。一些拟赴东盟求学的学生，在留学前对东盟国家的教育现状、毕业制度、学分获取和汇率等大量信息的需求都需要不同的信息来源加以支撑。不同的用户对信息的需求都有其针对性，而东盟信息资源保障体系需要根据不同用户群体的需求进行针对性建设。

（四）系统性原则

图书馆的东盟信息资源建设从其外部环境来讲，涉及政治、经济和文化等种种因素；从其内部的环境来讲，涉及信息的载体、信息的类型、用户对象等因素。因此，图书馆联盟必须根据各成员馆的性质、任务及环境条件进行分工协作，建立起各具特色且结构合理、功能强大的东盟信息资源保障体系，这是一个高难度的系统工程。因此，用系统原理和方法来对图书馆中国—东盟信息资源保障体系建设进行指导，有着重大的意义。

首先是系统的整体性，东盟信息资源保障体系建设将不同图书馆中不同国家、不同语言种类、不同内容层次、不同科目、不同种类、不同载体的信息资源加以整合，当这些资源构成一个整体时，才能发挥出最大作用，使得图书馆信息资源保障体系的整体功能大于各成员馆信息资源的功能；其次是系统的动态性，东盟信息资源保障体系是一个连续发展的有机体，通过不断与环境交换信息、能源和物质，才能保持自己的活力，发挥自己的社会功能，各成员馆在信息资源建设中，每一部分工作、每一种信息资源的变化都会涉及其他要素的变化，亦会影响整个图书馆联盟功能的发挥；再次是系统的层次性，图书馆联盟在进行东盟信息资源保障体系建设时必须考虑不同类型和不同层次用户的需求，考虑各成员馆资源建设的特色；最后是系统的有序性，在图书馆联盟开展东盟信息资源保障体系的建设中，对处于无序状态（未进行采购的信息资源对于图书馆而言是无序的）的信息进行选择、组织、整理和开发，进而形成有序的信息资源系统（经过采购并且分类、组织的信息资源对于图书馆而言就成为有序的）[①]。

（五）效益性原则

东盟信息资源保障体系的建设必须注重信息的质量，要注意满足用户的需求，以提高资源的利用率，使资源建设取得较好的效益。注重质量，强调效益，讲究有用，是我们建设东盟信息资源保障体系必须把握好的方向。采集文献要讲究质量，采集网络信息也要讲究质量，对信息资源的整合更需要强调质量，也就是说，在开展东盟信息资源建设的过程中，必须坚持强调质量的效益性原则，使信息资源能为更多的用户使用，为用户解决各个层次的问题，进而产生良好的社会效益和经济效益。虽然东盟信息资源建设更多的是国家战略的需要，但其社会效益也是我们必须重点追求的。

（六）资源共享和可持续发展性原则

图书馆间的资源共享是指在自愿平等的前提下，利用图书馆建立图书馆和信息服务机构之间的协调、合作关系，使用不同的方法、技术，对本馆（机构）所采集的信息资源，进行共同揭示及共同利用，以便能最大限度地满足参加合作的图书馆（机构）用户对信息资源的需求。

由于东盟国家的出版发行业相对落后，出版物价格较高，用户相对较少，信息获取相对困难，所以，在开展东盟信息资源建设的时候要考虑如何共建共享，使信息资源能充分发挥作用。图书馆在采集（购）和组织相关信息资源的时候要考虑共建共享，使建设的平台拥有和别的信息系统共同工作、共享数据的功能，以便实现信息资源的共建共享。

建立东盟信息资源共享联盟是实现资源共建共享和信息资源保障的最佳途径。联盟内各图书馆根据自身的实际需求统筹兼顾，购买和采集相应的资源，同时建立了信息传递和馆际互借关系，使得东盟信息资源的建设和利用得到了更好的效益，也在一定的程度上为国家战略的需要提供了良好的信息支撑。

建设东盟信息资源体系是国家战略的需要，也是各馆进行特色资源建设的需要，同时是为用户提供东盟信息资源保障的需要。由于这些资源的使用者偏少，必须考虑只有通过共建共享才能在图书馆信息购置资金和人力资源比较缺乏的情况下解决可持续发展的问题。因此，创建合理的可持续发展制度，处理好可持续发展中各种各样的问题，需要图书馆领域和相关的政府部门的通力合作。也就是说，只有坚持可持续发展性原则，才能使东盟信息资源建设得以良性发展，进一步满足各类型、各层次用户的需求[②]。

① 李彩霞.略论图书馆信息资源建设的系统性原则[J].办公室业务，2014（11）：134.

② 姚晓霞，陈凌，戴龙基.对我国信息资源共建共享可持续发展的思考和启示[J].图书情报工作，2008（5）：16-19.

第二节 东盟信息资源保障体系建设的可行性

一、信息资源保障体系建设的宏观条件

东盟信息资源保障体系的建设是一套极其复杂的系统工程建设。从宏观角度看，东盟信息资源保障体系的建设需要有一定的机制确保其有序的运行。目前，我国各系统和区域内都有东盟信息资源建设的实践探索，但跨系统、跨区域的东盟信息资源保障体系还未建成。但是，已有的信息共建共享、协同配置经验为在国家范围内的资源保障体系的建设奠定了良好的基础。因此，可以在现有基础上积极构建组织、领导、法律、发展规划、技术支持等机制，以确保国家层面的东盟信息资源保障体系建设得以顺利开展。

（一）政策法律机制

我国在信息资源建设中所制定并实施的相关政策和法律，是国家运用行政手段来统一规划资源建设的发展方向、引导和调整资源配置的基本依据。随着我国政府不断加深对图书馆信息资源建设工作的重视，相应的政策、法律和法规陆续被颁布。

图书馆在信息资源的建设、开发中取得的成就与政策支持是分不开的。我国早在20世纪50年代就已经在开展信息资源的战略保障工作，标志为国务院颁发《全国图书协调方案》[①]，当时的卫生部、文化部、科学院、教育部、地质部等多个机构一起组成了图书馆信息科学规划小组。20世纪80年代末，不同系统图书馆都相继为外文期刊进行联合采购，建立了以北京图书馆为中心的图书馆合作网络，降低了国内国外原版期刊的复制率，并建立了以北京图书馆为中心的全国国外原版期刊联合目录。20世纪90年代末，全国共有122个图书情报机构共同在国家图书馆签署了《全国信息资源共建共享倡议书》[②]。这些政策法规为我国图书馆开展东盟信息资源保障体系建设发挥了有效的制度保障作用。

（二）资金支持

要建设东盟信息资源保障体系需要涉及许多方面，包括财力、人力、物力等，所以其保障体系的管理难易程度、工作量，还有经费支出都在增加，充足的经费是开展共享体系建设的物质基础。资金方面的保障包括充足的经费来源、经费的合理

① 刘省泉，曹臻．网络环境下我国图书馆文献信息资源建设与共享[J]．中国图书馆学报，1999（6）：49-52.
② 肖希明，仇晓惠．新中国信息资源建设六十年[J]．图书馆杂志，2009（7）：3-12.

分配及资金的管理和监督3个方面[①]。

我国绝大多数图书馆享有国家政策的引导和资金的扶持，同时不少图书馆在积极探索多元化的资金投入机制，从原来单纯依靠国家直接拨款转变为争取科学基金、申请专项经费、财政贴息等经费来源渠道，为东盟信息资源保障体系建设提供了资金保障。图书馆还运用多种手段调动社会资源，鼓励社会各界、企业、个人参与东盟信息保障体系的建设。例如，厦门大学图书馆等部分信息服务机构在东盟信息资源的建设方面，已经逐步形成了政府主导下多元化投入机制，民间投入很大程度上促进了不同主体协同开展东盟信息资源的建设，为共享体系的运行奠定了基础。

（三）技术设备保障

信息网络技术的迅猛发展带来了图书馆现代化技术和设备的应用，以及覆盖程度的不断加深，加大了图书馆网络带宽、数字化管理系统等一系列软件、硬件设施的投入力度，使得图书馆的信息服务能力有了很大提升。

东盟信息资源包含纸质文献和电子信息，图书馆的东盟信息资源更是形成了实体馆藏和虚拟馆藏资源并存的多类型、多载体的信息资源集合。高效有用的信息资源保障体系的建设，必须依赖先进的计算机技术，以及现代化设备的支持，计算机和网络技术、通信技术对东盟信息资源的储存、检索和共享发挥着十分关键的作用。基于网络基础的Web技术、数据集成技术、数据挖掘技术、数据仓库技术、系统的安全技术、信息存储技术、信息检索的技术、数字图书馆之间的相互操作技术、数据格式的标准化技术等[②]，均为东盟信息资源共享体系的建立奠定了技术基础，也为东盟信息资源保障体系建设奠定了技术基础。

（四）组织机构基础

在教育部、文旅部、科技部、工业与信息化部等部门的组织与策划下，我国的各级情报机构、高等院校、科研院所之间进行相互合作，利用现代化的信息技术手段，依托国家骨干通信网络系统，成立了全国文化信息资源共享工程、中国高等教育信息保障系统（CALIS）、国家科技图书信息中心（NSTL）等组织机构。这些组织在信息资源的共建共享、资源配置优化、信息资源保障等方面均已取得了显著成效，运用信息资源共享平台，使得信息资源的存储、传播和利用范围得到了极大的扩展。

构建东盟信息资源保障体系，离不开不同层面、不同组织机构的协调合作。除单一系统内部的信息资源建设协作外，区域内跨系统的共建共享活动也在全面开展，此类活动有许多不同模式，如共享联合、中心馆发散式覆盖及专业学科集群等，由

① 王自洋.区域图书馆资源共建共享模式研究：以长沙地区为例[M].北京：知识产权出版社，2014（10）：2.

② 董琴娟.中国图书馆联盟发展研究[M].北京：光明日报出版社，2013（6）：122.

此积累了较为丰富的技术基础和专业人才队伍建设经验，为东盟信息资源保障系统的建设提供借鉴。随着不同图书馆之间、图书馆与其他信息服务机构之间均有开展业务往来的经验，开放的交流环境为东盟信息资源合作建设提供了良好的发展平台，也为保障体系的建设打下了坚实的组织基础。各级图书馆在进行东盟信息资源保障体系建设时应该在保障自身馆藏建设的基础上，和其他相关机构构建联盟，在工作中相互协调。图书馆和其他信息服务机构也多以本馆或本机构的特色核心资源、非特色资源，以及相对利用率不高的资源和其他机构的资源共享作为主要的信息服务。同时，在合作联盟内建立统一的东盟信息资源建设规范，包括：信息加工、组织、采集的标准，以实现各级图书馆之间的资源共建共享和信息资源建设的特色化，实现全国范围内的东盟信息资源保障体系建设。

二、信息资源国家保障体系建设的微观条件

从微观层面看，我国以图书馆为代表的信息服务机构，凭借自身的馆藏资源、人才、设备等方面的条件，基本具备了参与国家东盟信息资源保障体系建设的条件，具备为用户提供全面、新颖、准确的东盟情报信息的能力。

（一）资源储备

我国图书馆在长期的信息资源建设过程中，建设了具有一定特色的信息收藏体系和多种类型并存的数字化资源。不同机构间已经开展了诸如馆际互借、文献传递等信息资源的共享实践活动，并在一定行业或区域范围内开展信息资源建设的协作。图书馆在这一系列实现资源共享的办法中获取了相当丰富的东盟信息资源，其信息资源的学术性、系统性、连续性均是其他信息服务机构不可比拟的。因此，图书馆参与东盟信息资源保障体系建设能够更好地发挥单个机构的资源优势，体现东盟信息的价值。

（二）人力资源

东盟信息资源保障体系建设的关键在人才。东盟信息资源的构成具有相对复杂性，所以沟通能力强、知识面丰富、视野开拓是采访人员必要的能力要求。只有这样严格要求，才能保证信息资源建设工作顺利开展，保证采访信息的质量，以及有限经费才可以花得适得其所。东盟信息资源分布的不均衡性，要求各机构间开展多层次的沟通协调，具备现代通信、计算机信息技术的人才更是不可或缺。因此需要组建一支拥有图书馆专业理论知识和图书馆工作技能、掌握且能熟练应用部分东盟语言、拥有计算机专业知识及数据信息处理技能且富有创新意识及科研能力的工作人员队伍，因此，东盟信息资源的保障体系要求必须建设知识结构系统广泛、信息素养高的复合型人才队伍。

（三）业务条件

图书馆东盟信息资源的保障建设离不开技术及高科技设备的支持。为适应新环境下政府、企业、高校和科研机构对东盟信息资源的需求，图书馆凭借丰富的馆藏资源和独特的人才聚集优势，采取多种信息技术对东盟信息资源进行数字化加工及深度挖掘，形成一个完整的信息资源体系；提高信息资源的可获得性，也使信息资源得以长期有效的保存。构建东盟信息资源体系，不仅使得东盟科研水平、教学质量和工作效率得到提高，也为政府作出相关决策提供情报支撑，提高了图书馆的社会影响力。

东盟信息资源保障体系的建立和运行推动了东盟信息资源的高效利用，也促进了图书馆及其他信息服务机构的发展，政府、企业甚至社会大众也可从中受益，形成东盟信息资源建设的良性循环和可持续发展模式。由此可见，东盟信息资源保障体系可从宏观层面和微观层面进行构建，如图9-1所示。

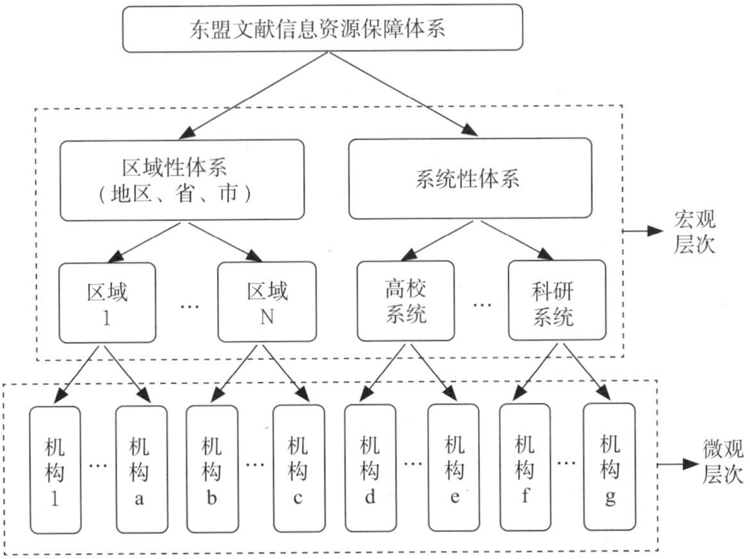

图9-1　信息资源保障体系构建层面示意图

第三节 东盟信息国家保障体系建设模式

一、东盟信息资源体系服务保障总体思路

如何实现信息保障体系中各个成员馆所拥有的信息资源的有效组织，形成可以共享的信息资源体系，通过何种技术手段、何种方式便捷地向用户提供所需的信息产品，是信息资源服务保障体系需要研究的最主要问题。要解决这些问题可以从结构形式、系统构成、要素构成3个方面考虑东盟信息资源保障体系的构成。图9-2是东盟信息资源保障体系的构成示意图。

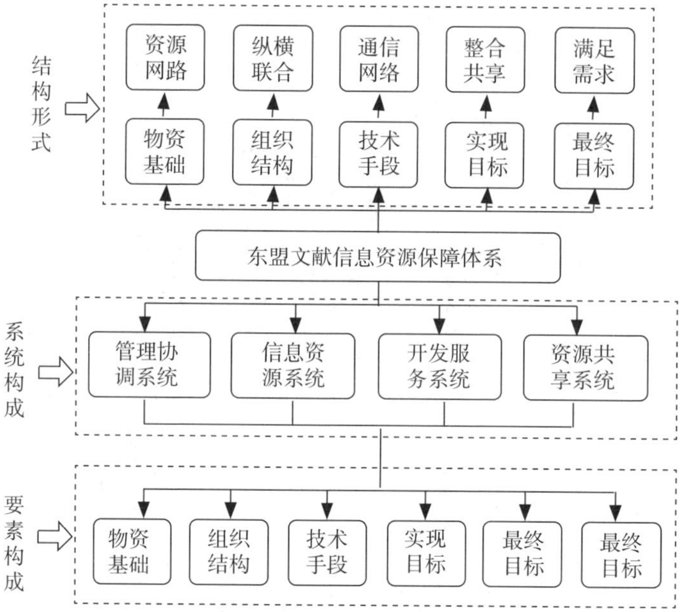

图9-2 东盟文献信息资源保障体系构成示意

也可以从资源保障、服务保障和机制保障3个方面思考东盟信息资源保障体系建设的核心所在。图9-3显示了东盟信息资源保障体系建设的框架。

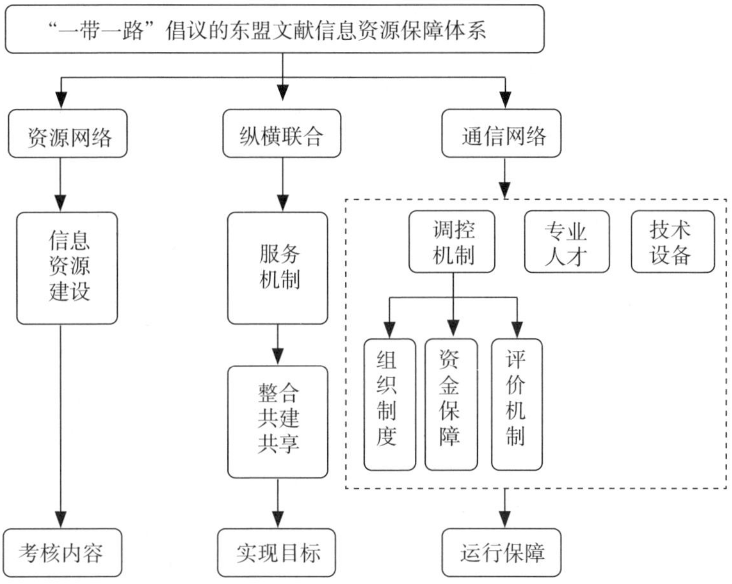

图 9–3　“一带一路”战略的东盟文献信息资源保障体系建设框架

（一）整合东盟信息资源，筑牢资源共建共享基础

东盟信息资源长期处于资源匮乏、结构失衡的状态，引起这种现象主要有两方面的原因：一是东盟信息属于专题信息，用户人群小，信息利用率低，上层重视不够，投入少，东盟图书出版业发展缓慢，文献数量少，增长缓慢；二是东盟信息资源缺乏有效整合，也缺乏共建共享的物质基础。第一种原因是需要逐步改变的，短期内难以改变，而第二种原因则是我们目前应该解决，而且能够解决的问题。对东盟信息资源进行有效整合从而实现资源的共建共享，这是开展信息服务活动的前提。

（二）依托 CALIS、CASHL 建设东盟信息资源保障体系

建设信息资源保障体系工程庞大而复杂，不仅需要花费大量的时间、资金，还必须有足够的专业人才保障，必须坚持高起点、高标准、高水平的原则，避免重复建设的老路。东盟信息资源保障体系作为我国信息保障体系的一个构成部分，在用户人群相对较少、资金和人才相对短缺的情况下，另起炉灶搞建设既不现实也不明智，充分借鉴已有的经验，利用现有较好的系统并予以完善是一条可走的捷径。由于我国学科级的信息资源共享联盟及平台建设工作的专业领导机构还没有建立，目前信息保障体系建设仍主要由本系统内部权威机构牵头开展，且我国人文社会科学领域八成以上的研究人员和研究成果集中于高校，现有保障体系中以CALIS最为成功，CASHL包含有丰富的东盟外文信息，因此，依托CALIS和CASHL建设东盟信息

资源保障体系是最为可行的策略①和路径②。

（三）构建东盟信息资源的四级保障模式

目前，我国运行管理机制最为完善的信息资源保障体系是CALIS，它依托中国教育科研网建立了“全国中心—地区中心—省级中心—成员馆”四级保障模式，它的运行效率和保障功能是现有保障体系中水平最高的系统，与我国国情及现实需要的资源共享之路相符合③，是我国信息资源保障体系的可行模式。这种模式有利于调动各级地方政府参与的积极性，获得更多的资金支持，并吸收更多的机构参与CALIS建设，扩大保障范围，挖掘各省、市区域性特色信息资源，进一步拓展和完善其保障功能，使我国信息保障能力明显提高，是建设东盟信息资源保障体系应该借鉴的宝贵经验。

二、东盟信息资源的优化整合

（一）东盟信息资源整合的概念

信息资源整合是信息资源体系建设的一种重要手段。信息整合的概念是指对信息资源进行调整、合并，去除重复，使信息资源有序化，以便于查找和开展服务，实现信息共享。它是实现信息资源配置“帕累托最优”的关键环节，包括信息载体形态、内容结构、报道、加工流程及服务的优化、整合④。基于“一带一路”的战略目标，东盟信息资源保障体系建设要进行统一的整体规划，尽快完善信息网络和服务平台的建设，实现东盟信息资源的优化整合，开展跨系统检索和“一站式”服务，实现东盟信息资源的共享。

（二）东盟信息资源优化整合的必要性

长期条块分割管理形成了信息资源的割裂状态并缺乏整合是我国开展东盟信息资源保障体系建设的最大障碍。我国多数信息服务机构的信息资源建设仍处于各自为政的状态，纸质信息的重复建设和数字信息资源的“信息孤岛”现象非常严重。行业、部门之间无法突破壁垒实现资源共享，造成大量资源浪费。这种现象在东盟信息资源建设中表现得更为突出。建设高质量的东盟信息资源体系，不仅要不断补充购入新的东盟信息资源，而且要优化整合现有的馆藏资源。

出于使用人群小、重视不够、投入不足、管理不善、人才匮乏等原因，东盟多语种信息资源建设在我国一直处于弱势地位。数字化程度低，录入、编目困难，且目前国内没有一家图书进出口公司能提供定期、完整、系统的东盟书目信息⑤，使得

---

① 张颖，苏瑞竹．中国图书馆东盟信息资源建设现状及趋势[J].农业图书情报学刊，2014，26（7）：5-9.

② 苏瑞竹，张颖．东盟信息资源共建共享策略研究[J].图书馆建设，2013（9）：38-42.

③ 肖希明．再论我国信息资源保障体系建设——纪念南宁会议20周年[J].图书馆，2006（6）：6-11.

④ 柳较乾．图书馆信息资源优化整合研究[J].图书馆学刊，2006（1）：44-46.

⑤ 马滔，汪艳艳．高校图书馆非通用语言信息保障与建设的思考[J].思想战线，2013，39（S1）：63-64.

许多高校、研究机构和公共图书馆参建联合目录，如CALIS、CALIS、NSTL和国家图书馆等体系，现有的联合目录中几乎不包含东南亚语种，使东盟书目信息难以共知。而且缺乏成熟的东盟信息数据库引进，导致资源无法实现优化整合，使原本数量相对较少的东盟信息资源更显匮乏，严重制约了资源的共建共享。因此，必须对已有的东盟信息资源进行优化整合，从整体上掌握我国东盟信息资源建设的现状和布局特点，为构建科学的东盟信息资源保障体系打下基础。

（三）东盟信息资源优化整合的方式

数字网络技术的飞速发展使数字化信息资源成为信息服务机构馆藏建设的核心，而且所占比重日趋增大，但纸质文献依然无法被替代。特别是由于部分东盟国家经济、技术相对落后，数字化资源及数据库缺乏，东盟纸质文献仍是重要的馆藏资源。因此，不同类型信息资源的优化整合要采用不同的方法和途径。

1. 纸质文献资源的整合

纸质文献资源主体相对单一，其整合主要体现在结构配置和馆际互借方面。①结构配置：根据一定的原则和模式将各种文献合理存储于不同的信息服务机构中，包括在时间、空间和数量上的配置，目的是充分挖掘、开发和利用文献资源，提高资源利用率。配置过程中要做到明确文献资源的在版情况、用户需求现状及服务机构的保障任务，使配置、优化同时进行。②馆际互借：馆际互借很早就出现了，目前仍是一个基本的整合措施。

2. 数字信息资源的整合

数字信息资源的爆炸式增长造成信息的泥沙俱下、良莠不齐和信息污染，信息资源的各自为政，又易形成“信息孤岛”，无法实现最广泛的资源共享。因此数字信息资源也迫切需要整合，融合的方式包括[①]目录形式、信息检索方式、资源导航、建设东盟信息特色数据库或专门学科信息馆。①目录形式：通过编目的形式著录，建立实体资源与虚拟资源的目录链接，并进行资源整合；②信息检索方式：建立新平台实现统一检索，建立新型搜索引擎实现跨系统、跨数据库或分时交叉检索的同时，自动查重，整合实体资源与虚拟资源、合作馆资源的检索方式；③资源导航：将数据库中的信息资源按一定方式进行分类组合，建立各型导航方式，供用户浏览；④建设东盟信息特色数据库或专门学科信息馆[②]：充分利用自身馆藏特色，联合馆藏相似的机构建设特色信息资源数据库或专科信息馆，纳入信息资源体系，供用户利用。

---

① 陈平殿. 21世纪的信息资源建设 [M]. 北京：海洋出版社，2011：220-222.

② 陈怡玲. 中国—东盟科技信息馆资源建设研究 [J]. 图书情报导刊，2016，1（6）：94-96.

三、东盟信息资源的共建共享

（一）共建共享原则的含义

共建共享是信息资源建设及其体系建设的基本原则，这一原则可以从结果和过程两个方面理解：面向结果的共建共享原则强调完整性、系统性和标准化，强调在基于整体的信息资源建设基础上保障和满足人们的信息需求，要求进行系统、科学的规划和布局，加强内部系统性和标准化建设，最终实现资源共享；面向过程的共建共享原则强调共建和共享、权利和义务、宏观调控和市场调节的统一，减少甚至避免重复和浪费，最大范围满足人们的信息需求，调动建设机构的积极性①。共建共享原则内涵丰富，是指导东盟信息保障体系建设的重要原则。

（二）当前东盟信息资源共建共享面临的主要困难

我国的信息资源共建共享受到多种因素的制约，主要是我国的信息资源共享平台不规范、资源共享存在障碍、重视不够，信息资源条块分割、尚未建立利益平衡机制。①我国的信息资源共享平台不规范。信息资源共享缺乏全国性管理协调，平台开放程度不足，省级共享平台建设缺乏统一的规范和标准，对知识产权保护意识不够等②。②资源共享存在障碍。东盟语种录入困难，数字化程度低，东盟语种人才稀缺，造成编目困难，书目数据在图书情报机构未能被系统化、网络化，缺乏大规模的权威、统一、标准的联合目录系统，现有联合目录记录的编目数据数量少、质量低、时效性差，系统间存在差异，无法实现跨平台检索。对国外相关东盟信息资源分布不够了解，存在语言障碍，导致国外网络信息资源的东盟信息资源检索整合开发利用水平较低。③重视不够，信息资源条块分割。东盟信息资源建设在我国的信息资源体系中处于弱势地位，政府重视不够，缺乏足够的政策和经费支持。条块分割的管理体制也导致图书情报机构各自为政，重复建设严重，阻碍了信息资源的共建共享。④尚未建立利益平衡机制。实现信息资源共建共享的关键不是技术、基础条件或资金投入，而是共享的理念和意愿③，只有解决各成员间利益平衡问题，才能保持信息资源共建共享的持久动力和生命力。单靠自律和政策性文件难以从根本上阻止“搭便车”现象。利益平衡机制的缺失，导致我国信息资源共建共享处于低层次，与西方国家差距巨大。

（三）实现东盟信息资源共建共享的主要措施

东盟信息资源共建共享是建立在网络数字平台基础之上的跨部门、跨系统、跨行业的信息资源共建共享，可以通过图书馆联盟的形式实现。

---

① 金胜勇．图书馆信息资源共建共享理论 [M]. 北京：人民出版社，2015：157-160.

② 肖希明．再论我国信息资源保障体系建设——纪念南宁会议 20 周年 [J]. 图书馆，2006（6）：6-11.

③ 黄筱玲．再论湖南省高校图书馆信息资源共建共享 [J]. 图书馆理论与实践，2008（3）：82-84.

1. 积极发挥政府宏观调控功能

虽然在信息资源共享讨论中，有一种“唯体制障碍论”①，其中部分观点认为政府参与，统筹和过宽、过严都会阻碍信息共享，甚至认为政府的行政手段也存在自身难以克服的困难。但这种观点并未得到广泛认同，多数专家、学者认为政府的宏观调控是实现共建共享、避免信息资源建设重复或不足必不可少的手段，并且能够克服自身的困难。由于信息资源保障体系的建设是一项综合性的社会事业，不仅涉及图书馆等信息服务机构，还涉及政府、企业等部门，关系错综复杂，需要政府通过行政手段进行宏观调控，协调分工，加强合作，以保证体系建设的顺利进行。政府是信息资源的最大拥有者和需求者，也是信息资源共享的积极倡导者和推动者，政府机制对信息资源保障体系建设至关重要。实现信息、资源共享，需要健全政府宏观调控机制，从顶层设计，自上而下不断完善。

2. 建设具有统一业务和技术标准的共享系统

随着现代计算机和通信技术的快速发展，传统信息存储和利用的手段和方式发生了深刻变革，基于网络构建的全新共享平台极大地促进了信息资源共建共享的进程。信息资源共享的前提条件是标准化，采用统一的建设规范和标准是实现东盟信息资源共建共享的重要保障②。由于信息资源共享的利益平衡机制尚未建立，各部门的建设仍然走“先自建后共享”的道路，这种组建范式没能融合贯通，导致信息资源建设大量重复，难以体现“共享”的优势。CALIS 成功的重要原因是它实现了资源共享，而能够实现资源共享的前提是数据库建设采用了《中国高等教育数字图书馆技术标准规范》的统一标准。因此，东盟信息资源保障体系应与CALIS和CASHL进行对接，建立统一的网络标准化平台，采用相同的标准建设各种数据库，实现东盟信息资源联合编目，积极吸收具有丰富特色的东盟信息资源机构加入，使中心馆藏与特色馆藏相结合，提升整体收藏水平，扩大共享范围，形成广泛意义上的资源共建、共编、共知、共享③。

3. 建立互惠互利的利益平衡机制

缺乏信息资源共享的利益平衡机制是信息资源保障体系建设长期未取得实质性发展的根本原因。由于各个信息机构的基础和条件差别很大，在资源共建共享获得中，大型信息机构总体处于“输出多、输入少”的状态，利益平衡机制的缺乏会造成它们的投入无法获得应有的补偿，挫伤了共享的积极性，这种消极影响无法用思想教育和行政手段克服和消除。要实现东盟信息资源的共建共享，就要突破系统和行业之间东盟信息资源交换和协同服务的壁垒，提高体系成员的积极性，建立起互

① 金胜勇. 图书馆信息资源共建共享理论 [M]. 北京：人民出版社，2015：161.

② 苏瑞竹，张颖. 东盟信息资源共建共享策略研究 [J]. 图书馆建设，2013（9）：38-42.

③ 杨晓景. 高校图书馆收藏中国周边国家语种信息现状的调查分析 [J]. 大学图书馆学报，2014（1）：54-58，70.

惠互利的利益平衡机制来实现全社会的东盟信息资源共享①，而建立互惠互利的利益平衡机制不仅需要加强政府宏观指导，也要尊重市场机制，保证共享成员的投入与回报对等，充分调动各成员馆参与的积极性②。否则，共享就无法开展和保持，即使强行推行，共享也无法持久。

4. 消除东盟信息资源共享的语言障碍

当前关于东盟信息资源共享的研究并不充分。语言是与东盟国家建设和共享信息资源的最大障碍，是共享共建需要解决的首要问题。东盟是全世界语言最多样化的地区之一，使用的语言和方言种类复杂，信息服务者和需求者很难掌握东盟语言，这就需要加大培训力度，克服语言障碍，提高东盟信息资源的利用率。除了在高校开设东盟语种学习外，还在有东盟语言作为跨境语言存在的广西、云南等地区和东盟华人华侨较多的福建、广东地区开展双语教学，以此为基础逐步开设独立的语言专业，培养东盟语种人才，让更多的人能应用东盟信息资源。当前，要在“互联网”思维下，在CALIS和CASHL等平台上通过开设语言教学、咨询、翻译和在线学习等方式提供语言服务。

四、东盟信息资源的保障模式和服务方式

模式又称范式，是指一种工作或运行方式③。随着“一带一路”建设的不断推进，东盟信息需求急剧增加，急需从国家层面规划和建设东盟信息资源保障体系。建设东盟信息资源保障体系最基本的模式就是从学科和区域两个层面加以构建，以“完整学科拼图”为目标④，坚持宏观调控与市场调控、共建与共享、权利与义务相统一，首先在系统内部纵向布局，建立本系统的纵向协作网，其次是完成地区内部的横向联结，最后完成省级横向协作网的建设，工作方法遵循以政府平衡为主、社会和市场平衡为辅的原则，利用合理的评估手段，以确保东盟信息资源的共建共享。

（一）建立东盟信息资源的四级保障模式

1. 构建东盟学科信息全国—地区—省级中心三级结构

首先构建三级结构：把全国馆藏的东盟信息资源分为文理、工程、农学、医学四大学科，对接加入CALIS文理、工程、农学、医学4个全国中心和华东南、华东北、华南、华中、西南、西北、东北7个地区中心，加入CASHL中心，再选择馆藏丰富、学科发展突出、人才充足、读者众多的图书馆作为省、市、自治区的省级中心，构成三级结构。全国中心是东盟学科联盟的最高保障系统，起主导作用，地区

① 肖希明. 再论我国信息资源保障体系建设——纪念南宁会议20周年[J]. 图书馆，2006（6）：6-11.
② 王科. 外语院校图书馆非通用语种信息资源共建共享研究[J]. 图书馆工作与研究，2014（4）：50-53.
③ 陆萍，彭雅飞. 图书馆信息资源共享模式的类型与特点[J]. 新世纪图书馆，2011（7）：28-30.
④ 金胜勇. 图书馆信息资源共建共享理论[M]. 北京：人民出版社，2015：前言，3.

中心起辅助作用，省级中心起承上启下的作用。需要指出的是，建立东盟信息资源保障体系的省级中心馆不一定完全与CALIS、CASHL的三级中心馆一致，应主要依据其东盟信息资源建设方面的优势确定，如可以选择具有学科、资源、服务和东盟人才优势的广西民族大学作为广西区域共享的牵头单位①。

2. 以省级中心为龙头构建省内东盟信息图书馆联盟

同一区域图书馆和信息服务机构具有相似的社会、经济、文化背景，又具有地缘优势，沟通交流无障碍，易于达成共识，开展合作②，有利于从局部推进资源共享。信息资源的区域共享是通过图书馆联盟实现的，这也是图书馆未来发展的方向。目前CALIS、CASHL等保障体系尚未涵盖到省级中心以下图书信息服务机构，导致许多省属高校、研究机构及公共图书馆丰富的东盟信息馆藏无法共享。以省级信息中心为龙头构建的省内图书馆联盟构成东盟信息资源保障体系的第四级结构，由各省、市的各类图书馆组成，直接服务基层用户，是国家信息资源保障体系的基础。基层用户正是保障体系所要“最大范围”保障的那部分人群，满足这类人群的信息需求才是“最大限度地满足”和真正意义上的资源共享，也是衡量信息资源保障体系保障能力大小的重要指标。因此，要重视从局部推进信息资源保障体系建设，建好省内图书馆联盟，使省内各个图书馆信息服务机构形成广泛联合、纵横交错的服务网络，实现东盟信息资源与用户的交流互动，使基层用户能利用各个成员馆的信息资源。综上所述，信息资源的四级保障模式框架如图9-4所示。

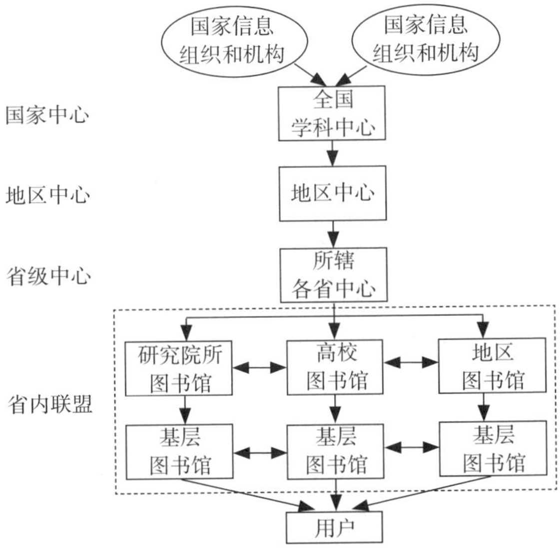

图9-4 信息资源的四级保障模式框架

① 苏瑞竹，张颖．东盟信息资源共建共享策略研究[J]. 图书馆建设，2013（9）：38-42.

② 张晓文，褚兆麟，赵晋凯．东南亚研究信息收藏现状及地域共享思路研究——以广西、广东和云南三省区图书馆为例[J]. 河南图书馆学刊，2014（4）：89-90，103.

（二）东盟信息保障的服务方式

开展信息服务是信息资源保障体系的根本职能。信息机构根据用户申请，利用系统拥有的信息资源，通过网络等途径向用户提供所需信息供其利用。信息服务手段和方式主要有以下6种。

1. 馆际互借与文献传递

馆际互借和文献传递是信息服务的基本方式，馆际互借是一种返还式服务，而文献传递则是直接或间接的非返还式的信息服务，它由馆际互借发展延伸而来，属于更深层次的馆际互借。二者均有利于弥补自身馆藏不足，但目前重视不够，且壁垒较多，而且会产生费用。

2. 联机书目检索

用户通过网络，利用自己的计算机与图书馆或其他书目数据库实现链接，进行异地书目检索。它已成为网络环境下东盟信息保障体系向用户提供信息资源的一项重要服务内容。

3. 公共检索、参考咨询服务

信息服务除开展一般信息的公共检索外，还开展专业参考咨询。参考咨询是图书馆传统用户服务工作的一种深化和延伸。网络环境下可以通过电子邮件、电子公告板、实时在线服务、微信和QQ 等方式开展在线参考咨询服务，还能开展个性化和多馆联合参考咨询、网上通告与咨询等服务。

4. 学科导航服务

学科导航服务是对网络上一定的学科专业或专题的东盟信息资源进行筛选、优化，并通过与有关网站、网页链接或镜像建立起来的数据库，可以在网上向用户提供最新东盟知识信息服务，并为用户提供相关的建设性意见或建议。

5. 联合编目、资源建设协作

积极联合编写联合目录，及时提供完整、系统的东盟书目信息，有利于信息资源的共建、共知。促进联盟内信息机构的东盟信息资源建设协作，并提供业务技术指导、馆员培训交流等服务。

6. 深层次服务

东盟信息资源保障体系还能开展一些深层次的服务，如用户定制与推送、即时通信（IM）等，与用户进行动态交流互动，开展嵌入式服务，结合用户的实际需求提供切实可行的东盟信息服务。

五、东盟信息资源共建共享体系建设规划

我国图书馆事业存在非常明显的地区及行业之间的差异，其表现在图书馆的发展水平和信息资源的浓密程度等方面，因此，想要开展全面的跨区域、跨系统的东

盟信息资源的共享合作并不具有可行性。但高校的图书馆东盟信息资源建设已有相应进展，积累了相对较为丰富的经验及成果。由此可见，优先进行各高校图书馆间的东盟信息资源建设的合作及策略的探索，从学科和区域两个不同层次构建东盟学科联盟，是促进东盟信息资源共建共享和可持续发展建设的有效路径。

（一）建立东盟学科联盟开展区域合作

对于东盟信息资源的收藏来讲，东盟信息资源收藏属于专题收藏范围，具备非常有特点的类型特色、地方特色、专业特色和文种特色。学科及区域层次的东盟信息资源的共享与合作，是我国建立东盟文件和信息资源保障体系的基础。东盟学科建设的共同点和类似点，都是大学图书馆交流东盟信息和信息资源建设工作的起点。而东盟各学科联盟为明确其自身的发展与定位，可以结合国内外现存的、丰富的有关学科联盟的共享理论及实践经验进行判定。例如，进行外文原版书联合采购、外文非通用语种图书合作编目和外文图书的信息共享等，是我国“全国外语院校图书馆联盟”的工作侧重点①。而组织医学、农业院校开展的相应的资源共享则是北京大学医学部，中国农业大学CALIS医学中心、农业中心的主要工作侧重方向。加强相似学科领域与资源特色的高校图书馆之间，以及与其他科技情报机构之间开展的经验交流合作，是东盟学科联盟的建设目的，在这里，用户可以获得丰富的东盟信息资源及学科服务。图书馆之间，以及图书馆与各情报所之间可以共同采购东盟信息资源，共同存储机构的研究成果、联合编目，进而共享书目数据，共同建设高质量的资源服务平台，进而促进各机构之间的学术交流。

同一区域的图书馆一般具有相像的文化、社会、经济背景，更加容易达成合作上的共识，在地理位置上的相近更有利于实现人员培训、用户教育、馆际互借等相关合作的开展。广西壮族自治区内的高校图书馆可以在广西高校图工委的组织协调下，协调各图书馆之间利用自行采购经费共建共享东盟信息资源，利用文件传输、联合目录、图书馆间相互借阅等方式，实现信息的共享，从局部覆盖整体，进而推进东盟信息资源保障。与此同时，加强与广西区图、广西社科东南亚研究所和广西科技情报所等机构的合作，通过进行宏观布局、有序规划及合理的配置，逐渐推动大范围东盟信息资源的共建共享。

（二）建立健全管理运行机制，寻求政策、资金支持

东盟的学科联盟可依靠国家社会保障体系，来建立有效的系统管理与运行机制。例如，在系统或者各行业主管部门领导下，成立有关东盟的学科联盟权威组织协调机构，并由项目管理中心及专项小组来负责学科联盟的管理及运作。而信息资源共

① 杨晓景，付桂珍．走出非通用语种图书采编困境的新途径——全国外语院校图书馆联盟成立的意义[J]．大学图书馆学报，2010，28（2）：15-18.

建共享政策的完整和深入，是信息资源共建共享活动得以合理、有序、有效展开的重要保障。东盟的学科联盟还可以通过网络将涉及东盟各相关领域的教学、科研机构的图书馆相联，建立馆际之间双向的信息交流机制，互通有无、优势互补，建设可以统一检索、获取、组织、保存的各馆东盟特色信息资源共享机制。例如，北京外国语大学建设的与东盟文学有关的信息资源集中于东南亚国家的语言和文学，主要包括新闻、贸易、外交等方面；厦门大学建设的与东盟信息有关的信息资源则更加侧重于历史、宗教、文化、政治、经济等方面。而东盟学科联盟能够使这些不同的特色资源得到更好的开发与利用，实现更广泛的共享。

目前，政府的财政投资和学校的自主拨款仍然是大学图书馆的主要资金来源，如果政府拨款不连续或者中断就会导致图书馆项目难以为继。例如，厦门大学设立的图书馆东南亚研究中心，有“985”“211”等国家重点高校工程的投入支持，同时得到了厦门大学陈德仁基金会的拨款，以及苏氏东南亚研究中心支持的专款，正是这些不同渠道的资金支持使其东盟信息资源的建设得到了有效保障。高校图书馆也应积极拓宽经费来源，以东盟学科联盟的名义多渠道争取政府、企业、基金会和个人的重视和支持。

（三）加强各机构间协调沟通，优化合作方案

在不断吸引东盟学科联盟成员的同时，应进一步了解各成员馆的现实需求，关注各成员馆间的协调与沟通。通过一定手段充分调动成员馆的积极性，使各成员馆都能在共享活动中得利，针对不同用户的不同需求分层设计建设的任务和目标。由于各馆所拥有的资源和服务能力不一，所承担的共建共享任务必定有所不同，要确保各图书馆的利益需求得到满足，需要建立利益平衡机制。对东盟学科联盟之间管理、费用、合作内容和合作方式作出具体的规定，以发挥图书馆自身的地区及专业的优势，建设布局合理、资源丰富的共享信息资源网络。为避免重复建设，节约经费，还要整合区域图书馆联盟之间的资源和基础设施。

信息资源的合作建设项目有联合编目、特色数据库建设、集团采购等。东盟语种文献联合编目的进展很慢，但中文、英文出版的东盟文献的编目却发展得非常成熟，这就可以通过套录的方法有效地实现书目信息的共享。像厦门大学图书馆的东南亚研究中心曾经收录了印尼语图书约900册，但因缺乏相关编目的人才，这些文献未能编目而被束之高阁，不能提供使用[①]，造成了资源的浪费。可以吸取“全国外语院校图书馆联盟”编目的经验，使用CALIS平台进行采编工作，各馆分工合作，利用本馆的优势开展联合编目，通过共享采编数据来减少原版东盟文献的原编数量，解决东盟语种的图书编目困境。大学图书馆可以通过聘请专业为东盟语种的教师、

① 钟建法.高校人文社科外文图书保障体系建设存在的问题与对策[J].图书情报工作，2010，54（11）：10-13.

学生来开展东盟原版外国文献的采编工作。

为了方便融合，各高校图书馆在开展东盟特色资源数据库建设工作前，应该做好充分的论证，采用标准化、规范化的建库标准，采用CALIS专题特色数据库和《中国高等教育数字图书馆技术标准规范》，建设具有高质量和高共享水平的东盟特色数据库。

（四）构建信息资源保障服务体系

信息资源的共享不仅仅是图书馆馆际互借和文献传递。网络信息技术的发展使基于网络的数字资源成为东盟信息资源共享的新路径。东盟学科联盟可以借助E-read和百链的资源发现系统，实现本地资源和共享系统的相互嵌入和一站式检索。还可以CSLIS系统平台为依托，构建东盟学科信息的统一门户网站，进而促进东盟信息资源传播与共享的发展。伴随网络信息技术的高速发展，以及各图书馆间工作协调能力的提高，东盟信息资源的共享范围从信息资源向信息服务发展。联合参考咨询服务系统使各图书馆的资源及人才优势得到了充分的发挥，成功的专家咨询案例，以及各类课题的研究成果也成为共享的资源①。厦门大学目前承担了CASHL中有关东南亚研究的各学科深度咨询工作。广西民族大学图书馆可以积极与厦门大学图书馆开展协调合作，共同参与东盟学科的联合参考咨询活动，为广西各项事业发展提供东盟信息资源与服务。

东盟信息资源服务体系包含了面向社会用户群体的代查代检、馆际互借、公共查询等以及面向各图书馆馆员的培训交流、资源协作建设、联合编目等活动。通过对图书馆馆员进行培训来增加各成员馆之间学习交流的机会，提高图书馆工作人员的整体水平②。广西各所高校图书馆在培训交流合作时，通过学习有关东盟信息资源建设的优秀案例，开展定标比超活动，逐渐改变自身建设的落后局面。

（五）重视联盟资源与服务的评价反馈

图书馆之间的东盟信息资源的合作建设不仅体现在资源配置以及服务共享等方面，而且宣传推广东盟信息资源，以及反馈评价对东盟信息资源的建设和学科联盟的持续发展产生了不可忽视的影响。

图书馆想要提高东盟学科联盟的资源利用率及服务效果，可以借助微信公众号、微博、QQ等网络社交工具及图书馆网站宣传东盟信息资源的服务。对于促进文献传递和馆际互借，提升联合虚拟参考咨询的效率，提高东盟信息资源的共享，是图书馆亟待解决的课题。想要有效地激发用户对其使用的热情，应当对文献传递、馆际互借等服务费用进行适当补贴或者减免。

① 肖希明.信息资源建设[M].武汉：武汉大学出版社，2008（2）：308.

② 官凤婷，高波.我国高校图书馆信息资源共享现状研究[J].图书情报知识，2012（3）：55-61.

东盟信息资源建设是一个积累的过程，对东盟学科联盟信息资源建设和服务进行评价，是对前一阶段工作的回顾与总结，也为以后的规划提供参考依据。要有针对性地制定切实可行的评价机制，通过评价推动图书馆东盟信息资源共建共享的规范性，提出东盟信息资源共建共享中存在哪些问题，通过收集用户的反馈信息，不断完善信息资源共享的保障机制，促进各图书馆在东盟信息资源建设中的交流与合作，进而深化东盟信息资源的共建与共享。

第四节　东盟信息国家保障体系的人才保障机制

一、人才的种类及现状

（一）人才的种类

1. 东盟语言类人才保障

建设东盟信息资源保障体系涉及方方面面，涉及纸质信息资源和数字信息资源的采集、加工、组织和提供利用，无论哪一个环节都离不开对东盟信息的识别。对东盟语言的熟悉和掌握是理解东盟信息的最关键因素，开展东盟信息资源的共享服务更离不开对东盟信息的理解，因此，必须加强东盟语言人才建设。

2. 图书情报类人才保障

东盟信息资源保障体系是东盟文献信息收集、存储、传播的现代化信息服务中心，是一个开放式的信息服务系统，也是信息产业的一个重要组成部分。发现、判断、捕捉、收集、分析、加工、开发、管理和传递信息是保障体系的出发点和归宿。而要做好这些，需要掌握图书情报专业知识技能的工作人员充当“情报中介人”和“信息导航员”，做好信息的筛选、挖掘、组织和提供优质的服务，还必须具有敏锐的捕捉信息的能力和深度的加工能力。

3. 计算机类人才

要建设东盟信息资源保障体系，就必须提供信息资源开发和利用、信息组织、信息导航、信息融合及可视化服务，还需要掌握计算机知识的人才来开展这些工作。计算机类人才不仅要掌握本专业的知识，还要掌握基本的图书情报理论和技术，具有管理知识及科研能力，更重要的是要掌握东盟信息的处理技能。

4. 综合性人才

要开展东盟信息资源的共建共享服务，各类人才均需具备深厚的专业知识，同时要有广博的知识面、扎实的社会科学和自然科学的基础知识，广泛涉猎哲学、经济学、法律学、历史学、文学和科学技术等方面的知识，掌握初级的东盟语言，更要了解国内的政治、经济环境，还要了解东盟各国的情况，提高运用技能，以适应东盟信息用户学术国际化、知识全球化、市场信息化的需要，并且能够保护用户隐私、保护知识产权、坚持中国特色社会主义。

（二）人才的现状

1. 东盟对象国语言类人才紧缺

目前，各东盟信息资源建设单位具备的掌握东盟语言的图书馆馆员甚少。以资源建设做得较好的广西民族大学图书馆、广州外语外贸大学图书馆、解放军外国语学院图书馆、广西图书馆、广西科技情报所等单位为例，无一完全具备掌握所有东盟语种的人才，各馆均只有一两位，最多3位掌握东盟语种的人才。这极大地制约了东盟信息资源的共建共享。

2. 从事东盟文献管理工作的图书情报专业人才稀少

由于东盟文献信息资源的覆盖面相对较小，开展东盟文献管理工作的人才多为东盟语种专业人才，而很少安排图书情报专业人才来从事这项工作，使得从事东盟文献管理工作的图书情报专业人才稀少，并且能阅读东盟信息资源者缺乏文献信息资源的组织和挖掘能力，很难全方位地完成东盟文献信息资源的建设和服务。

3. 从事东盟文献资源管理工作的对象国语言专业人才不稳定

由于社会对东盟语种人才的需求量较大，东盟语种人才在图书馆工作的收入较低，工作内容和绩效没有吸引力，所以一些被招聘到图书馆工作的东盟语种人才不能安心工作，人才流失较为严重。广西民族大学图书馆近年来就流失了一个懂老挝语的馆员，他觉得留在馆内工作不太稳定，想考博离开，还到处兼职，不安心工作。

二、人才保障的应对措施

（一）图书馆自身人力资源建设

人才是事业成功的关键，“一带一路”建设最大的“痛点”是人才问题①，东盟文献信息资源建设的“痛点”同样是人才匮乏。东盟文献信息资源建设需要既精通专业、外语、计算机，又具有良好跨语言交流能力和职业道德的高素质复合型人才。这样的人才本来很少，现有的人才队伍还面临着人才不断流失的局面，组织人员继续教育培训机会又少，人才的素质能力难以提高，更加剧了人才紧缺的矛盾，需要采取切实措施多渠道加强人才培养。

1. 加强人才培养

图书馆面对东盟语种和计算机人才匮乏的瓶颈，要大力开展教育、培训。在政

① 宋雄伟，樊继达．“一带一路”倡议：美国智库怎么看[N]. 中国经济时报，2016-12-28（005）.

策层面制定好东盟语种教学规划，制定科学完善的人才培养、储备、使用制度，大力开展语言服务保障研究①。针对性开展不同语种的外语课程培训，在进行东盟语种教育培训的同时开展计算机及网络技术培训，落实和不断加强在职继续教育，加强各级在岗人员的技术、业务、文化再教育培训，重视发挥东盟留学生、专家学者、东盟华侨华人的才智，在他们当中选拔合适的人才，加强专业培养。

2. 内部挖掘

这里的"内部挖掘"是指对现有人才进行再培训，提高他们的知识和技能，充分发挥他们的积极性和创造性，不断挖掘他们的工作潜能。广义的再培训可理解为对所有人员展开培训，从整体层面挖掘他们的工作潜能。狭义的再培训可理解为通过对现有人才的考察，选拔思想好、安心工作、工作能力强、业务突出的人才在内部或外送接受针对性的培养，使他们脱颖而出。内部挖掘还要建立可行的考核制度，奖勤罚懒，营造良好的工作氛围，为人才提供恰当的平台让他们施展才华，使他们获得成就感，安心做本职工作。

3. 外部引进

这里的"外部引进"是指根据内部专业需求和人才结构，通过创造良好的环境和相对优厚的待遇，吸引急需专业的外部人才加入，或通过各种灵活手段借助社会力量来帮助东盟文献信息资源保障体系的建设。要完成外部引进人才的计划，一是要加大东盟语种专业、图书情报专业、信息技术专业等优秀毕业生和社会人才的引进和招聘力度；二是通过恰当的方法和途径与外部人才建立联系，利用他们的才干完成内部工作；三是根据需要招募志愿者或社会兼职人员②。

（二）图书馆间人力资源共享

1 树立人才共享观念

各东盟信息资源建设和服务机构共享人才既有利于解决图书馆及其他机构相关人才匮乏、影响东盟信息资源的建设和服务质量的难题，实现人力资源的有效配置，又有利于促进东盟信息人才的培养和东盟信息服务的开展。由于现阶段多数东盟信息服务机构合作共享的意识较为薄弱，同时缺乏共享理念，致使图书馆之间的人才共享未能切实开展。因此，推进图书馆东盟信息人才共享的进程，必须转变图书馆人才观念，树立"不求所有，但求所用"的人才理念，形成人才共享的良好氛围。要形成人才共享的良好氛围，一要创新人才共享制度，建立人才柔性流动机制；二要转变东盟信息人才培养的观念，倡导人才社会化，鼓励图书馆东盟信息人才适度地兼职兼薪；三要树立智力分享理念，产生协同效应，激发人才潜能，产生知识溢

① 马丹．浅析"一带一路"战略下如何加强外语语言能力的建设[J]．企业导报，2016（15）：172+160.

② 智晓静．图书馆外文小语种图书编目工作初探[J]．图书馆工作与研究，2008（11）：33-35.

出效应，使得在知识与经验的相互碰撞中产生新的知识。

2. 搭建东盟信息人才共享和交流平台

通过建立东盟信息机构的人力资源信息共享库，建立人才共享平台，将人才的提供机构与人才的需求机构对接起来，实时查询并共享人才信息，削除供给双方信息的不对称。平台将线上线下的人才资源整合在一起，有效地转变了人才工作的体制，实现了多元化、综合性、专业型的人才服务功能及人才共享的精准和高效。

建立人才共享和交流平台，是促成东盟信息机构长效合作、实现东盟信息人才资源有效配置的保障。这一方面可加强双方交流，实现人才、项目等信息共享，发挥各方优势，保证东盟信息人才共享过程中分工明确、合理协调；另一方面使信息人员在工作的过程中遇到困难时可以向其他机构的人才求助，一些共性的疑难问题还可以通过交流平台展开讨论，使这些问题得到有效的解决；最后还能促进各机构信息资源的整合，实现信息资源的共享。

3. 健全激励制度

利益是各东盟信息服务机构开展合作的驱动力，各方必须在利益分配方面达成共识才能长期进行人才共享协同合作。尤其是图书馆之间的合作，由于各馆拥有的各类人才不均衡，在人才共享的时候不能只局限于东盟信息人才，而是将其他人才的共享纳入其中。比如，在开展某个东盟信息资源建设和服务项目时，东盟语言人才资源匮乏的图书馆可以用其他馆的人才，比如视频制作人才与东盟语言人才相交换，鼓励图书馆间人才的柔性引进和交流（给予引进的人才一定的报酬，这种报酬要有制度安排，人才的流动可以视为职务现象，给予的报酬也不一定完全给个人）。因此为确保东盟信息机构间人才共享工作的顺利进行，应该完善激励制度，建立合理的柔性人才引进交流和报酬机制，调动图书馆人才共享的积极性，推进图书馆之间的长期合作交流。

第十章　研究结论、局限与展望

第一节　研究结论

一、东盟信息资源支撑及开发策略研究的基础理论

（一）东盟信息资源的定义及功能

从信息内容、信息作者、信息出版地、信息语言等方面界定了东盟信息资源的内涵和范畴。一是涵盖东盟各个国家的政治形势、经济发展、文化特色、科技水平、社会风貌、军事国防等，反映东盟在国际上的外交关系，东盟与国际的文化融合和交流的信息资源，以及东盟各国的历史文化教育及民族宗教的信息资源；二是以东盟国家为出生地或拥有东盟国家国籍的人所撰写的各类著述以及发布的各种信息，信息无论现代出版或者古籍传承，内容无论什么学科门类，都界定为东盟信息；三是出版地为东盟国家的出版物，其从内容到形式都或多或少反映东盟国家的特点，集中反映了东盟这一区域的精神、文化状况，都可视为东盟信息资源；四是以越语、老挝语、高棉语、马来语、缅语、泰语、泰米尔语、他加禄语和印度尼西亚语撰写或出版的各种知识信息资源载体都是东盟信息资源。

东盟信息资源的功能分别是认识东盟国家知识的功能、促进经贸合作功能、参考决策依据功能、促进教育交流和研究功能、文化旅游信息交流传播功能。

（二）东盟信息资源支撑及开发的战略意义和实际意义

随着中国与东盟国家多领域合作的不断深入，东盟信息资源作为重要的国家战略资源在国际政治、军事、经济贸易、文化、教育交往中的作用日益凸显。宏观上，东盟信息资源支撑及开发的战略意义包括国家安全信息保障的需要、国家经济信息保障的需要、国家文化战略发展的需要、周边国家外交的需要；微观上，东盟信息资源支撑及开发的实际意义包括国家东盟信息资源的支撑、中国—东盟合作的情报基础、中国—东盟研究的信息资源保障、东盟国家文化和语言教学的信息资源支撑、东盟国家旅游开发与研究的信息资源支撑等。

二、东盟信息资源支撑和开发的理论分析

（一）东盟信息资源支撑的理论分析

本研究从战略和战术两方面对东盟信息资源支撑的理论进行了分析，提出了东盟信息资源的战略性支撑是满足东盟战略信息需求、战术性支撑，建设东盟信息资源体系基础，并以足够的资源、便捷的服务作为东盟信息资源支撑。

（二）东盟信息资源开发的理论分析

利用数据采集、清洗、组织、挖掘、语义关联、自助翻译的信息资源整合、多源信息资源的融合、信息资源的可视化等技术和工具来采集挖掘、转换、清洗、组织和整合东盟信息资源。

在东盟信息采集方面，构建东盟领域知识库，主要是建立一个基于叙词或者主题词表的东盟各国主题词库，目标是东盟信息资源网页特征项中的专业领域词汇，在进行特征提取时无须对普通词汇进行切分和词频统计，可采用基于某一领域主题词典的机械分词法。

在组织方面，学科领域本体支持概念匹配和相关性扩展，让聚合单元的关联关系更加多元，而且形成一个新的具有知识结构的聚合体。信息聚合技术能够使资源之间进行语义关联，形成立体化的网络组织体系，并以可视化的方式与用户进行交互，为新信息和新知识的发现提供可能。

（三）信息采集模型的建构

为了建立东盟信息资源采集模型，就需要对东盟文献信息资源进行采集。东盟文献信息资源的采集包括纸质文献资源和数字信息资源，纸质文献资源的采集要结合用户需求、馆藏发展目标及国家战略来确定采集内容，在确定采集内容时，要考虑文献的权威性、知识性与需求的匹配度，文献价格与价值的匹配。数字信息资源的采集分收费和免费两种途径。收费数字资源的采集需权衡性价比；免费的采集是以需求为驱动进行的网络东盟信息资源的抽取、清洗、组织、语义关联及可视化显示，建立东盟网络信息数据库，从而实现对国家战略的信息支撑。

（四）东盟信息资源用户需求模型及效用

研究发现，东盟信息资源的用户需求分为国防外交政策需求、经济贸易信息需求、科学技术信息需求、语言学习信息需求、文化旅游信息需求五大类。本研究立足国家“一带一路”倡议，构建东盟信息资源用户需求模型，通过数据采集、信息处理、建立多维度用户需求标签、全面分析用户需求与偏好建立了用户需求模型，从机构定位、指导资源建设、服务精准营销、资源协同推荐等方面对用户需求进行有效管理。通过调研发现，当前东盟信息资源的效用存在资源不够丰富、结构不合理、利用率低、用户满意度不高，以及数字化、网络化、智能化程度低等问题。

三、东盟信息资源支撑策略

(一)纸质信息资源支撑策略

为实现东盟信息资源支撑，做好资源采集，本研究指出了东盟信息资源的出版发行特征，包括信息归属的地域性、信息内容的广泛性、信息文种的丰富性、信息载体的多样性、信息来源的分散性等。调研分析了东盟语种印刷型文献、数字资源出版发行特点，对东盟文献信息资源的采购经济行为及问题进行了分析，发现政府采购效率较低，供应商少，使采集者的选择有较大的局限性，资金节约效益有限，据此提出了实行“以政府采购为主，其他方式采购为辅”的多元采购方式。

(二)数字东盟信息资源支撑策略

本研究指出了东盟网络灰色信息资源具有边界模糊性、发布自由性、信息及时性、分布隐蔽性、归属不明性、采集复杂性等特征，阐明了东盟网络灰色信息资源搜集的针对性、系统性和选择性(信息资源的入选标准、信息资源的质量标准)原则。所谓网络灰色信息，是指在互联网上存在的非常规发行，并且允许用户免费或在一定范围内收集、整理和利用的信息资源，包括网络的商业广告、会议文献、个人网页等。网络灰色信息与传统灰色信息不同，后者可能包括淫秽、暴力等不良内容。灰色信息往往通过批判的口吻、调侃的语气扭曲地发布信息。

本研究构建了智能获取架构，介绍了搜集和组织的技术(信息抽取技术、信息的组织、转化和清洗技术)，提出了东盟信息资源采集技术包括东盟多语种信息处理技术、网络爬虫技术、集成异构数据库技术、全文检索技术、多模式采集技术、多任务多线程采集、本体技术、资源的自动抽取技术、资源的清洗和转化技术等。本研究推荐采用以下工具来实现对东盟信息资源的采集：UET-8编码工具；数据仓库；主流的Google、百度等搜索引擎，以搜索引擎为代理的互联网站点全文检索工具，东盟国家主流的搜索引擎，如越南的VietSearch、马来西亚的Sajasearch；Powershell或者Python。

四、东盟信息资源的开发利用技术分析

分别以开放存取、文化旅游、数字人文为例，探索了东盟信息资源开发利用的资源整合和资源重构，总结了东盟信息资源深度开发的途径和方法，提出了多源东盟信息资源的智能融合组织技术，分别是自动分类与标引、全文索引、自组织、语义深度聚合技术(本体、大数据分析与挖掘、语义网)。运用数据集成、聚类分析、语义相似度计算、本体推理算法等方法，对东盟文化旅游信息资源进行采集并作数据预处理，采用基于本体的知识聚合方法进行深度聚合，根据用户需求和推荐算法，以Protégé软件作为本体编辑和可视化工具构建东盟文化旅游本体，利用该软件的Onto Graf功能为本体概念体系可视化提供资源服务，并论述东盟信息资源支撑和开发的策略。

五、东盟信息资源开发与利用策略

（一）构建用户东盟信息需求模型

东盟信息资源用户需求是用户获取东盟信息资源与相关服务的要求，可以理解为围绕东盟信息资源引发的信息需求和服务需求。通过对政府、科研机构、高等院校、企业和各级各类社会组织用户所需要的信息内容，如政治（国防外交政策）、经济（经济贸易）、科技、竞争情报、文化休闲旅游和语言学习等信息进行分析，并采集东盟信息资源用户需求数据，然后对用户基本信息、行为数据、第三方开放数据、专项调研数据进行挖掘，建立多维度的用户东盟信息需求标签，构建用户东盟信息需求模型，从而识别用户的现实需求，挖掘用户的潜在需求，预测用户的未来需求。针对个体用户需求，信息服务机构可以提供精准化、个性化的东盟信息资源与服务；对于群组用户需求，则可作为改进信息服务机构的东盟信息资源服务的依据。

（二）东盟信息的开发利用策略

通过对东盟信息资源的有效开发，对东盟信息资源用户开展深层次的服务，使开发获得好的效益。图书馆开展东盟信息服务的方向为通过开发东盟信息资源来提供信息服务，如建设国防外交专题信息资源库，建立研究报告库，建立中国—东盟法律法规信息资源库，建立中国—东盟科技信息资源库（含专利库和标准库），建立东盟信息资源的智慧化服务平台和东盟文化旅游信息服务平台等辅助开展决策咨询服务、科技信息和竞争情报服务、语言学习研究信息服务、文化旅游信息服务。图书情报机构撰写通用的研究报告供用户选用、承接研究项目，提供专项研究报告，建设网络化的东盟语言学习和研究平台。

六、东盟信息资源支撑及开发策略

在研究东盟信息资源支撑策略和开发策略的基础上，整合东盟信息资源支撑及开发的特点，应用先进的技术及理念，构建出开发平台、服务平台、交流平台的理论框架，以实现对东盟信息服务的总体支撑。提供东盟知识平台开发建设的方法，平台将实现东盟信息资源、东盟数据、研究报告、代查代译、信息传递等服务，提供一站式的东盟信息服务平台和中国—东盟信息交流平台，提供寓教于乐的东盟学习平台，以提升用户的信息素养和东盟语言水平。

（一）基于国家战略的东盟信息资源开发平台的构建

构建一个集东盟信息存储、资源采集的东盟信息与数据综合管理于一体的东盟信息资源开发平台，以满足东盟信息资源建设可持续发展的数字化加工、采集、存储、管理与研究等需要。平台由4个子平台系统组成，它们分别是东盟信息管理平台、东盟网络信息资源采集与数据挖掘系统、东盟基础数据库、平台系统管理与数据维护子系统。其架构分为面向个人用户（信息开发的具体人）的东盟信息与信息资源管理平台、面向管理用户的资源与数据管理平台、面向管理用户的检索采集与数据挖掘平台、底层结构连接系统4个部分。

（二）东盟信息资源网络服务平台的构建

调研发现，东盟信息资源需求用户趋向年轻化、高学历，样本对自身语言能力的主观感受多为语言熟练度比较生疏或一般，属中等偏下，样本对东盟信息资源需求程度与专业或职业相关，音视频类信息资源在不同主题资源中均最受欢迎，互译服务是设计平台功能的重点。调研结论认为，平台内容包括东盟信息资源、平台的服务资源和平台的衍生资源。其功能包括语言互译、网络教学、时事热点播报、学术交流与社交平台、智慧感知的移动服务和信息传递等。提出了平台构建的技术（服务层、应用层和数据层），对平台构建的形式、栏目规划和页面作了全面的设计。同时指出平台实现资源开发难度大、开发人员不足、资金来源单一等问题，提出了成立联盟机构，确保资源供给、整合协调机制，促进多元开发、制定开发战略，实现资源合作开发的资源建设策略，提出由国家政府部门设立专项资金、发挥政策引导、向企业筹集建设资金等解决资金来源单一的问题。

（三）中国—东盟图书馆信息交流平台构建

调研发现，中国—东盟图书馆信息交流平台应以网络平台为依托，整合现有的中国与东盟信息资源，通过技术手段开发信息资源，建设三大服务平台为支撑的图书馆信息交流平台，即资源共享服务平台、信息交流服务平台和决策支持服务平台。

交流平台的服务功能分为信息集成门户、参考与决策咨询服务、信息素养与游戏学习、用户交流社区和个性化服务等模块。

信息集成门户包括分类导航、一站式检索、“我的信息”界面、图书馆馆员和用户均可发布的新闻或信息发布；参考与决策咨询服务提供：产业分析工具、行业热点监测软件与产业发展态势分析工具等、展示学术成果和档案、为制定中国教育政策提供数据支持，以及特别收藏和其他特别服务，提供经贸领域的产业转型、行业发展和投资合作等信息，还提供学术领域知识、科研成果和学科建设服务。[①]

提出了寓教于乐的学习平台信息服务策略，设计用东盟语言作为游戏语言，这时需要注意的是玩家的可控制性，做到可操控、可代入、可沉浸。

提出了用户交流社区的构建思路，基于用户行为的知识需求偏好和用户关系的知识需求偏好建立用户交流社区内容与模型，同时给出了用户关系知识偏好相似度

① Qu Y., Guan N., Huang C., et al. Investigation and Analysis of University Libraries' Participation in the Construction and Service of Think Tanks[M].Recent Trends in Intelligent Computing, Communication and Devices, 2020.

的计算方法。

以嵌入式自助翻译和移动服务作为个性化服务的重要内容。东盟机器翻译逐渐进入人们的视野，讯飞在语言翻译与学习、实时翻译、图像识别、外贸商务、旅游等方面有较高水平，可以初步满足中国与东盟的经济与文化交流。

七、东盟信息资源支撑及开发策略的实现

通过对东盟信息资源支撑及开发利用的研究，最后得出了建立东盟信息资源国家保障体系才是实现东盟信息资源支撑和开发目标的关键。

（一）在信息收集与积累方面满足多方面用户需求

由于东盟信息用户相对小众，资源建设的投入较小，东盟信息服务机构无一能满足所有用户的信息需求。开展资源共建共享是解决这一问题的最佳途径。因此，保障体系建设的目的就是满足体系内所有用户的需求，也就是说，必须满足不同目的的用户需求，满足不同年龄段的用户需求，满足不同文化层次的用户需求。

（二）在书目控制方面建立和完善检索体系

要在书目控制方面建立和完善检索体系，一是严格执行呈缴制度：凡是我国出版的东盟信息资源，无论是纸质信息还是数字信息，无论是图书还是报刊，都要向国家图书馆呈缴所出版的信息资源；二是实现在版编目和集中编目：增加双语著录这一标准，使集中编目有规可循；三是实现馆际互借和文献传递：建立健全保障体系的服务机制，利用保障体系平台开展联机检索、网络检索、馆际互借和文献传递服务。

（三）多载体资源的全面融合

做好纸质、电子和网络资源的合理配置，对有特色或者收藏价值高的纸质资源，应当增加建设资金投入，对电子资源建设则要避免重复，对网络资源要选择比较好采集的内容，及时采集和组织资源，以提高信息资源利用的实效性，还要尽可能将其与电子资源和网络资源进行融合，使保障体系内的多数信息均可提供数字化的信息。总之，要不断地优化资源配置，力争用最少的人力、物力、财力产出最能满足用户需求的信息资源体系，让所有的用户均能通过共享平台获取信息。

（四）资源共享和资源置换

中国与东盟国家利用本国较多的资源，换取本国较稀缺的资源，从而达到资源共享和资源置换的目的。这种方法不单能在国家之间运用，也能在单位部门间运用，这不仅能节省资金，还可以帮助合作双方树立信任与依赖，达到共建共享的效果。

（五）东盟信息国家保障体系建设模式

本研究提出了东盟文献信息资源的四级保障模式：国家中心、地区中心、省级

中心和成员馆。

提出了由资源保障、服务保障和机制保障3个方面构成的东盟信息资源保障体系，其中，信息资源保障是核心要素，服务保障是建设目标，机制保障是执行的基础；借鉴CALIS和CASHL的模式构建东盟信息资源保障的四级模式，提出了东盟信息资源的共建共享问题的措施。

发挥政府宏观调控功能，建设具有统一的业务和技术标准的共享系统，建立互惠互利的利益平衡机制，消除东盟信息资源共享的语言障碍，开设语言服务平台、咨询平台、翻译平台和在线学习平台等方式提供语言服务。

总之，本研究针对我国“一带一路”倡议下东盟信息资源支撑及开发利用的情况，开展了文献调研、网络调研、问卷调研和实地调研，为项目的完成奠定了基础。利用图书馆学、情报学、经济学等理论和知识，利用知网、维普、万方和读秀等工具，全面采集东盟信息资源研究的中文资料和研究东盟的中文资料，并对国内相关图书馆及研究所、智库等的东盟信息资源支撑和开发利用情况进行调研；通过Springer Nature数据库、Emerald全文期刊库、ProQuest外文博硕士学位论文数据库、Science Directonline 数据库等收集研究东盟信息资源的外文文献；同时利用网络调研法对欧美国家的相关图书馆网站（含公共和高校图书馆）进行馆藏资料收集，积累大量研究素材。在实地调研方面，项目组对福建、广东、广西、云南及北京等高校图书馆、公共图书馆和科技图书馆及其用户进行了实地调研、访谈和问卷调查，对参加中国—东盟博览会的国内企业、广西本地与东盟国家有经济贸易合作的企业员工进行问卷调查，取得了用户对东盟信息需求的内容、载体及时效性等第一手材料。课题组成员赴越南、马来西亚、印度尼西亚和泰国，并委托专业信息公司对东盟国家文献的出版发行状况进行数据采集，采集的内容有实验用的一些东盟的文化、旅游、经济贸易信息网络资源和OA资源，为研究工作奠定了坚实的基础。

上述一系列的研究结果表明，东盟信息资源支撑及开发十分必要，信息资源支撑可从资源的共建、共知、共享来实现。东盟信息资源的开发则可通过对东盟信息的有效整合、深度融合、语义关联、可视化显示来实现。开发是为了利用，而利用则体现支撑的效果。所以，本研究认为东盟信息资源保障体系建设和服务是东盟信息资源支撑和开发的归宿。

第二节　研究局限

本项目研究局限于以下几个方面：

一是由于受新冠肺炎疫情等影响，课题组成员原赴东盟各国进行实地调研的计划未能完全成行，国外第一手材料准备不够充足。

二是由于课题组对东盟有些语种不熟悉，对国内外东盟信息资源建设及开发利用情况的了解比较有限，从微观上对保障体系建设所涉及的东盟信息资源、专技人员和资金规划等内容关注不足，未能给参与保障体系建设的机构提供个性化指导。

三是由于国内多语种信息资源挖掘与分析的研究较少，东盟语言的信息融合与知识发现系统建设仍需继续探索。项目组开展的东盟文化旅游信息资源深度融合研究已取得阶段性成果，但还仅限于中文信息的处理；对东盟语种信息融合的研究还将持续，目前处在以泰语为例的文化旅游信息资源的采集、组织和挖掘、融合实验阶段。

第三节　研究展望

针对本研究的局限，需要从以下5个方面展开后续的研究：

一是对东盟国家的文献出版状况进行实地调研，进一步了解东盟出版发行管理体制及出版发行的市场占有情况，对东盟信息资源的采集作更深入的研究；制定出保障体制共建共享的机制，将东盟信息资源库建设好，使其成为东盟信息资源的强大支撑。

二是加强东盟信息资源保障体系建设的微观研究，从细节上研究保障体系的机制，在资源开发、人才队伍、资金投入和更新机制方面开展深入的研究；形成具体的可操作的方案，使国家有关部门在作东盟信息资源保障体系建设的决策时有充分的依据。

三是在平台功能的实现方面，将在东盟自然语言的理解力和东盟检索语言的转换（翻译）方面作更深入的研究，提高检索的查准率和查全率。

四是继续加强东盟网络信息资源的采集技术、方法和工具研究，不断优化东盟网络信息采集的技术方案，提高东盟网络信息资源采集的水平，提高采集数据的数量和质量。

五是进一步研究东盟多源多语种信息资源融合的技术和方法，构建领域本体库，应用这些技术方法结合采集技术和工具进行数据采集和数据融合，建成一个集多源多语种信息采集、组织和融合于一体的东盟知识检索系统。

参考文献

图 书

[1] 张虹鸥，黄耿志.新世纪海上丝绸之路：东南亚发展与区域合作[M].北京：商务印书馆，2018.

[2] 赵杨. 国家创新系统中的信息资源协同配置研究[M].武汉：武汉大学出版社，2012：42.

[3] 孙翌.学科化服务技术与应用[M].上海：上海交通大学出版社，2013：34.

[4] 胡昌平，柯平，王翠萍.信息服务与用户研究[M]. 北京：科学技术文献出版社，2005：251.

[5] 高俊峰，董玥.网络舆情场中信息受众的观点测度[M].北京：中国科学技术出版社，2018：28-29.

[6] 南宁市人民政府新闻办公室. 南宁概览2009[M].南宁：广西美术出版社，2009：1，8.

[7] 范文杰.运动技能的外显学习与内隐学习[M].中央信息出版社，2007(8)：92.

[8] 于学勇.高校网络化外语教学模式研究[M]. 北京：国防工业出版社，2013：114-130.

[9] 万中国.人文素养提升[M]. 北京：北京理工大学出版社，2018(8)：238.

[10] 马魁君.邮轮旅游地理[M]. 大连：大连海事大学出版社，2016：77.

[11] 沈北海.泛北部湾区域合作研究 中国—东盟“一轴两翼”新格局[M].南宁：广西人民出版社，2007.

[12] 张虹鸥，黄耿志.新世纪海上丝绸之路：东南亚发展与区域合作[M].北京：商务印书馆，2018：283-293.

[13] 王自洋.区域图书馆资源共建共享模式研究：以长沙地区为例[M].北京：知识产权出版社，2014(10)：2.

[14] 董琴娟.中国图书馆联盟发展研究[M].北京：光明日报出版社，2013(6)：122.

[15] 陈平殿. 21世纪的信息资源建设[M]. 北京：海洋出版社，2011：220–222.

[16] 金胜勇. 图书馆信息资源共建共享理论[M]. 北京：人民出版社，2015：157–160.

[17] Hurd, S.&Lewis, T.Language Learning Strategies in Independent Setting[M].Toronto, Multilingual Matters, 2008.

[18] Qu Y,Guan N,Huang C, et al. Investigation and Analysis of University Libraries' Participation in the Construction and Service of Think Tanks[C]// Recent Trends in Intelligent Computing, Communication and Devices. Singapore: Springer, 2019: 343–348.

研究报告

[1] 张怀涛. 网络环境下图书馆信息资源开发对策研究[R]. 研究报告，2001.

[2] 张远新. 广西服务业发展报告2011[R]. 南宁：广西民族出版社，2011：88–92.

期刊论文

[1] 陈桂秋. 论中国边境旅游发展的战略意义[J]. 华东经济管理，2004(2)：36–38.

[2] 赵蓉晖. 国家安全视域的中国外语规划[J]. 云南师范大学学报（哲学社会科学版），2010(2)：12–16.

[3] 李灿元，麦林，钟建法. 高校图书馆小语种图书建设的问题与对策[J]. 图书馆建设，2011(9)：18–20.

[4] 李灿元，王红. 东南亚研究信息资源采访策略探讨[J]. 图书馆界，2011(5)：42–43，52.

[5] 苏瑞竹，张颖. 东盟信息建设初探[J]. 广西师范学院学报，2012，33(3)：152–156.

[6] 王涛. 略论社科信息资源的功能和作用[J]. 情报资料工作，2014(12)：189–190.

[7] 张颖，苏瑞竹. 中国图书馆东盟信息资源建设现状及趋势[J]. 农业图书情报学刊，2014，26(7)：5–9.

[8] 胡海燕. 东盟非通用语种图书分编工作初探[J]. 图书馆界，2010(2)：55–57.

[9] 周凤珍. 论民族高校东盟信息资源建设[J]. 广西民族大学学报（哲学社会科学

版)，2007(5)：82-84.

[10] 陆莉.浅谈高校图书馆东盟信息资源的建设——以广西财经学院为例[J].科技情报开发与经济，2008(28)：58-59.

[11] 钟文汇.公共图书馆东盟专题信息资源建设问题探析[J].河南图书馆学刊，2013，33(3)：26-27.

[12] 梁俭."东盟信息特色数据库"建设之思考[J].图书馆学刊，2010，32(9)：37-39.

[13] 何燕.对当前公共图书馆外文图书采访工作的思考[J].图书馆论坛，2010，30(4)：93-95，111.

[14] 肖珑.专题：人文社会科学文献资源的共建共享与国家保障[J].图书情报工作，2010，54(11)：5.

[15] 肖珑，燕今伟，关志英.高校人文社科外文资源的布局与保障方法[J].大学图书馆学报，2008，26(6)：2-7.

[16] 杜文宏，黄珊珊，刘茜，等.对建设中国—东盟区域性信息交流中心的思考[J].改革与战略，2007，23(10)：84-86.

[17] 陆小志.论中国—东盟区域信息交流中心建设[J].桂海论丛，2010，26(5)：100-103.

[18] 潘琦.努力把广西建成中国—东盟信息交流中心[J].当代广西，2007，16(8)：36-37.

[19] 玉家铭，赵凯.东盟信息服务平台的构建与资源共享[J].中国水运（下半月），2009，9(2)：84-85.

[20] 龚军.广西高校图书馆为东盟留学生提供信息服务的策略分析[J].图书馆论坛，2006，26(5)：224-226.

[21] 陈怡玲. 中国—东盟科技信息馆资源建设研究[J]. 图书情报导刊，2016，1(6)：94-96.

[22] 魏超. 域外汉籍数字化探析——以越南汉喃文献为中心[J]. 图书馆论坛，2018，38(5)：6-11.

[23] 李尚阁.论建构主义下的情景学习[J].现代交际，2010(11)：33.

[24] 张华.英语课堂交互学习的实证研究——以"澳大利亚历史与文化影视专题"为例[J].牡丹江大学学报，2019，28(6)：116-119.

[25] 徐永顺，刘渊，周宇，等.大学图书馆用户多需求深度挖掘设计研究[J].图书馆，2019(6)：66-73.

[26] 翟崑，王丽娜，刘晓伟，等.中国—东盟"五通指数"比较研究[J].中国—东盟研究，2017(1)：21-43.

[27] 曹树金，刘慧云，王连喜.大数据驱动的图书馆精准服务研究[J].大学图书馆学报，2019，37(4)：54-60.

[28] 刘海鸥，刘旭，姚苏梅，等.基于大数据深度画像的个性化学习精准服务研究[J].图书馆学研究，2019(15)：68-74.

[29] 王益成，王萍.基于用户动态画像的科技情报服务推荐模型构建研究[J].情报理论与实践，2019，42(4)：83-88.

[30] 苏瑞竹，张颖.东盟信息资源共建共享策略研究[J].图书馆建设，2013(9)：38-42.

[31] 周小兵，谢爽，徐霄鹰.基于国际汉语教材语料库的中华文化项目表开发[J].华文教学与研究，2019(1)：50-58+73.

[32] 李彩霞.略论图书馆信息资源建设的系统性原则[J].办公室业务，2014(11)：134.

[33] 姚晓霞，陈凌，戴龙基.对我国信息资源共建共享可持续发展的思考和启示[J].图书情报工作，2008(5)：16-19.

[34] 肖希明，仇晓惠.新中国信息资源建设六十年[J].图书馆杂志，2009(7)：3-12.

[35] 钟建法.高校人文社科外文图书保障体系建设存在的问题与对策[J].图书情报工作，2010，54(11)：10-13.

[36] 杨晓景，付桂珍.走出非通用语种图书采编困境的新途径——全国外语院校图书馆联盟成立的意义[J].大学图书馆学报，2010(2)：15-18.

[37] 官凤婷，高波.我国高校图书馆信息资源共享现状研究[J].图书情报知识，2012(3)：55-61.

[38] 曾丹.基于意义建构信息利用偏差弥合的释义[J].武汉理工大学学报（社会科学版），2012，25(4)：636-641.

[39] 赵晨. 新加坡全媒体出版物市场发展的现状与启示[J]. 产业与科技论坛，2016(7)：18-19.

[40] 陈少华，余俊峰. 2008亚洲数字出版的发展概况及趋势[J]. 出版广角，2009(4)：18-22.

[41] 傅西平. 泰国出版业一瞥[J].出版参考，2006(6)：31.

[42] 王以俊.首届东盟电子书会议报道[J].印刷世界，2013(1)：64-65.

[43] 王以俊.文莱出版印刷信息二则[J].印刷世界，2011(11)：63-64.

[44] 王以俊，罗伯特·库珀. 老挝《出版法》开始施行[J]. 印刷世界，2010(1)：62.

[45] 杨茗溪.美国高校机构知识库开放获取政策调查[J].图书馆建设，2018(8)：33-39.

[46] 王慧，等.网络灰色信息智能获取与分析[J].中国人民公安大学学报（自然科学版），2016(2)：75-78.

[47] 郭喜跃，何婷婷.信息抽取研究综述[J].计算机科学，2015(2)：14-17，38.

[48] 李禾.微信息环境下高校馆藏资源微聚合服务的研究[J].图书馆学研究，2015(4)：66-70，65.

[49] 朱建华.一种基于Web的新闻抽取方法[J].情报杂志，2010，29(S2)：139-141.

[50] 田甜.文档自动分类的方法探讨[J].情报杂志，2006(2)：77-78.

[51] 黄文福，苏瑞竹."一带一路"战略背景下东盟文献信息资源的采集[J].内蒙古科技与经济，2017(7)：91-95.

[52] 翟青竹.论网络环境下的个人信息组织[J].情报探索，2012(10)：94-97.

[53] 秦春秀，赵捧未，窦永香.一种基于本体的语义标引方法[J].情报理论与实践，2005(3)：244-246.

[54] 张明盛.网络信息组织标准现状、应用技术与展望[J].信息技术与标准化，2003(11)：11-15.

[55] 王春梅.基于网格的数字图书馆资源组织模式构建[J].现代电子技术，2016，39(2)：49-52.

[56] 郭亚平.大数据背景下的科技信息资源开发与利用研究[J].中国管理信息化，2019，22(12)：171-172.

[57] 龚立群，高琳.Google Scholar与跨库检索系统的比较研究[J].现代情报，2007(12)：177-179+183.

[58] 陈硕，陈真勇，熊璋.企业门户信息系统统一检索平台的研究[J].微计算机信息，2008(33)：4-6.

[59] 张颖，苏瑞竹.中国图书馆东盟信息资源建设现状及趋势[J].农业图书情报学刊，2014(7)：5-9.

[60] 张玉珍.文献载体演变对文献功能的影响[J].图书馆建设，2002(5)：39-41.

[61] 谢耀芳.广西东盟特色信息资源建设探析——以广西壮族自治区图书馆为例[J].大学图书情报学刊，2011(4)：49-51.

[62] 梁俭，胡海燕，金建英，等.基于东盟特色专题馆藏资源建设的调查分析——以广西壮族自治区图书馆为例[J].图书馆学刊，2017，39(2)：35-38.

[63] 曹树金，李洁娜，王志红.面向网络信息资源聚合搜索的细粒度聚合单元元数据研究[J].中国图书馆学报，2017，43(4)：74-92.

[64] 张云中，冯双双.基于主题图的数字档案标注系统资源聚合研究[J].图书情报工作，2018，62(14)：116-124.

[65] 毕强，刘健.基于领域本体的数字信息资源聚合及服务推荐方法研究[J].情报

学报，2017(5)：452-460.

[66] 尹婷婷，曾宪玉.深度学习视角下图书馆馆藏资源推荐模型设计与分析[J].现代情报，2019，39(4)：103-107，124.

[67] 曹健，秦荣环，孙会清，等.基于Hadoop的高校图书馆数字资源整合利用研究[J].图书馆工作与研究，2018(3)：74-78，101.

[68] 王连喜，甘穗福，林楠铠，等.涉华信息资源归集与舆情分析框架构建[J].情报杂志，2020(6)：135-142.

[69] 唐晓波，谭明亮，李诗轩，等.基于风险短语挖掘的知识聚合模型研究[J].情报理论与实践，2020，43(8)：152-158，139.

[70] 徐顺航，杨长春，徐筱，等.面向智慧旅游的文物领域本体构建及推理[J].计算机工程与设计，2020(8)：2321-2326.

[71] 洪烨，康明娟，李仁杰，等.旅游地理本体模型设计与张家界实例研究[J].地理与地理信息科学，2016(3)：95-99.

[72] 毕强，尹长余，滕广青，等.数字资源聚合的理论基础及其方法体系建构[J].情报科学，2015(1)：9-14，24.

[73] 刘健，毕强，刘庆旭，等.数字信息资源内容服务推荐研究——基于本体规则推理和语义相似度计算[J].现代图书情报技术，2016(9)：70-77.

[74] 吴银昊，那日萨，李慧.基于Gaussian LDA与谱聚类融合的代表性负向评论提取[J].情报科学，2021，39(3)：136-142.

[75] 陈迪，刘惊雷.基于乘法更新规则的k-means与谱聚类的联合学习[J].南京大学学报（自然科学版），2021(2)：177-188.

[76] 张建红.基于语义关联的海量数字资源知识聚合与服务研究[J].图书馆工作与研究，2016(8)：44-47.

[77] 李颖.基于传播学视角的移动图书馆发展趋向探析[J].图书馆工作与研究，2020(3)：109-113，128.

[78] 欧阳剑.大规模古籍文本在中国史定量研究中的应用探索[J].大学图书馆报，2016，34(3)：5-15.

[79] 胡悦融，马青，刘佳派，等.数字人文背景下“远距离可视化阅读”探析[J].图书馆论坛，2017，37(2)：1-9.

[80] 王洁.大数据思维与数字人文的加值应用——传统文化数据库发展的新趋势[J].图书馆理论与实践，2018(5)：104-108.

[81] 庞勤.美国国防科技信息数据库简介[J].强度与环境，2009，36(5)：25.

[82] 苏瑞竹，肖龙翔.“一带一路”战略下的图书馆东盟经贸信息咨询初探[J].企业科技与发展，2017(6)：135-137.

[83] 王延红.开发特色资源开展特色服务——打造图书馆品牌的两大要素[J].中国科技信息，2005(13)：315.

[84] 张伟丽.在阅读推广活动中加入娱乐元素趋势的思考——以安徽省图书馆为例[J].管理观察，2019(10)：84-86.

[85] 王妍.少年儿童图书馆开展立体化阅读的思考——以天津市河西区少年儿童图书馆图书剧表演活动为例[J].图书馆工作与研究，2020(3)：105-108.

[86] 梁俭，金建英.广西东盟特色馆藏资源建设调查分析[J].图书馆界，2009(4)：99-100+103.

[87] 吴绮云."一带一路"图书馆联盟信息资源建设与服务提升研究[J].图书馆工作与研究，2019(12)：17-21.

[88] 金健英，周玲，赵凯.中国（广西）—东盟技术标准信息服务平台的构建[J].广西科学院学报，2008(2)：101-103.

[89] 归吉官，李铮，黄日.档案信息资源开发利用对发展中国与东盟政治关系的贡献力[J].云南档案，2009(2)：46-47.

[90] 侯松岭，迟殿堂.东南亚与中亚：中国在新世纪的地缘战略选择[J].当代亚太，2003(4)：9-15.

[91] 王芳，王萌.基于国家安全视角的南海问题分析[J].海洋技术，2010(4)：113-116.

[92] 张彪，彭庆华.我国少数民族边境口岸地区外语需求调查研究[J].民族教育研究，2016，27(2)：103-108.

[93] 史小军，朱前东.高校图书馆服务于学科建设的创新实践与思考——以暨南大学图书馆为例[J].图书馆界，2018(1)：31-34.

[94] 耿振英.河北省科技信息保障体系研究[J].现代情报，2007(8)：184-186.

[95] 张文德，程涵，刘田.面向用户决策的高校信息碎片化整合模型[J].情报理论与实践，2018，41(3)：64-67.

[96] 王莹.网络环境下外事档案信息资源整合的目标取向[J].山东档案，2011(1)：6-7，24.

[97] 司莉，何依.我国图书馆"一带一路"资源建设和服务发展现状调查[J].图书馆论坛，2021，41(9)：20-28.

[98] 田稷，聂四维，韩子静.基于时空维度的我国高校图书馆亚洲文明特色文献资源建设现状分析与思考[J].图书馆建设，2021(2)：175-183.

[99] Littlewood, W.Defining and Developing Autonomy in East Asian Contexts[J].Applied Linguistics, 1999(1).

[100] 任欢欢.教育生态学视角下自主学习的意蕴与特性[J].教学与管理，2016，

（24）：1-3

[101] 冯霞，黄芳. 基于自主学习的外语信息资源整合优化研究[J]. 外语电化教学，2013（2）：47-52.

[102] 赵明龙. 中国南宁至新加坡旅游通道建设构想[J]. 东南亚纵横，2010（10）：46-53.

[103] 金牧. 印尼的生态旅游[J]. 世界环境，2009（5）：26-29.

[104] 唐妮. 中国与东盟国家文化禁忌的对比研究[J]. 湖北广播电视大学学报，2013，33（12）：76-77.

[105] 刘省泉，曹臻.网络环境下我国图书馆文献信息资源建设与共享[J].中国图书馆学报，1999（6）：49-52.

[106] 肖希明. 再论我国信息资源保障体系建设——纪念南宁会议20周年[J]. 图书馆，2006（6）：6-11.

[107] 柳较乾. 图书馆信息资源优化整合研究[J]. 图书馆学刊，2006（1）：44-46.

[108] 马滔，汪艳艳. 高校图书馆非通用语言信息保障与建设的思考[J]. 思想战线，2013，39（S1）：63-64.

[109] 黄筱玲. 再论湖南省高校图书馆信息资源共建共享[J]. 图书馆理论与实践，2008（3）：82-84.

[110] 杨晓景. 高校图书馆收藏中国周边国家语种信息现状的调查分析[J]. 大学图书馆学报，2014（1）：54-58，70.

[111] 王科. 外语院校图书馆非通用语种信息资源共建共享研究[J]. 图书馆工作与研究，2014（4）：50-53.

[112] 陆萍，彭雅飞. 图书馆信息资源共享模式的类型与特点[J]. 新世纪图书馆，2011（7）：28-30.

[113] 张晓文，褚兆麟，赵晋凯. 东南亚研究信息收藏现状及地域共享思路研究——以广西、广东和云南三省区图书馆为例[J]. 河南图书馆学刊，2014（4）：89-90，103.

[114] 马丹. 浅析“一带一路”战略下如何加强外语语言能力的建设[J]. 企业导报，2016（15）：172+160.

[115] 智晓静. 图书馆外文小语种图书编目工作初探[J]. 图书馆工作与研究，2008（11）：33-35.

学位论文

[1] 赵蕊洁.东盟国家多语种信息资源建设研究[D].南宁：广西民族大学，2018.

[2] 张颖.高校图书馆东盟馆藏评价研究[D].南宁：广西民族大学，2014.

[3] 杜氏清水.越南数字图书馆信息资源共享研究[D].武汉：武汉大学，2015.

[4] 慎家彬.技术转移过程中技术竞争情报的应用研究[D].昆明：云南大学，2017.

[5] 梁彩云.数据层和决策层的信息融合算法研究及应用[D].长春：吉林大学，2007.

[6] 曹莉.基于文种识别的东南亚传真报筛选检索研究[D].郑州：解放军信息工程大学，2009.

[7] 鲍玉来.基于领域本体的蒙医药知识库构建与知识发现研究[D].长春：吉林大学，2018.

[8] 肖龙翔.图书馆东盟多源信息资源融合研究[D].南宁：广西民族大学，2019.

[9] 李明.数据清洗技术在文本挖掘中的应用[D].南京：南京理工大学，2008.

[10] 钱颖.无线网络资源管理的跨层研究[D].杭州：浙江大学，2007.

[11] 方开庆.动态页面数据采集方法的研究与分布式实现[D].北京：北京交通大学，2013.

[12] 吴彦伟.智能查询中的本体推理机制及其应用研究[D].西安：西安电子科技大学，2014.

[13] 张瑜.基于本体的矿工不安全行为知识表示和推理研究[D].徐州：中国矿业大学，2019.

[14] 郭顺利.社会化问答社区用户生成答案知识聚合及服务研究[D].长春：吉林大学，2018.

[15] 刘健.数字图书馆资源聚合与服务推荐研究[D].长春：吉林大学，2017.

[16] 杜晖.基于耦合关系的学术信息资源深度聚合研究[D].武汉：武汉大学，2013.

[17] 施旖.基于主题图的非物质文化遗产档案资源聚合研究[D].武汉：华中师范大学，2017.

[18] 刘东升.信息时代的外交变革与中国外交的挑战[D].北京：外交学院，2015.

[19] 刘宏明.海岛文化旅游开发的对策研究——以嵊泗为例[D].杭州：浙江大学，2004.

[20] 杰福.基于跨文化交际的中巴非言语禁忌对比研究[D].沈阳：沈阳师范大学，2016.

[21] 阮玉宝. 基于公共政策理论对完善越南出版活动的思考[D].长春：东北师范大学，2012.

[22] 胡雅琼.基于出版发行的图书馆越南印刷型信息采访研究[D].南宁：广西民族大学，2018.

[23] 李莘.科技图书馆东盟科技信息服务研究[D].南宁：广西民族大学，2019.

[24] 张松博.云南东盟公共物流信息平台服务模式及服务定价研究[D].北京：北京交通大学，2015.

会议论文

[1] 寇有观.地理框架 整合资源 融合信息 中国—东盟区域性信息交流中心发展战略研究之一[A].中国地理信息系统协会、中地数码集团、北京超图地理信息技术有限公司、中国四维图新导航信息技术有限公司、北京灵图软件技术有限公司、ESRI中国（北京）有限公司.中国地理信息系统协会第四次会员代表大会暨第十一届年会论文集[C].中国地理信息系统协会，2007：36-41.

[2] 张颖.外国图书馆东盟信息资源概况及启示[A].广西图书馆学会.广西图书馆学会2014年年会暨第32次科学讨论会论文集[C].广西图书馆学会，2014：201-207.

[3] Claypool M., Le P.Waseda M.and Brown D..Implicit Interest Indicators[C].Proceedings of the ACM Intelligent UserInterfaces Conf (IUI), 2001: 33-40.

报纸论文

[1] 朱晓兰.再谈国家图书馆东方语文图书采访[N].中国图书商报，2005-10-28（A19）.

[2] 李强. 国际化的新加坡出版业[N]. 中国新闻出版报，2006-03-21（4）.

[3] 宋雄伟，樊继达."一带一路"倡议：美国智库怎么看[N].中国经济时报，2016-12-28（5）.

网络资料

[1] 郑力人，杨玉蓉，柳瀛.北美的东南亚图书馆[R/OL].第二届中美高校图书馆合作发展论坛[2014-1-5]http：//www.cashl.edu.cn/portal/saalForum2/reports/1/2.%20康奈尔大学郑力人等：北美的东南亚研究图书馆.pdf.

[2] 李金生.新加坡主要馆藏海外华人研究资源及其展望[EB/OL]. 道客巴巴，(2014-1-5)[2020-10-15]. http：//www.doc88.com/p-116632865605.html.

[3] 沈俊平.新加坡东南亚研究信息资源：收藏、整理与利用——以新加坡国立大学图书馆为中心的讨论（第二届中美高校图书馆合作发展论坛）[EB/OL].道客巴巴，(2014-1-5)[2020-10-15].https：//www.doc88.com/p-9863603047384.html?r=1.

[4] 2019年吉隆坡国际书展推介“丝路书香出版工程”丛书[EB/OL].(2019-04-12)[2020-12-20]. http：//whzg.chinareports.org.cn/xwrd/2019/0412/5480.html.

[5] 国家统计局 [DB/OL]. https：//data.stats.gov.cn/gjwz.htm.

[6] 泰国移动电子书网站1 [DB/OL]. http：//mebmarket.com(MEB by ASK Media).

[7] 泰国移动电子书网站2 [DB/OL]. http：//book.truelife.com True Digital Bookstore.

[8] 越南河内市政府官网[DB/OL]. https：//www.thudo.gov.vn/.

[9] 泰国马哈沙拉坎府facebook账户 [DB/OL]. https：//www.facebook.com/mahasarakhamtoday/.

[10] 菲律宾华裔青年联合会Kaisa Para Kaunlaraan. [DB/OL]. http：//www.philonline.com.ph/.

[11] 砂拉越：我们的目的地与我们的国家公园[EB/OL].(2020-02-18)[2020-02-18]. https：//sarawaktourism.com/zh-hans/?utm_source=media-buy-baidu2&utm_medium=displayad&utm_campaign=vsc.

[12] 中国互联网络信息中心. 2019年中国网民搜索引擎使用情况研究报告[EB/OL]. [2019-10-25]. http：//www.cnnic.net.cn/hlwfzyj/.

[13] hlwxzbg/ssbg/201910/t20191025_70843.htm.

[14] 广州市生活中心.聊天软件排行[EB/OL]. [2019-06-19]. http：//www.gzgp.org/kuaixinwen/titan/2019-06-19/54692.html.

[15] 中华人民共和国文化和旅游部.文化和旅游部主要职责[EB/OL]. [2020-10-17]. https：//www.mct.gov.cn/gywhb/zyzz/201705/t20170502_493564.htm.

[16] 厦门大学东南亚研究中心图书馆简介[EB/OL].(2007-07-09)[2021-04-12].

https: //ny.xmu.edu.cn/info/1058/6452.htm.

[17] 胡平.东盟国家旅游业迅猛发展的原因[J].(2012-03-11)[2020-01-18]. https: //wenku.baidu.com/view/ea9d7a0c581b6bd97f19ea78.html.

[18] Ticktockescaperoom. [EB/OL]. [2020-07-06]. https: //www.ticktockescaperoom.com/the-psychology-behind-the-esca pe-room/.

[19] LazerD.M.J., et al.The Science of Fake News.Science 359, 1094 - 1096(2018). https: //doi.org/10.1126/science.aao2998.

[20] CouncilofEurope: Freedomofexpression(2020-07-09).

[21] https: //www.coe.int/en/web/commissioner/thematic-work/media-freedom(2020-07-06).

后　记

终于完成了国家社科基金项目《“一带一路”战略的东盟信息资源支撑及开发策略研究》最终成果《东盟信息资源支撑及开发策略研究》的书稿，使我疲惫不堪的心有一种如释重负的感觉，可是辗转枕上，心情却仍然沉重，诚惶诚恐。

惶恐是因为选题。面对这样一个选题，而且要以先辈时贤鲜见的专著形式加以讨论，需要非常大的勇气。其实，对东盟信息资源的研究源于我工作的需要，我在担任广西民族大学图书馆副馆长期间，于2009年主持了广西民族大学图书馆学校博士点建设开展的公共服务体系中的文献信息中心建设项目，为了更好地完成这一工作项目，我对学校特色学科东盟语种（外国语言文学）的文献信息资源建设进行了广泛的调研，并提出了建设东盟信息资源数据库的建议，得到了学校的支持，分别于2011年和2016年申请到中央财政支持地方高校发展专项资金数字图书信息资源及共享平台一、二级项目经费350万元，主要用于东盟信息资源的建设。为了更好地开展工作，我组织项目组成员到北京、上海、广州、福州、泉州、洛阳等高校开展东盟信息资源建设的调研，到全国各大书市和东盟国家开展文献信息资源的调研和采购。这些工作实践和广泛调研为本书的形成奠定了良好的基础。

自2010年开始，为了更好地完成工作任务，我申报各级各类研究项目，先后主持了广西民族大学重大科研项目《东盟文献信息资源数据库》研究、广西教育厅科研项目《东盟国家文献保障体系》研究、广西社科规划项目《东盟国家多语种信息资源建设及利用》研究和国家社科基金项目《“一带一路”战略的东盟信息资源支撑及开发策略》研究。十余年的工作和研究相辅相成，培养出了一批图书馆业务骨干和一批优秀的研究生，我甚感欣慰。

要使信息资源建设和保障这一古老的课题萌发新芽，必须站在前人的肩膀上宏观审视业界在这方面的发展。幸运的是，现行的教科书或者图书馆学专著中对东盟信息资源的描述虽然鲜见，但是有关东盟信息资源建设的论文还有一些，这些论文都从不同的角度阐述了图书馆如何开展东盟信息资源建设和组织的问题，对本书的写作有很大的启发，是我做这一课题研究的理论基础。

为了做好研究，我多次组织课题组成员讨论专著的框架，讨论各章节的细节（张颖在这个过程中起到重要的作用），仅提纲已数易其稿，写作过程中不断增加内容，调整秩序，而且还不断借鉴图书馆界、计算机界前辈、专家的有关著作和论文，从中汲取营养，尽力在结构、内容和阐述上，能更全面、更系统、更完善些。值得高兴的是，2021年国家社科基金的结项鉴定本课题得到了专家的肯定和良好的评级；2022年广西第十七次社会科学优秀成果奖评选本课题获得了研究报告类三等奖。

感谢课题组所有成员的辛勤付出，同时感谢我带的研究生姜雨爽、胡云龙、吴鑫宇、赵梓璟、贺子杰对本研究的贡献。

研究过程中得到了广西民族大学管理学院领导、同事和我的家人的支持和鼓励。正是他们的支持与鼓励，使我在紧张的教学和行政工作之余能坚持研究和写作；正是他们的支持与鼓励，才使我摆脱各种各样的诱惑，潜心研究，完成了最后的写作及统稿、校对。在此，我对他们表示衷心的感谢。

我要特别感谢南开大学博士生导师王知津教授，在我于南开大学进修学习期间给予了十分宝贵的科研启蒙，以及之后在教学和科研中又给予了许多有益的指导和鼓励，也感谢王教授在百忙中对书稿进行了审阅，并提出宝贵的修改意见，使本书内容更为丰富，论点更为新颖，论据更为充分。尤其感谢老师为本书作序，更给了我无穷的动力和鞭策。

感谢推荐本课题立项的所有专家；感谢为本课题评审给予充分肯定的所有专家；感谢上海交通大学出版社的领导为本书的出版提供了机会，编辑老师对本书提出了很好的修改意见，保证了出书质量，在此一并表示衷心的感谢。

书中存在的不妥之处，敬请学界专家和业界同仁及读者批评指正。

苏瑞竹

2022年8月16日于广西民族大学相思湖畔